Código do Notariado

Código do Notariado

ANOTADO

2018 • 3ª Edição

Fernando Neto Ferreirinha
Inspector do Notariado Aposentado

ALMEDINA

CÓDIGO DO NOTARIADO

AUTOR
Fernando Neto Ferreirinha
EDITOR
EDIÇÕES ALMEDINA, S.A.
Rua Fernandes Tomás, nºs 76, 78 e 80
3000-167 Coimbra
Tel.: 239 851 904 · Fax: 239 851 901
www.almedina.net · editora@almedina.net
DESIGN DE CAPA
FBA.
PRÉ-IMPRESSÃO
EDIÇÕES ALMEDINA, S.A.
IMPRESSÃO E ACABAMENTO
PENTAEDRO, LDA.

Julho, 2018
DEPÓSITO LEGAL
443042/18

Por decisão da Autor, esta obra é publicada segundo a ortografia anterior ao novo Acordo Ortográfico.

ALMEDINA | GRUPOALMEDINA

BIBLIOTECA NACIONAL DE PORTUGAL – CATALOGAÇÃO NA PUBLICAÇÃO
PORTUGAL. Leis, decretos, etc.
Código do notariado
Código do notariado : anotado / anot. Fernando
Neto Ferreirinha. – 3ª ed. – (Códigos anotados)
ISBN 978-972-40-7439-9
I – FERREIRINHA, Fernando Neto
CDU 347

NOTA PRÉVIA À 1ª EDIÇÃO

No seguimento de alguns trabalhos dedicados a temas do notariado, elaborados em parceria com a Drª Zulmira Neto Lino da Silva – concretamente, o *Manual de Direito Notarial* e *A Função Notarial dos Advogados* – o autor traz agora a lume as notas e comentários ao articulado do Código do Notariado que considera mais relevantes e importantes no exercício da função notarial.

É sua convicção de que estes comentários poderão ter algum préstimo junto dos que se dediquem ao notariado ou dos que pretendam tirar dele algum proveito no exercício de outras funções ligadas ao Direito.

Foi para eles e a pensar neles que este trabalho foi realizado.

É pena que o notariado tenha sido nos últimos tempos, e continue sendo, tão maltratado por quem ainda não tomou consciência de que a sua destruição ou a subversão dos valores e princípios em que assenta põem em crise, de forma irremediável, a segurança do comércio jurídico.

Recordo com esta obra o saudoso notário Dr. Fernando Martins, que me ajudou a descortinar os trilhos do notariado.

Expresso o meu reconhecimento à colega Drª Zulmira pelas sugestões feitas e pelo auxílio na revisão do texto.

ABREVIATURAS

Art. – Artigo
BRN – Boletim dos Registos e do Notariado
CC – Código Civil
Cfr. – Confira
CIMT – Código do Imposto Municipal sobre as Transmissões Onerosas de Imóveis
CIMI – Código do Imposto Municipal sobre Imóveis
CIRC – Código do Imposto sobre o Rendimento das Pessoas Colectivas
CIRS – Código do Imposto sobre o Rendimento das Pessoas Singulares
CIS – Código do Imposto do Selo
Cit. – Citado (a)
CN – Código do Notariado (são deste código os artigos a que se não faça outra menção)
CPCiv – Código de Processo Civil
CRC – Código do Registo Civil
CRCom – Código do Registo Comercial
CRP – Código do Registo Predial
CSC – Código das Sociedades Comerciais
CT – Conselho Técnico da Direcção-Geral dos Registos e do Notariado
DL – Decreto-Lei
DSJ – Direcção dos Serviços Jurídicos da ex-Direcção-Geral dos Registos e do Notariado
EN – Estatuto do Notariado

IRN	–	Instituto dos Registos e do Notariado. I. P.
NIF	–	Número Fiscal de Contribuinte das Pessoas Singulares
NIPC	–	Número Fiscal de Contribuinte das Pessoas Colectivas
P. ex.	–	Por exemplo
RENTEV	–	Registo Nacional do Testamento Vital
RERN	–	Regulamento Emolumentar dos Registos e do Notariado
RNPC	–	Registo Nacional das Pessoas Colectivas
SIRIC	–	Sistema integrado do registo e identificação civil
SIRCOM	–	Sistema integrado do registo comercial
V.g.	–	*Verbi gratia* (p. ex.)
Vide	–	Veja

Código do Notariado

Aprovado pelo DL nº 207/95, de 14-08, com as alterações introduzidas pelos seguintes diplomas:

- Declaração de Rectificação nº 130/95, de 31-10;
- DL nº 40/96, de 07-05;
- Declaração de Rectificação nº 10-A/96, de 31-05;
- DL nº 250/96, de 24-12;
- DL nº 257/96, de 31-12;
- Declaração de Rectificação nº 4-A/97, de 31-01;
- DL nº 380/98, de 27-11;
- DL nº 375-A/99, de 20-09;
- DL nº 410/99, de 15-10;
- DL nº 64-A/2000, de 22-04;
- DL nº 237/2001, de 30-08;
- DL nº 273/2001, de 13-10;
- DL nº 322-A/2001, de 14-12;
- DL nº 194/2003, de 23-08;
- DL nº 287/2003, de 12-11;
- DL nº 2/2005 de 04-01;
- DL nº 76-A/2006, de 29-03;
- Declaração de Rectificação nº 28-A/2006, de 26-05;
- DL nº 324/2007, de 28-09;
- DL nº 34/2008, de 26-02;
- DL nº 116/2008, de 04-07;
- DL nº 125/2013, de 30-08;
- Lei nº 89/2017, de 21-08.

Decreto-Lei nº 207/95, de 14 de Agosto

1. De entre as reformas legislativas de fundo a levar a cabo no âmbito dos registos e do notariado e em cumprimento do Programa do Governo, reveste-se da maior importância a reforma do Código do Notariado.

Datada de 1967, e com profundas alterações posteriores – cabendo aqui realçar, por mais significativas, as de 1979, 1983 e 1990 –, a legislação notarial vigente, embora inspirada pelos princípios jurídico-civilistas mais modernos à data, revela-se, hoje, desadequada face aos desafios do desenvolvimento sócio-económico do País e à internacionalização da economia.

Principais destinatários da lei notarial, os agentes económicos encontrarão no Código ora aprovado o enquadramento jurídico-administrativo ajustado à agilização do comércio jurídico, reduzindo-se, assim, por esta via, factores de natureza institucional constrangedores do funcionamento de uma moderna economia de mercado.

2. Definida em grandes linhas, a presente reforma consubstancia-se na simplificação dos procedimentos inerentes à realização dos actos notariais e ao nível do formalismo exigido, na introdução de normas de maior rigor e transparência na prática notarial e, ainda, na racionalização do exercício da função notarial.

Não obstante esta evolução, os princípios fundamentais que enformam o sistema do notariado latino, em que por cultura e tradição Portugal se insere, mantêm-se naturalmente inalterados, máxime o reconhecimento da fé pública aos actos praticados pelo notário, com as inerentes consequências a nível do valor probatório dos documentos.

3. De entre os princípios ora claramente enunciados assume particular relevância a consagração expressa, no texto da lei, da assessoria jurídica a prestar pelo notário às partes, com vista à conformação da vontade negocial na realização dos actos da sua competência.

Atribuição tradicionalmente na competência genérica dos diversos notariados latinos, está a assessoria contemplada no presente diploma, na medida necessária à indagação, interpretação e adequação ao ordenamento jurídico da vontade das partes. Porém, a subordinação, directa e obrigatoriamente estabelecida, entre a prestação da assessoria e a prática do acto da competência do notário garante a esfera tradicional de intervenção de outros profissionais que igualmente prestam apoio jurídico.

No que respeita à competência especial dos notários, clarificam-se também alguns dos seus poderes e condensam-se no Código, em obediência às mais sãs regras de técnica legislativa, outras atribuições anteriormente previstas em diplomas avulsos.

Na lógica da causalidade entre o acto a praticar e os poderes de assessoria atribuídos ao notário, permite-se-lhe que possa requisitar, a outros serviços públicos, os documentos necessários à instrução dos actos.

4. De acordo com os princípios fundamentais do notariado latino, importa sublinhar a alteração do preceito basilar do Código do Notariado enunciador dos actos jurídicos obrigatoriamente sujeitos a escritura pública. Assim, consagra-se,

agora, uma norma geral definidora dos actos sujeitos a essa formalidade, tendo como base a criação, modificação ou extinção de direitos subjectivos sobre bens imóveis, seguida da enunciação da tipologia, embora não taxativa, de outros actos que a ela devem submeter-se.

Reportado à lei substantiva na determinação da forma dos actos, foi o presente diploma tão longe quanto possível na reformulação deste preceito, carreando para o Código a obrigação de subordinação a escritura pública de certos actos, prevista em diplomas avulsos (v. g. propriedade horizontal e estabelecimento individual de responsabilidade limitada), e adoptando uma sistematização mais lógica e inteligível, quer para os aplicadores da lei notarial, quer para os utentes.

Por outro lado, suprime-se no Código do Notariado a referência expressa ao valor mínimo de sujeição dos contratos de mútuo e de renda vitalícia a escritura pública, passando estes a pautar-se pelas disposições atinentes da lei civil.

5. No tocante às escrituras de habilitação de herdeiros, procede-se já à reformulação respectiva no sentido da sua adequação às recentes alterações da lei processual civil em matéria de inventário e partilhas judiciais. Em termos notariais, esta modificação legislativa vem permitir que todas as habilitações de herdeiros se possam realizar notarialmente, ainda que à herança se habilitem menores ou incapazes.

Como medida de simplificação digna de registo, e por forma a evitar a presença obrigatória de três declarantes na realização de escrituras desta natureza, permite-se, em alternativa, que a declaração inerente ao acto em apreço seja feita pelo cabeça-de-casal da herança, à semelhança do que era disposto em processo civil para o regime do inventário, ora alterado, sendo-lhe, nesse caso, feita a advertência de que incorre em procedimento criminal se prestar, dolosamente e em prejuízo de outrem, declarações falsas.

6. Nos actos de justificação há que salientar a eliminação da obrigatoriedade de apresentação, como documento instrutor, de certidão comprovativa da instauração do processo de liquidação de sisa ou de imposto sucessório relativo às transmissões intermédias entretanto ocorridas, nos casos de justificação notarial para reatamento e estabelecimento de novo trato sucessivo. Efectivamente, o interesse fiscal deste documento era nulo, pois, normalmente, o prazo de liquidação do imposto havia já prescrito. Por outro lado, no processo conducente à realização de um acto semelhante, nas conservatórias do registo predial, não está prevista obrigação idêntica, estabelecendo mesmo o Código do Registo Predial a presunção do pagamento dos direitos correspondentes às transmissões ocorridas há mais de 20 anos.

7. No tocante aos testamentos cerrados, define-se uma nova sistematização com base num critério sequencial da realização do acto.

No entanto, aproveita-se o ensejo para submeter à disciplina do Código do Notariado os procedimentos relativos à aprovação, depósito e abertura de testamentos internacionais, a cuja Lei Uniforme Portugal aderiu pelo DL nº 252/75, de 23 de Maio, e que por força do DL nº 177/79, de 7 de Junho, se vinha fazendo por remissão para os testamentos cerrados.

A similitude entre os dois tipos de testamento justifica o tratamento paralelo que lhes é conferido ao longo de todo o Código, com salvaguarda, porém, das especialidades do certificado de aprovação do testamento internacional resultantes da própria Lei Uniforme.

8. Do mesmo modo, a regulamentação dos instrumentos de protesto de títulos de crédito foi adequada à realidade presente, tendo-se abolido, por desnecessário, o procedimento de fazer constar do instrumento de protesto a cópia literal ou fotocópia do título.

9. Aprofundada ponderação mereceu a manutenção do reconhecimento notarial de assinatura por semelhança, de uso moderado nos sistemas jurídicos dos nossos parceiros europeus, ainda que fiéis ao notariado latino, mas bastante enraizado no meio jurídico português.

Abandonada a hipótese da abolição definitiva de tal reconhecimento, por inoportuna, opta-se, porém, por alargar ao passaporte e às públicas-formas do bilhete de identidade e do passaporte os documentos com base nos quais se permite o reconhecimento por semelhança, em nome da desburocratização e da simplificação.

Por razões de coerência, procedeu-se, também, no decreto preambular, à alteração da redacção do artigo único do DL nº 21/87, de 12 de Janeiro, por forma a estender à exibição do passaporte e da pública-forma do bilhete de identidade e do passaporte o valor legal do reconhecimento por semelhança da assinatura, já anteriormente atribuído à exibição do bilhete de identidade.

10. Também tendo em vista a simplificação administrativa e o estabelecimento de uma maior acessibilidade do público à Administração, foi substancialmente revista a regulamentação da emissão das certidões e das públicas-formas.

Desde logo, põe-se termo à distinção terminológica entre certidões e fotocópias certificadas, porque injustificada. Assim, no total respeito pelas normas da lei civil em matéria do valor probatório dos documentos, consigna-se, como regra geral, que a prova do conteúdo dos instrumentos, registos e documentos arquivados no cartório se faz por certidão e prevê-se, de modo inovador, que esta seja obtida preferencialmente por meio de fotocópia ou de outro meio de reprodução fotográfica ou, caso tal não seja possível, dactilografada ou manuscrita.

Em consonância com a regra geral da extracção de certidão por fotocópia, privilegiam-se as certidões de teor, reservando-se as de narrativa para as que se reportem a registos ou as destinadas a publicação ou comunicação de actos.

De salientar a consagração, pela primeira vez, do direito de os outorgantes obterem uma certidão gratuita do testamento ou da escritura celebrados. Na base desta previsão está o reconhecimento de que é da maior justiça fornecer aos cidadãos, como meio de prova, uma cópia gratuita do acto por si praticado.

Ainda com o objectivo de facilitar as relações entre o cidadão e a Administração, o Código prevê a possibilidade de transmissão, entre cartórios e outros serviços públicos, de documentos, em determinadas condições, por telecópia, aos quais se atribui o valor da certidão.

Na senda do procedimento adoptado quanto às certidões, e no que se refere às cópias de documentos na posse dos particulares, a pública-forma foi submetida a igual tratamento, desaparecendo a figura da conferência da fotocópia, por acarretar grandes demoras para os serviços, com o correspondente atraso na resposta ao utente, e perigos vários na segurança dos documentos, passando a ser apenas o cartório a efectuar as fotocópias.

11. No capítulo das recusas, foi objecto de referência legal expressa, a par da anulabilidade, a circunstância de a ineficácia dos actos não ser motivo de recusa, consagrando-se, assim, uma orientação já há muito adoptada na prática notarial.

12. Em matéria de recursos, entendeu-se não proceder a alterações de fundo, atendendo à ínfima dimensão que tal meio de impugnação assume no notariado. Mantêm-se, pois, os recursos para os tribunais judiciais ao lado dos recursos hierárquicos, já previstos, aliás, na Lei Orgânica dos Serviços dos Registos e do Notariado.

13. Simultaneamente, com a preocupação de tornar cada espécie de acto notarial, individualmente considerado, mais

célere e mais singelo, expurgando-o de requisitos entretanto considerados supérfluos, respeitando sempre, contudo, a certeza e o rigor técnico-jurídicos, procura-se com a presente reforma dotar a generalidade dos actos notariais de uma técnica mais simples, transformando-os em realidades mais acessíveis e inteligíveis aos cidadãos. Pretende-se, assim, obter resultados ao nível da eficiência e eficácia da prática notarial quotidiana, com benefício para os utentes e, bem assim, para os próprios serviços.

No tocante à questão das minutas dos actos notariais, longamente discutida na doutrina, mantém-se a possibilidade de as partes apresentarem ao notário a minuta do acto, devendo este, em nome da liberdade contratual, reproduzi-la.

Com reflexo primordial nos actos praticados pelas sociedades, são dignas de destaque as alterações introduzidas ao nível da verificação da qualidade e dos poderes em caso de representação legal ou orgânica, consagrando-se inovatoriamente a referência da prova documental registral quanto a pessoas colectivas sujeitas a registo. Fixa-se, também, o prazo de validade de um ano para as certidões de registo comercial.

Do mesmo modo, visando evitar, aos agentes económicos que praticam grande volume de actos, avultadas emissões de certidões comerciais, confere-se a possibilidade de utilizarem, para a prática de actos no cartório, certidões do registo comercial aí arquivadas, ainda que caducadas, desde que os membros da gerência ou administração declarem que os representantes e os poderes de representação se mantêm inalterados. Excepção à regra geral da invalidade do documento caducado, a facilitação ora introduzida tem como contrapartida a responsabilização dos outorgantes beneficiários pela declaração prestada.

Tendo ainda como destinatárias as sociedades, e em nome da transparência, clarifica-se o modo como são assinados os instrumentos de actas das reuniões dos órgãos sociais, tendo em conta o tipo de sociedade, e permite-se que o notário insira na acta as declarações que lhe sejam requeridas por qualquer dos intervenientes.

Esta previsão, atendendo à fé pública do notário e à sua isenção face aos interesses em conflito, tem em vista, sobretudo, habilitar os sócios minoritários com um documento essencial para efeitos de prova judicial, nomeadamente em sede de impugnação das deliberações.

Porventura com maior impacto junto dos cidadãos, aponta-se a alteração deste Código que consiste no alargamento do elenco de documentos que permitem a verificação da identidade dos outorgantes, admitindo-se indistintamente o conhecimento pessoal, o bilhete de identidade e a carta de condução, desde que emitidos pela autoridade competente de um dos países da União Europeia, e o passaporte.

O espectro mais alargado de documentos identificadores assenta no reconhecimento da diversa finalidade da verificação da identidade para efeitos civis ou notariais, tendo-se entendido que o limite da simplificação seria a possibilidade de proceder à identificação, também nos cartórios notariais, mediante o recurso a outros documentos tradicionalmente já utilizados para esse fim.

No tocante à aposição da impressão digital nos actos em que os intervenientes não saibam ou não possam assinar, ao presente restrita aos testamentos, e por razões de segurança, retoma-se tal prática, que, contudo, pode ser substituída pela intervenção de duas testemunhas.

No âmbito do princípio da convalidação dos actos inválidos por terem sido praticados com violação de regras de competência territorial ou de certos preceitos do Código, foi introduzida a tramitação pormenorizada do respectivo processo.

Em matéria de averbamentos, a alteração substancial reconduz-se à sistematização e melhor arrumação lógica dos preceitos atinentes, cabendo salientar em termos de conteúdo o alargamento considerável de hipóteses de averbamento a escrituras públicas e testamentos, nos casos de omissão e de rectificação de inexactidões. A alteração cuida, contudo, de manter incólume a necessária segurança jurídica do acto notarial, pois que não se pode permitir, com normas desta natureza, que por via de um averbamento se altere, ainda que infimamente, o conteúdo de um acto solene, presidido pelo notário, que consigna a identidade dos outorgantes e a sua vontade negocial.

A dinâmica inerente às relações comerciais exige que se determine uma redução substancial dos prazos fixados no Código, passando de oito para três dias o prazo para emitir certidões e documentos análogos, mantendo-se a possibilidade de requerer a urgência e um tempo de resposta de vinte e quatro horas.

É também encurtado, para cinco dias, o prazo para a emissão das certidões por extracto para efeito de publicação.

Finalmente, por razões de transparência, clarifica-se o texto da lei no sentido de que as contas dos actos sejam conferidas pelo funcionário que a eles presidir e consagra-se a regra geral da cobrança de recibo ao interessado.

14. Ao nível do funcionamento dos serviços, define-se a competência dos adjuntos e oficiais dos registos e do notariado em termos específicos e, por comando expresso: passa a prever-se que o recrutamento de notários privativos se faça, de preferência, de entre notários de carreira; atribui-se competência genérica de excepção a certas entidades para a prática de actos notariais em caso de calamidade pública; opera-se uma modificação substancial nos preceitos regulamentadores dos livros notariais, no sentido da sua racionalização e operacionalidade, com consagração expressa do recurso ao tratamento informático; reduz-se o prazo para destruição de livros e de documentos já sem utilidade, e altera-se o preceito relativo à estatística, substituindo-se a sua expressa menção nos actos por uma cota de referência à margem, permitindo-se, assim, a imediata extracção de certidões por fotocópia.

Destaque merece a previsão de recurso a qualquer meio gráfico na elaboração de testamentos, quando o notário estiver em exercício, acautelando-se, todavia, a indispensável confidencialidade deste tipo de documentos.

Por fim, eliminam-se do Código todas as referências às secretarias notariais, cuja extinção está já em curso, remetendo-se a sua regulamentação para as disposições transitórias do presente diploma.

Assim:

Ao abrigo da alínea *a*) do nº 1 do artigo 201º da Constituição, o Governo decreta o seguinte:

(Cfr. Declaração de Rectificação nº 130/95, de 31-10)

Artigo 1º
Aprovação do Código do Notariado

É aprovado o Código do Notariado, que faz parte integrante do presente diploma.

Artigo 2º
Alteração ao DL nº 21/87, de 12 de Janeiro

O artigo único do DL nº 21/87, de 12 de Janeiro, passa a ter a seguinte redacção:

(Não se disponibiliza por não se inserir no âmbito da presente publicação)

Artigo 3º
Secretarias notariais

Enquanto não forem extintas, as secretarias notariais regem-se pelas normas que lhes respeitem, constantes do presente diploma.

Artigo 4º
Distribuição do serviço

1 – Nas secretarias notariais, a distribuição do serviço é feita pela forma seguinte:

a) Os actos indicados na alínea *a*) do nº 2 do artigo 4º do Código do Notariado e os restantes instrumentos lavrados em livros são distribuídos por escala, entre todos os notários, pelo director da secretaria;

b) Os demais actos e serviços, incluindo os de expediente, serão distribuídos por forma que cada um dos notários os dirija semanalmente.

2 – É lícito aos testadores ou aos outorgantes escolherem o notário a quem queiram confiar a elaboração dos seus testamentos públicos, dos instrumentos de aprovação de testamentos cerrados ou internacionais ou das suas escrituras.

3 – Os interessados podem também escolher o notário, quando o acto seja lavrado fora do cartório ou fora das horas regulamentares do serviço.

4 – Os actos que forem praticados nas condições previstas nos nºs 2 e 3 são levados em conta na distribuição.

Artigo 5º
Livros das secretarias notariais

1 – As secretarias notariais têm, para o serviço comum dos cartórios, os livros seguintes:

a) Livro de distribuição;

b) Livro de apuramento e divisão de emolumentos;

c) Livro de inventário da secretaria.

2 – No livro a que se refere a alínea *a*) do número anterior faz-se o registo da divisão, entre os notários da secretaria, dos instrumentos a ela sujeitos.

3 – O livro a que se refere a alínea *b*) do nº 1 destina-se ao apuramento mensal dos emolumentos da secretaria, mediante transporte dos apuramentos totais registados nos livros dos cartórios, e ainda à divisão entre os funcionários e o Cofre dos Conservadores, Notários e Funcionários de Justiça dos emolumentos que hajam sido apurados.

4 – Os livros e os maços de documentos que não sejam privativos de algum dos cartórios da secretaria são integrados no arquivo do cartório do notário-director e relacionados no respectivo livro de inventário.

5 – O livro de contas de receita e despesa é comum a todos os cartórios das secretarias.

6 – A legalização dos livros compete ao notário ou ao director da secretaria, conforme estes sejam privativos do cartório ou comuns da secretaria.

Artigo 6º
Entrada em vigor

O Código do Notariado e o presente diploma entram em vigor no dia 15 de Setembro de 1995.

Artigo 7º
Norma revogatória

É revogado o Código do Notariado, aprovado pelo DL nº 47 619, de 31 de Março de 1967, com as alterações que lhe foram introduzidas pelos Decretos-Leis nºs 513-F/79, de 24 de Dezembro, 193-A/80, de 18 de Junho, 194/83, de 17 de Maio, 286/84, de 23 de Agosto, 321/84, de 2 de Outubro, 67/90, de 1 de Março, e pelo artigo 5º do DL nº 227/94, de 8 de Setembro.

Visto e aprovado em Conselho de Ministros de 11 de Maio de 1995. – *Aníbal António Cavaco Silva – Eduardo de Almeida Catroga – Álvaro José Brilhante Laborinho Lúcio.*

Promulgado em 13 de Julho de 1995.

Publique-se.

O Presidente da República, MÁRIO SOARES.

Referendado em 17 de Julho de 1995.

O Primeiro-Ministro, *Aníbal António Cavaco Silva.*

Código do Notariado

TÍTULO I
Da organização dos serviços notariais

CAPÍTULO I
Disposições gerais

Artigo 1º
Função notarial

1 – A função notarial destina-se a dar forma legal e conferir fé pública aos actos jurídicos extrajudiciais.

2 – Para efeitos do disposto no número anterior, pode o notário prestar assessoria às partes na expressão da sua vontade negocial.

ANOTAÇÕES

Ao nº 1

1. Este número reproduz quase *ipsis verbis* o artigo 1º do código de 1967.

2. As notas lançadas a essa disposição legal na edição oficial levada a efeito pela então Direcção-Geral dos Registos e do Notariado são de tal modo elucidativas e actuais que, com a devida vénia, merecem ser aqui reproduzidas.

"Definir a função que ao notário compete preencher é problema que oferece sérias dificuldades, a ponto de, até ao presente, não obstante o muito que tem sido escrito sobre a matéria, não se ter ainda encontrado uma noção completa e plenamente satisfatória.

Consciente de que uma definição da função notarial, dada a natureza limitativa sempre inerente a toda e qualquer definição, nunca poderá atingir perfeição conceitual inatacável, ao encarar o problema, o legislador português entendeu dever optar pela orientação de, através do conteúdo do artigo em anotação, apenas fixar aquilo que, no consenso comum, constitui o essencial da função em causa, ou seja a formalização dos actos jurídicos extrajudiciais, aliada à autenticidade que o notário lhes imprime, por via da fé pública de que goza.

Sem deixar de pôr em primeiro plano o que realmente é a função notarial no seu aspecto nuclear, a fórmula adoptada permite, assim, que não possam ser consideradas estranhas à esfera da actividade dos notários múltiplas manifestações funcionais da mais diversa espécie e variado alcance.

É que, além dos actos jurídicos (expressão compreensiva quer dos negócios jurídicos propriamente ditos, quer das declarações volitivas unilaterais de carácter negocial), a eventual intervenção do notário abrange numerosos factos e actos não negociais, para os quais as exigências da vida moderna, dia a dia com maior frequência, reclamam garantias de autenticidade.

Por outro lado, o trabalho dos profissionais da nota, que por largo tempo se circunscreveu, fundamentalmente, à elaboração material de documentos comprovativos de determinados negócios, desde há muito deixou de ser dominado pela exclusividade do ritualismo formal dos actos para tornar-se actividade complexa, simultaneamente autenticadora e assessora dos interesses privados.

Assim, se a finalidade primária, a razão de ser da instituição notarial, consiste na elaboração, com garantias de autenticidade, da prova documental da manifestação de vontade das partes no domínio do direito privado, ao notário cabe, também por dever de ofício, prestar assistência aos particulares, orientando-os com o seu saber, sobre a melhor forma de ajustar a vontade declarada às exigências legais, condicionantes da plenitude da sua eficácia jurídica, e, consequentemente, da efectiva realização dos objectivos desejados ou acordados".

Ao nº 2

1. Sobre a possibilidade de o notário poder prestar assessoria às partes diz-se no decreto preambular:

"De entre os princípios ora claramente enunciados assume particular relevância a consagração expressa, no texto da lei, da assessoria jurídica a prestar pelo notário às partes, com vista à conformação da vontade negocial na realização dos actos da sua competência.

Atribuição tradicionalmente na competência genérica dos diversos notariados latinos, está a assessoria contemplada no presente diploma, na medida necessária à indagação, interpretação e adequação ao ordenamento jurídico da vontade das partes. Porém, a subordinação, directa e obrigatoriamente estabelecida, entre a prestação da assessoria e a prática do acto da competência do notário garante a esfera tradicional de intervenção de outros profissionais que igualmente prestam apoio jurídico.

No que respeita à competência especial dos notários, clarificam-se também alguns dos seus poderes e condensam-se no Código, em obediência às mais sãs regras de técnica legislativa, outras atribuições anteriormente previstas em diplomas avulsos.

Na lógica da causalidade entre o acto a praticar e os poderes de assessoria atribuídos ao notário, permite-se-lhe que possa requisitar, a outros serviços públicos, os documentos necessários à instrução dos actos".

2. O art. 9º do RERN (Regulamento Emolumentar dos Registos e do Notariado) prevê que os *notários públicos* possam cobrar, para além dos emolumentos devidos pela prática dos actos, referidos nos arts. 20º e 27º do mesmo diploma, *emolumentos pessoais* destinados a remunerar o estudo e preparação dos actos em função do seu grau de complexidade, a título da assessoria prestada às partes (prevendo também a possibilidade de cobrança de emolumentos pessoais pela realização dos actos fora das instalações do serviço ou fora das horas regulamentares).

Por sua vez, o art. 1º da Tabela de Honorários dos *notários privados* preceitua que pelos actos praticados por esses notários são cobrados os honorários máximos constantes do art. 10º, sendo de custo livre os demais actos, podendo cobrar ainda pelo estudo e preparação dos actos descritos na tabela, a título de assessoria, honorários até ao montante máximo de € 10,25.

Artigo 2º
Órgãos próprios

1 – O órgão próprio da função notarial é o notário.

2 – Os adjuntos e os oficiais apenas podem praticar os actos que lhes sejam cometidos por disposição legal expressa.

ANOTAÇÕES

Ao nº 1

1. O art. 13º, nº 1, da Lei Orgânica dos Serviços dos Registos e do Notariado, aprovada pelo DL nº 519-F2/79, de 29 de Dezembro, previa a existência na sede de cada concelho do continente e das regiões autónomas de um ou mais cartórios notariais públicos.

Esta situação, como se sabe, foi alterada pela entrada em vigor do DL nº 26/2004, de 4 de Fevereiro[1], que aprovou o Estatuto do Notariado (EN), criando os cartórios notariais privados.

2. O EN não conduziu, porém, à extinção automática de todos aqueles cartórios notariais públicos, como se dirá adiante, nem de outros, igualmente públicos, que a lei tinha criado com o fim de lhes atribuir competências específicas em certas matérias.

3. Continuam a existir cartórios privativos para os serviços de protesto de letras e outros títulos de crédito em Lisboa e Porto[2].

Estes cartórios têm também competência para efectuar reconhecimentos de letra e assinatura apostas em documentos particulares, bem como para lavrar termos de autenticação dos mesmos documentos, autenticar fotocópias, fazer procurações e arquivar documentos a pedido das partes[3].

[1] Alterado pela Lei nº 51/2004, de 29 de Outubro, pelo DL nº 15/2011, de 25 de Janeiro, e pela Lei nº 155/2015, de 15 de Setembro, que o republicou.

[2] *Vide* nº 4 do art. 13º da citada Lei Orgânica.

[3] *Vide* nº 5 do dito art. 13º.

4. Junto de cada Centro de Formalidades das Empresas (CFE) funciona uma delegação do RNPC, um cartório notarial e um gabinete de apoio ao registo comercial.

Os cartórios notariais dos CFE são serviços externos do IRN, tendo o respectivo notário competência para praticar todos os actos ligados às actividades empresariais, bem como aos fins prosseguidos por associações e fundações, incluindo os actos de constituição ou instituição de pessoas colectivas de direito privado, cabendo-lhe ainda redigir todos os instrumentos públicos a lavrar fora dos livros de notas, autenticação de documentos particulares, reconhecimentos, certificados, certidões ou documentos análogos, directa ou indirectamente relacionados com as actividades ou finalidades dos CFE, cujo regime jurídico consta do DL nº 78-A/98, de 31 de Março.

5. O DL nº 35/2000, de 14 de Março, veio permitir que pudessem ser criados por portaria do Ministro da Justiça cartórios notariais de competência especializada (CNCE), funcionando como serviços externos da Direcção-Geral dos Registos e do Notariado.

A competência dos CNCE está definida na respectiva portaria de criação em função dos intervenientes nos actos notariais ou da actividade exercida pelas entidades envolvidas.

A título meramente exemplificativo, a Portaria nº 77-A/2001, de 7 de Fevereiro, criou no concelho de Matosinhos, junto da AEP-Associação Empresarial de Portugal, o 1º cartório notarial de competência especializada onde podem ser lavrados os seguintes actos notariais: os ligados à actividade comercial e cooperativa, bem como aos fins prosseguidos por associações e fundações, incluindo os actos de constituição ou instituição de pessoas colectivas de direito privado; os instrumentos públicos a lavrar fora dos livros de notas; a autenticação de documentos particulares; os reconhecimentos; e os certificados, certidões ou documentos análogos.

6. Surgiu, entretanto, como se disse, o citado DL nº 26/2004, consagrando uma nova figura de notário que reveste uma dupla condição: a de oficial público, enquanto depositário de fé pública delegada pelo Estado, e a de profissional liberal, que exerce a sua actividade num quadro independente.

Na primeira condição, de oficial detentor de fé pública, o notário continua dependente do Ministro da Justiça, a cujo poder disciplinar e regulamentar está sujeito.

Na segunda condição, ficando desvinculado do estatuto de funcionário público de que anteriormente gozava, o notário aparece integrado numa nova classe profissional, liberal e independente.

O notário é, no sistema do notariado latino, oficial público, agindo com independência e imparcialidade perante os intervenientes nos negócios jurídicos por si formalizados, e, simultaneamente, profissional de direito, livremente escolhido pelas partes, a quem presta aconselhamento e assessoria jurídica.

A autoria dos documentos é imputada aos notários, mesmo quando deles seja apresentada minuta, assumindo, por isso, a natureza de documentos públicos e a sua feitura pode ser por eles recusada, quando o acto solicitado for contrário à lei.

Ao nº 2

1. No novo sistema de notariado, o notário pode, sob sua responsabilidade, autorizar os seus trabalhadores, desde que possuam a adequada formação, a praticar determinados actos ou certas categorias de actos, nas condições constantes da Portaria nº 55/2011, de 28 de Janeiro, devendo essa autorização ser expressa e o respectivo texto afixado no cartório notarial em local acessível ao público.

A autorização não pode abranger os actos titulados por escritura pública, os testamentos públicos, instrumentos de aprovação, de abertura e de depósito de testamentos cerrados ou de testamentos internacionais e respectivos averbamentos, as actas de reuniões de órgãos sociais, procurações e termos de autenticação nos documentos particulares que substituem escrituras nos termos do art. 22º do DL nº 116/2008, de 4 de Julho[4].

O notário deve promover o registo electrónico do teor da autorização concedida, bem como da sua alteração, rectificação, revogação ou caducidade, no sítio da Internet com o endereço *www.notarios.pt*, mantido pela Ordem dos Notários, acompanhada da ficha de identificação do trabalhador e da sua assinatura e rubrica.

[4] Cfr. art. 8º do EN, na redacção do DL nº 15/2011, de 25 de Janeiro. No entanto, pelo que toca às procurações, a lei quis certamente restringir a não autorização apenas às lavradas por instrumento público e não às lavradas por documento escrito e assinado pelo representado, em que se reconheça presencialmente a letra e assinatura, ou por documento autenticado (*vide* nº 1 do art. 116º).

2. A criação de cartórios notariais privados na generalidade dos concelhos do país não provocou a extinção total dos cartórios notariais públicos aludidos no nº 1 do art. 13º da citada Lei Orgânica, o que levou o legislador, através do artigo único da Portaria nº 237/2007, de 8 de Março, a estatuir que os cartórios notariais públicos do continente e da Região Autónoma dos Açores, com excepção dos cartórios de competência especializada, ficavam anexados aos serviços anexados [dos registos civil e predial], às conservatórias do registo predial ou às conservatórias do registo civil localizadas na área do respectivo município, nos termos a determinar por despacho do director-geral dos Registos e do Notariado, até à tomada de posse do notário privado que iniciasse funções.

Esse despacho, com o nº 31/2007, de 12 de Março, veio esclarecer que os notários e os oficiais do notariado, que prestavam serviço nos cartórios notariais abrangidos por aquela Portaria, ficavam automaticamente afectos, com a mesma categoria funcional, aos serviços dos registos localizados na área dos municípios em que se consumava a anexação, precedida da tomada de posse do notário privado.

Mais se determinou no aludido despacho que os oficiais do notariado teriam de executar os serviços de registo e de notariado que lhes fossem distribuídos pelo conservador ou pelo notário a quem coubesse a direcção da repartição.

Artigo 3º
Órgãos especiais

1 – Excepcionalmente, desempenham funções notariais:

a) Os agentes consulares portugueses;

b) Os notários privativos das câmaras municipais e da Caixa Geral de Depósitos recrutados, de preferência, de entre os notários de carreira;

c) Os comandantes das unidades ou forças militares, dos navios e aeronaves e das unidades de campanha, nos termos das disposições legais aplicáveis;

d) As entidades a quem a lei atribua, em relação a certos actos, a competência dos notários.

2 – Em caso de calamidade pública podem desempenhar todos os actos da competência notarial quaisquer juízes ou sacerdotes e, bem assim, qualquer notário, independentemente da área de jurisdição do respectivo serviço.

3 – Os actos praticados no uso da competência de que gozam os órgãos especiais da função notarial devem obedecer ao preceituado neste Código, na parte que lhes for aplicável.

ANOTAÇÕES

Ao nº 1 *a*)

1. Os titulares dos consulados-gerais, dos consulados, dos vice-consulados e das agências consulares, e os encarregados das secções consulares são órgãos especiais da função notarial, tendo competência, juntamente com os cônsules-gerais-adjuntos e os cônsules-adjuntos, por aqueles expressamente autorizados, para a prática de actos notariais relativos a portugueses que se encontrem no estrangeiro ou que devam produzir os seus efeitos em Portugal[5].

Não se pode esquecer que, de acordo com o nº 3 do artigo em anotação, os actos praticados no uso da competência de que gozam os órgãos especiais devem obedecer ao preceituado no Código do Notariado, na parte que lhes for aplicável.

O funcionário consular designado nos termos do art. 12º do diploma referido na nota de rodapé e outros funcionários consulares especialmente designados para o efeito pelo Ministro dos Negócios Estrangeiros podem desempenhar as mesmas funções com excepção de escrituras, testamentos públicos ou instrumentos de aprovação, depósito ou abertura de testamentos cerrados e internacionais, regendo-se o exercício das funções pelas disposições do código do notariado[6].

2. Os emolumentos consulares dos actos de notariado encontram-se previstos nos arts. 34º a 47º da Portaria nº 320-C/2011, de 30 de Dezembro, alterada pela Portaria nº 296/2012, de 28 de Setembro, que a republicou na íntegra.

[5] Cfr. art. 55º e nº 1 do art. 56º do Regulamento Consular, aprovado pelo DL nº 71/2009, de 31 de Março.

[6] Nº 2 do art. 56º e art. 57º do dito Regulamento.

Encontram-se aí tabelados, v.g., os testamentos e os instrumentos alusivos aos testamentos cerrados e internacionais, as escrituras, os diversos instrumentos avulsos, os reconhecimentos de assinatura, os termos de autenticação, as traduções e os certificados de exactidão de traduções, as certidões, certificados, públicas-formas e documentos análogos, registos de documentos.

Podem ainda ser consultados nos arts. 63º e ss. alguns casos de tributação de outros actos atinentes ao notariado não previstos naqueles artigos primeiramente enunciados.

3. Para além dos emolumentos previstos na tabela aprovada pela indicada Portaria, o art. 83º dessa tabela preceitua ainda que, entre outros encargos, deve ser cobrado o imposto de selo.

Ao nº 1 *b*)

1. Quanto à existência de notários privativos – igualmente prevista no art. 127º do EN – e pelo que às câmaras municipais diz respeito, a Lei nº 75/2013, de 12 de Setembro, prevê na alínea *b*) do nº 2 do art. 35º que compete ao presidente da câmara municipal designar o trabalhador que serve de oficial público para lavrar todos os contratos nos termos da lei.

Também aqui se aplica o nº 3 do artigo em anotação, segundo o qual os actos praticados no uso da competência de que gozam os órgãos especiais devem obedecer ao preceituado no Código do Notariado, na parte que lhes for aplicável.

A competência dos funcionários do município para o desempenho de funções notariais é controversa, como se pode ver pelos pareceres do CT nºs CN 4/2019 e RP 189/2010, acessíveis no *site* do IRN.

A conclusão II deste último parecer aponta no seguinte sentido: *"Podem ser havidos como documentos autênticos os actos notariais exarados por quem exerça de facto (publicamente) as funções de notário privativo da câmara municipal, a não ser que os intervenientes ou beneficiários tivessem conhecimento (efectivo, positivo), no momento da sua feitura, da incompetência ou da irregularidade da investidura da entidade tituladora".*

2. No que tange à Caixa Geral de Depósitos, o art. 45º do DL nº 48 953, de 5 de Abril de 1969 – mantido em vigor pela alínea *a*) do nº 2 do art. 9º do DL nº 287/93, de 20 de Agosto –, preceitua que a dita Caixa (as instituições anexas a que se refere o texto do artigo já não existem) dispõe de notário privativo, com as habilitações e a competência dos

notários públicos, para lavrar os actos e contratos em que intervenha, e de ajudantes, todos nomeados pelo Ministro das Finanças, ouvido o Ministro da Justiça e mediante proposta do conselho de administração.

A competência do notário e dos seus ajudantes será cumulativa e exercida em todas as dependências da Caixa, conforme as conveniências do serviço e a comodidade dos clientes.

Os documentos lavrados ou autenticados pelo notário e seus ajudantes serão, para todos os efeitos, considerados documentos autênticos.

Ao nº 1 *c*)

Exemplos de disposições legais que atribuem funções notariais às entidades especificadas na alínea *c*) do nº 1 do artigo em anotação são os arts. 2210º e ss., 2214º e ss. e 2219º do CC, respeitantes, respectivamente, ao testamento de militares e pessoas equiparadas, ao testamento feito a bordo de navio e ao testamento feito a bordo de aeronave.

De igual modo, tem de se aplicar a doutrina do nº 3 do artigo em anotação e, portanto, os actos praticados no uso da competência de que gozam os órgãos especiais devem obedecer ao preceituado no Código do Notariado, na parte que lhes for aplicável.

Ao nº 1 *d*)

1. Há diversas entidades a quem a lei atribui, relativamente a certos actos, a competência dos notários.

Essa competência está, porém, condicionada à existência de preceito especial de lei que a reconheça e tem sido sempre limitada a certa categoria de actos relativamente aos quais se mostre plenamente justificada a medida.

Isto porque, de um lado, o melindre e particular responsabilidade da actividade notarial mal se compadece com o seu exercício por entidades que não possuam a necessária preparação geral e especializada, mas muito principalmente porque o uso desmesurado da faculdade aludida faria correr o risco de esvaziar-se a função, sem interesse capaz de o justificar e com todos os inconvenientes resultantes da dispersão[7].

Para referenciar apenas um caso muito antigo de entidades a quem a lei tenha atribuído, em relação a certos actos, a competência dos notários, diremos que desde a entrada em vigor do Decreto nº 2 607, de 2 de

[7] Como avisadamente se observa no comentário ao correspondente artigo 3º do CN na edição de 1973 da extinta Direcção-Geral dos Registos e do Notariado.

Setembro de 1916, os directores do Arquivo Nacional, das bibliotecas do Estado e dos arquivos distritais têm legitimidade para passar certidões dos documentos notariais que hajam sido ou venham a ser transferidos para esses estabelecimentos.

2. Mais recentemente – de forma precipitada, em muitos casos –, têm vindo a ser publicados vários diplomas legais concedendo a diversas entidades – instituições de crédito, advogados, solicitadores, câmaras de comércio e indústria, juntas de freguesia, operador de serviço público de correios, CTT – Correios de Portugal, S.A., conservadores e oficiais dos registos – algumas competências próprias dos notários, quer permitindo a celebração, através de documento particular, de determinados actos que estavam obrigatoriamente sujeitos a escritura pública, quer autorizando a prática de actos que só por notários podiam ser realizados.

Assim:

2.1. O DL nº 255/93, de 15 de Julho, dispensou a realização, através de escritura pública, da compra e venda com mútuo, garantido ou não por hipoteca, referente a prédio urbano ou fracção autónoma destinada a habitação, desde que o documento seja lavrado pela instituição de crédito mutuante, autorizada a conceder crédito à habitação, o que passou a constituir uma excepção à regra contida nos arts. 875º do CC e 80º nº 1 do CN.

2.2. O DL nº 28/2000, de 13 de Março atribuiu às juntas de freguesia, ao operador de serviço público de correios, CTT – Correios de Portugal, S.A., às câmaras de comércio e indústria, reconhecidas nos termos do DL nº 244/92, de 29 de Outubro, aos advogados e aos solicitadores competência para a extracção de fotocópias dos originais que lhes sejam presentes para certificação e a certificação da conformidade de fotocópias com os documentos originais que lhes sejam apresentados para esse fim.

Para tanto, as referidas entidades têm de apor ou inscrever nos documentos fotocopiados a declaração de conformidade com o original, o local e a data de realização do acto, o nome e assinatura do autor da certificação, bem como o carimbo profissional ou qualquer outra marca identificativa da entidade que procede à certificação, atribuindo a lei a essas fotocópias o valor probatório dos originais (valor de pública-forma, necessariamente).

Pelo serviço de certificação das fotocópias, os autores das certificações não podem cobrar um preço superior ao da tabela em vigor nos cartórios notariais.

2.3. O *DL nº 36/2000, de 14 de Março*, dispensou a exigência da escritura pública, relativamente aos seguintes actos:

– alteração do contrato de sociedade, desde que a respectiva deliberação conste de acta lavrada por notário e não respeite a aumento de capital ou de acta lavrada pelo secretário da sociedade e não respeite a alteração do montante do capital ou do objecto da sociedade, com o que ficou alterado o nº 3 do art. 85º do CSC;

– dissolução da sociedade, quando for deliberada pela assembleia geral e a acta da deliberação tenha sido lavrada por notário ou pelo secretário da sociedade, com o que se alterou o nº 1 do art. 145º do CSC, o qual só dispensava a escritura, se a acta fosse lavrada por notário;

– constituição originária da sociedade unipessoal por quotas, se não forem efectuadas entradas em bens diferentes de dinheiro para cuja transmissão seja necessária escritura pública, com o que se deu nova redacção ao nº 4 do art. 270º-A do CSC;

– "transformação" de sociedade por quotas ou de estabelecimento individual de responsabilidade limitada (EIRL) em sociedade unipessoal por quotas, se da sociedade ou do EIRL transformados não fizerem parte bens para cuja transmissão seja necessária a escritura pública, dando-se, desse modo, nova redacção à alínea *b*) do nº 3 e ao nº 6 do citado art. 270º-A do CSC;

– constituição de EIRL, se não forem efectuadas entradas em bens diferentes de dinheiro para cuja transmissão seja necessária escritura pública, resultando daqui nova redacção do nº 1 do art. 2º do DL nº 248/86, de 25 de Agosto;

– alteração do acto constitutivo do EIRL, salvo quando envolva aumento de capital com entradas em bens diferentes de dinheiro para cuja transmissão seja necessária escritura pública, com o que se alterou a redacção do nº 1 do art. 16º do dito DL nº 248/86;

– redução do capital do EIRL, se o seu titular obtiver autorização judicial, alterando-se, assim, a redacção do nº 1 do art. 19º desse DL nº 248/86;

– constituição de agrupamento complementar de empresas sem capital próprio ou se não forem efectuadas entradas em bens diferentes de dinheiro para cuja transmissão seja necessária escritura pública, de que resultou alteração do nº 2 da Base III da Lei nº 4/73, de 4 de Junho.

2.4. O DL nº 64-A/2000, de 22 de Abril, também dispensou a escritura pública para a formalização de arrendamentos sujeitos a registo, de arrendamentos para comércio, indústria ou exercício de profissão liberal, de cessões de exploração de estabelecimento comercial ou industrial, de trespasses e de cessões da posição de locatário nos arrendamentos para o exercício de profissões liberais, tendo permitido ainda que pudessem ser feitos pelas câmaras de comércio e indústria e por advogados e solicitadores reconhecimentos de assinaturas com menções especiais, por semelhança, nos termos previstos no CN, e traduções (ou certificações de tradução) de documentos, com a mesma força probatória que teriam se fossem realizados por notários.

2.5. O *DL nº 237/2001, de 30 de Agosto*, alterou a redacção do nº 3 do art. 23º, dos nºs 2 e 3 do art. 182º, do nº 5 do art. 219º e do nº 2 do art. 221º, todos do CSC, e ainda do art. 3º do DL nº 513-Q/79, de 26 de Dezembro, de que resultou ser igualmente dispensada a exigência da escritura pública nos seguintes actos:

– penhor de participações sociais;

– transmissão entre vivos de (e a constituição de direitos reais de gozo sobre) parte social nas sociedades em nome colectivo, quando a sociedade não tivesse bens imóveis;

– unificação de quotas;

– partilha (e a divisão entre contitulares) de quotas; e

– constituição de sociedades de advogados, excepto quando haja entradas de bens imóveis (o DL nº 229/2004, de 10 de Dezembro, continua a prever no nº 3 do seu art. 7º que o contrato de sociedade pode constar de documento particular, salvo quando haja entrada de bens imóveis).

O falado DL nº 237/2001 permitiu ainda que possam ser feitos pelas câmaras de comércio e indústria e por advogados e solicitadores reconhecimentos de assinaturas com menções especiais, por semelhança, nos termos previstos no CN, e traduções (ou certificações de tradução) de documentos, com a mesma força probatória que têm quando realizados por notários.

À semelhança do que acontece com o serviço de certificação de fotocópias – que o DL nº 28/2000, de 13 de Março, antes referido, veio permitir às entidades nele mencionadas –, também por este serviço de reconhecimento de assinaturas e de traduções (ou certificações de tradução) de documentos, não pode ser cobrado preço superior ao da tabela em vigor nos cartórios notariais.

2.6. O *DL nº 111/2005, de 8 de Julho* (alterado pelos DLs nºs 76-A/2006, de 29 de Março, 125/2006, de 29 de Junho, 318/2007, de 26 de Setembro, 247-B/2008, de 30 de Dezembro, 99/2010, de 2 de Setembro, e 33/2011, de 7 de Março), criou o regime especial de constituição imediata de sociedades comerciais e civis sob a forma comercial do tipo por quotas e anónima, conhecido por *"Empresa na hora"*, perante as conservatórias do registo comercial (ou de quaisquer outros serviços desconcentrados do IRN) e os seus postos de atendimento nos Centros de Formalidades de Empresas, os quais tramitam integralmente o procedimento, incluindo a promoção da liquidação do IMT e de outros impostos que sejam devidos, tendo em conta os negócios jurídicos a celebrar, e a prática de todos os actos de registo comercial, predial ou de veículos efectuados em consequência do procedimento.

Este regime não é aplicável às sociedades anónimas europeias, sendo pressupostos da sua aplicação a opção por pacto ou acto constitutivo de modelo aprovado pelo presidente do IRN e, se o capital da sociedade for total ou parcialmente realizado mediante entradas em bens diferentes de dinheiro sujeitos a registo, os bens estiverem registados definitivamente em nome do sócio que os dá como entrada, o que os serviços de registo verificarão oficiosamente através do acesso directo às bases de dados respectivas (é claro que neste caso deve ser apresentado o relatório elaborado por um revisor oficial de contas sem interesses na sociedade, nos termos do art. 28º do CSC).

O procedimento de constituição imediata de sociedades, em que o capital seja total ou parcialmente realizado mediante entradas em bens diferentes de dinheiro sujeitos a registo, está sujeito ao agendamento da data da sua realização, nos termos que se encontram consagrados na Portaria nº 3/2009, de 2 de Janeiro.

É ainda pressuposto da aplicação do regime a escolha da firma da sociedade através da aprovação no posto de atendimento ou da escolha de firma constituída por expressão de fantasia previamente criada e reservada a favor do Estado, associada ou não à aquisição de uma marca previamente registada a favor do Estado, ou da apresentação de certificado de admissibilidade de firma.

As assinaturas dos intervenientes no acto, apostas no pacto ou acto constitutivo, têm de ser reconhecidas presencialmente pelo conservador ou pelos oficiais do registo.

Com a aprovação deste DL nº 111/2005, os actos relativos às sociedades comerciais sujeitos a publicação obrigatória passaram a ser publicados em sítio da Internet de acesso público, com o endereço electrónico *www.mj.gov.pt/publicacoes*, em vez do DR.

2.7. O *DL nº 76-A/2006, de 29 de Março,* dando nova redacção aos arts. 3º nº 3, 7º nº 1, 18º nºs 2 e 3, 19º nº 1 c) e d), 26º, 28º, 29º nº 1 c), 36º nº 2, 37º nº 1, 38º nº 1, 39º nº 1, 40º nº 1, 42º nº 1 e), 85º nº 3, 88º nº 1, 93º nº1, 106º, 120º, 135º, 145º, 182º nº 2, 219º nº 5, 221º nº 2, 228º, 237º nº 2, 268º nº 2, 270º-A nºs 3 e 5 e 370º do CSC, eliminou a obrigatoriedade de escritura pública nos actos relativos a sociedades comerciais, a seguir indicados (com ressalva das situações em que se verifique a transmissão de um bem imóvel, casos em que continua a ser exigida a forma legalmente determinada para negócios jurídicos que envolvam bens desta natureza):

- constituição;
- alteração do contrato ou estatutos;
- aumento de capital;
- alteração da sede ou objecto;
- fusão;
- cisão;
- transformação e
- dissolução.

A eliminação da obrigatoriedade de escritura pública abrangeu também:

- o contrato constitutivo dos agrupamentos complementares de empresas (ACE);
- a constituição das cooperativas de ensino;
- a constituição das "régies cooperativas" ou cooperativas de interesse público;
- a constituição do estabelecimento individual de responsabilidade limitada (salvo se forma mais solene for exigida para a transmissão dos bens que representam o capital inicial do estabelecimento);
- a constituição das caixas agrícolas;
- a constituição das cooperativas de 1º grau, bem como as alterações de estatutos, a fusão e a cisão de cooperativas, de que resultaram alterados os arts. 10º, 13º e 76º do Código Cooperativo, aprovado pela Lei nº 51/96, de 7 de Setembro;
- a constituição das empresas municipais, intermunicipais e regionais, de que resultou ter-se alterado o art. 5º da Lei nº 58/98, de 18 de Agosto;
- a constituição das cooperativas de habitação e construção, alterando-se a redacção do art. 3º do DL nº 502/99, de 19 de Novembro;
- a constituição das cooperativas de comercialização, alterando-se a redacção do art. 5º do DL nº 523/99, de 10 de Dezembro; e
- a constituição de sociedade anónima europeia com sede em Portugal, bem como a alteração dos estatutos decorrente da transferência de

sede de sociedade anónima europeia para Portugal, alterando-se o art. 4º do regime jurídico das sociedades anónimas europeias, aprovado pelo DL nº 2/2005, de 4 de Janeiro.

A preocupação do legislador em abolir a exigência de escritura pública nos actos relativos a sociedades comerciais foi tal que o nº 2 do art. 39º desse DL nº 76-A/2006 veio determinar que "todas as disposições legais, regulamentares ou outras que pressuponham ou exijam a celebração de escritura para a prática de actos societários equivalentes àqueles em relação aos quais se torna esta forma facultativa devem ser entendidas como pressupondo ou exigindo a forma estabelecida pelo presente decreto-lei".

(Anote-se, além disso, que o art. 4º-A do CSC, na redacção dada por este diploma, prescreveu que "a exigência ou a previsão de forma escrita, de documento escrito ou de documento assinado, feita no presente código em relação a qualquer acto jurídico, considera-se cumprida ou verificada ainda que o suporte em papel ou a assinatura sejam substituídos por outro suporte ou por outro meio de identificação que assegurem níveis pelo menos equivalentes de inteligibilidade, de durabilidade ou de autenticidade", tendo o nº 1 do citado art. 39º acrescentado que a exigência, para prova de determinado facto, de certidão de qualquer escritura pública que tenha sido tornada facultativa por este decreto-lei, deve ser entendida como referindo-se a certidão do registo comercial que inclua os elementos necessários à prova dos factos)

Mas o DL nº 76-A/2006 não se ficou pela eliminação da obrigatoriedade de escritura relativamente aos actos mencionados supra.

Eliminou também a obrigatoriedade de existência dos livros da escrituração mercantil nas empresas (livros de inventário, balanço, diário, razão e copiador, mantendo apenas os livros de actas, que, no entanto, já não necessitam de ser legalizados nas conservatórias); modificou o regime da fusão e cisão de sociedades (para os quais bastam agora dois registos na conservatória e três publicações num sítio na Internet, a efectuar por via electrónica); previu a possibilidade de praticar actos de registo *online*; adoptou medidas tendentes a permitir que as empresas possam ter uma certidão permanentemente disponível num sítio na Internet, evitando, assim, que qualquer entidade pública possa exigir a correspondente certidão em papel (a Portaria nº 1416-A/2006, de 19 de Dezembro, veio depois regular a criação desta certidão permanente, que reproduz os registos em vigor respeitantes a uma sociedade ou outra entidade sujeita a registo, sendo o serviço *certidão permanente* prestado mediante a subscrição de uma assinatura – sujeita ao pagamento de determinadas taxas – que pode ter a duração de um, dois, três ou quatro anos); e acabou com a competência territorial das conservatórias do registo comercial, além de outras medidas que não interessa aqui frisar.

Igualmente importante foi a aprovação do regime jurídico dos procedimentos administrativos de dissolução e de liquidação de entidades comerciais (RJPADLEC, pontualmente alterado pelos DLs nºs 318/2007, de 26 de Setembro, e 209/2012, de 19 de Setembro), o qual veio conferir às conservatórias do registo comercial competência para poderem proceder à "dissolução e liquidação na hora" das sociedades comerciais, quando determinados pressupostos se verifiquem, e à dissolução e liquidação administrativa e oficiosa de entidades comerciais, por iniciativa do Estado, quando existam indicadores objectivos de que essas entidades, embora permaneçam juridicamente existentes, já não têm actividade, acolhendo-se igualmente um procedimento administrativo, da competência das mesmas entidades, para os casos legais de dissolução e liquidação de entidades comerciais, a requerimento de sócios e credores da entidade comercial.

Por fim, a competência – atribuída às câmaras de comércio e indústria, aos advogados e aos solicitadores pelo DL nº 237/2001, de 30 de Agosto, no que tangia aos reconhecimentos de assinaturas com menções especiais, por semelhança, e às traduções (ou certificações de tradução) de documentos – foi agora concedida, pelo art. 38º deste DL nº 76-A/2006, quer a essas entidades, quer aos conservadores e oficiais de registo, mas de forma mais ampla, na medida em que lhes é permitido fazer reconhecimentos simples e com menções especiais, presenciais e por semelhança, autenticar documentos particulares, certificar (ou fazer e certificar) traduções de documentos nos termos previstos na lei notarial, com a mesma força probatória que teriam se tivessem sido realizados com intervenção notarial.

A validade dos *reconhecimentos* simples e com menções especiais, presenciais e por semelhança, dos *termos de autenticação* de documentos particulares, dos *certificados de tradução* de documentos ou das próprias *traduções*, quando efectuados pelas câmaras de comércio e indústria, por advogados ou solicitadores, ficou dependente do *registo em sistema informático*, cujo funcionamento, respectivos termos e custos associados foram depois definidos pela Portaria nº 657-B/2006, de 29 de Junho.

2.8. O *DL nº 125/2006, de 29 de Junho* (alterado pelos DLs nºs 318/ /2007, de 26 de Setembro, 247-B/2008, de 30 de Dezembro, 33/2011, de

7 de Março, e 209/2012, de 19 de Setembro), introduziu no nosso ordenamento jurídico uma via inovadora para a constituição de sociedades comerciais e civis sob forma comercial do tipo por quotas e anónima (*constituição online de sociedades*, com ressalva das sociedades cujo capital seja realizado com recurso a entradas em espécie em que, para a transmissão dos bens com que os sócios entram para a sociedade, seja exigida forma mais solene do que a forma escrita e sociedades anónimas europeias), através do sítio na Internet com o endereço *www.portaldocidadao.pt*, mantido pelo IRN, constando da Portaria nº 657-C/2006, da mesma data de 29 de Junho, a designação, o funcionamento e as funções do sítio que permite a *constituição online* dessas sociedades, bem como os termos em que se deve processar a indicação dos dados e a entrega de documentos pelos interessados.

O procedimento de constituição destas sociedades é da competência do RNPC, independentemente da localização da sede da sociedade a constituir, podendo o RNPC distribuir por outras conservatórias do registo comercial a tramitação dos procedimentos de constituição *online* de sociedades, nos termos que forem fixados por despacho do presidente do IRN.

Além das pessoas directamente interessadas na constituição da sociedade comercial (pessoas singulares e pessoas colectivas), também os advogados, os solicitadores e os notários podem recorrer ao regime previsto no citado DL nº 125/2006, enviando através do sítio na Internet o pacto ou o acto constitutivo da sociedade, com as assinaturas dos seus subscritores reconhecidas presencialmente e certificando a identidade, a capacidade, os poderes de representação e a vontade dos interessados, *sempre com utilização de um meio de validação electrónico da sua identidade.*

Quanto à escolha da firma, os interessados podem optar por uma firma constituída por expressão de fantasia previamente criada e reservada a favor do Estado, como na "empresa na hora" criada pelo dito DL nº 111/2005, ou pela obtenção de uma firma admissível por eles escolhida por via exclusivamente electrónica ou pelo envio de um certificado de admissibilidade da firma previamente obtido através de um meio não electrónico.

Relativamente ao pacto social ou acto constitutivo da sociedade comercial ou da sociedade civil sob a forma comercial, podem os interessados escolher um pacto social ou acto constitutivo de modelo aprovado por despacho do presidente do IRN ou a apresentação do pedido com envio de pacto ou acto constitutivo por eles elaborado e submetido à apreciação.

O diploma prevê que o registo da sociedade constituída se realize imediatamente ou no prazo máximo de dois dias úteis, consoante os interessados optem por pacto ou acto constitutivo de modelo aprovado ou por submeter pacto ou acto constitutivo por si elaborado.

O serviço competente deve comunicar a constituição da sociedade ao ficheiro central das pessoas colectivas e o código de acesso do cartão electrónico da empresa e do número de identificação da sociedade na segurança social e enviar posteriormente o cartão da empresa a título gratuito, disponibilizando gratuitamente o código de acesso à certidão permanente da sociedade pelo período de um ano.

2.9. O DL nº 8/2007, de 17 de Janeiro, alterou a redacção do art. 38º do DL nº 76-A/2006, de 29 de Março, por forma a que a competência aí atribuída às câmaras de comércio e indústria, aos advogados, aos solicitadores, aos conservadores e oficiais de registo fosse alargada à extracção de fotocópias dos originais que lhes sejam presentes para certificação, à conferência de fotocópias, à certificação da conformidade de documentos electrónicos com os documentos originais, em suporte de papel, e à digitalização dos originais que lhes sejam apresentados para certificação.

2.10. O *DL nº 263-A/2007, de 23 de Julho* (alterado pelo DL nº 122/ /2009, de 21 de Maio, pela Portaria nº 67/2010, de 3 de Fevereiro, pelo DL nº 99/2010, de 2 de Setembro, pela Portaria nº 1167/2010, de 10 de Novembro, e pelos DLs nºs 209/2012, de 19 de Setembro, e 125/2013, de 30 de Agosto) criou um procedimento especial de transmissão, oneração e registo imediato de prédios (aplicável a prédios urbanos e também, nos termos da Portaria nº 1126/2009, de 1 de Outubro, a prédios mistos, rústicos e urbanos formados, no próprio acto, a partir de outros, por fraccionamento ou emparcelamento), abrangendo os seguintes negócios jurídicos: compra e venda (que a Portaria nº 122/2017, de 24 de Março, veio estender à compra e venda com locação financeira e à divisão de coisa comum); mútuo e demais contratos de crédito e de financiamento celebrados por intermédio de instituições de crédito com hipoteca e com ou sem fiança (que a Portaria nº 1167/2010, de 10 de Novembro, veio permitir mesmo que não celebrados por intermédio de instituições de crédito); hipoteca; sub-rogação nos direitos e garantias do credor hipotecário, nos termos do art. 591º do CC; o negócio jurídico de dação em pagamento (por força da citada Portaria nº 1126/2009); a doação e a permuta de imóveis (de acordo com a Portaria nº 67/2010, de 3 de Fevereiro); e também a constituição da propriedade horizontal e a modificação do título constitutivo da propriedade horizontal (em obediência à citada Portaria nº 1167/2010).

De acordo com o parecer do Conselho Consultivo do IRN de 28.01.2016, homologado no dia seguinte pelo presidente do Conselho Directivo, o procedimento especial de transmissão, oneração e registo imediato de prédios só se aplica aos negócios jurídicos previstos nas alíneas *a*) a *d*) do nº 1 do art. 2º do DL nº 163-A/2007 ou em portaria do membro do Governo responsável pela área da justiça.

Os documentos que titulam esses negócios jurídicos são elaborados no serviço de registo, de acordo com o modelo previamente escolhido pelos interessados, nos termos que se encontram definidos no citado DL nº 263-A/2007 e regulamentados na Portaria nº 794-B/2007 da mesma data de 23 de Julho.

Para o efeito, foi criado nas conservatórias de registo e suas extensões um *"balcão único"* onde os interessados podem praticar todos os actos que a compra normalmente implica, tais como a celebração do contrato de alienação ou oneração do imóvel perante um oficial público, o pagamento dos impostos devidos, como o imposto municipal sobre as transmissões onerosas de imóveis (IMT), a obtenção da realização imediata de todos os registos, a solicitação da alteração da morada fiscal e o pedido da isenção do imposto municipal sobre imóveis (IMI), a que se reporta o art. 46º do Estatuto dos Benefícios Fiscais (EBF), na redacção da Lei nº 64/2008, de 5 de Dezembro.

(Além deste balcão único, o DL nº 116/2008, de 4 de Julho, a que aludiremos adiante, criou condições para que os serviços de registo passassem a prestar serviços relacionados com outros negócios relativos a bens imóveis em regime de "balcão único", na modalidade "Documento particular autenticado e recepção imediata do pedido de registo").

O procedimento especial de transmissão, oneração e registo imediato de prédios no "balcão único" era inicialmente da competência do serviço de registo predial da área da situação do prédio.

Como consequência da eliminação da competência territorial das conservatórias do registo predial, a Portaria nº 1534/2008, de 30 de Dezembro, veio permitir a sua realização, a partir de 1 de Janeiro de 2009, em qualquer posto de atendimento desse balcão único, independentemente da localização geográfica do imóvel, e depois o citado DL nº 122/2009 – que, como se disse, alterou o DL nº 263-A/2007, de 23 de Julho – permitiu-o a todos os serviços com competência para a prática de actos de registo predial, independentemente da área da situação dos prédios.

2.11. A *Lei nº 40/2007, de 24 de Agosto* (alterada pelo DL nº 247-B/2008, de 30 de Dezembro), criou um regime especial de constituição imediata de associações (*associação na hora*), não aplicável, no entanto, aos partidos políticos, às pessoas colectivas religiosas, às associações socioprofissionais de militares e de agentes das forças de segurança, às associações de empregadores, às associações sindicais, às comissões de trabalhadores e às associações humanitárias de bombeiros, bem como às associações cujos interessados na sua constituição concorram para o património social com bens imóveis.

É pressuposto da aplicação deste regime a opção por estatutos de modelo aprovado por deliberação do presidente do IRN, desde que o mesmo se adeqúe ao fim da associação que se pretende constituir.

A escolha da denominação da associação pode fazer-se através da opção por uma denominação aprovada no posto de atendimento ou uma denominação constituída por expressão de fantasia previamente criada e reservada a favor do Estado ou pela apresentação de certificado de admissibilidade de denominação.

Este regime da *associação na hora* abrange apenas o acto constitutivo (***deixando de fora as suas alterações e revogações, que continuam a dever ser celebradas por escritura pública***) e é da competência das conservatórias e de outros serviços previstos em portarias do membro do Governo responsável pela área da justiça (v.g. Portarias nºs 1441/2007, de 7 de Novembro; 243/2008, de 20 de Março; 569/2008, de 2 de Julho, 1092/2008, de 29 de Setembro, 1355/2008, de 27 de Novembro, 282/2009, de 19 de Março, 698/2009, de 2 de Julho, 1098/2009, de 23 de Setembro, 229/2010, de 23 de Abril, e 89/2011, de 28 de Fevereiro), independentemente da localização da sede da associação a constituir, devendo iniciar-se e concluir-se a tramitação do procedimento no mesmo dia, em atendimento presencial único.

O serviço procede ao envio posterior à associação do cartão de pessoa colectiva a título gratuito, entregando aos interessados, a título gratuito, uma certidão do acto de constituição e dos estatutos, que fará publicar electronicamente em termos idênticos aos que vigoram para os actos das sociedades comerciais.

2.12. O *DL nº 324/2007, de 28 de Setembro* (que alterou e republicou o CRC, com as alterações introduzidas pelo DL nº 247-B/2008, de 30 de Dezembro) veio permitir que se efectuassem nas conservatórias do registo civil:

a) As habilitações de herdeiros e a partilha dos bens do falecido, quando promovidas pelo cabeça-de-casal até ao final do 3º mês seguinte ao da morte do autor da sucessão, nas condições a que se reportam os arts. 210º-A e ss. do CRC.

Os procedimentos simplificados de sucessão hereditária podem incluir a celebração de um contrato de mútuo e de outros contratos de crédito e de financiamento celebrados por instituições de crédito, e respectivas garantias, bem como outros negócios jurídicos, nos termos definidos por portaria do membro do Governo responsável pela área da justiça.

É o caso da Portaria nº 60/2017, de 7 de Fevereiro, que, no seu art. 1º, veio dispor o seguinte:

"1 – Os procedimentos simplificados de sucessão hereditária que englobem partilha, e a partilha do património conjugal, tramitados no «Balcão das Heranças» e «Balcão Divórcio com Partilha» podem incluir a realização de contratos de mútuo, destinados ao pagamento de tornas, celebrados por instituições de crédito, com ou sem hipoteca e fiança.

2 – No caso de ser constituída hipoteca, os procedimentos referidos no número anterior incluem ainda a realização obrigatória e imediata do respectivo registo."

Caso os procedimentos de iniciem após o prazo de três meses seguintes à morte do autor da sucessão, o serviço de registo deve informar desse facto os competentes serviços de finanças para que estes procedam à cobrança das coimas que se mostrem devidas.

b) A partilha do património conjugal no âmbito do processo de separação de pessoas e bens ou de divórcio por mútuo consentimento, ou posteriormente, ou ainda na sequência de qualquer processo de divórcio, nas condições constantes dos arts. 272º-A a 272º-C daquele código.

A partilha dos bens comuns pode incluir também a celebração de um contrato de mútuo e de outros contratos de crédito e de financiamento celebrados por instituições de crédito, e respectivas garantias, bem como outros negócios jurídicos, nos termos definidos pela citada Portaria nº 60/2017.

Para o efeito, foram criados dois serviços de balcão único – o "Balcão das Heranças" e o serviço "Divórcio com Partilha" – onde se agregam os procedimentos relativos às heranças e ao divórcio.

O "Balcão das Heranças" permite realizar todos os actos e formalidades relacionados com a sucessão hereditária, por exemplo, a habilitação de herdeiros, a partilha dos bens imóveis, móveis ou participações sociais sujeitos a registo.

A conservatória pode solicitar o NIF da herança e fazer a participação do modelo 1 do Imposto do Selo, liquidar os impostos que se mostrem devidos, designadamente o IMT, proceder à realização dos registos e pedidos de registo dos bens partilhados e, a solicitação dos interessados, pedir a alteração da morada fiscal dos mesmos, a isenção do IMI relativa a habitação própria e permanente e a inscrição ou a actualização de prédio urbano na matriz. Nesta última situação, o interessado não tem que solicitar as plantas à câmara, porque é a conservatória que o faz e as envia ao serviço de finanças. Também não é necessário trazer quaisquer documentos que estejam em arquivo nos serviços de registo, porque a conservatória obtém-nos, sem custos adicionais para os interessados (ex: certidões de nascimento, de casamento, etc.).

Este "Balcão" pode ser utilizado para a partilha de quaisquer bens ou direitos, independentemente da sua localização territorial.

O serviço "Divórcio com Partilha" permite, no âmbito do divórcio e da separação de pessoas e bens por mútuo consentimento, ou posteriormente, ou ainda na sequência de qualquer processo de divórcio, efectuar todos os actos e formalidades relacionados com este procedimento, como a realização da partilha do património comum, independentemente da localização dos bens que o constituam, a liquidação dos impostos que se mostrem devidos e o registo dos bens imóveis, móveis sujeitos a registo e participações sociais partilhados.

A conservatória pode liquidar imposto relativos à partilha e, a solicitação dos interessados, pedir a alteração da morada fiscal dos mesmos, a isenção do IMI relativa a habitação própria e permanente e a inscrição ou a actualização de prédio urbano na matriz, do mesmo modo que no "Balcão das Heranças".

Para marcar o procedimento de que vimos falando, os interessados têm que juntar uma relação dos bens comuns, com indicação dos respectivos valores, acordo sobre o destino da casa de morada de família, acordo sobre a prestação de alimentos ao cônjuge que deles careça, certidão da sentença judicial que tiver regulado o exercício das responsabilidades parentais relativamente aos filhos menores, se os houver, ou acordo sobre o exercício das responsabilidades parentais quando existam filhos menores e não tenha previamente havido regulação judicial.

Havendo filhos menores, pode utilizar-se este balcão "Divórcio com Partilha", mas os actos de divórcio e de partilha só são marcados depois de chegar à conservatória o parecer favorável do Ministério Público quanto ao acordo sobre o exercício das responsabilidades parentais.

É claro que os interessados podem querer fazer o divórcio sem a partilha, mas, nesse caso, já não podem utilizar o balcão do "Divórcio com Partilha" para a partilha do património conjugal em momento posterior, porque o procedimento divórcio e partilha pressupõe que os actos são contínuos.

A partilha pressupõe também o registo subsequente.

c) As convenções antenupciais, quer tenham por objecto a escolha de um dos regimes de bens tipificados na lei, quer a escolha de um regime de bens atípico – cfr. arts. 189º e ss. do referido código e art. 1710º do CC.

2.13. O *DL nº 116/2008, de 4 de Julho* (alterado no seu art. 33º pelo DL nº 99/2010, de 2 de Setembro), criou condições para que, além dos notários, os advogados, as câmaras de comércio e indústria, os serviços de registo e os solicitadores passassem a prestar serviços relacionados com negócios relativos a bens imóveis, em regime de "balcão único", permitindo que tais negócios pudessem ser realizados por escritura ou documento particular autenticado.

Para tanto, o diploma legal em referência adoptou as seguintes medidas:

– por um lado, alterou a redacção dos artigos 410º, 413º, 578º, 660º, 714º, 875º, 930º, 947º, 1143º, 1232º, 1239º, 1250º, 1419º, 1422º-A e 2126º do CC e do artigo 6º do DL nº 275/93, de 5 de Agosto, com referência, respectivamente, à eficácia real da promessa de transmissão, à cessão de créditos hipotecários, à consignação de rendimentos, à hipoteca voluntária, à compra e venda, à doação, ao mútuo, à renda perpétua e à renda vitalícia, à transacção extrajudicial, à modificação do título constitutivo da propriedade horizontal, bem como à junção e à divisão de fracções, à alienação de herança ou de quinhão hereditário e ao direito real de habitação periódica;

– por outro, estabeleceu no seu art. 22º uma regra geral sobre a forma dos actos, que reza assim:

"Sem prejuízo do disposto em lei especial, só são válidos se forem celebrados por escritura pública ou documento particular autenticado os seguintes actos:

a) Os actos que importem reconhecimento, constituição, aquisição, modificação, divisão ou extinção dos direitos de propriedade, usufruto, uso e habitação, superfície ou servidão sobre coisas imóveis;

b) Os actos de constituição, alteração e distrate de consignação de rendimentos e de fixação ou alteração de prestações mensais de alimentos, quando onerem coisas imóveis;

c) Os actos de alienação, repúdio e renúncia de herança ou legado, de que façam parte coisas imóveis;

d) Os actos de constituição e liquidação de sociedades civis, se esta for a forma exigida para a transmissão dos bens com que os sócios entram para a sociedade;

e) Os actos de constituição e de modificação de hipotecas, a cessão destas ou do grau de prioridade do seu registo e a cessão ou penhor de créditos hipotecários;

f) As divisões de coisa comum e as partilhas de patrimónios hereditários, societários ou outros patrimónios comuns de que façam parte coisas imóveis;

g) Todos os demais actos que importem reconhecimento, constituição, aquisição, modificação, divisão ou extinção dos direitos de propriedade, usufruto, uso e habitação, superfície ou servidão sobre coisas imóveis, para os quais a lei não preveja forma especial".

E, para não deixar de fora da sua previsão qualquer outro acto, estatuiu no nº 2 do seu art. 23º:

"Todas as disposições legais, regulamentares ou outras que pressuponham ou exijam a celebração de escritura pública para a prática de actos que importem reconhecimento, constituição, aquisição, modificação, divisão ou extinção dos direitos de propriedade, usufruto, uso e habitação, superfície ou servidão sobre coisas imóveis ou outros equivalentes àqueles em relação aos quais se torna esta forma facultativa são entendidas como pressupondo ou exigindo a celebração de escritura pública ou a autenticação do documento particular que formaliza o acto".

Os documentos particulares autenticados que titulem actos sujeitos a registo predial devem conter os requisitos legais a que estão sujeitos os negócios jurídicos sobre imóveis, aplicando-se subsidiariamente o CN, estando a validade da autenticação destes documentos (e de todos os documentos que os instruam) dependente do seu depósito electrónico – cfr. nºs 1 a 3 do art. 24º do referido diploma.

Os falados documentos particulares não podem ser autenticados enquanto não se encontrar pago ou assegurado o imposto municipal sobre as transmissões onerosas de imóveis (salvo nos casos em que a liquidação do imposto sucede à transmissão, como acontece nas divisões e partilhas) e liquidado o imposto do selo (excepto nas doações feitas a favor de pessoas singulares em que a liquidação do selo da verba 1.1 da tabela geral é feita à posteriori conjuntamente com a verba 1.2 da mesma tabela), devendo constar do termo de autenticação o valor dos impostos e a data da liquidação ou a disposição legal que prevê a sua isenção – nºs 1 e 2 do art. 25º do mesmo diploma.

Foi, porém, a Portaria nº 1535/2008, de 30 de Dezembro (cfr. versões das Portarias nºs 426/2010, de 29 de Junho; 286/2012, de 20 de Setembro; e 283/2013, de 30 de Agosto), que regulamentou os requisitos e as condições de utilização da plataforma electrónica para o depósito destes documentos particulares autenticados e dos documentos que os instruam.

O depósito pode ser efectuado em simultâneo com o pedido de registo predial, através do sítio na Internet com o endereço *www.predialonline.mj.pt*, mantido pelo IRN (note-se que, além do pedido *online* dos actos de registo predial a que se refere esta Portaria, já a Portaria nº 621/2008, de 18 de Julho, tinha regulamentado o pedido de registo *por telecópia*).

A mencionada Portaria permite o *cumprimento, através da Internet, das formalidades fiscais* relacionadas com a aquisição dos imóveis ou outros negócios imobiliários e estipulou ainda que as entidades com competência para realizar documentos particulares autenticados ou escrituras podem consultar, no sítio da Internet *www.casapronta.mj.pt* a informação relativa à manifestação da intenção de *exercício do direito legal de preferência* pelo Estado, Regiões Autónomas, municípios, outras pessoas colectivas públicas ou empresas públicas.

Compete à entidade que proceder à autenticação do documento particular realizar o *depósito electrónico*, devendo este ser efectuado na data da feitura da autenticação do documento particular, salvo se houver dificuldades de carácter técnico respeitantes ao funcionamento da referida plataforma electrónica, caso em que o depósito deve ocorrer nas quarenta e oito horas seguintes.

As entidades que procederem ao depósito devem autenticar-se mediante certificado digital que comprove a qualidade profissional do utilizador.

No formulário do depósito electrónico devem ser designadamente identificados o requerente, os sujeitos, os factos, os prédios, a data da autenticação e os demais elementos essenciais dos actos titulados pelo documento particular autenticado a depositar.

Por cada depósito de documento particular autenticado é disponibilizado um comprovativo com menções de identificação da entidade autenticadora, da data e hora da submissão, dos documentos depositados e do código de identificação atribuído ao documento, que é enviado por correio electrónico ou *"sms"* à entidade que procedeu ao depósito.

O código de identificação atribuído ao documento permite que os documentos depositados sejam visualizados, quer pela entidade autenticadora, quer por qualquer pessoa a quem esta tenha disponibilizado o código de identificação, quer por outras entidades a quem a lei concede essa faculdade, designadamente os serviços de registo e os magistrados judiciais e do Ministério Público, no âmbito da prossecução das suas atribuições.

Apesar de a consulta electrónica dos documentos depositados electronicamente substituir para todos os efeitos a apresentação perante qualquer entidade pública ou privada do documento em suporte de papel, como determina o nº 5 do art. 24º do dito DL nº 116/2008, as entidades autenticadoras que depositem os documentos estão obrigadas a arquivar os originais dos documentos depositados.

Os interessados na *promoção de actos de registo predial online* formulam o seu pedido e enviam, através da Internet, os documentos necessários ao registo, designadamente os que comprovem os factos constantes do pedido e os que comprovem a capacidade e os poderes de representação para o acto, salvo se a verificação da capacidade e dos poderes resultar de forma expressa e inequívoca, do título que serve de base ao pedido do registo.

Para efeitos do pedido de actos do registo predial *online*, a autenticação electrónica dos utilizadores faz-se pelo referido certificado digital que comprove a sua qualidade profissional.

O pedido de actos de registo predial *online* só é considerado validamente submetido após a emissão de um comprovativo electrónico pelo indicado sítio na Internet que indique a data e a hora em que o pedido foi concluído, comprovativo esse que deve ser enviado ao interessado através de mensagem de correio electrónico.

Após a submissão electrónica do pedido é gerada automaticamente uma referência para pagamento dos encargos devidos.

Depois de confirmado o pagamento efectuado pelo interessado, o serviço competente procede às diligências necessárias tendo em vista a realização do registo dos factos, o qual deve ser comunicado ao interessado através de correio electrónico e, sempre que possível, por *sms*.

Ao nº 2

Em caso de epidemia ou de calamidade pública, o testamento feito perante qualquer notário, juiz ou sacerdote, com as formalidades próprias do testamento militar público ou cerrado, será depositado, logo que seja possível, na repartição notarial ou em alguma das repartições notariais do lugar onde foi feito (art. 2220º do CC).

CAPÍTULO II
Competência funcional

SECÇÃO I
Atribuições dos notários

Artigo 4º
Competência dos notários

1 – Compete, em geral, ao notário redigir o instrumento público conforme a vontade das partes, a qual deve indagar, interpretar e adequar ao ordenamento jurídico, esclarecendo-as do seu valor e alcance.

2 – Em especial, compete ao notário, designadamente:

a) Lavrar testamentos públicos, instrumentos de aprovação, depósito e abertura de testamentos cerrados e de testamentos internacionais;

b) Lavrar outros instrumentos públicos nos livros de notas e fora deles;

c) Exarar termos de autenticação em documentos particulares ou de reconhecimento da autoria da letra com que esses documentos estão escritos ou das assinaturas neles apostas;

d) Passar certificados de vida e identidade e, bem assim, do desempenho de cargos públicos, de gerência ou de administração de pessoas colectivas;

e) Passar certificados de outros factos que tenha verificado;

f) Certificar, ou fazer e certificar, traduções de documentos;

g) Passar certidões de instrumentos públicos, de registos e de outros documentos arquivados, extrair públicas-formas de documentos que, para esse fim, lhe sejam presentes ou conferir com os respectivos originais e certificar as fotocópias extraídas pelos interessados;

h) Lavrar instrumentos para receber a declaração, com carácter solene ou sob juramento, de honorabilidade e de não se estar em situação de falência, nomeadamente, para efeitos do preenchimento dos requisitos condicionantes, na ordem jurídica comunitária, da liberdade de estabelecimento ou de prestação de serviços;

i) Lavrar instrumentos de actas de reuniões de órgãos sociais;

j) Transmitir por telecópia, sob forma certificada, o teor dos instrumentos públicos, registos e outros documentos que se achem arquivados no cartório, a outros serviços públicos perante os quais tenham de fazer fé e receber os que lhe forem transmitidos, por esses serviços, nas mesmas condições;

l) Intervir nos actos jurídicos extrajudiciais a que os interessados pretendam dar garantias especiais de certeza ou de autenticidade;

m) Conservar os documentos que por lei devam ficar no arquivo notarial e os que lhe forem confiados com esse fim.

3 – Salvo disposição legal em contrário, o notário pode praticar, dentro da área do concelho em que se encontra sediado o cartório notarial, todos os actos da sua competência que lhe sejam requisitados, ainda que respeitem a pessoas domiciliadas ou a bens situados fora dessa área.

4 – A solicitação dos interessados, o notário pode requisitar por qualquer via, a outros serviços públicos, os documentos necessários à instrução dos actos da sua competência.

HISTÓRICO

Contém as alterações dos seguintes diplomas:
- DL nº 40/96, de 07/05
- DL nº 250/96, de 24/12

Consultar versões anteriores deste artigo:
- 1ª versão: DL nº 207/95, de 14/08
- 2ª versão: DL nº 40/96, de 07/05

ANOTAÇÕES

Ao nº 1

1. O artigo em anotação corresponde ao artigo 4º do EN.

2. Como foi salientado na apresentação da reforma do notariado, levada a efeito pelo Ministério da Justiça em 21.04.2004, as principais funções do notário podem dividir-se em funções operacionais e de apoio.

São funções operacionais: dar fé pública; autenticar e certificar documentos; arquivar e conservar os documentos que lhe forem entregues; comprovar comportamentos juridicamente relevantes; obter documentos necessários à prática de actos notariais, se tal lhe for solicitado pelas partes; e praticar os demais actos previstos na lei, designadamente no CN.

As funções de apoio consistem em: prestar informações para fins estatísticos; comunicar o registo diário dos actos; remeter o mapa mensal da actividade; cobrar o imposto do selo e o IVA, devidos pelos actos praticados, e transferi-los para o Ministério das Finanças; e fiscalizar o pagamento do imposto municipal sobre as transmissões onerosas de bens imóveis.

Ao nº 2

1. Como competências especiais que foram mais recentemente atribuídas aos notários, salientamos as seguintes:

1.1. A Lei nº 25/2012, de 16 de Julho, veio regular as directivas antecipadas de vontade (DAV) em matéria de cuidados de saúde, em documento apelidado de *testamento vital* (TV), regulando também a nomeação de *procurador de cuidados de saúde* e criando o Registo Nacional do Testamento Vital (RENTEV).

Sobre a intervenção do notário, quer no testamento vital, quer na procuração de cuidados de saúde, *vide* as anotações infra aos arts. 116º e 153º.

1.2. Têm competência para intervir no *procedimento especial de despejo* os notários que tenham manifestado essa vontade junto da Ordem dos Notários – *vide* DL nº 1/2013, de 7 de Janeiro.

A Portaria nº 9/2013, de 10 de Janeiro, veio seguidamente regulamentar as matérias relativas à forma e ao modelo de apresentação do requerimento de despejo, o momento em que se considera o requerimento apresentado, o regime da oposição e da prestação da respectiva caução e das demais peças processuais, o regime da lista de agentes de execução e notários participantes no procedimento especial de despejo, da designação, substituição e destituição do agente de execução ou notário e o regime de honorários e reembolso de despesas, as formas e o modo de pagamento da taxa de justiça, bem como o regime das notificações, comunicações e da tramitação electrónica do procedimento.

1.3. O Regime Jurídico do Processo de Inventário, aprovado pela Lei nº 23/2013, de 5 de Março, conferiu aos cartórios notariais a competência para efectuar o processamento dos actos e termos do processo de inventário (quer destinado a pôr termo à comunhão hereditária, quer como consequência de justificação de ausência, ou em consequência de separação, divórcio, declaração de nulidade ou anulação de casamento) e da habilitação de uma pessoa como sucessora por morte de outra.

Continuando a ter competência para a efectivação da partilha "consensual", os notários passam agora a ter também a competência – que antes só aos tribunais cabia – para a realização da partilha "litigiosa".

A competência para efectuar e dirigir o processamento dos actos e termos do processo de inventário pertence:

a) Ao cartório notarial sediado no município do lugar da abertura da sucessão, como regra, no caso de inventário destinado a pôr termo à comunhão hereditária;

b) Ao cartório notarial do último domicílio do ausente, no caso de inventário em consequência de justificação de ausência; e

c) Ao cartório notarial sediado no município do lugar da casa de morada de família ou, na falta desta, ao cartório notarial do município da situação dos imóveis ou da maior parte deles, ou, na falta de imóveis, do município onde estiver a maior parte dos móveis, no caso de inventário em consequência de separação, divórcio, declaração de nulidade ou anulação de casamento.

A tramitação do processo faz-se *preferencialmente* por via electrónica, em sistema informático.

O acesso à plataforma electrónica pelos cidadãos e por notários, advogados ou solicitadores no âmbito das suas funções é efectuado através do sítio da internet com o endereço *www.inventarios.pt*, mediante certificação electrónica nos seguintes termos:

a) Pelos cidadãos, através da utilização do certificado digital constante do cartão de cidadão;

b) Pelos notários inscritos na Ordem, advogados e solicitadores através da utilização do certificado digital que comprove a respectiva qualidade profissional[8].

[8] O regime jurídico do processo de inventário não vem tratado neste Código Anotado.

2. O nº 2 do art. 4º do EN (correspondente ao nº 2 do artigo anotado), sofreu algumas alterações ditadas pelo DL nº 15/2011, de 25 de Janeiro, que não foram acompanhadas pelo legislador no que respeita ao nº 2 deste artigo.

Concretamente:

a) Na alínea *j*), onde se diz "Transmitir por telecópia, sob forma certificada...", o citado DL nº 15/2011 alterou a redacção para "Transmitir por via electrónica...";

b) Não obstante a alínea *m*) do artigo, ora anotado, ser praticamente igual à actual alínea *n*) do nº 2 do art. 4º do EN, o dito diploma legal acrescentou a este nº 2 as alíneas *m*) a *s*), conferindo novas competências ao notário privado, como sejam a intervenção em processos de mediação e de arbitragem, a liquidação de impostos, a apresentação de pedidos de alteração da morada fiscal, de isenção do pagamento de certos impostos, e de inscrição e actualização de matrizes prediais, etc.

Ao nº 2, alínea *j*)

1. A transmissão por telecópia, sob forma certificada, do teor dos instrumentos públicos, registos e outros documentos que se achem arquivados no cartório, a outros serviços públicos perante os quais tenham de fazer fé e receber os que lhe forem transmitidos, por esses serviços, nas mesmas condições, é, como acabámos de ver, um acto da competência dos notários públicos, nos termos da alínea *j*) do nº 2 do artigo em anotação.

2. Nos documentos transmitidos por telecópia devem incluir-se as menções a que aludem os nºs 1 e 2 do art. 160º, concretamente a designação do serviço emitente, a numeração das folhas, a menção da data e do lugar em que foram passados, a rubrica e assinatura do funcionário competente, e ainda uma nota de encerramento contendo as menções exigidas para a emissão de certidões de teor.

3. Os documentos recebidos por telecópia, bem como as respectivas requisições, as notas de remessa e os suportes da transmissão por telecópia são arquivados em maço privativo, como determina a alínea *l*) do nº

Remetemos o leitor interessado para o nosso "Processo de inventário", 3ª edição, Coimbra, Almedina, 2017, que traz, em anexo, o teor do RJPI, a portaria regulamentadora e o Regulamento das Custas Processuais.

2 do art. 28º, após terem sido cumpridas as formalidades previstas no nº 3 do art. 160º, ou seja, a numeração e rubrica de todas as folhas e a lavração da nota de recebimento com indicação do número de folhas efectivamente recebidas, local, data, categoria e assinatura do funcionário competente do serviço receptor.

4. O DL nº 66/2005, de 15 de Março, veio regular a *transmissão e recepção por telecópia e por via electrónica* pelos serviços registrais, cartórios notariais e outros serviços, bem como a recepção pelas mesmas vias por advogados e solicitadores, de documentos com valor de certidão respeitantes aos arquivos dos serviços registrais e cartórios notariais ou destinados à instrução de actos ou processos dos registos e do notariado ou a arquivo nos respectivos serviços.

De acordo com esse diploma, os serviços registrais e os cartórios notariais podem transmitir entre si documentos constantes dos respectivos arquivos por meio de telecópia ou por via electrónica nos mesmos termos em que deles podem extrair certidões, sendo reconhecida aos documentos emitidos a força probatória dos originais.

O diploma alargou o âmbito da intermediação no pedido de certidões pelas vias indicadas a outras entidades que não apenas os serviços registrais e notariais, designadamente aos advogados e solicitadores, com restrições no tocante a certidões emitidas para efeitos de obtenção ou renovação de bilhete de identidade e para a comprovação da nacionalidade.

Entre o IRN e a Ordem dos Notários foi celebrado um protocolo de regulamentação daquele DL nº 66/2005, do qual constam as regras relativas à requisição, por telecópia, por intermédio dos notários, de documentos com valor de certidão, a transmitir pelos serviços de registo e cartórios notariais e, bem assim, os procedimentos contabilísticos a observar.

O IRN disponibiliza esse protocolo na Internet no sítio que lhe está reservado.

Ao nº 3

1. Constituem excepção à regra constante do nº 3 do artigo em anotação:

a) A abertura de testamento cerrado que, estando depositado em cartório notarial, só nesse cartório poderá ser aberto.

b) O protesto de letra que deve ser feito no cartório notarial da área do domicílio nela indicado para o aceite ou o pagamento ou, na falta dessa indicação, no cartório notarial do domicílio da pessoa que a deve aceitar ou pagar, incluindo a que for indicada para aceitar em caso de necessidade.

2. O nº 3 do art. 7º do EN permite ainda, de forma igualmente excepcional, que a competência dos notários possa ser exercida em mais de uma circunscrição territorial contígua. O pressuposto para a utilização desse mecanismo excepcional é a circunscrição territorial contígua não ter notários em exercício de funções e a extensão da competência ser pedida pelo notário interessado.

Ao nº 4

1. O notário pode também requisitar a outros serviços públicos, a solicitação dos interessados, os documentos necessários à instrução dos actos da sua competência (nº 4 do artigo em anotação e nº 3 do correspondente artigo do EN).

2. O nº 4 do art. 4º do EN permite ao notário privado preencher requisições de registo, remetendo-as à conservatória do registo predial ou comercial, acompanhadas dos pertinentes documentos e preparo.

SECÇÃO II
Impedimentos

Artigo 5º
Casos de impedimento

1 – O notário não pode realizar actos em que sejam partes ou beneficiários, directos ou indirectos, quer ele próprio, quer o seu cônjuge ou qualquer parente ou afim na linha recta ou em 2º grau da linha colateral.

2 – O impedimento é extensivo aos actos cujas partes ou beneficiários tenham como procurador ou representante legal alguma das pessoas compreendidas no número anterior.

3 – O notário pode intervir nos actos em que seja parte ou interessada uma sociedade por acções, de que ele ou as pessoas

indicadas no nº 1 sejam sócios, e nos actos em que seja parte ou interessada alguma pessoa colectiva de utilidade pública a cuja administração ele pertença.

ANOTAÇÕES

Ao nº 1

1. É legítima a recusa da prática de determinados actos [sempre que o notário tenha dúvidas sobre a integridade das faculdades mentais dos intervenientes; quando os actos forem nulos ou não couberem na sua competência ou ele estiver *pessoalmente impedido* de os praticar; ou quando não for feita provisão por conta dos honorários e despesas, com excepção dos testamentos (art. 173º e arts. 11º, nº 2, e 19º, nº 3, do EN)].

2. A lei proíbe ao notário neste nº 1 a prática de actos em que tenha interesse pessoal ou quando neles tenha interesse o seu cônjuge, ou pessoa em situação análoga há mais de 2 anos, algum parente ou afim em linha recta ou até ao 2º grau da linha colateral, ou quando neles intervenha como procurador ou representante legal o seu cônjuge, ou pessoa em situação análoga há mais de 2 anos, algum parente ou afim em linha recta ou até ao 2º grau da linha colateral (cfr., também, nº 2 do art. 13º do EN).

Como resulta da leitura do nº 1 do art. 71º, é insanável a nulidade derivada de impedimento.

Convém, no entanto, atentar em que, se os notários estão impedidos de realizar actos em que sejam partes ou beneficiários, directos ou indirectos, quer ele próprio, quer o seu cônjuge ou qualquer parente ou afim na linha recta ou em 2º grau da linha colateral, a nulidade dos actos com disposições a favor de algumas das indicadas pessoas ou dos seus intervenientes acidentais, incluindo os que figurem nos instrumentos de aprovação de testamentos cerrados e internacionais, é *restrita* a essas disposições, como preceitua o art. 72º.

3. O impedimento baseado na afinidade não desaparece com a dissolução por morte do casamento que a origina, face à actual redacção do art. 1585º do CC.

Artigo 6º
Extensão dos impedimentos

1 – O impedimento do notário é extensivo aos adjuntos e oficiais do cartório a que pertença o notário impedido.

2 – Exceptuam-se do disposto no número anterior os reconhecimentos de letra e assinatura apostas em documentos que não titulem actos de natureza contratual, ainda que o representado, representante ou o signatário seja o próprio notário.

ANOTAÇÕES

Ao nº 1

1. Se o *notário público* estiver impedido por motivo diverso do previsto no art. 5º, compete ao ajudante principal, se houver, ou ao 1º ajudante assegurar a sua substituição.

A passagem de certidões e documentos análogos de actos em relação aos quais se verifique o impedimento do notário não está exceptuada da aplicação da regra do nº 1 deste art. 6º, não podendo, pois, os ajudantes emitir em seu nome tais documentos quando se verifique o condicionalismo em causa.

2. De igual modo, quando o ajudante estiver a substituir o notário em caso de licença ou doença, o ajudante não pode intervir em actos que aquele não poderia realizar por motivo da existência do impedimento previsto no art. 5º.

3. Os impedimentos do *notário privado* são também extensivos aos seus trabalhadores, com excepção das procurações e dos substabelecimentos com simples poderes forenses e dos reconhecimentos de letra e de assinatura apostas em documentos que não titulem actos de natureza contratual, nos quais os trabalhadores podem intervir, ainda que o representado, representante ou signatário seja o próprio notário (art. 14º do EN).

CAPÍTULO III
Livros, índices e arquivos

SECÇÃO I
Livros

Artigo 7º
Livros de actos notariais

1 – Os actos notariais, consoante a sua natureza, são lavrados nos seguintes livros:

a) Livro de notas para testamentos públicos e para escrituras de revogação de testamentos;

b) Livro de notas para escrituras diversas;

c) Livro de protestos de títulos de crédito;

d) Livro de registo dos actos lavrados no livro indicado na alínea *a*), dos instrumentos de aprovação ou depósito de testamentos cerrados e de testamentos internacionais;

e) Livro de registo de escrituras diversas;

f) Livro de registo de outros instrumentos avulsos e de documentos que os interessados pretendam arquivar;

g) Livro de registo de contas de emolumentos e de selo.

2 – Os cartórios notariais, os cartórios privativos de protestos, os serviços consulares e os demais órgãos especiais da função notarial devem possuir, de entre os livros a que se refere o número anterior, os necessários à prática dos actos notariais da sua competência.

HISTÓRICO

Contém as alterações dos seguintes diplomas:

- DL nº 250/96, de 24/12

Consultar versões anteriores deste artigo:

- 1ª versão: DL nº 207/95, de 14/08

ANOTAÇÕES

Ao nº 1

1. Os actos notariais podem ser lavrados em livros, em instrumentos fora das notas e nos próprios documentos a que respeitam.

2. Os livros podem dividir-se em dois grupos: livros de notas e livros especiais.

2.1. Os *livros de notas* subdividem-se em:

a) Livros para testamentos públicos e para escrituras de revogação de testamentos.

b) Livros para escrituras diversas.

2.2. Os *livros especiais* subdividem-se em:

a) Livros de protesto de títulos de crédito.

b) Livros de registo dos testamentos públicos, das escrituras de revogação de testamentos, dos instrumentos de aprovação ou depósito de testamentos cerrados e de testamentos internacionais.

c) Livros de registo de escrituras diversas.

d) Livros de registo de outros instrumentos avulsos e de documentos que os interessados pretendam arquivar.

e) Livros de registo de contas de emolumentos e de selo.

3. Os instrumentos de abertura de testamentos cerrados e de testamentos internacionais, os de actas de reunião de órgãos sociais, os de procurações passadas no interesse do procurador ou de terceiro, os de ratificação de actos notariais e os documentos que forem entregues no cartório para ficarem arquivados são registados no livro de registo de outros instrumentos avulsos e de documentos que os interessados pretendam arquivar.

4. Nos cartórios privados, os livros cuja existência é obrigatória são normalmente submetidos a tratamento informático.

5. Convém esclarecer que nestes cartórios há sistemas informáticos de facturação que elaboram as contas dos honorários, do IVA e do imposto de selo (donde consta igualmente o IRS retido, quando a responsabilidade pelo pagamento pertence às pessoas colectivas).

Além da factura-recibo – de que se extrai um exemplar para entregar ao interessado e outro para ficar arquivado no cartório, para poder ser objecto de eventual inspecção pelos serviços de finanças – o sistema regista também uma listagem geral de todos os actos relativamente aos quais foi elaborada a conta.

Esta listagem geral dos actos pode ser impressa e ser com ela encadernado um livro de registo de contas de honorários, de IVA e de selo, correspondente, nos cartórios públicos, ao livro de registo de contas de emolumentos e de selo.

Este livro de registo de contas de honorários, de IVA e de selo deve ser desdobrado em livro de registo de contas dos reconhecimentos, como adiante se dirá em nota ao art. 10º.

Ao nº 2

Em Lisboa e no Porto só existe o livro de protesto de títulos de crédito nos cartórios privativos para os serviços de protesto de letras e outros títulos de crédito.

Artigo 8º
Outros livros

Além dos livros de actos notariais, devem existir ainda em cada cartório os livros seguintes:

a) Livro de inventário;

b) Livro de contas de receita e despesa.

ANOTAÇÕES

1. De acordo com o art. 18º, no livro de inventário são relacionados todos os livros e maços de documentos pertencentes ao cartório: a relacionação dos livros é feita à medida que começarem a ser escriturados e a dos maços de documentos à medida que se forem concluindo (os maços de documentos relativos a actos lavrados em livros de notas são anotados ao lado do lançamento dos respectivos livros).

A relacionação dos livros e dos maços de documentos deve conter as indicações e menções a que alude o nº 1 desse art. 18º.

2. Nos cartórios públicos deve existir um livro de ponto, se não dispuserem de outro sistema equivalente para esse fim.

3. Sobre a obrigatoriedade da existência e disponibilização do *livro de reclamações* e procedimentos a adoptar quanto ao envio da cópia ou da folha da reclamação, *vide*:

a) Quanto aos cartórios públicos, o art. 38º do DL nº 135/99, de 22 de Abril (alterado pelos DLs nºs 29/2000, de 13 de Março; 72-A/2010, de 18 de Junho; 73/2014, de 13 de Maio; 58/2016, de 29 de Agosto; e 74/2017, de 21 de Junho).

b) Quanto aos cartórios privados, a alínea *n*) do nº 1 do anexo ao DL nº 156/2005, de 15 de Setembro (alterado pelos DLs nºs 371/2007, de 6 de Novembro; 118/2009, de 19 de Maio; 317/2009, de 30 de Outubro; 242/2012, de 7 de Novembro; e 74/2017, de 21 de Junho).

Artigo 9º
Modelos

1 – O notário deve adoptar os modelos de livros que mais convierem ao serviço a que se destinam, se não houver modelos aprovados.

2 – Os modelos aprovados podem ser modificados por despacho do director-geral dos Registos e do Notariado.

Artigo 10º
Desdobramento de livros

1 – É permitido o desdobramento do livro de notas para testamentos públicos e escrituras de revogação noutro volume, destinado a ser utilizado com as restrições previstas no nº 2 do artigo 38º

2 – O livro de notas para escrituras diversas pode ser desdobrado em vários livros, de harmonia com as conveniências do serviço.

3 – O livro de registo de contas de emolumentos e de selo deve ser desdobrado em dois livros, sendo um deles destinado ao registo das contas dos reconhecimentos e o outro ao registo das contas dos demais actos.

4 – O livro de cada uma das duas espécies referidas no número anterior pode, ainda, ser desdobrado em vários volumes.

HISTÓRICO

Contém as alterações dos seguintes diplomas:
- DL nº 40/96, de 07/05
- DL nº 250/96, de 24/12

Consultar versões anteriores deste artigo:
- 1ª versão: DL nº 207/95, de 14/08
- 2ª versão: DL nº 40/96, de 07/05

ANOTAÇÕES

Ao nº 1

1. O desdobramento dos livros de notas é permitido, não imposto.

2. O livro de notas para testamentos públicos e escrituras de revogação, não sendo desdobrado, é manuscrito (nº 1 do art. 38º).

O seu desdobramento está circunscrito aos casos em que o notário, quando em exercício, queira ter um livro dactilografado ou queira processar os correspondentes actos informaticamente, com a condição de o suporte informático ser destruído após os actos serem lavrados.

Ao nº 2

O livro de notas para escrituras diversas pode ser desdobrado em vários livros, conforme as conveniências do serviço, mas, se for formado por folhas soltas, o nº 5 do art. 21º só permite o desdobramento em dois volumes, se um deles se destinar a serviço externo.

O desdobramento dos livros de notas para escrituras diversas em vários livros, de acordo com as conveniências do serviço, só era utilizado quando eles eram manuscritos.

Ao nº 3

1. Nos cartórios públicos ainda existentes deixou de existir o livro de registo das contas dos reconhecimentos, porquanto estes cartórios (que funcionam em regime de anexação com as conservatórias dos registos) receberam uma orientação do IRN no sentido de efectuarem esse registo na aplicação informática do SIRIC ou do SIRCOM.

2. Nos cartórios privados, além do livro de registo de contas de honorários, de IVA e de selo, aludido na nota 3 ao art. 7º, o sistema informático processa também um livro de registo de contas dos reconhecimentos, onde fica registado o número da conta, a data do reconhecimento, o nome dos interessados, o número de assinaturas reconhecidas e a espécie do reconhecimento.

Artigo 11º
Livro de testamentos públicos e de escrituras de revogação

No livro a que se refere a alínea *a*) do nº 1 do artigo 7º são lavrados os testamentos públicos e as escrituras de revogação de testamentos, bem como os averbamentos respectivos.

Artigo 12º
Livro de escrituras diversas

No livro de notas para escrituras diversas são lavradas todas as escrituras públicas, com excepção das previstas no artigo anterior, e os averbamentos respectivos.

Artigo 13º
Livro de sinais

(Revogado pelo DL nº 250/96, de 24-12)

HISTÓRICO

Contém as alterações dos seguintes diplomas:

- DL nº 250/96, de 24/12

Consultar versões anteriores deste artigo:

- 1ª versão: DL nº 207/95, de 14/08

Artigo 14º
Livro de protestos

O livro de protestos destina-se ao registo da apresentação de títulos a protesto e dos respectivos instrumentos de protesto, bem como à menção do seu levantamento nos termos previstos no artigo 128º

ANOTAÇÃO

Vide art. 142º, sobre os elementos que deve conter o registo dos actos a que se refere o artigo em anotação.

Artigo 15º
Livro de registo de testamentos e escrituras

Em cada um dos livros a que se referem as alíneas *e*) e *f*) do nº 1 do artigo 7º deve fazer-se a anotação dos actos a cujo registo se destinam.

ANOTAÇÕES

1. As alíneas *e*) e *f*) do nº 1 do art. 7º, aludidas no artigo em anotação, passaram a ser as alíneas *d*) e *e*), dada a alteração operada pelo DL nº 250/96, de 24 de Dezembro.

2. *Vide* arts. 140º e 141º, sobre os elementos que deve conter o registo dos testamentos e escrituras.

Artigo 16º
Livro de registo de instrumentos avulsos e de documentos

No livro de registo de instrumentos avulsos e de documentos são registados:

a) Os instrumentos de abertura de testamentos cerrados e de testamentos internacionais;

b) Os instrumentos de actas de reunião de órgãos sociais, de procurações lavradas nos termos do nº 3 do artigo 116º e de ratificação de actos notariais;

c) Os documentos que forem entregues no cartório para ficarem arquivados.

ANOTAÇÕES

1. O nº 3 do art. 116º, aludido na alínea *b*) do artigo em anotação, passou a nº 2, em face da alteração operada pelo DL nº 250/96, de 24 de Dezembro.

2. *Vide* art. 143º, sobre os elementos que deve conter o registo dos instrumentos avulsos e dos documentos.

Artigo 17º
Livro de registo de contas de emolumentos e de selo

O livro de registo de contas de emolumentos e de selo destina-se:

a) À escrituração dos emolumentos, imposto do selo e demais receitas cobradas pela realização dos actos notariais;

b) Ao registo dos actos para os quais, por força de isenção total de encargos ou de gratuitidade, não deva ser organizada conta, anotando-se essa circunstância numa coluna, à margem do registo.

HISTÓRICO

Contém as alterações dos seguintes diplomas:

- DL nº 40/96, de 07/05

Consultar versões anteriores deste artigo:

- 1ª versão: DL nº 207/95, de 14/08

ANOTAÇÕES

1. Como se disse supra na nota 4 ao art. 10º, nos cartórios públicos ainda existentes deixou de existir o livro de registo das contas dos reconhecimentos porquanto estes cartórios (que funcionam em regime de

anexação com as conservatórias dos registos) receberam uma orientação do IRN no sentido de efectuarem esse registo na aplicação informática do SIRIC ou do SIRCOM.

2. Nos cartórios privados o registo das contas de honorários, IVA e imposto de selo é processado informaticamente.

Artigo 18º
Livro de inventário

1 – No livro de inventário são relacionados os livros do cartório, com a indicação das suas letras, números e denominações, datas do primeiro e do último actos exarados em cada livro e o número das suas folhas e, ainda, os maços de documentos, com a menção do respectivo ano ou número de ordem e do número de documentos e folhas que contiver cada maço.

2 – Os livros são relacionados à medida que começarem a ser escriturados e os maços à medida que se forem concluindo.

3 – Os maços de documentos relativos a actos lavrados nos livros de notas são relacionados ao lado do lançamento dos respectivos livros.

Artigo 19º
Livro de contas da receita e despesa

O livro de contas da receita e despesa destina-se à contabilidade das receitas e despesas do cartório.

Artigo 20º
Numeração e identificação dos livros

1 – Todos os livros têm um número de ordem, sendo a numeração privativa de cada espécie de livros.

2 – Quando se trate de livros desdobrados, a cada livro corresponde uma letra por ordem alfabética, aposta em seguida à numeração, sendo esta privativa dos livros identificados com a mesma letra.

ANOTAÇÕES

Ao nº 1

1. As espécies dos livros, a que alude este nº 1, são as discriminadas nas alíneas do nº 1 do art. 7º.

2. Os livros não desdobrados têm apenas o número sequencial.

Ao nº 2

Os livros desdobrados têm primeiro o número, seguido de uma letra: por exemplo 1-A, 2-A, etc., e 1-B, 2-B, etc.

Artigo 21º
Encadernação de livros e utilização de folhas soltas

1 – Os livros devem ser encadernados antes de utilizados.

2 – Os livros de notas e, bem assim, o livro a que se refere a alínea *e*) do nº 1 do artigo 7º podem ser formados por fascículos ou folhas soltas, os quais devem ser encadernados, depois de utilizados, em volume com o máximo de 150 folhas.

3 – Nos livros formados por fascículos ou folhas soltas, os actos podem ser lavrados em papel sem pauta, marginado, observando-se o disposto no Regulamento Geral do Imposto do Selo e respectiva Tabela, quanto ao número de linhas de escrita.

4 – O livro de notas para testamentos públicos e escrituras de revogação, formado por fascículos ou folhas soltas, deve ser encadernado dentro das instalações do cartório, preservando-se a confidencialidade dos actos dele constantes.

5 – O uso do livro de notas para escrituras diversas, formado por folhas soltas, é permitido relativamente a dois volumes des-

dobrados, nos termos do nº 2 do artigo 10º, devendo um deles destinar-se a serviço externo.

6 – Além dos referidos nos números anteriores, outros livros podem ser submetidos a tratamento informático mediante despacho do director-geral dos Registos e do Notariado.

HISTÓRICO

Contém as alterações dos seguintes diplomas:
- DL nº 250/96, de 24/12
- DL nº 380/98, de 27/11

Consultar versões anteriores deste artigo:
- 1ª versão: DL nº 207/95, de 14/08
- 2ª versão: DL nº 250/96, de 24/12

ANOTAÇÕES

1. Para tornar possível a escrita à máquina e o uso de computadores e processadores de texto, o legislador veio permitir que os livros de notas e bem assim os de registo de escrituras diversas pudessem ser formados por fascículos ou folhas soltas, onde os actos podem ser lavrados em papel sem pauta, marginado, com 25 linhas de escrita.

Por isso, só os livros manuscritos é que são previamente encadernados; os outros devem sê-lo, depois de utilizados, em volume com um mínimo de 100 e um máximo de 150 folhas.

2. Geralmente usam-se livros com 100 folhas, mas sempre que seja necessário acrescentar mais folhas ao livro (por exemplo, para terminar uma escritura), é aconselhável fazê-lo, mencionando depois no termo de encerramento, como a lei impõe, o número de folhas que o livro comporta.

Artigo 22º
Legalização de livros

1 – Nenhum livro pode ser utilizado sem ser previamente legalizado, mediante o preenchimento dos termos de abertura e encerramento, a rubrica das folhas restantes e a numeração de todas elas.

2 – Nos livros formados por folhas soltas, o termo de encerramento pode ser exarado quando o livro se concluir, sendo a numeração e a rubrica feitas à medida que as folhas se forem tornando necessárias ao serviço.

3 – A numeração de cada uma das folhas pode ser feita por qualquer processo mecânico e deve ser acompanhada da indicação do número de ordem e da letra do livro a que respeita.

4 – Excepto nos livros de notas formados por fascículos ou folhas soltas, a rubrica pode ser feita por meio de chancela.

5 – Nos livros de notas formados por folhas soltas, a numeração e a rubrica devem ser manuscritas e lançadas até à assinatura dos actos.

ANOTAÇÕES

Ao nº 1

Os livros devem ser legalizados antes de começarem a ser utilizados, como é sabido.

Ao nº 2

1. Consistindo a legalização no preenchimento dos termos de abertura e de encerramento, na rubrica das restantes folhas e na numeração de todas elas, essa regra tem de sofrer alteração no que concerne aos livros formados por folhas soltas, uma vez que nestes o termo de encerramento só pode exarar-se quando eles se concluírem e a numeração e a rubrica – que devem ser manuscritas e lançadas até à assinatura dos actos – vão sendo feitas à medida que as folhas se forem tornando necessárias ao serviço.

2. Como os termos de abertura e de encerramento devem ser datados e assinados pelo notário, as folhas onde eles são inseridos não necessitam de ser rubricadas.

Artigo 23º
Termos de abertura e de encerramento

1 – No termo de abertura deve fazer-se menção do número de ordem, da letra e do destino do livro, bem como do cartório a que pertence.

2 – No termo de encerramento deve mencionar-se o número de folhas do livro e a rubrica usada.

ANOTAÇÕES

Ao nº 1

1. A primeira folha do livro é reservada exclusivamente à redacção do termo de abertura, iniciando-se a escrita dos actos só na folha seguinte.

2. ***Minuta de termo de abertura:***

Este livro, com o número cento e cinquenta-B, há-de servir para lavrar escrituras diversas e pertence ao cartório notarial de ... (ou, sendo cartório privado, ao cartório do notário F...)

......., ... de .... de ...

O Notário,

....

Ao nº 2

Minuta de termo de termo de encerramento:

Tem este livro cem folhas, todas seguidamente numeradas e por mim rubricadas com a rubrica... que uso, à excepção da primeira e da última que levam a minha assinatura.

......, ... de .... de ...

O Notário,

....

Artigo 24º
Competência para a legalização

1 – A legalização dos livros compete ao notário ou ao seu substituto.

2 – Nos serviços a que se refere o artigo 3º, os livros para actos notariais são legalizados pelas entidades a quem competir a legalização dos restantes livros neles existentes.

SECÇÃO II
Índices

Artigo 25º
Elaboração de fichas

1 – Em cada cartório deve haver índices dos outorgantes, pelo sistema de fichas ou de verbetes onomásticos, que devem ser preenchidos diariamente.

2 – Deve ser organizado um índice privativo de testamentos e de todos os actos que lhes respeitem.

3 – Os verbetes de escrituras que contenham actos relativos a sociedades e outras pessoas colectivas podem referenciar apenas a respectiva firma ou denominação, em substituição dos outorgantes, e os verbetes de escrituras outorgadas conjuntamente por marido e mulher, apenas um dos cônjuges.

4 – Os verbetes de escrituras de justificação, de habilitação ou de partilha e de actos lavrados com intervenção de representantes devem referenciar apenas, respectivamente, os justificantes, o autor da herança e os representados.

5 – A organização dos índices é extensiva aos documentos arquivados a pedido dos interessados, aos demais documentos registados no livro a que se refere a alínea *b*) do artigo 16º e às procurações apresentadas para integrar ou instruir algum acto, quando os respectivos poderes não sejam limitados à prática do mesmo.

6 – As fichas e os verbetes referidos nos números anteriores podem ser substituídos por registos informáticos, com excepção dos respeitantes ao índice privativo a que se refere o nº 2.

HISTÓRICO

Contém as alterações dos seguintes diplomas:
- DL nº 250/96, de 24/12

Consultar versões anteriores deste artigo:
- 1ª versão: DL nº 207/95, de 14/08

ANOTAÇÕES

Ao nº 2

Cada cartório deve ter um *índice privativo* para os testamentos públicos, escrituras de revogação de testamentos e instrumentos de aprovação, depósito e abertura de testamentos cerrados e internacionais, organizado pelo sistema de fichas ou verbetes onomásticos, preenchidos diariamente com as menções a que alude o art. 26º.

Ao nº 6

1. As fichas ou verbetes onomásticos privativos dos testamentos e actos que lhes respeitem não podem ser substituídos por registos informáticos e devem ser guardados no cofre ou na casa-forte, dada a sua natureza confidencial.

2. Para os restantes actos a lei permite que as fichas ou os verbetes onomásticos, também diariamente preenchidos, possam ser substituídos por registos informáticos.

Artigo 26º
Catalogação e elementos das fichas

As fichas ou verbetes devem catalogar-se por ordem alfabética e conter, pelo menos, o nome dos titulares, a espécie dos actos em que eles outorgaram e a indicação do número do livro e das folhas em que estes actos foram exarados ou do maço em que se encontrem os respectivos documentos, quando arquivados.

HISTÓRICO

Contém as alterações dos seguintes diplomas:
- DL nº 250/96, de 24/12

Consultar versões anteriores deste artigo:
- 1ª versão: DL nº 207/95, de 14/08

ANOTAÇÃO

O conteúdo mínimo e obrigatório das fichas vem indicado no artigo em anotação.

A prática aconselha a que se mencione a data do acto e que os outorgantes sejam identificados não só pelo nome mas também pelo estado (com indicação do nome do cônjuge, quando casados), naturalidade e residência, e ainda pela posição que ocupam nos contratos em que são partes intervenientes, para mais fácil identificação do acto, quando se pretenda, muito tempo após, extrair fotocópia dele.

SECÇÃO III
Arquivos

Artigo 27º
Livros e documentos

Além dos livros e dos instrumentos avulsos que não devam ser entregues às partes, ficam arquivados nos cartórios os documentos apresentados para integrar ou instruir os actos lavrados nos livros ou fora deles, salvo quando a lei determine o contrário ou apenas exija a sua exibição.

ANOTAÇÕES

1. Os instrumentos avulsos que não devem ser entregues às partes – ficando, portanto, arquivados no cartório – são os instrumentos de abertura de testamentos cerrados e de testamentos internacionais, os de actas de reuniões de órgãos sociais, os de procuração conferida também no interesse do procurador ou de terceiro, os de ratificação de actos notariais e também o original do instrumento de depósito de testamento cerrado e de testamento internacional (art. 104º, nºs 2 e 3).

2. O princípio geral, contido no artigo em anotação, é serem arquivados os documentos apresentados para integrar ou instruir os actos lavrados nos livros ou fora deles.

É evidente que todos os documentos que integram um dado acto notarial têm de constar do arquivo do cartório onde o acto for celebrado, pois, como a palavra diz, fazem parte dele, formam com ele uma unidade. É, por isso, manifesta a imperatividade do seu arquivamento.

Assim acontece com os documentos complementares a que se reporta o art. 64º, nomeadamente com os documentos que se utilizam frequentemente para descrever os bens que constituem o objecto do instrumento ou para fixar o articulado dos estatutos das associações, fundações e sociedades ou para determinar as cláusulas contratuais em que sejam interessadas instituições de crédito ou ainda quando a extensão do clausulado dos negócios titulados o justifique.

São documentos separados do instrumento, é certo, mas, porque o integram, as fotocópias ou certidões de teor integral dele extraídas devem, em obediência ao nº 1 do art. 168º, reproduzir o conteúdo não só do instrumento mas também do próprio documento complementar, com ressalva para os cadernos de encargos e para os documentos descritivos da obra a que respeite o instrumento.

Quanto aos documentos apresentados para instruir os actos – documentos que se destinam a provar determinados factos de que se faz menção no instrumento – são eles exibidos, sempre que a lei assim o exija ou determine que não devem ficar arquivados.

De contrário, o documento deve ser arquivado.

3. A lei exige a exibição dos documentos, por exemplo, no art. 47º, nº 3 (prova da admissibilidade das firmas ou denominações adoptadas pelos estabelecimentos individuais de responsabilidade limitada e pelas pessoas colectivas); na alínea *b*) do nº 1 do art 48º (verificação da identidade dos outorgantes); no art. 54º, nºs 4 e 5 (prova das descrições e inscrições prediais e da omissividade no registo); na alínea *b*) do art. 55º (prova da titularidade do direito de propriedade antes de 1 de Outubro de 1984; no art. 57º, nºs 2 e 3 (prova dos artigos matriciais ou da participação para a inscrição na matriz); no art. 62º, nº 1 (prova da inscrição no registo do título constitutivo da propriedade horizontal); no art. 63º, nº 2 (prova do valor dos bens imóveis); no art. 112º (documento necessário para a abertura do testamento cerrado).

4. Mas, por outro lado, também determina que os documentos não fiquem arquivados, sendo, portanto, igualmente exibidos, por exemplo, no caso dos art. 138º, relativamente às certidões de óbito do testador ou do doador, quando não requisitadas oficiosamente, para servirem de base a averbamentos.

5. A menção dos documentos arquivados faz-se pela referência a essa circunstância, com a indicação da natureza do documento.

Relativamente ao extracto da declaração para a liquidação do IMT e ao correspondente comprovativo de cobrança (correspondentes ao anterior conhecimento de sisa), deve ainda mencionar-se a data da liquidação e o número do documento que comprove a cobrança (art. 46º, nº 1, alínea *f*)).

6. A menção dos documentos apenas exibidos faz-se com indicação da sua natureza, data de emissão e entidade emitente e, ainda, tratando-se de certidões de registo, a indicação do respectivo número de ordem ou, no caso de certidão permanente, do respectivo código de acesso (art. 46º, nº 1, alínea *g*)).

7. Em princípio, os documentos já existentes no cartório e, portanto, já arquivados, podem ser utilizados para integrar ou instruir os actos que nele venham a ser lavrados, como estabelece o art. 45º, desde que não tenha expirado o prazo da sua validade ou não se tenham modificado as condições em que foram emitidos.

Artigo 28º
Maços de documentos

1 – Os documentos são arquivados em maços distintos e pela ordem cronológica dos actos a que respeitam ou da sua apresentação.

2 – Devem, em especial, ser organizados maços privativos que contenham:

a) Os documentos respeitantes aos actos lavrados em cada livro de notas;

b) Os instrumentos de depósito de testamentos cerrados e de testamentos internacionais e as procurações para a sua restituição;

c) Os instrumentos de abertura de testamentos cerrados e de testamentos internacionais, os testamentos correspondentes, as certidões de óbito a que se referem o nº 1 do artigo 115º e nº 2 do artigo 135º e os recibos das certidões a que se refere o nº 5 do artigo 204º;

d) Os recibos dos registos das notificações e os documentos relativos ao serviço de protesto que devam ficar arquivados;

e) Os requerimentos e documentos que tenham servido de base a averbamentos e os ofícios destinados a idêntico fim;

f) Os instrumentos lavrados nos termos do nº 3 do artigo 116º;

g) Os demais instrumentos avulsos registados, documentos que lhes respeitem e os documentos arquivados a pedido das partes;

h) Os duplicados de participações de actos notariais;

i) Os duplicados de guias, folhas, mapas e notas de emolumentos;

j) As escrituras lavradas em folhas soltas que não sejam concluídas ou fiquem sem efeito, por motivo imputável às partes;

l) Os documentos recebidos por telecópia, as respectivas requisições, as notas de remessa e os suportes da transmissão por telecópia.

3 – Os maços são anuais, com excepção dos correspondentes aos documentos referidos na alínea *a*) do número anterior, e sem prejuízo dos desdobramentos que se mostrem convenientes.

4 – Os documentos complementares de outros actos são arquivados segundo a ordem por que constem do respectivo instrumento.

ANOTAÇÕES

Ao nº 2

1. Além dos maços a que se reportam as várias alíneas do nº 2 do artigo em anotação, devem organizar-se também maços separados e anuais: um, com a correspondência recebida; e outro, com os duplicados dos ofícios expedidos (nº 1 do art. 30º).

2. A lei manda organizar maços distintos: um, privativo para os instrumentos de abertura de testamentos cerrados e de testamentos internacionais, os correspondentes testamentos, certidões de óbito do testador ou doador requisitadas oficiosamente e recibos da comunicação de legados pios e de interesse público; outro, para as procurações conferidas também no interesse do procurador e de terceiro; e outro ainda, para os instrumentos de actas de reunião de órgãos sociais, de ratificação de actos notariais e de documentos entregues no cartório para ficarem arquivados.

Porém, não obstante estes documentos serem arquivados em maços distintos, o seu registo faz-se no mesmo livro, o livro de registo de instrumentos avulsos e de documentos a que se refere o art. 16º.

3. De acordo com as alíneas *a*) e *b*) do nº 3 do art. 2º do CIMT, há lugar a pagamento do imposto na celebração de contratos-promessa de aquisição e alienação de bens imóveis com cláusula de livre cedência e nas cessões de posição contratual no exercício do direito conferido por aqueles contratos-promessa.

Os notários não podem proceder ao reconhecimento de assinaturas nesses contratos sem lhes ser apresentado o extracto da declaração para a liquidação do imposto, acompanhada do correspondente comprovativo da cobrança, documentos que serão arquivados (nº 1 do art. 49º do CIMT).

Isto só é viável se for organizado um maço próprio, autónomo, com tais documentos, a menos que os interessados requeiram o arquivamento dos próprios contratos, hipótese em que estes e as declarações para liquidação do imposto e os comprovativos de cobrança ficarão arquivados no maço a que alude a alínea *g*) do nº 2 do artigo ora anotado.

4. Os documentos recebidos por telecópia, bem como as respectivas requisições, as notas de remessa e os suportes da transmissão por telecópia são arquivados em maço privativo, como determina a alínea *l*) do nº 2 do artigo em anotação, após terem sido cumpridas as formalidades previstas no nº 3 do art. 160º, ou seja, a numeração e rubrica de todas as folhas e a lavração da nota de recebimento com indicação do número de folhas efectivamente recebidas, local, data, categoria e assinatura do funcionário competente do serviço receptor.

5. *Vide* notas ao art. 4º, sobre a recepção e a transmissão de documentos por telecópia.

Artigo 29º
Numeração

1 – Cada maço de documentos relativo a actos lavrados nos livros de notas tem a letra e o número de ordem do livro a que respeitar.

2 – Os maços anuais são identificados pela menção do ano a que respeitam.

3 – Em caso de desdobramento, a cada maço desdobrado corresponde um número de ordem.

4 – As folhas dos maços são numeradas, sendo também aposto em cada documento, à medida que for incorporado no maço, um número de ordem e uma nota de referência ao número do livro e à primeira folha do acto a que respeitar.

5 – Nos maços deve fazer-se menção do número de documentos e de folhas que neles se contenham.

ANOTAÇÕES

Ao nº 2

1. A menção do ano a que os maços respeitam, tratando-se de maços anuais, e da letra e do número de ordem do livro respectivo, no caso dos maços de documentos relativos aos actos lavrados nos livros de notas (e a referência ao correspondente número de ordem, no caso de desdobramento), bem como a menção do número de documentos e de folhas que cada um contiver, devem constar preferencialmente do rosto da capa do respectivo maço.

É de boa prática também que os maços, relacionados no livro de inventário à medida que se forem concluindo, como é de lei, contenham igualmente, no mesmo local, ou seja no rosto da capa, o número sob o qual foram inventariados.

2. Na numeração dos maços é permitido o uso de carimbo.

Artigo 30º
Correspondência

1 – Os duplicados dos ofícios expedidos e a correspondência recebida são arquivados, por ordem cronológica, em maços separados e anuais.

2 – Os ofícios, circulares e publicações que contenham despachos ou instruções de serviço, de execução permanente, são reunidos e ordenados em volumes separados.

ANOTAÇÕES

Ao nº 2

1. Este número perdeu actualidade a partir do momento em que nos cartórios públicos os despachos e instruções passaram a ser publicados nos Boletins dos Registos e do Notariado em suporte de papel – o que obrigava os notários ao seu arquivamento em pastas próprias –, sendo certo que, hoje em dia, o seu conhecimento é de fácil e rápido acesso através da Internet no *site* do IRN.

Nos cartórios privados, a Ordem dos Notários, a par da publicação da Revista do Notariado, utiliza também a Internet para publicitar os assuntos de interesse da classe.

2. Refere-se, como curiosidade histórica, que os cartórios públicos eram assinantes obrigatórios da I e da II séries do Diário da República.

Os exemplares da I série deviam ser encadernados e igualmente arquivados na repartição, antes da introdução do sistema do Diário da República Electrónico.

A partir de 1 de Julho de 2006, a edição electrónica do Diário da República passou a ser um serviço universal e gratuito, fazendo a publicação dos actos, através dela realizada, fé plena e valendo para todos os efeitos legais[9].

[9] *Vide* nº 5 do art. 1º da Lei nº 74/98, de 11 de Novembro, alterada pelas Leis nºs 2/2005, de 24 de Janeiro, 26/2006, de 30 de Junho, e 42/2007, de 24 de Agosto.

Artigo 31º
Destruição de documentos

1 – Os livros de contas de receitas e despesas do cartório, os respectivos maços de documentos e os de registo de contas de emolumentos e de selo podem ser destruídos decorrido o prazo de 10 anos sobre a data do último registo lançado.

2 – Podem ser destruídos, desde que tenham mais de cinco anos:

a) Os recibos dos registos das notificações e documentos relativos ao serviço de protestos;

b) Os duplicados de participações de actos notariais;

c) Os duplicados de guias, folhas, mapas e notas de emolumentos;

d) Os duplicados da correspondência expedida;

e) A correspondência recebida;

f) As cadernetas de contas dos actos notariais;

g) As cadernetas de preparos;

h) As matrizes de verbetes estatísticos.

3 – Os livros e documentos referidos nos números anteriores só podem ser destruídos desde que tenham sido objecto de inspecção e após prévia identificação em auto segundo a sua natureza.

ANOTAÇÕES

Ao nº 2

1. Em virtude de as "folhas de vencimentos, notas de receitas e encargos mensais e guias de descontos mensais" serem frequentemente consultadas, nomeadamente para cálculo de pensões de reforma, foi alterado para 60 anos o prazo de permanência em arquivo desses documentos, findo o qual poderão ser destruídos[10].

[10] Despacho nº 18/96, de 13 de Maio, do então director-geral dos Registos e do Notariado, publicado no BRN nº 5/96.

A destruição destes documentos só pode, no entanto, efectivar-se "desde que o cartório tenha sido inspeccionado posteriormente à respectiva conclusão" e após prévia identificação em auto[11].

2. A destruição e subsequente abate ao inventário, sem necessidade de identificação em auto, dos exemplares da I série do Diário da República a que os serviços possam aceder via Internet, foi autorizada por despacho do ex-director-geral nº 8/2003[12].

SECÇÃO IV
Disposições comuns

Artigo 32º
Segredo profissional e informações

1 – A existência e o conteúdo dos documentos particulares apresentados aos notários para legalização ou autenticação, bem como os elementos a eles confiados para a preparação e elaboração de actos da sua competência, estão sujeitos a segredo profissional, que só pode ser afastado caso a caso e por motivo de interesse público, mediante despacho do director-geral dos Registos e do Notariado.

2 – Salvo em relação ao próprio autor ou seu procurador com poderes especiais, os testamentos e tudo o que com eles se relacione constituem matéria confidencial, enquanto não for exibida ao notário certidão de óbito do testador.

3 – O notário não é obrigado a mostrar os livros, documentos e índices do cartório, senão nos casos previstos na lei, e deve guardá-los enquanto não forem transferidos para outros arquivos ou destruídos nos termos da lei.

[11] Cfr. BRN nº 4/2004 – I caderno – pp. 15 e 16.

[12] Publicado no BRN nº 2/2003 – I caderno.

4 – O notário deve prestar verbalmente as informações referentes à existência dos actos, registos ou documentos arquivados que lhe sejam solicitadas pelos interessados e, a pedido expresso das partes, deve fornecer fotocópias não certificadas dos mesmos, com mero valor de informação, quando deles possa passar certidão.

5 – As informações referentes aos registos lavrados no livro de protestos de título de crédito, desde que sejam solicitadas por instituições de crédito ou seus agentes, podem ser fornecidas sob forma sumária, por escrito.

ANOTAÇÕES

Ao nº 1

Os notários privados estão igualmente obrigados a guardar sigilo profissional sobre todos os factos e elementos cujo conhecimento lhes advenha exclusivamente do exercício das suas funções, os quais só podem ser revelados nos termos previstos nas disposições legais pertinentes e, ainda, por decisão do órgão competente da Ordem dos Notários, ponderados os interesses em conflito[13].

Ao nº 2

1. A par do segredo profissional relativo aos casos a que alude o nº 1 do artigo em anotação, o nº 2 estatui um regime mais apertado, de verdadeira confidencialidade, em matéria de testamentos e de tudo o que com eles se relacione, em virtude de se tratar de actos que apenas produzem efeitos por morte do testador e de este, na maioria dos casos, pretender ocultar a sua existência e o seu conteúdo das pessoas beneficiadas.

Por isso é que, salvo em relação ao próprio autor ou seu procurador com poderes especiais, não pode, enquanto não for exibida ao notário certidão de óbito do testador, dar-se qualquer informação a respeito dos testamentos, quer quanto ao seu conteúdo, quer mesmo quanto à sua própria existência.

[13] *Vide* art. 23º, nºs 1, alínea *d*), e 2, do EN.

Na mesma linha de pensamento se inserem a alínea *a*) do nº 1 e o nº 2 do art. 164º, ao determinarem que só podem ser extraídas certidões dos testamentos públicos, das escrituras de revogação de testamentos, dos instrumentos de depósito de testamentos cerrados e internacionais e dos respectivos registos, sendo vivos os testadores, quando estes ou procuradores com poderes especiais as requeiram, só a eles podendo ser entregues.

2. Face ao assinalado princípio da confidencialidade, parece-nos que só pode ser extraída fotocópia de um testamento revogado, se for requisitada pelo tribunal para os fins julgados convenientes, salvo se o testamento revogado contiver uma perfilhação ou uma confissão de dívida, hipótese em que se deverá extrair certidão parcial com o conteúdo desta.

O que acaba de se dizer não impede que seja dada aos interessados a informação de que existe um testamento, mas revogado.

3. Quanto aos demais actos, o segredo existe apenas antes de serem lavrados; depois, tornam-se públicos.

Qualquer pessoa pode pedir informações ou certidões deles, sendo o notário até obrigado, como adiante diremos no lugar próprio, a enviar mensalmente aos competentes serviços de finanças, para controlo de impostos, uma relação dos registos das escrituras diversas e das procurações ditas irrevogáveis que confiram poderes de alienação de imóveis.

Ao nº 3

Salvo nos casos previstos na lei, o notário não é obrigado, de acordo com o nº 3 do artigo em anotação, a mostrar os livros, documentos e índices do cartório.

Porém, a consulta de livros e documentos para fins de desenvolvimento de estudos académicos pode ser autorizada pelo director-geral (hoje, presidente do IRN), mediante requerimento do interessado, acompanhado de parecer do notário sobre a sua viabilidade[14].

Do mesmo passo, foi entendido que, não havendo disposição legal expressa a disciplinar a consulta dos arquivos notariais, os notários

[14] Despacho nº 21/95, de 10 de Outubro.

podem exigir que esta se faça na presença de funcionário do cartório ou adoptar outras medidas convenientes[15].

Artigo 33º
Saída dos livros e documentos

1 – Os livros e documentos só podem sair dos cartórios mediante autorização do notário, dada por escrito e fundamentada, excepto quando se trate de lavrar actos de serviço externo ou quando, por motivo de força maior, haja necessidade de extrair fotocópias no exterior ou de remoção urgente.

2 – Da recusa do notário cabe recurso para o director-geral dos Registos e do Notariado.

ANOTAÇÕES

Ao nº 1

Diz a alínea *m)* do nº 2 do art. 4º que ao notário compete conservar os documentos que por lei devam ficar no arquivo notarial e os que lhe forem confiados com esse fim.

É ele, portanto, o fiel depositário do seu arquivo e, por isso, deve ser ele a decidir em primeiro lugar se é justificável a saída de um livro ou documento e, em caso afirmativo, quais as condições em que a saída deve ser autorizada.

Ao nº 2

Para evitar recusas infundamentadas, consagrou-se a possibilidade de recurso.

[15] Parecer dos Serviços Jurídicos (DSJ) da DGRN, publicado no BRN nº 2/98.

Artigo 34º
Transferência de livros e documentos para outros arquivos

1 – Os livros e documentos dos cartórios não podem ser transferidos para outros arquivos antes de decorridos 30 anos, a contar da sua conclusão ou inventariação.

2 – Decorrido o prazo de 30 anos, os livros e documentos podem ser transferidos para os Arquivos Nacionais/Torre do Tombo e para as bibliotecas do Estado e arquivos distritais, nos termos das disposições legais aplicáveis.

3 – A transferência é feita de cinco em cinco anos.

4 – O tempo de permanência mínima dos livros e documentos nos cartórios notariais pode ser ampliado ou reduzido, pela Direcção-Geral dos Registos e do Notariado, mas nunca pode ser inferior a 10 anos.

ANOTAÇÕES

Ao nº 1

Com vista a evitar a saturação dos arquivos distritais com livros e documentos que não se revistam do menor interesse, os notários devem proceder antecipadamente à destruição daqueles que, nos termos do art. 31º, o possam ser, transferindo tão somente os livros e documentos a que, nos termos legais, esteja vedada tal medida[16].

Ao nº 2

1. Foi estabelecido um acordo com o Instituto Português de Arquivos para que a incorporação de livros e documentos nos arquivos distritais se possa processar directamente entre eles e os cartórios notariais, sem intervenção da Direcção-Geral (hoje, IRN), e que o prazo para a saída dos livros passa a ser de 60 anos, suportando o Instituto os encargos com a transferência[17].

[16] Nota informativa inserta no BRN nº 12/96.

[17] Despacho do director-geral de 12/6/89, in BRN nº 3 de 1989.

O referido prazo foi encurtado para 30 anos, mantendo-se, porém, o prazo de 60 anos quanto à transferência de livros de testamentos e maços relativos a testamentos cerrados[18].

2. Considerando que esta excepção não tem hoje justificação, por *despacho de 5 de Abril de 2005* do ex-director geral[19], foi determinado que o prazo de 30 anos seja aplicado a todos os livros e maços de documentos, incluindo os livros de testamentos e maços relativos a testamentos cerrados.

Mais foi determinado por este despacho que os notários deviam promover a transferência de livros e documentos decorrido o prazo de 30 anos, contactando directamente os respectivos arquivos e encetando as diligências para o efeito.

Em circunstâncias que excepcionalmente o justifiquem, o referido prazo poderá ser reduzido, caso a caso, por despacho superior.

3. Por *despacho de 14 de Abril de 2005*[20] da mesma entidade, foi determinado que, tendo em consideração a conservação e funcionalidade dos arquivos dos cartórios notariais, bem como o seu processo de transformação, previsto no Estatuto do Notariado, todos os cartórios deviam promover a transferência do acervo documental, realizando as diligências necessárias junto dos arquivos distritais competentes.

Obtida a anuência dos arquivos distritais, os notários deviam observar os procedimentos previstos nos arts. 78º e ss. do DL nº 197/99, de 8 de Junho, tendo em vista a contratação dos serviços de higienização (exclusivamente para limpeza de livros, quando necessária), inventariação e transporte do acervo documental, despesas a suportar pelo Cofre dos Conservadores, Notários e Funcionários de Justiça.

Este despacho adoptou ainda os procedimentos a observar na autorização das respectivas despesas e em caso de transformação dos actuais cartórios.

4. A transferência inclui os livros de sinais, antes não susceptíveis de transferência, e deve fazer-se de 5 em 5 anos para a Torre do Tombo e para as bibliotecas do Estado e arquivos distritais.

[18] Despacho nº 2/2003 do ex-director-geral, in BRN nº 1/2003 – I caderno.

[19] Cfr. *site* do IRN *in* "Área Notarial". "Privatização do notariado".

[20] Idem, ibidem.

5. "A solicitação dos Arquivos Nacionais/Torre do Tombo, informam-se os senhores notários de que, quando promoverem a incorporação dos livros de sinais, deverão igualmente remeter as respectivas fichas, caso estas ainda não tenham sido destruídas, de acordo com o previsto no artigo 4º do Decreto-Lei nº 250/96, de 24 de Dezembro"[21].

TÍTULO II
Dos actos notariais

CAPÍTULO I
Disposições gerais

SECÇÃO I
Documentos e execução dos actos notariais

Artigo 35º
Espécies de documentos

1 – Os documentos lavrados pelo notário, ou em que ele intervém, podem ser autênticos, autenticados ou ter apenas o reconhecimento notarial.

2 – São autênticos os documentos exarados pelo notário nos respectivos livros, ou em instrumentos avulsos, e os certificados, certidões e outros documentos análogos por ele expedidos.

3 – São autenticados os documentos particulares confirmados pelas partes perante notário.

4 – Têm reconhecimento notarial os documentos particulares cuja letra e assinatura, ou só assinatura, se mostrem reconhecidas por notário.

[21] Nota informativa do BRN nº 6/99.

ANOTAÇÕES

Ao nº 1

1. Como é sabido, os documentos escritos podem ser autênticos ou particulares.

Autênticos são os documentos exarados pelas autoridades públicas nos limites da sua competência ou, dentro do círculo de actividade que lhe é atribuído, pelo notário ou outro oficial público provido de fé pública.

Todos os outros são particulares.

Os documentos particulares são havidos por autenticados, quando confirmados pelas partes, perante o notário, nos termos prescritos nas leis notariais ou ter apenas reconhecimento notarial, se a letra e a assinatura, ou só a assinatura, se mostrarem reconhecidas por notário.

É, no fundo, o que consta dos arts. 363º e 375º do CC.

Na esteira desta enunciação das modalidades dos documentos escritos, o artigo em anotação, nos seus nºs 1 a 4, dispõe que os documentos lavrados pelo notário, ou em que ele intervém, podem ser autênticos, autenticados ou ter apenas o reconhecimento notarial, apelidando de ***autênticos*** os documentos exarados pelos notários nos livros de notas ou em instrumentos avulsos e os certificados, certidões e documentos análogos por eles expedidos, de ***autenticados*** os documentos particulares confirmados pelas partes perante notário[22], e considerando terem

[22] O *DL nº 116/2008, de 4 de Julho* (alterado no seu art. 33º pelo DL nº 99/2010, de 2 de Setembro), criou condições para que, além dos notários, os advogados, as câmaras de comércio e indústria, os serviços de registo e os solicitadores passassem a prestar serviços relacionados com negócios relativos a bens imóveis, em regime de "balcão único", permitindo que tais negócios pudessem ser realizados por escritura ou **documento particular autenticado**.
O documento particular autenticado a que se reporta este diploma legal não deve confundir-se com qualquer documento particular confirmado pelas partes perante notário, visto que só pode servir para a formalização de negócios relativos a bens imóveis e está obrigatoriamente sujeito a depósito electrónico e a registo predial, não podendo, além disso, ser autenticado enquanto não se encontrar pago ou assegurado o imposto municipal sobre as transmissões onerosas de imóveis e liquidado o imposto do selo – *vide* arts 24º e 25º do referido diploma.

reconhecimento notarial os documentos particulares cuja letra e a assinatura, ou só assinatura, se mostrem reconhecidas por notário[23].

2. Nos documentos particulares a intervenção do notário, se existir, é posterior à sua conclusão.

Ao nº 2

1. O art. 369º do CC. esclarece que *o documento só é autêntico* quando a autoridade ou oficial público que o exara for competente, em razão da matéria e do lugar, e não estiver legalmente impedido de o lavrar, considerando-se exarado por autoridade ou oficial público competente o documento lavrado por quem exerça publicamente as respectivas funções, a não ser que os intervenientes ou beneficiários conhecessem, no momento da sua feitura, a falsa qualidade da autoridade ou oficial público, a sua incompetência ou a irregularidade da sua investidura.

2. Acrescentam depois o nº 1 do art. 371º e o nº 1 do art. 372º que os documentos autênticos fazem prova plena dos factos que referem como praticados pela autoridade ou oficial público respectivo, assim como dos factos que neles são atestados com base nas percepções da entidade documentadora, só podendo ser ilidida a sua força probatória com base na sua falsidade.

3. De entre os documentos autênticos assumem particular importância os lavrados nos livros de notas e os chamados instrumentos avulsos, a todos cabendo a designação genérica de instrumentos, a que são aplicáveis as formalidades dos arts. 46º e ss. do código em anotação.

Nos livros de notas são lavrados os testamentos e as escrituras; fora dos livros de notas, em papel avulso, são exarados os chamados instrumentos avulsos.

[23] Sobre a validade, eficácia e valor probatório dos ***documentos electrónicos e a assinatura digital***, *vide* o DL nº 290-D/99, de 2 de Agosto, alterado pelos DLs nºs 62/2003, de 3 de Abril, 165/2004, de 6 de Julho, 116-A/2006, de 16 de Junho, e 88/2009, de 9 de Abril (tendo este último diploma republicado aqueles DLs nºs 290-D/99 e 116-A/2006), e regulamentado pelos seguintes diplomas: Portaria nº 1178-E/2000, de 15 de Dezembro (alterada pela Portaria nº 8-A/2001, de 3 de Janeiro); Decreto Regulamentar nº 25/2004, de 15 de Julho; Portaria nº 1350/2004, de 23 de Outubro; e Portaria nº 597/2009, de 4 de Junho.

Ao nº 3

Os *documentos particulares autenticados* nos termos da lei notarial têm a força probatória dos documentos autênticos, mas não os substituem quando a lei exija documento desta natureza para a validade do acto – art. 377º do CC.

Ao nº 4

A letra e a assinatura do documento, ou só a assinatura, reconhecidas presencialmente, nos termos da lei notarial, têm-se por verdadeiras, pelo que o documento particular cuja autoria seja reconhecida presencialmente faz prova plena quanto às declarações atribuídas ao seu autor, sem prejuízo da arguição e prova da falsidade do documento – cfr. nº 1 do art. 375º e nº 1 do art. 376º do indicado CC.

Artigo 36º
Onde são exarados

1 – São lavrados nos livros de notas os testamentos públicos e os actos para os quais a lei exija escritura pública ou que os interessados queiram celebrar por essa forma.

2 – Os registos que a lei manda praticar pelo notário são exarados nos livros especiais a esse fim destinados.

3 – São exarados em instrumentos fora das notas os actos que devam constar de documento autêntico, mas para os quais a lei não exija, ou as partes não pretendam, a redução a escritura pública.

4 – Os termos de autenticação e os reconhecimentos são lavrados no próprio documento a que respeitam ou em folha anexa.

HISTÓRICO

Contém as alterações dos seguintes diplomas:
- Rect. nº 130/95, de 31/10
- DL nº 250/96, de 24/12

Consultar versões anteriores deste artigo:
- 1ª versão: DL nº 207/95, de 14/08
- 2ª versão: Rect. nº 130/95, de 31/10

ANOTAÇÕES

Ao nº 1
Vide arts. 7º, nº 1, alíneas *a*) e *b*), 11º e 12º e respectivas notas.

Ao nº 2
Vide art. 7º, nº 1, alíneas *d*) a *g*), 15º a 17º e respectivas notas.

Ao nº 3
Os instrumentos fora das notas são lavrados em papel avulso, podendo haver, relativamente a alguns, como é o caso dos instrumentos de protesto de títulos de crédito, modelos superiormente aprovados.

Artigo 37º
Numeração

1 – Os averbamentos lavrados nos instrumentos avulsos e nos livros previstos na alíneas *a*) e *b*) do nº 1 do artigo 7º e os actos ou termos lavrados nos livros a que se referem as alíneas *c*) a *g*) do nº 1 do mesmo artigo são numerados segundo a ordem por que forem exarados.

2 – A numeração dos averbamentos é seguida e privativa do acto correspondente.

3 – A numeração dos restantes actos é anual, podendo ser adoptada a numeração mensal ou diária para os reconhecimentos, termos de abertura de sinais e registos.

HISTÓRICO
Contém as alterações dos seguintes diplomas:
- DL nº 250/96, de 24/12

Consultar versões anteriores deste artigo:
- 1ª versão: DL nº 207/95, de 14/08

ANOTAÇÃO
Como vimos supra, o art. 13º – que se referia ao livro de sinais – foi revogado pelo DL nº 250/96, de 24 de Dezembro, pelo que deixou de

ter aplicação o nº 3 do artigo em anotação no que concerne à numeração dos termos de abertura de sinais.

Artigo 38º
Composição

1 – Os testamentos, as escrituras de revogação de testamentos e os instrumentos de aprovação de testamentos cerrados devem ser manuscritos com grafia de fácil leitura.

2 – Os actos a que se refere o número anterior podem ser dactilografados ou processados informaticamente apenas quando o notário estiver em exercício, devendo o suporte informático ser destruído após terem sido lavrados.

3 – O livro de notas para escrituras diversas deve ser dactilografado ou processado informaticamente mas, sendo desdobrado, um dos volumes ou, em casos fundamentados, dois deles podem ser manuscritos.

4 – Na composição dos restantes actos notariais é permitido o uso de qualquer processo gráfico, devendo os respectivos caracteres ser nítidos.

ANOTAÇÕES

Ao nº 1

Nos termos do art. 108º, os instrumentos de aprovação de testamentos cerrados, principiam logo em seguida à assinatura aposta no testamento, o que significa que têm de ser lavrados no mesmo papel em que o testamento foi escrito ou, se ele estiver completo, na primeira linha de uma folha que terá de ser anexada.

Ao nº 3

1. O processamento informático dos actos enumerados no nº 1 do artigo em anotação está sujeito ao condicionalismo de o notário estar em exercício.

2. O processamento informático das escrituras, não estando sujeito a esse condicionalismo, demanda que não deva iniciar-se um acto no verso de folha ocupada por outro acto, por causa de eventuais erros derivados da impressão.

Ao nº 4
O uso de carimbo está generalizado, sobretudo nos reconhecimentos e na certificação de fotocópias.

Artigo 39º
Materiais utilizáveis

1 – Os materiais utilizados na composição dos actos notariais devem ser de cor preta, conferindo inalterabilidade e duração à escrita.

2 – A Direcção-Geral dos Registos e do Notariado pode ordenar a utilização de impressos, de acordo com os modelos que vier a aprovar, para a expedição de actos avulsos, bem como ordenar ou proibir o uso, para a escrita dos actos, de determinados materiais ou processos gráficos.

ANOTAÇÃO
A lei não impõe o tipo de materiais que devem ser usados na composição dos actos, contanto que sejam de cor preta e confiram à escrita duração e inalterabilidade, o que, desde logo, afasta a possibilidade do uso de lápis.

Artigo 40º
Regras a observar na escrita dos actos

1 – Os actos notariais são escritos com os dizeres por extenso.

2 – Nas traduções, nas certidões de teor e nas públicas-formas não extraídas sob a forma de fotocópia, a transcrição dos originais é feita com as abreviaturas e algarismos que neles existirem.

3 – É permitido o uso de algarismos e abreviaturas:

a) Nos reconhecimentos, averbamentos, extractos, registos e contas;

b) Na indicação da naturalidade e residência;

c) Na menção dos números de polícia dos prédios, respectivas inscrições matriciais e valores patrimoniais;

d) Na numeração de artigos e parágrafos de actos redigidos sob forma articulada;

e) Na numeração das folhas dos livros ou dos documentos;

f) Na referenciação de diplomas legais e de documentos arquivados ou exibidos;

g) Nas palavras usadas para designar títulos académicos ou honoríficos.

4 – Os instrumentos, certificados, certidões e outros documentos análogos e, ainda, os termos de autenticação são lavrados sem espaços em branco, que devem ser inutilizados por meio de um traço horizontal, se alguma linha do acto não for inteiramente ocupada pelo texto.

HISTÓRICO

Contém as alterações dos seguintes diplomas:

- DL nº 250/96, de 24/12

Consultar versões anteriores deste artigo:

- 1ª versão: DL nº 207/95, de 14/08

ANOTAÇÕES

Ao nº 1

Os actos notariais são, em princípio, escritos por extenso e sem espaços em branco, sem embargo de a transcrição dos originais nas traduções, certidões de teor e públicas-formas não extraídas sob a forma de fotocópia dever ser feita com as abreviaturas e algarismos que neles existirem.

Ao nº 4

Os espaços em branco devem ser inutilizados por meio de um traço horizontal, nunca se devendo deixar ficar linhas em branco entre o texto dos actos e as assinaturas, para fazer eventuais ressalvas, pois tal procedimento, proibido pelo nº 4 do artigo em anotação, faz incorrer os responsáveis em falta disciplinar[24].

Artigo 41º
Ressalvas

1 – As palavras emendadas, escritas sobre rasura ou entrelinhadas devem ser expressamente ressalvadas.

2 – A eliminação de palavras escritas deve ser feita por meio de traços que as cortem e de forma que as palavras traçadas permaneçam legíveis, sendo aplicável à respectiva ressalva o disposto no número anterior.

3 – As ressalvas são feitas antes da assinatura dos actos de cujo texto constem e, tratando-se de actos lavrados em livros de notas, dos respectivos documentos complementares ou de instrumentos de procuração, devem ser manuscritas pelo funcionário que os assina.

4 – As palavras emendadas, escritas sobre rasuras ou entrelinhadas que não forem ressalvadas consideram-se não escritas, sem prejuízo do disposto no nº 2 do artigo 371º do Código Civil.

5 – As palavras traçadas, mas legíveis, que não forem ressalvadas consideram-se não eliminadas.

ANOTAÇÕES

Ao nº 1

As ressalvas das palavras emendadas, escritas sobre rasura ou entrelinhadas (e também das palavras traçadas) não obedecem a requisitos especiais.

Na prática notarial é costume usarem-se as seguintes expressões

a) *Emendei: ...*

b) *Entrelinhei: ...*

[24] Informação contida no BRN nº 3/98.

c) *Rasurei:* ...
d) *Tracei:* ...

Ao nº 2
Deve ter-se o maior cuidado na eliminação das palavras escritas (feita por meio de traços que as cortem e de forma a que as palavras traçadas permaneçam legíveis), pois a inobservância deste procedimento conduz à nulidade do acto, por vício de forma, nos termos do art. 70º, nº 1, alínea *c*).

Artigo 42º
Redacção

1 – Os actos notariais são escritos em língua portuguesa, devendo ser redigidos com a necessária correcção, em termos claros e precisos.

2 – A terminologia a utilizar pelo notário na redacção dos actos é aquela que, em linguagem jurídica, melhor traduza a vontade das partes, manifestada nas suas instruções dadas verbalmente ou através de apontamentos escritos, devendo evitar-se a inserção nos documentos de menções supérfluas ou redundantes.

3 – A mera reprodução de normas contidas em preceitos legais vigentes ou que deles resultem directamente, feita pelo notário no contexto dos actos e por indicação expressa das partes, não deve ser considerada supérflua se for alegado que tais estipulações são essenciais ao melhor esclarecimento da sua vontade negocial.

ANOTAÇÕES

Ao nº 1
Não é legal escrever os actos numa qualquer língua estrangeira, ainda que o notário a domine.

Pode, porém, verter-se para uma língua estrangeira o conteúdo de um documento escrito em língua portuguesa (nº 1, alínea *b*), do art. 172º).

Ao nº 2

1. Além das expressões e das frases inúteis – ainda que desejadas pelas partes –, o notário deve evitar a inserção nos documentos de menções supérfluas ou redundantes, por estas se entendendo tudo aquilo que se contenha em disposição legal de natureza imperativa ou em regra supletiva que os interessados não pretendam afastar.

Ao notário é, porém, reconhecida a faculdade de, em cada caso concreto, poder transigir com a inserção de cláusulas convencionais de conteúdo semelhante ao contido em preceitos legais vigentes, sempre que for alegado pelas partes que são essenciais ao melhor esclarecimento da sua vontade negocial e o notário entenda não deverem ser qualificadas como inteiramente supérfluas.

2. Entre as expressões, inseridas no contexto dos actos notariais, consideradas como supérfluas[25], contam-se, como exemplos, as seguintes menções:

a) A de que os lucros são repartidos e as perdas suportadas na proporção das quotas.

b) A de que as sociedades se dissolvem nos casos previstos na lei.

c) A de que os descendentes dos herdeiros ou legatários gozam do direito de representação, no caso de, à data da abertura da herança, haverem falecido aqueles herdeiros ou legatários (ou que é vitalício o legado de usufruto, quando o testador pretende atribuir esse carácter, face ao que dispõe o art. 2258º do CC).

d) A de que os declarantes das escrituras de habilitação não são parentes sucessíveis dos herdeiros, nem têm qualquer outro impedimento legal para o acto.

e) A de que, nos termos expostos e nos mais de direito aplicável, se obrigam ao inteiro cumprimento deste contrato.

f) A de que dão a partilha por concluída, a qual se obrigam a manter e cumprir como boa.

3. No tocante aos testamentos, a superfluidade tem de ser entendida em termos hábeis, uma vez que estamos perante actos que, quando produzem efeitos, já o "autor" os não pode esclarecer.

[25] Cfr. CN anotado pela Direcção-Geral dos Registos e do Notariado, 1973, pp. 53 e 54.

Logo, nunca deve deixar de mencionar-se tudo aquilo que esclareça cabalmente a vontade do testador, de molde a que ela fique expressa com nitidez.

Artigo 43º
Minutas

1 – As partes podem apresentar ao notário minuta do acto.

2 – O notário deve reproduzir a minuta, salvo naquilo em que ela infringir leis de interesse e ordem pública, desde que se mostre redigida em conformidade com o disposto no artigo anterior.

3 – Se a redacção da minuta for imperfeita, o notário deve advertir os interessados da imperfeição verificada e adoptar a redacção que, em seu juízo, mais fielmente exprima a vontade dos outorgantes.

4 – A minuta apresentada, depois de rubricada pelo notário, é restituída ao apresentante, salvo se este solicitar que fique arquivada.

5 – A minuta, quando arquivada, deve ser rubricada, em todas as suas folhas, pelos outorgantes que saibam e possam fazê-lo.

ANOTAÇÕES

Ao nº 3

A redacção do acto, mesmo quando lavrado por minuta, não deixa de ser da autoria e da responsabilidade do notário e, por isso, o nº 3 do artigo em anotação estipula que, quando a minuta apresentar imperfeições ou terminologia incorrecta ou confusa, cabe-lhe adoptar a redacção que, em seu juízo, mais fielmente exprima a vontade dos outorgantes.

Ao nº 4

É aconselhável a aposição do selo branco sobre a rubrica lançada na minuta restituída às partes.

Ao nº 5

1. Se o apresentante da minuta solicitar o seu arquivamento, deve a minuta ser incorporada no maço respeitante ao acto lavrado.

2. As minutas de contratos, com vista do Tribunal de Contas, em que intervenha o Estado devem ficar arquivadas e ser reproduzidas na íntegra.

Artigo 44º
Documentos passados no estrangeiro

1 – Os documentos passados no estrangeiro, em conformidade com a lei local, são admitidos para instruir actos notariais, independentemente de prévia legalização.

2 – Se houver fundadas dúvidas acerca da autenticidade do documento apresentado, pode ser exigida a sua legalização, nos termos da lei processual.

3 – O documento escrito em língua estrangeira deve ser acompanhado da tradução correspondente, a qual pode ser feita por notário português, pelo consulado português no país onde o documento foi passado, pelo consulado desse país em Portugal ou, ainda, por tradutor idóneo que, sob juramento ou compromisso de honra, afirme, perante o notário, ser fiel a tradução.

ANOTAÇÕES

Ao nº 1

Os documentos (autênticos ou particulares) passados em país estrangeiro, na conformidade da respectiva lei, fazem prova como o fariam os documentos da mesma natureza exarados em Portugal.

Se o documento não estiver legalizado, nos termos da lei processual, e houver fundadas dúvidas acerca da sua autenticidade ou da autenticidade do reconhecimento, pode ser exigida a sua legalização.

É assim que reza o art. 365º do CC.

Igual solução se contempla no artigo em anotação, segundo o qual os documentos (autênticos ou particulares) passados no estrangeiro, em conformidade com a lei local, são admitidos para instruir os actos notariais (*acompanhados da competente tradução*, como diz o nº 3), independentemente de prévia legalização, a menos que o notário tenha dúvidas fundadas acerca da sua autenticidade, caso em que a legalização se fará de acordo com a lei processual, como ensina o nº 2).

Isto quer dizer que, em princípio, é desnecessário qualquer procedimento, não fazendo a lei portuguesa depender da legalização a recepção dos documentos estrangeiros.

Só se houver fundadas dúvidas sobre a autenticidade é que é exigível a legalização.

Ao nº 2

1. O processo de *legalização* consta do art. 440º do CPC e, sem prejuízo do que se encontra estabelecido em regulamentos europeus e em outros instrumentos internacionais, consiste no reconhecimento da assinatura do funcionário público que haja passado ou legalizado o documento por agente diplomático ou consular português no Estado respectivo e na autenticação da assinatura deste agente pela aposição do selo branco consular.

Tratando-se, porém, de país aderente ou signatário da Convenção da Haia de 5 de Outubro de 1961 relativa à supressão da exigência da legalização dos actos públicos estrangeiros, publicada em anexo ao DL nº 48 450, de 24 de Junho de 1968 (e ratificada a 06-12-1968, conforme Aviso publicado no Diário do Governo nº 50 – I série – de 28-12-1969), a legalização é, em princípio, dispensável.

Ao documento autêntico é anexado um documento uniforme (a Apostila), onde a autoridade competente do Estado de origem certifica que aquele documento é autêntico e foi exarado por oficial público, dispensando os outros Estados-Parte da Convenção a legalização dos documentos públicos que forem apostilados.

A autoridade competente do Estado Português para a Apostila dos documentos portugueses é a Procuradoria-Geral da República e, por delegação, as Procuradorias-Gerais Distritais do Porto, Coimbra e Évora (e os Procuradores-Gerais-Adjuntos colocados junto dos Representantes da República Portuguesa paras as Regiões Autónomas ou em magistrados do Ministério Público que dirijam Procuradorias da República sediadas nessas Regiões) – cfr. Regulamento do Serviço de Apostila, aprovado pelo Despacho nº 18897/2009 do Procurador-Geral da República.

As menções que integram a apostilha não carecem de tradução[26], ao contrário do documento, quando este for apresentado para instruir o acto.

[26] Cfr. art. 4º da Convenção da Haia e parecer publicado no I caderno do BRN nº 5/2003, p. 20.

A apostila, anexa ao documento, tem a forma de um quadrado, de 9 centímetros de lado, pelo menos, com o seguinte teor:

APOSTILA
(Convenção da Haia de 5 de Outubro de 1961)
1. País...
2. O presente documento público foi assinado por...
3. Actuando na qualidade...
4. Leva o selo carimbo... de... Certificado:
5. em...
6. no dia...
7. por...
8. sob o nº...
9. Carimbo/Selo:...
10. Assinatura...

Actualmente existem 108 membros signatários da Convenção da Conferência da Haia, entre os quais os Estados-Membros da União Europeia.

2. Note-se que a legalização de um documento, por uma das formas referidas, tem em vista o seu valor formal e não substancial.

Existe um pouco a ideia de que qualquer documento, uma vez legalizado, mormente através de apostilha, está completo e não podem levantar-se dúvidas quanto à sua suficiência para o fim a que se destina. E não é assim.

Tomemos, como exemplo, o caso de uma procuração passada fora do país pela administração de uma sociedade estrangeira para a realização de determinados negócios jurídicos em Portugal.

Aqui é preciso verificar, em primeiro lugar, a existência legal de tal sociedade, quem a representa e se o ou os outorgantes tinham poderes para em nome da sociedade outorgar a procuração em causa. Ora, estes elementos ou são colhidos no texto da procuração ou então terão de ser apresentados outros documentos que os comprovem. A apostilha nada nos diz quanto a eles.

Ao nº 3

1. É sempre exigível a *tradução* dos documentos passados no estrangeiro, quando forem apresentados para instruir o acto.

Faz-se ela por algum dos modos previstos neste nº 3, ou seja, por notário português, pelo consulado português no país onde o documento foi passado, pelo consulado desse país em Portugal ou por tradutor idóneo que, sob juramento ou compromisso de honra, afirme, perante o notário, ser fiel a tradução, e ainda, como dito ficou, por advogados, solicitadores, câmaras de comércio e indústria, conservadores e oficiais do registo.

Fogem a esta regra:

a) As letras escritas em língua que o notário não domine, as quais, para poderem ser admitidas a protesto, carecem de ser acompanhadas de tradução escrita (efectuada, a nosso ver, por perito da escolha do notário), mas efectuada sem obediência a qualquer daquelas formalidades[27].

b) Os documentos, igualmente escritos em língua que o notário não domine, apresentados para fins de reconhecimento de assinaturas, que, embora continuem a necessitar de tradução, podem, no entanto, ser traduzidos verbalmente, por perito da escolha do notário[28].

2. Quanto aos documentos passados e traduzidos no estrangeiro, concede-se que se transija com a falta da rigorosa observância do formalismo prescrito no nº 3 do artigo em anotação[29].

3. No que concerne ao caso das sentenças estrangeiras, a regra do seu reconhecimento consta do nº 1 do art. 978º do CPC: "Sem prejuízo do que se ache estabelecido em tratados, convenções, regulamentos da União Europeia e leis especiais, nenhuma decisão sobre direitos privados, proferida por tribunal estrangeiro, tem eficácia em Portugal, seja qual for a nacionalidade das partes, sem estar revista e confirmada".

Ou seja: as sentenças estrangeiras têm de ser controladas pelo Tribunal da Relação – art. 979º –, o qual, nos termos do art. 980º, faz um controlo formal e não de mérito.

O regime da revisão das sentenças estrangeiras é aplicável apenas na falta de Regulamentos da União Europeia, Leis Especiais e Convenções Internacionais.

A título exemplificativo, sobre Regulamentos da União Europeia, que são os que mais nos dizem respeito, citamos os seguintes: Regu-

[27] Cfr. art. 119º, nºs 1, alínea *b*), e 2.

[28] Cfr. art. 157º, nº 2.

[29] Despacho de 25 de Fevereiro de 1964, publicado no CN anotado pela Direcção-Geral dos Registos e do Notariado, 1973, p. 57.

lamento CE nº 1346/2000, de 29 de Maio, em matéria de insolvência; Regulamento CE nº 44/2001, de 16 de Janeiro, em matéria civil e comercial; Regulamento CE nº 2201/2003, de 27 de Novembro, em matéria matrimonial e responsabilidade parental; Regulamento CE nº 4/2009, de 10 de Janeiro, em matéria de obrigações alimentares.

Na maioria dos Regulamentos Europeus, nas matérias determinadas, vigora o reconhecimento automático, segundo o qual as sentenças estrangeiras produzem efeitos sem necessidade de qualquer controlo ou verificação.

Anote-se que, nas sentenças sucessórias relativas a pessoas falecidas até 17 de Agosto de 2015, vale o regime geral do citado art. 978º do CPC, isto é, essas sentenças só produzem efeitos em Portugal depois de revistas e confirmadas pelo Tribunal da Relação; relativamente às pessoas falecidas a partir dessa data, vigora o Regulamento Europeu das Sucessões (Regulamento (EU) nº 650/2012 do Parlamento Europeu e do Conselho de 4 de Junho de 2012) que tem um regime especial de reconhecimento de sentenças em matéria sucessória entre os seus Estados-Membros: o reconhecimento sem necessidade de recurso a qualquer procedimento, embora, em caso de contestação, se torne necessário o procedimento de *exequatur* (declaração de executoriedade) que parte de uma certidão normalizada emitida pelo tribunal de origem – cfr. arts. 39º e 40º do citado Regulamento.

4. Sobre traduções, *vide* notas ao art. 172º

Artigo 45º
Utilização de documentos arquivados

Os documentos ou actos existentes no cartório podem ser utilizados para integrar ou instruir os actos que nele venham a ser lavrados, enquanto não houver expirado o prazo da sua validade e não se tiverem modificado as condições em que foram exarados, salvo o disposto no nº 2 do artigo 49º.

ANOTAÇÕES

1. Os documentos ou actos existentes no cartório podem ser utilizados para integrar ou instruir os actos que nele venham a ser lavrados, sem

necessidade de extrair deles certidão. Para tanto, basta que o documento ou acto seja devidamente identificado. Por exemplo: tratando-se de uma escritura, deve mencionar-se a sua denominação, a data em que foi lavrada e o livro e folhas em que se encontra exarada; se for uma procuração, deve identificar-se pela espécie de maço em que foi arquivada e pelo número de documento que lhe corresponde dentro do respectivo maço.

2. O artigo em anotação excepciona o caso das certidões do registo comercial destinadas a provar a qualidade de representante de pessoa colectiva sujeita a registo e da suficiência dos seus poderes, as quais podem ser aceites, mesmo depois de expirado o prazo da sua validade, desde que os representantes e seus poderes de representação se mantenham inalterados, ficando consignada no instrumento ou arquivada no cartório, em documento autêntico ou autenticado, uma declaração proferida nesse sentido por todos os membros da gerência ou da administração, sob sua inteira responsabilidade, a qual pode ser renovada anualmente.

3. As procurações entre cônjuges, passadas no domínio do CC de 1867, que se encontrem arquivadas no cartório não podem ser usadas, desde que os poderes nelas contidos não obedeçam ao condicionalismo exigido pelo art. 1684º do código actual, isto é, não sejam especiais para cada acto[30].

SECÇÃO II
Requisitos dos instrumentos notariais

Artigo 46º
Formalidades comuns

1 – O instrumento notarial deve conter:

a) A designação do dia, mês, ano e lugar em que for lavrado ou assinado e, quando solicitado pelas partes, a indicação da hora em que se realizou;

[30] Despacho de 6 de Maio de 1969, ibidem, p. 58.

b) O nome completo do funcionário que nele interveio, a menção da respectiva qualidade e a designação do cartório a que pertence;

c) O nome completo, estado, naturalidade e residência habitual dos outorgantes, bem como das pessoas singulares por estes representadas, a identificação das sociedades, nos termos da lei comercial, e das demais pessoas colectivas que os outorgantes representem, com menção, quanto a estas últimas, das suas denominações, sedes e números de identificação de pessoa colectiva;

d) A referência à forma como foi verificada a identidade dos outorgantes, das testemunhas instrumentárias e dos abonadores;

e) A menção das procurações e dos documentos relativos ao instrumento que justifiquem a qualidade de procurador e de representante, mencionando-se, nos casos de representação legal e orgânica, terem sido verificados os poderes necessários para o acto;

f) A menção de todos os documentos que fiquem arquivados, mediante a referência a esta circunstância, acompanhada da indicação da natureza do documento, e, ainda, tratando-se de conhecimento do imposto municipal de sisa, a indicação do respectivo número, data e repartição emitente;

g) A menção dos documentos apenas exibidos com indicação da sua natureza, data de emissão e entidade emitente e, ainda, tratando-se de certidões de registo, a indicação do respectivo número de ordem ou, no caso de certidão permanente, do respectivo código de acesso;

h) O nome completo, estado e residência habitual das pessoas que devam intervir como abonadores, intérpretes, peritos médicos, testemunhas e leitores;

i) A referência ao juramento ou compromisso de honra dos intérpretes, peritos ou leitores, quando os houver, com a indicação dos motivos que determinaram a sua intervenção;

j) As declarações correspondentes ao cumprimento das demais formalidades exigidas pela verificação dos casos previstos nos artigos 65º e 66º;

l) A menção de haver sido feita a leitura do instrumento lavrado, ou de ter sido dispensada a leitura pelos intervenientes, bem como a menção da explicação do seu conteúdo;

m) A indicação dos outorgantes que não assinem e a declaração, que cada um deles faça, de que não assina por não saber ou por não poder fazê-lo;

n) As assinaturas, em seguida ao contexto, dos outorgantes que possam e saibam assinar, bem como de todos os outros intervenientes, e a assinatura do funcionário, que será a última do instrumento.

2 – Se no acto intervier um substituto legal, no impedimento ou falta do notário, deve indicar-se o motivo da substituição.

3 – Nas escrituras de repúdio de herança ou de legado deve ser mencionado, em especial, se o repudiante tem descendentes.

4 – Se algum dos outorgantes não for português, deve fazer-se constar da sua identificação a nacionalidade, salvo se ele intervier na qualidade de representante, ou na de declarante em escritura de habilitação ou justificação notarial.

5 – O disposto na alínea *e*) do nº 1 não é aplicável aos pais que outorguem na qualidade de representantes de filhos menores.

6 – Os instrumentos de actas de reuniões de órgãos sociais são lavrados pelo notário, com base na declaração de quem dirigir a assembleia, devendo ser assinados pelos sócios presentes e pelo notário, quando relativos a sociedades em nome colectivo ou sociedades por quotas, e pelos membros da mesa e pelo notário quanto às demais.

7 – O notário pode inserir, nas actas a que se refere o número anterior, qualquer declaração dos intervenientes que lhe seja requerida para delas constar.

HISTÓRICO

Contém as alterações dos seguintes diplomas:

- DL nº 410/99, de 15/10
- DL nº 76-A/2006, de 29/03

Consultar versões anteriores deste artigo:

- 1ª versão: DL nº 207/95, de 14/08
- 2ª versão: DL nº 410/99, de 15/10
- DL nº 125/2013, de 30/08

ANOTAÇÕES

Ao nº 1, em geral

1. Os elementos ou requisitos que compõem o instrumento devem estar devidamente ordenados, ocupando o seu lugar próprio.

A prática notarial há muito consagrou a existência no instrumento de três partes essenciais.

A primeira começa pela denominação do acto, mencionando-se depois a data e o lugar da celebração, a identificação do cartório, de quem presidiu à sua celebração, dos outorgantes e das pessoas que eles eventualmente representem e a verificação da identidade dos intervenientes.

Segue-se a parte atinente ao conteúdo do acto jurídico formalizado pelo documento e onde é usual, quando se descrevem prédios e o instrumento respeita a factos sujeitos a registo, fazer as menções relativas à matriz e ao registo.

O instrumento conclui-se depois pela inserção das demais formalidades e menções exigidas, conforme os casos, designadamente as alusivas ao arquivamento ou exibição de documentos, à intervenção de abonadores, testemunhas, intérpretes, peritos e leitores, e às advertências, terminando com a leitura e explicação do instrumento, as assinaturas devidas e as referências à estatística, e à conta.

Sempre que houver lugar a qualquer *isenção de selo*, o art. 8º do CIS determina que se deve averbar (leia-se mencionar) no documento ou título a disposição legal que a prevê.

2. Para ilustrar o que acabamos de escrever, apresenta-se um exemplo de minuta de um tipo de escritura de prática mais vulgar nos cartórios notariais, demonstrativa da forma como (e do lugar onde) os requisitos dos instrumentos costumam ser inseridos.

Assim:

Compra e venda

No dia ..., no cartório notarial de ... (ou, sendo cartório privado, no meu cartório, sito ...), perante mim, F ..., respectivo notário, compareceram:

PRIMEIRO – Dr. F..., NIF ... e mulher F..., NIF..., casados sob o regime da comunhão geral, naturais da freguesia de..., concelho de... onde habitualmente residem no lugar de... na Rua... nº ..., intervindo ele por si e como procurador em representação de F..., NIF .... e mulher F.., NIF..., casados sob o mencionado regime de bens, naturais e residentes habitualmente no dito lugar de... na Rua ... nº ..., no uso dos poderes que lhe foram conferidos por procuração já arquivada neste cartório a documentar a escritura iniciada a fls. 50 do livro de notas para escrituras diversas nº 117-B (ou que arquivo); e

SEGUNDO – F..., NIF..., casado com F... sob o regime de comunhão de adquiridos, natural da freguesia de... concelho de... e residente habitualmente na Rua ... nº ... da cidade de ...

Verifiquei a identidade dos primeiros outorgantes por conhecimento pessoal e a do segundo por exibição do cartão de cidadão nº ..., emitido em 05/12/1994 pela República Portuguesa (ou bilhete de identidade número ... emitido em ... pelos SIC de ...)

Disseram os primeiros outorgantes:

Que, em seu nome e em nome dos representados por ele varão, vendem ao segundo, pelo preço de ..., já recebido[31]*, um prédio urbano, destinado exclusivamente a habitação, composto de casa de rés-do-chão, sito na Rua... nº ... do refe-*

[31] Os nºs 5 e 6 do art. 47º do CN, na redacção da Lei nº 89/2017, de 21 de Agosto, determinam que o instrumento destinado a titular actos sujeitos a registo deve conter, sempre que esteja em causa o pagamento de uma quantia, a indicação do momento em que tal ocorre e do meio de pagamento utilizado.
Caso o pagamento ocorra antes ou no momento da celebração do acto, deve ser consignado no instrumento:
a) Tratando-se de pagamento em numerário, a moeda utilizada;
b) Tratando-se de pagamento por cheque, o seu número e a entidade sacada;
c) Tratando-se de pagamento através da realização de uma transferência de fundos:
i) A identificação da conta do ordenante e da conta do beneficiário, mediante a menção dos respectivos números e prestadores de serviços de pagamento;
ii) Quando o ordenante ou o beneficiário não realize a transferência por intermédio de uma conta de pagamento, mediante a menção do identificador único da transacção ou do número do instrumento de pagamento utilizado e do respectivo emitente.

rido lugar de ..., (ou um prédio rústico, composto de ...), inscrito na respectiva matriz sob o artigo ..., com o valor patrimonial tributário de ... (tratando-se de prédio rústico, será valor patrimonial tributário de ..., para efeitos de IMT e de selo);

Que o referido prédio está descrito na Conservatória do Registo Predial de... sob o número ... da freguesia de... e está nela registada a aquisição a favor dos transmitentes pela inscrição ...

Disse o segundo outorgante que aceita a presente venda, nos termos exarados.

Arquivei:

a) A declaração para a liquidação do imposto municipal sobre as transmissões onerosas de imóveis e o documento número ... comprovativo de que a presente transmissão beneficia da isenção do referido imposto, nos termos do art. 9º do CIMT, por o imóvel se destinar a habitação própria e permanente;

b) O documento número ... comprovativo do pagamento do imposto do selo da verba 1.1 da tabela geral, no montante de ..., liquidado hoje.

Exibiu-se:

a) Fotocópia passada em ...pela Câmara Municipal de..., extraída do alvará de autorização de utilização nº ... por ela emitido em ..., referente ao citado prédio[32]*;*

b) Caderneta predial urbana (ou rústica), obtida em ... via Internet (ou certidão emitida em ... pelos serviços de finanças de ...), da qual constam os elementos matriciais citados; e

c) Certidão de teor da descrição e das inscrições prediais em vigor, com o número de ordem ..., passada em... pela conservatória do registo predial de ...

ou

Foram verificados os elementos registais do prédio por consulta online da certidão permanente de registo predial, através do código de acesso ..., com informação em vigor pelas ... horas, ... minutos e ... segundos de hoje[33].

[32] A utilização dos edifícios ou suas fracções autónomas concluídos a partir de 3 de Março de 2008 – data da entrada em vigor das alterações introduzidas ao DL nº 555/99, de 16 de Dezembro, levadas a cabo pela Lei nº 60/2007, de 4 de Setembro – passa a estar sujeita apenas a *autorização*, em vez de *licença*.
A apresentação de autorização de utilização é *dispensada* se a existência desta estiver anotada à descrição – alínea *a*) do nº 1 do art. 90º-A do CRP.

[33] A visualização *online* da certidão deve efectuar-se na altura da assinatura da escritura, indicando-se o momento preciso da informação em vigor, a fim de evitar que, antes disso, tenha sido apresentado qualquer pedido de registo de ónus ou encargo não referenciado na escritura.

Os outorgantes informaram que o negócio titulado por esta escritura não foi objecto de intervenção de empresa de mediação imobiliária, tendo sido advertidos de que, se for falsa a informação prestada, incorrem na pena prevista para o crime de falsas declarações[34].

A ficha técnica de habitação referente ao imóvel alienado por esta escritura, que deu entrada na referida câmara municipal em ..., foi entregue ao comprador neste acto, o que eu notário certifico[35].

[34] Nos termos do art. 40º da Lei nº 15/2013, de 8 de Fevereiro, a escritura pública ou documento particular que titule negócio sobre bem imóvel (negócio que vise a constituição ou aquisição de direitos reais sobre bens imóveis, a permuta, o trespasse ou o arrendamento dos mesmos ou a cessão de posição em contratos cujo objecto seja um bem imóvel) deve mencionar a informação prestada pelos outorgantes sobre se os citados negócios foram ou não objecto da intervenção de empresa de mediação imobiliária (com indicação, em caso afirmativo, da respectiva denominação social e número de licença ou registo junto do Instituto da Construção e de Imobiliário, I.P.), bem como a advertência de que incorrem na pena correspondente ao crime de desobediência previsto no artigo 348º do Código Penal (hoje, segundo julgamos, art. 348º-A, aditado pela Lei nº 19/2013, de 21 de Fevereiro), no caso de omissão da informação relativa à intervenção da empresa no negócio.
Quando haja indícios da intervenção na mediação de negócios sobre bens imóveis de pessoa singular ou colectiva que não esteja legalmente habilitada para o exercício da actividade de mediação imobiliária, o notário ou profissional equiparado deve enviar ao falado Instituto, no prazo de 15 dias, cópia dos documentos em que tal intervenção conste.

[35] O nº 1 do art. 9º do DL nº 68/2004, de 25 de Março, determina que não pode ser celebrada escritura pública (e agora também documento particular autenticado) que envolva a aquisição a título oneroso da propriedade de prédio ou fracção destinada à habitação sem que o titulador se certifique da existência da *ficha técnica da habitação* e de que a mesma é entregue ao comprador.
A exigência da aludida ficha técnica não se aplica relativamente aos prédios construídos antes da entrada em vigor do Regulamento Geral das Edificações Urbanas, aprovado pelo DL nº 38 382, de 7 de Agosto de 1951, nem aos prédios que se encontrem edificados e sobre os quais exista licença de utilização ou haja requerimento apresentado para a respectiva emissão antes de 30 de Março de 2004, data da entrada em vigor daquele DL nº 68/2004 – cfr. nº 2 do art. 2º.
O mesmo se diga se a aquisição ocorrer antes de 16 de Agosto de 2004, data da entrada em vigor da Portaria nº 817/2004, de 16 de Julho – cfr. deliberação tomada pelo CT no proc. R.P. nº 161/2006 e homologada em 26.08.2007.

Esta escritura foi lida aos outorgantes e aos mesmos explicado o seu conteúdo, não assinando o segundo outorgante, mudo, por ter manifestado por sinais que não sabia assinar nem escrever, mas apresentando como seu intérprete F..., casado, residente habitualmente em..., cuja identidade verifiquei por ..., o qual prestou neste acto perante mim, notário, compromisso de honra de bem desempenhar as suas funções e me transmitiu a interpretação da linguagem gestual do mudo no sentido deste haver compreendido a leitura e a explicação do conteúdo do presente acto e de ele estar conforme à sua vontade[36].

....

....

....

O Notário,

....

Estatística: Verbete nº ... (rubrica)
Conta registada sob o nº ... (rubrica)

Os requisitos a que estão sujeitos os instrumentos notariais merecem, no entanto, algumas notas adicionais, seguindo-se, na sua apreciação, até onde for possível, a ordem indicada pelo art. 46º.

Diga-se, a propósito, que a Portaria nº 817/2004 – que veio aprovar o modelo da ficha técnica da habitação –, exige que a ficha seja *entregue em suporte de papel* ao consumidor adquirente do prédio urbano ou fracção autónoma destinada a habitação.
Convém, por isso, não esquecer que *nas escrituras (ou documentos particulares autenticados) de aquisição a título oneroso de prédio ou fracção autónoma destinada a habitação, relativamente às quais seja exigível a ficha técnica da habitação, o titulador deve mencionar que se certificou da entrega dessa ficha, em suporte de papel, ao comprador.*
A existência de ficha técnica de habitação pode ser anotada à descrição, dando-se, assim, aos cidadãos a possibilidade de encontrarem, num único local, toda a informação considerada necessária para a aquisição e celebração de negócios jurídicos sobre imóveis – alínea *b*) do nº 1 do art. 90º-A do CRP.

[36] A alínea *l*) do nº 1 do art. 46º do CN não exige que do instrumento notarial conste a menção de este ter sido lido em voz alta e na presença simultânea de todos os intervenientes, contrariamente ao preceituado na lei anterior.
Mantém-se, porém, a obrigação de o título ser lido em voz alta e na presença simultânea de todos os intervenientes, por força do nº 1 do art. 50º do CN.

À alínea *a*)

1. Ao iniciar-se a redacção do instrumento e, portanto, antes de nele ser inserida a data, é vulgar atribuir uma denominação ao acto.

A lei não exige que os instrumentos notariais tenham denominação.

Trata-se, porém, de uma menção conveniente para se identificar o tipo ou a natureza do acto lavrado, devendo essa menção ser feita em termos concisos (por exemplo: compra e venda, doação, partilha, etc.).

Não é, porém, a denominação do acto que decide qual o negócio jurídico por ele titulado, mas sim o respectivo conteúdo.

2. O instrumento deve conter a data e o lugar em que foi lavrado e assinado e, quando solicitado pelas partes, a indicação da hora da sua realização.

No caso de o acto ser lavrado fora do cartório, deve referenciar-se concretamente a localização da casa em que a feitura do acto teve lugar, mediante a menção do respectivo endereço, ou seja, o nome da rua ou local da situação dessa casa, ou o seu número de polícia, havendo-o, a denominação da correspondente povoação (freguesia, vila ou cidade) e concelho a que pertence.

3. A indicação da hora deve também constar dos instrumentos de actas de reunião de órgãos sociais e em todos os que sejam realizados, a pedido dos interessados, fora das horas regulamentares.

4. Nos termos do nº 2 do art. 53º, se a leitura, explicação e outorga do instrumento não se concluírem no dia em que tiveram início, consignar-se-á também, antes das assinaturas, o dia e a hora da sua conclusão. Nesta hipótese dir-se-ia, por exemplo, no final, quando se refere que o instrumento foi lido e explicado o seu conteúdo, que *foi concluído às ... horas do dia ....*

5. *A falta da menção da data e lugar é causa de nulidade*, por vício de forma, nos termos do art. 70º, nº 1, alínea *a*).

À alínea *b*)

1. O funcionário que intervém no instrumento é o notário (ou o oficial, ou, se o notário for privado, o seu colaborador), no âmbito da competência que ao caso couber.

2. Intervindo no instrumento um substituto legal, no impedimento ou falta do notário, o nº 2 do artigo em anotação manda indicar o motivo da substituição (por ter faltado ao serviço por motivo de doença ou por se encontrar no gozo da sua licença de férias, etc.).

Para tanto, pode utilizar-se a seguinte fórmula:

No dia..., no cartório notarial de ..., a cargo do notário F..., perante mim, F... (nome e categoria), em substituição legal daquele notário por ter faltado ao serviço por motivo de doença (ou por se encontrar no gozo da sua licença de férias) (ou, se o cartório for privado, no cartório notarial do notário F ..., sito ..., perante mim, F ..., notário designado para o substituir), compareceram...

3. A feitura dos instrumentos de actas de reuniões de órgãos sociais deve competir, por força do nº 6 do artigo em anotação, exclusivamente ao notário.

4. O mapa notarial, anexo ao EN, indica o número de notários privados por cada município, mas, quando no mesmo município há mais do que um notário, não atribui um número a cada cartório.

5. Os cartórios privados são identificados, não só pelo nome do seu titular, mas também pela sua localização com indicação da rua, número de polícia e andar da vila ou cidade onde tiverem a sua sede.

À alínea *c*)

1. Na identificação dos outorgantes não deve esquecer-se que sempre que eles se identifiquem como solteiros, tem de mencionar-se a sua maioridade ou, sendo menores (excepcionalmente com capacidade para o exercício do direito em que o acto notarial se consubstancia), a sua idade[37].

2. *Vide* nº 4 do artigo, ora anotado, para o caso de algum outorgante não ser português.

3. Em obediência à alínea *a*) do nº 1 e ao nº 2 do art. 47º, se o instrumento se destinar a titular actos sujeitos a registo e a pessoa a quem o acto respeitar for casada, indicar-se-á também o nome completo do cônjuge e o regime de bens do casamento, aplicando-se esta doutrina nas

[37] *Vide* CC, arts. 123º, 127º e 130º.

escrituras de habilitação, relativamente ao autor da herança e aos habilitandos, e nos instrumentos de procuração com poderes para a outorga de actos sujeitos a registo.

4. Por força do nº 4 do art. 47º, o testamento público, a escritura de revogação de testamento e o instrumento de aprovação de testamento cerrado devem conter, em especial, a menção da data de nascimento do testador e os nomes completos dos pais.

5. A residência habitual é o lugar onde as pessoas têm o seu domicílio[38].

6. As sociedades devem ser identificadas pela indicação da firma, tipo, sede, conservatória do registo onde se encontrem matriculadas, número de matrícula e de identificação de pessoa colectiva e, sendo caso disso, pela menção de que a sociedade se encontra em liquidação; as de capitais devem indicar ainda o capital social, o montante do capital realizado, se for diverso, e o montante do capital próprio segundo o último balanço aprovado, sempre que este for igual ou inferior a metade do capital social[39].

6.1. Esses elementos são extraídos de certidão do registo comercial, válida por um período de seis meses, nos termos do nº 2 do art. 75º do CRCom.

6.2. Estas certidões podem também ser disponibilizadas em suporte electrónico, fazendo prova para todos os efeitos legais e perante qualquer autoridade pública ou entidade privada, nos mesmos termos da correspondente versão em suporte de papel[40].

6.2.1. A *certidão permanente de registo comercial*, regulada pela Portaria nº 1416-A/2006, de 19 de Dezembro (alterada pelas Portarias nºs 562/2007, de 30 de Abril, 1256/2009, de 14 de Outubro, e 286/2012, de 20 de Setembro) é a designação dada à disponibilização, em suporte electrónico e permanentemente actualizada, da reprodução dos registos em vigor respeitantes a entidade sediada em conservatória informatizada, bem como da menção das apresentações e dos pedidos de registos pendentes.

[38] *Vide* idem, art. 82º.

[39] *Vide* art. 171º, nºs 1 e 2, do CSC.

[40] Cfr. nº 5 do art. 75º do CRCom.

6.2.2. Diferentes são a *certidão permanente de registos e de documentos*, arquivados na pasta electrónica das entidades inscritas no registo comercial, e a *certidão permanente do pacto social actualizado*, reguladas pela Portaria nº 285/2012, de 20 de Setembro: a primeira reproduz, em suporte electrónico e permanentemente actualizada, os registos respeitantes a entidades inscritas no registo comercial, a menção das apresentações e pedidos de registo pendentes, bem como os documentos que serviram de base aos registos efectuados, com excepção do registo de prestação de contas, desde que sobre a entidade existam registos requeridos e efectuados após 1 de Janeiro de 2011; a segunda reproduz, também em suporte electrónico e permanentemente actualizada, o último pacto ou estatutos entregue por entidade inscrita no registo comercial, quando este esteja digitalizado e disponível na respectiva pasta electrónica.

6.2.3. Pontos comuns:

6.2.3.1. O pedido das certidões permanentes de registo comercial, de registos e de documentos e do pacto social actualizado pode ser efectuado através da Internet com o endereço *www.empresaonline.pt* ou, verbalmente, em qualquer serviço com competência para a prática de actos de registo comercial.

O requerente é identificado pela indicação do nome ou firma e do endereço do correio electrónico, sem necessidade de utilização de meios especiais de autenticação, tendo de ser indicado, no caso do pedido das certidões permanentes de registos e de documentos e do pacto social actualizado, o número de identificação de pessoa colectiva da entidade a que respeita a mesma.

6.2.3.2. Após a solicitação das certidões permanentes, é disponibilizado ao requerente um código que permite a visualização das certidões a partir do momento em que seja confirmado o pagamento das taxas devidas, sendo a entrega desse código a qualquer entidade pública ou privada equivalente à entrega de uma certidão do registo comercial.

6.2.3.3. O serviço certidão permanente em qualquer destas modalidades é prestado mediante a subscrição de uma assinatura que pode ter a duração de um, dois, três ou quatro anos.

7. Para além das sociedades, as *demais pessoas colectivas* são identificadas pela denominação, sede e número de identificação de pessoa colectiva, como se diz na alínea em anotação.

7.1. A existência jurídica das *pessoas colectivas de direito canónico* (e, bem assim, a qualidade e os poderes dos seus representantes) são na prática notarial muitas vezes comprovados por credencial ou documento equivalente, emitido pela diocese.

8. O *número fiscal de contribuinte* – instituído originariamente, tanto para as pessoas singulares como para as pessoas colectivas e entidades equiparadas (NIF ou NIPC), pelo DL nº 463/79, de 30 de Novembro – *passou a constar também da identificação dos outorgantes, sempre que do acto notarial resultem obrigações fiscais.*

8.1. A implementação do regime atinente ao cartão de cidadão, cartão da empresa e cartão de pessoa colectiva, a que abaixo se fará referência, veio alterar as regras de emissão do cartão de contribuinte, pelo que foi publicado o *DL nº 14/2013, de 28 de Janeiro* (que revogou o dito DL nº 463/79, de 30 de Novembro), tendente a harmonizar a legislação sobre a identificação fiscal dos contribuintes.

O número de identificação fiscal, abreviadamente designado por NIF, é obrigatório para as pessoas singulares e colectivas ou entidades legalmente equiparadas que se encontrem sujeitas ao cumprimento de obrigações ou pretendam exercer os seus direitos junto da Administração Tributária e Aduaneira (AT).

O NIF das entidades abrangidas pelo regime jurídico do Registo Nacional de Pessoas Colectivas (RNPC) corresponde ao Número de Identificação de Pessoa Colectiva (NIPC) que for atribuído por esta entidade, após emissão de certificado de admissibilidade de firma ou denominação ou de inscrição no ficheiro central de pessoas colectivas.

8.2. Às heranças indivisas pode também ser atribuído um NIF.

O NIF a atribuir inicia-se pelo algarismo 7.

Podem solicitar a atribuição de NIF para as heranças indivisas o cabeça-de-casal, seu representante ou gestor de negócios.

8.3. Como decorre do anteriormente dito, o NIF deve ser mencionado e comprovado nos actos notariais quando deles decorram obrigações fiscais e sempre que os interessados se dirijam à Administração Tributária e Aduaneira, designadamente em todas as declarações, participações, guias de entrega de imposto, requerimentos, petições, exposições, reclamações, impugnações, recursos, ou quaisquer outros documentos que sejam ou devam ser apresentados nos serviços de Administração Tributária.

Após a atribuição de NIF, é sempre emitido cartão de contribuinte a todas as pessoas singulares, excepto às que se encontrem obrigadas a obter cartão de cidadão, nos termos do art. 3º da Lei nº 7/2007, ou seja, aos cidadãos nacionais, residentes em Portugal ou no estrangeiro, a partir dos 6 anos de idade ou logo que a sua apresentação seja exigida para o relacionamento com algum serviço público.

O cartão emitido pelo RNPC para as entidades sujeitas ao seu regime jurídico serve, para os devidos efeitos, como cartão de contribuinte dessas entidades.

Relativamente aos fundos e às entidades não contempladas no regime jurídico do RNPC que se encontrem sujeitas ao cumprimento de obrigações fiscais ou pretendam exercer os seus direitos junto da Administração Tributária, é emitido cartão de contribuinte após validação informática da declaração de início de actividade.

9. A *Lei nº 7/2007, de 5 de Fevereiro* (alterada pelas Leis nºs 91/2015, de 12 de Agosto, e 32/2017, de 1 de Junho), criou o *cartão de cidadão*, que contém os dados de cada pessoa física relevantes para a sua identificação, incluindo, além do número de identificação civil, o *número de identificação fiscal*, o número de utente dos serviços de saúde e o número de identificação da segurança social.

Este cartão – que constitui título bastante para provar a identidade do titular perante quaisquer autoridades e entidades públicas e privadas em todo o território nacional (e fora dele, quando a sua eficácia extraterritorial for reconhecida por normas comunitárias e convenções internacionais) – é de obtenção obrigatória para todos os cidadãos nacionais, residentes em Portugal ou no estrangeiro, a partir dos 20 dias após o registo do nascimento, e facultativa para os cidadãos brasileiros a quem, nos termos do DL nº 154/2003, de 15 de Julho, tenha sido concedido o estatuto geral de igualdade de direitos e deveres, previsto no Tratado de Amizade, Cooperação e Consulta entre a República Portuguesa e a República Federativa do Brasil.

Dispõe o art. 19º da dita Lei nº 7/2007 que o cartão de cidadão é válido até à data nele indicada, fixada de acordo com a portaria dos membros do Governo responsáveis pelas áreas da modernização administrativa e da justiça.

O art. 61º do citado diploma legal permite, porém, a emissão de cartão de cidadão com o prazo de validade de um ano, quando se suscitem dúvidas sobre a nacionalidade do requerente, não podendo o cartão nesse caso conter qualquer referência sobre o elemento relativo à nacionalidade.

Uma vez emitido, o cartão de cidadão produz de imediato todos os seus efeitos, substituindo o bilhete de identidade (e também, convém dizê-lo, o cartão de contribuinte, o cartão de utente dos serviços de saúde e o cartão de identificação da segurança social), sendo o único documento de identificação dos cidadãos, a partir de 31 de Dezembro de 2017, excepto em relação aos bilhetes de identidade que se encontrem válidos naquela data.

10. O *DL nº 247-B/2008, de 30 de Dezembro* (alterado pelos DLs. nºs 201/2015, de 17 de Setembro, e 68/2017, de 16 de Junho), criou o *cartão da empresa* e o *cartão de pessoa colectiva*, que passam a conter, num único documento físico, os três números relevantes para a identificação das empresas e das pessoas colectivas perante quaisquer autoridades e entidades públicas ou privadas: o NIPC, atribuído pelo RNPC na sequência de emissão de certificado de admissibilidade de firma ou denominação ou de inscrição no ficheiro central de pessoas colectivas; o *número de identificação fiscal das pessoas colectivas e entidades equiparadas* que, na generalidade dos casos, corresponde ao NIPC indicado pelo RNPC; e o número de identificação da segurança social (NISS) da empresa ou da pessoa colectiva.

Com o cartão da empresa e o cartão de pessoa colectiva deixam os cidadãos e as empresas de estar onerados com a obtenção de dois cartões – o cartão de identificação da pessoa colectiva e o cartão de identificação fiscal – passando a ter, num cartão único, toda a informação relevante.

10.1. Mantêm-se válidos os cartões de contribuinte emitidos pela administração fiscal, mas quando o contribuinte pessoa colectiva ou entidade equiparada passe a ser titular do cartão de empresa ou do cartão de pessoa colectiva, cessa, automaticamente, a validade do seu cartão de contribuinte de pessoa colectiva (arts. 5º e 6º da dita Portaria nº 255/2012).

11. Resulta do exposto que a partir da entrada em vigor dos citados diplomas – Lei nº 7/2007 e DL nº 247-B/2008 – o cartão de contribuinte apenas é emitido em nome de pessoas singulares que não tenham nacionalidade portuguesa, com excepção dos brasileiros a quem tenha sido concedido o estatuto geral de igualdade de direitos e deveres, e entidades não abrangidas pelo art. 3º do referido DL nº 247-B/2008 (art. 3º da Portaria nº 255/2012).

À alínea *d*)

1. Sobre formas de verificação da identidade, ver:

a) Para os outorgantes, alíneas *a*) a *d*) do nº 1 do art. 48º e respectivas notas.

b) Para os abonadores, testemunhas e, por maioria de razão, também para intérpretes, peritos e leitores, alíneas *a*) a *c*) desse nº 1 e respectivas notas.

2. Sobre a verificação da identidade das pessoas singulares e das pessoas colectivas nos *actos suspeitos de envolverem branqueamento de capitais ou de financiarem o terrorismo*, a Lei nº 83/2017, de 18 de Agosto (que revogou a Lei nº 25/2008, de 5 de Junho), impôs várias medidas que importa conhecer.

Assim:

2.1. Os notários (e, em certas circunstâncias, também os conservadores e os oficiais de registo, nos termos do preceituado no art. 7º), bem como outros profissionais independentes da área jurídica, constituídos em sociedade ou em prática individual, estão sujeitos às disposições dessa lei, designadamente quando intervenham em actos de compra e venda de bens imóveis, estabelecimentos comerciais ou participações sociais e constituição de sociedades, outras pessoas colectivas ou centros de interesses colectivos sem personalidade jurídica que envolvam a realização das contribuições e entradas de qualquer tipo para o efeito necessárias – cfr. art. 4º, nº 1, alínea *f*), e nº 2.

Essas entidades estão sujeitas, na sua actuação, ao cumprimento de vários deveres preventivos, como o de controlo, de identificação e diligência, de comunicação, de abstenção, de recusa, de conservação, de exame, de colaboração, de não divulgação, e de formação e estão proibidas de praticar actos de que possa resultar o seu envolvimento em qualquer operação de branqueamento de capitais ou de financiamento do terrorismo, devendo adoptar todas as medidas adequadas para prevenir tal envolvimento.

Tudo isto resulta dos arts. 11º e ss., para cuja leitura se remete o leitor.

2.2. No que em particular diz respeito ao *dever de identificação*, os notários observam este dever quando intervenham em actos que titulem transacções de montante igual ou superior a € 15 000, independentemente de a transacção ser realizada através de uma única operação ou de várias operações aparentemente relacionadas entre si, ou que constituam uma transferência de fundos de montante superior a € 1 000 ou se suspeite que as operações, independentemente do seu valor, possam estar relacionadas com o branqueamento de capitais ou com o financiamento do terrorismo ou quando existam dúvidas sobre a veracidade ou a adequação dos dados de identificação dos clientes previamente obtidos.

A *identificação dos clientes e dos respectivos representantes* é efectuada:

a) No caso de *pessoas singulares*, mediante recolha e registo dos seguintes elementos identificativos: fotografia; nome completo; assinatura; data de nascimento; nacionalidade constante do documento de identificação; tipo, número, data de validade e entidade emitente do documento de identificação; número de identificação fiscal ou, quando não disponha de número de identificação fiscal, o número equivalente emitido por autoridade estrangeira competente; profissão e entidade patronal, quando existam; endereço completo da residência permanente e, quando diverso, do domicílio fiscal; naturalidade; outras nacionalidades não constantes do documento de identificação.

b) No caso das *pessoas colectivas ou de centros de interesses colectivos sem personalidade jurídica*, mediante recolha e registo dos seguintes elementos identificativos: denominação; objecto; morada completa da sede social e, quando aplicável, da sucursal ou do estabelecimento estável, bem como, quando diversa, qualquer outra morada dos principais locais de exercício da actividade; número de identificação de pessoa colectiva ou, quando não exista, número equivalente emitido por autoridade estrangeira competente; identidade dos titulares de participações no capital e nos direitos de voto de valor igual ou superior a 5%; identidade dos titulares do órgão de administração ou órgão equivalente, bem como de outros quadros superiores relevantes com poderes de gestão; país de constituição; código CAE (Classificação das Actividades Económicas), código do sector institucional ou outro código de natureza semelhante, quando exista.

c) No caso dos *representantes dos clientes*, as entidades obrigadas verificam igualmente o documento que habilita tais pessoas a agir em representação dos mesmos.

Para efeitos da verificação da identificação das pessoas singulares, as entidades obrigadas exigem sempre a apresentação de documentos de identificação válidos, dos quais constem a fotografia, o nome completo, a assinatura, a data de nascimento, a nacionalidade constante do documento de identificação, e o tipo, número, data de validade e entidade emitente do documento de identificação.

A comprovação dos dados referidos é efectuada através da utilização electrónica do cartão de cidadão, com recurso à plataforma de interoperabilidade da administração pública, após autorização do titular dos documentos ou do respectivo representante, através de Chave Móvel, Digital, ou com recurso a plataformas de interoperabilidade entre sistemas de informação emitidos por serviços públicos, nos termos do Regulamento (UE) 910/2014, do Parlamento Europeu e do Conselho, de 23 de Julho de 2014.

Fora destes casos, a comprovação dos documentos referidos é efectuada mediante a reprodução do original dos documentos de identificação, em suporte físico ou electrónico; cópia certificada dos mesmos; o acesso à respectiva informação electrónica com valor equivalente, designadamente através do recurso a dispositivos que confiram certificação qualificada, nos termos a definir por regulamentação ou da recolha e verificação dos dados electrónicos junto das entidades competentes responsáveis pela sua gestão.

Para efeitos da verificação da identificação das pessoas colectivas ou de um centro de interesses colectivos sem personalidade jurídica, as entidades obrigadas exigem sempre a apresentação do cartão de identificação da pessoa colectiva, da certidão do registo comercial ou, no caso de entidade com sede social situada fora do território nacional, de documento equivalente emitido por fonte independente e credível, que comprovem a denominação; o objecto; a morada completa da sede social e, quando aplicável, da sucursal ou do estabelecimento estável, bem como, quando diversa, qualquer outra morada dos principais locais de exercício da actividade; e o número de identificação de pessoa colectiva ou, quando não exista, número equivalente emitido por autoridade estrangeira competente – cfr. arts. 23º a 25º.

2.3. Quando ao *dever de comunicação*, sempre que os notários souberem, suspeitarem ou tiverem razões suficientes para suspeitar que teve lugar, está em curso ou foi tentada uma operação susceptível de configurar a prática do crime de branqueamento ou de financiamento do terrorismo, devem, por sua própria iniciativa, informar de imediato o Departamento Central de Investigação e Acção Penal da Procuradoria-Geral da República (DCIAP) e a Unidade de Informação Financeira – art. 43º.

Segundo cremos, mantém-se a doutrina anteriormente vigente no domínio da revogada Lei nº 25/2008, de 5 de Junho, segundo a qual a informação deve ser dirigida ao Procurador-Geral da República, mediante envio da comunicação para o endereço electrónico uai.dciap@pgr.pt;_e à Unidade de Informação Financeira da Polícia Judiciária, mediante preenchimento do formulário electrónico disponível em *www.policiajudiciaria.pt/portalweb/page/%7B05D39412-A622-466C-8-82F8-3C0D4794F548%7D* – cfr. ainda deliberação do Conselho Directivo do IRN nº 01CD/2014 de 27 de Março.

2.4. Há que ter também em atenção o *dever de abstenção.*

Desde logo, o art. 10º refere que as entidades obrigadas se devem abster de celebrar ou de algum modo participar em quaisquer negócios de que, no âmbito da sua actividade profissional, resulte a violação dos limites à utilização de numerário, previstos em legislação específica.

É o caso do art. 63º-E da Lei Geral Tributária, aditado pela Lei nº 92/2017, de 22 de Agosto, o qual veio determinar que é proibido pagar ou receber em numerário em transacções de qualquer natureza que envolvam montantes iguais ou superiores a € 3 000, ou o seu equivalente em moeda estrangeira, sendo que este limite passa para € 10 000, ou o seu equivalente em moeda estrangeira, sempre que o pagamento seja realizado por pessoas singulares não residentes em território português e desde que não actuem na qualidade de empresários ou comerciantes.

A par deste caso particular, há um *dever geral de abstenção* que impende sobre os notários, segundo o qual – cfr. art. 47º – se devem abster de executar qualquer operação ou conjunto de operações, presentes ou futuras, que saibam ou que suspeitem poder estar associadas a fundos ou outros bens provenientes ou relacionados com a prática de actividades criminosas ou com o financiamento do terrorismo.

Quando tal acontecer, os notários procedem de imediato à respectiva comunicação nos termos acabados de referir, informando adicionalmente a DCIAP e a Unidade de Informação Financeira que se absteve de executar uma operação ou conjunto de operações ao abrigo do mencionado dever.

No caso de considerar que a abstenção não é possível ou que, após consulta ao DCIAP e à Unidade de Informação Financeira, é susceptível de prejudicar a prevenção ou a futura investigação das actividades criminosas de que provenham fundos ou outros bens, do branqueamento de capitais ou do financiamento do terrorismo, as operações podem ser realizadas, comunicando o notário ao DCIAP e à Unidade de Informação Financeira, de imediato, as informações respeitantes às operações.

A Unidade de Informação Financeira, no prazo de dois dias úteis a contar do recebimento das comunicações do notário, pronuncia-se sobre as mesmas, remetendo ao DCIAP a informação apurada.

O notário pode executar as operações relativamente às quais tenha exercido o dever de abstenção, nos seguintes casos:

a) Quando não seja notificado, no prazo de seis dias úteis a contar da comunicação efectuada, da decisão do DCIAP de suspensão temporária;

b) Quando seja notificado, dentro do mesmo prazo, da decisão do DCIAP de não determinar a suspensão temporária, podendo as mesmas ser executadas de imediato.

No caso de considerar que a abstenção não é possível, o notário faz constar de documento ou registo (conservados nos termos do artigo 51º e colocados, em permanência, à disposição das autoridades sectoriais):

a) As razões para a impossibilidade do exercício do dever de abstenção;

b) As referências à realização das consultas ao DCIAP e à Unidade de Informação Financeira, com indicação das datas de contacto e dos meios utilizados.

2.5. Finalmente, há que assinalar o comando dos arts. 183º e 184º sobre ilícitos disciplinares e respectivas sanções.

Assim:

A violação, por notário (e outras entidades) dos deveres previstos na mencionada lei ou na respectiva regulamentação constitui uma infracção de natureza disciplinar, punível em conformidade com o estatuto da respectiva ordem profissional e demais legislação e regulamentação aplicáveis.

Quando nos termos do estatuto a infracção seja punível com pena de multa, o limite máximo desta é elevado para o dobro, no caso do montante correspondente ao benefício económico resultante da prática da infracção ser determinável e superior a € 500 000.

No caso dos notários, o poder disciplinar é da competência do Ministro da Justiça e da Ordem dos Notários, nos termos do disposto no nº 1 do art. 62º do EN.

À alínea *e*)

1. Procuração é o acto (entenda-se, negócio jurídico unilateral) pelo qual alguém atribui a outrem voluntariamente poderes representativos – *representação voluntária*[41].

2. *Vide* notas ao art. 116º, sobre procurações em geral, procurações irrevogáveis e seu registo no sítio da Internet com o endereço *www.procuracoesonline.mj.pt*, procurações de cuidados de saúde, renúncia e revogação de procuração e substabelecimentos.

3. No que respeita à representação voluntária, a lei contenta-se com a alusão aos documentos que justifiquem tal qualidade, os quais deverão ficar arquivados, se o não estiverem já.

É, assim, supérflua qualquer referência à verificação de poderes, mas, como é evidente, o notário tem que se certificar previamente, através da leitura do ou dos documentos, que o representante tem os necessários poderes para intervir em nome do representado, pois, se ele não tem

[41] *Vide* art. 262º, nº 1, do CC.

poderes para o acto que vai realizar, a menção da qualidade de procurador é falsa.

4. Há ainda a ter em conta que em certos casos (ou para a prática de certos actos) não devem ser aceites procurações com poderes genéricos.

São exemplos disso, além de outros:

a) A procuração entre cônjuges, atento o que dispõem os arts. 1682º, 1682º-A e 1684º do CC.

b) A procuração para partilhas, que, não necessitando de conter poderes especificados ou minuciosos, não pode, porém, deixar de compreender a individualização do acto ou contrato de que se trata[42].

c) A procuração para fazer doações, a qual, nos termos do art. 949º, nº 1, do CC, tem, pelo menos, que designar o donatário e determinar o objecto da doação.

5. Refira-se ainda que o art. 263º do CC, ao dispor sobre a capacidade do procurador, não exclui a possibilidade de serem atribuídos voluntariamente poderes de representação a pessoas colectivas.

Em tal caso, a determinação das pessoas físicas que, de facto, exercerão esses poderes dependerá – observadas as disposições legais aplicáveis – do disposto nos respectivos estatutos e, sendo o caso, da deliberação dos órgãos competentes[43].

6. Além da representação voluntária, há também que ter em conta, atendendo à origem do poder representativo, a representação legal ou necessária.

A representação legal ou necessária é própria de certos incapazes e das pessoas colectivas, mas, relativamente à representação destas, há quem forme com ela uma categoria autónoma designada por representação orgânica.

7. O domínio de aplicação da *representação legal* resulta das disposições que a consagram para suprir a incapacidade dos menores, dos interditos e, eventualmente, dos inabilitados[44].

[42] Parecer da Procuradoria-Geral da República de 12/7/45 in Boletim do Ministério da Justiça, ano V, p. 443.

[43] Parecer dos Serviços Jurídicos da DGRN, in BRN nº 10/98.

[44] Cfr., respectivamente, arts. 124º, 139º e 153º do CC.

Vide ainda arts. 1901º a 1912º do CC sobre a responsabilidade parental: *a*) na constância do matrimónio; *b*) em caso de divórcio, separação judicial de pessoas e bens,

Os poderes do representante não lhe são outorgados pela autonomia da vontade do representado, inscrevem-se na sua esfera jurídica *ex vi legis*, não podendo o representante renunciar a esses poderes.

A lei determina a necessidade da representação, indicando quem é o representante (os pais, os tutores ou os curadores, respectivamente) e quais são os seus poderes representativos.

8. Quando, num instrumento notarial, devam intervir ambos os progenitores e algum deles estiver impedido, é recomendável deixar exarado no respectivo contexto a causa do impedimento do faltoso.

9. Se o acto a praticar pelos pais em representação dos filhos menores estiver dependente de autorização judicial ou do Ministério Público[45], terá de se fazer prova dessa autorização.

10. Se entrar em funcionamento o instituto da tutela ou da curatela, a representação legal terá de ser verificada por documento que acrescerá, ou não, ao que titule a dita autorização do tribunal ou do Ministério Público.

11. A alínea em anotação exige que se faça alusão no acto notarial aos documentos que justifiquem a qualidade de representante, mencionando-se, no caso de representação legal (e também no de representação orgânica), terem sido verificados os poderes necessários para o acto.

A doutrina acabada de enunciar não é aplicável aos pais que outorguem na qualidade de representantes de filhos menores (segundo nos diz o nº 5 do artigo, ora anotado), pelo que apenas vale relativamente à tutela e à curatela.

12. Estando as pessoas colectivas impossibilitadas de agir por si próprias, o exercício dos seus direitos tem de ser realizado por intermédio de pessoas singulares que, integrando o competente órgão de adminis-

declaração de nulidade ou anulação do casamento; *c*) quando o filho é confiado a terceira pessoa; *d*) em caso de separação de facto; *e*) quando a filiação do menor, nascido fora do casamento, se encontrar estabelecida apenas quanto a um dos progenitores; *f*) quando a filiação se encontrar estabelecida relativamente a ambos os progenitores e estes vivam em condições análogas às dos cônjuges; *g*) quando a filiação se encontrar estabelecida relativamente a ambos os progenitores e estes não vivam em condições análogas às dos cônjuges.

[45] *Vide* arts. 1889º e 1890º do CC e art. 2º, nº 1, alínea *b*), e nº 2, alínea *b*), do DL nº 272/2001, de 13 de Outubro.

tração, estão incumbidas de actuar por elas, praticando, em seu nome e no seu interesse e ainda no âmbito dos poderes que lhes são atribuídos, os actos que irão produzir os correspondentes efeitos na sua esfera jurídica – *representação orgânica*.

O órgão de administração tem poderes representativos, competindo-lhe no âmbito destes poderes dar cumprimento às deliberações tomadas em assembleia geral.

13. A representação das pessoas colectivas incumbe:

a) Nas associações e fundações, a quem os estatutos determinarem ou, na falta de disposição estatutária, à administração ou a quem por ela for designado[46].

b) Nas sociedades em nome colectivo e por quotas, à gerência[47].

c) Nas sociedades anónimas, ao conselho de administração ou ao administrador único[48].

[46] Cfr. art. 163º, nº 1, do CC. Assim, o notário deve consultar os estatutos e exigir, para instruir o instrumento notarial, fotocópias da acta da eleição da administração e da acta da sua tomada de posse e, sendo caso disso, da deliberação da designação, se, evidentemente, não tiver conhecimento pessoal da qualidade que se arroga o representante e dos poderes que legitimam a sua intervenção, do que se fará expressa menção no texto do instrumento, como o permite o nº 3 do art. 49º.

[47] Cfr. arts. 192º , nº 1, e 252º, nº 1, do CSC.
Nas sociedades em nome colectivo, salvo convenção em contrário, todos os gerentes têm poderes iguais e independentes para a representar, podendo, no entanto, qualquer deles opor-se aos actos que o outro pretenda realizar, cabendo então à maioria dos gerentes decidir (art. 193º).
Nas sociedades por quotas, o contrato pode estabelecer quem obriga a sociedade (um só gerente, ou a intervenção conjunta de determinado número de gerentes, ou ainda a intervenção de um gerente com poderes delegados por outro ou outros gerentes, por acta ou procuração) ou, então, o contrato ou a lei (art. 261º, nº 1) podem determinar que a sociedade fica vinculada pelos negócios jurídicos concluídos pela maioria dos gerentes, regendo o art. 253º sobre a forma de se operarem as substituições.

[48] Cfr. arts. 390º, nº 2, e 405º, nº 2, do CSC.
Nas sociedades anónimas que não disponham de um só administrador ou um só director, o conselho de administração ou a direcção têm exclusivos e plenos poderes de representação, que são exercidos em conjunto pelos administradores ou directores, ficando a sociedade vinculada pelos negócios concluídos pela maioria ou por um número menor deles, fixado no contrato (art. 408º, nº 1).

14. A prova documental da qualidade de representante da sociedade e da suficiência dos seus poderes faz-se por certidão do registo comercial, sem embargo de o notário poder solicitar outros documentos para se certificar dos poderes invocados, como acontece com as fotocópias das actas de reunião dos órgãos sociais, nos casos em que a lei ou o contrato impõem para a prática de determinado acto deliberação prévia do órgão colegial próprio[49].

Claro que se dispensará a acta da reunião, se no instrumento intervierem todos os membros do órgão competente que representam a unanimidade dos seus votos.

Se a certidão estiver arquivada no cartório pode ser aceite para além do prazo de validade, se a situação se mantiver inalterada, quanto aos representantes e poderes de representação, ficando consignada no instrumento ou arquivada no cartório declaração nesse sentido, prestada em documento autêntico ou autenticado por todos os membros da gerência ou administração, que todos os anos deve ser renovada[50].

Mas é evidente que a certidão comercial não pode ser aceite, por si só, para fazer tal prova, ainda que dentro do prazo de validade, se os elementos dela constantes estiverem desactualizados (ou porque se ultrapassou o prazo de nomeação dos corpos gerentes, ou porque a sua composição já é outra, etc.).

No entanto, como é sabido, o notário pode dispensar a prova documental da representação, se tiver conhecimento pessoal – que consignará expressamente no instrumento – da qualidade e dos poderes invocados[51].

15. Não pode, porém, ser esquecido o que sobre esta matéria dispõe o art. 75º do Código do Registo Comercial, na redacção que lhe foi dada pelo art. 6º do Decreto-Lei nº 209/2012, de 19 de Setembro.

Com efeito, aí se determina que o registo comercial se prova por meio de certidão, válida por *seis meses* (e não um ano, como se diz ainda no nº 1 do art. 49º).

Estas certidões podem ser disponibilizadas em suporte electrónico, fazendo prova para todos os efeitos legais e perante qualquer autoridade pública ou entidade privada, nos mesmos termos da correspondente versão em suporte de papel.

Disso falámos acima em nota à alínea *c*).

[49] *Vide* adiante art. 49º, nº 1.

[50] *Vide* adiante art. 49º, nº 2.

[51] *Vide* adiante art. 49º, nº 3.

16. As pessoas colectivas também podem ser representadas por procuradores.

As procurações têm de ser emitidas pelos directores, administradores ou gerentes, nos termos previstos nos estatutos ou no tipo de sociedade, agindo os procuradores nos estritos limites dos poderes conferidos.

À alínea *f*)

1. Os instrumentos avulsos que não devem ser entregues às partes – ficando, portanto, arquivados no cartório – são os instrumentos de abertura de testamentos cerrados e de testamentos internacionais, os de actas de reuniões de órgãos sociais, os de procuração conferida também no interesse do procurador ou de terceiro, os de ratificação de actos notariais e também o original do instrumento de depósito de testamento cerrado e de testamento internacional (art. 104º, nºs 2 e 3).

2. O princípio geral, contido no art. 27º, é serem arquivados os documentos apresentados para integrar ou instruir os actos lavrados nos livros ou fora deles.

É evidente que todos os documentos que integram um dado acto notarial têm de constar do arquivo do cartório onde o acto for celebrado, pois, como a palavra diz, fazem parte dele, formam com ele uma unidade. É, por isso, manifesta a imperatividade do seu arquivamento.

Assim acontece com os documentos complementares a que se reporta o art. 64º, nomeadamente com os documentos que se utilizam frequentemente para descrever os bens que constituem o objecto do instrumento ou para fixar o articulado dos estatutos das associações, fundações e sociedades ou para determinar as cláusulas contratuais em que sejam interessadas instituições de crédito ou ainda quando a extensão do clausulado dos negócios titulados o justifique.

São documentos separados do instrumento, é certo, mas, porque o integram, as fotocópias ou certidões de teor integral dele extraídas devem, em obediência ao nº 1 do art. 168º, reproduzir o conteúdo não só do instrumento mas também do próprio documento complementar, com ressalva para os cadernos de encargos e para os documentos descritivos da obra a que respeite o instrumento.

Quanto aos documentos apresentados para instruir os actos – documentos que se destinam a provar determinados factos de que se faz menção no instrumento – são eles exibidos, sempre que a lei assim o exija ou determine que não devem ficar arquivados.

De contrário, o documento deve ser arquivado.

3. Como se diz na alínea em anotação, a menção dos documentos arquivados faz-se pela referência a essa circunstância, com a indicação da natureza do documento.

Por exemplo, na compra e venda, relativamente ao extracto da declaração para a liquidação do IMT e ao comprovativo de cobrança (correspondentes ao anterior conhecimento de sisa) e, bem assim, do documento comprovativo do pagamento do imposto do selo, deve ainda mencionar-se a data da liquidação e o número do documento que comprove a cobrança.

A referência à entidade liquidadora torna-se desnecessária, em virtude de hoje a liquidação dos impostos em causa estar, por lei, centralizada na Direcção-Geral dos Impostos.

A fórmula a utilizar poderá ser a seguinte:

Arquivei:

a) A declaração para a liquidação do imposto municipal sobre as transmissões onerosas de imóveis e o correspondente comprovativo da cobrança número ...

b) O documento número ... comprovativo do pagamento do imposto do selo da verba 1.1 da tabela geral, no montante de ..., liquidado hoje.

4. Em princípio, os documentos já existentes no cartório e, portanto, já arquivados, podem ser utilizados para integrar ou instruir os actos que nele venham a ser lavrados, como estabelece o art. 45º, desde que não tenha expirado o prazo da sua validade ou não se tenham modificado as condições em que foram emitidos.

À alínea *g*)

1. A actual redacção desta alínea foi dada pelo DL nº 125/2013, de 30 de Agosto.

2. A lei exige a exibição dos documentos, por exemplo, no art. 47º, nº 3 (prova da admissibilidade das firmas ou denominações adoptadas pelos estabelecimentos individuais de responsabilidade limitada e pelas pessoas colectivas); na alínea *b*) do nº 1 do art 48º (verificação da identidade dos outorgantes); no art. 54º, nºs 4 e 5 (prova das descrições e inscrições prediais e da omissividade no registo); na alínea *b*) do art. 55º (prova da titularidade do direito de propriedade antes de 1 de Outubro de 1984; no art. 57º, nºs 2 e 3 (prova dos artigos matriciais ou da participação para a inscrição na matriz); no art. 62º, nº 1 (prova da inscrição no registo do título constitutivo da propriedade horizontal); no art. 63º, nº

2 (prova do valor dos bens imóveis); no art. 112º (documento necessário para a abertura do testamento cerrado).

3. Mas, por outro lado, também determina que os documentos não fiquem arquivados, sendo, portanto, igualmente exibidos, por exemplo, no caso dos art. 138º, relativamente às certidões de óbito do testador ou do doador, quando não requisitadas oficiosamente, para servirem de base a averbamentos.

4. A fórmula a utilizar na exibição dos documentos exibidos pode ser esta:

Exibida certidão emitida em ... pela conservatória de ..., com o número de ordem ..., comprovativa dos elementos registais do imóvel objecto deste contrato.

À alínea *h*)

1. É obrigatória a intervenção de testemunhas nos testamentos públicos, instrumentos de aprovação ou de abertura de testamentos cerrados e internacionais e escrituras de revogação de testamentos, só podendo ser dispensada no caso de haver urgência e dificuldade em as conseguir, caso em que se deve mencionar expressamente essa circunstância no texto do testamento[52].

2. As testemunhas podem ainda intervir noutros instrumentos, com excepção dos protestos de títulos de crédito, quando o notário ou alguma das partes reclame essa intervenção e também em substituição da aposição das impressões digitais, desde que, neste caso, como determina o nº 4 do art. 51º, o acto não seja testamento público, instrumento de aprovação ou de abertura de testamento cerrado e internacional ou escritura de revogação de testamento[53].

3. Acidentalmente, podem intervir nos instrumentos notariais outras pessoas, além dos outorgantes:

a) Abonadores, para os identificarem.

b) Intérpretes e leitores, para lhes transmitirem o conteúdo dos documentos, quando os outorgantes não compreendam a língua portuguesa ou sejam surdos ou mudos ou surdos-mudos.

[52] Cfr. nºs 1, alínea *a*), e nº 2 do art. 67º.

[53] Cfr. arts. 51º, nº 4, e 67º nº 1, alíneas *b*) e *c*).

c) Peritos médicos, para garantirem a sanidade mental de algum deles.

4. A identificação dos intervenientes acidentais faz-se pela indicação do nome completo, estado e residência habitual, não sendo necessária a menção da sua naturalidade.

5. Nos termos dos arts. 48º, nº 1, alínea *d*), e 67º, nº 3, os abonadores e as testemunhas estão também sujeitos à verificação da sua identidade – e, por maioria de razão, os intérpretes, peritos e leitores –, a qual só por um dos meios previstos nas alíneas *a*) a *c*) desse art. 48º pode ser feita.

6. O notário deve também, relativamente aos peritos médicos, certificar-se das suas habilitações académicas, se delas não tiver conhecimento pessoal.

Para tal, bastará que eles exibam as respectivas cédulas profissionais.

7. A incapacidade ou a inabilidade dos intervenientes acidentais determina a nulidade do acto[54] e, por isso, deve prestar-se a maior atenção quanto ao cumprimento do que dispõe o nº 1 do art. 68º, segundo o qual não podem ser abonadores, intérpretes, peritos, leitores ou testemunhas:

a) Os que não estiverem no seu perfeito juízo.

b) Os que não entenderem a língua portuguesa.

c) Os menores não emancipados, os surdos, os mudos e os cegos.

d) Os funcionários e o pessoal contratado em qualquer regime em exercício no cartório notarial.

e) O cônjuge, os parentes e afins, na linha recta ou em 2º grau da linha colateral, tanto do notário que intervier no instrumento como de qualquer dos outorgantes, representantes ou representados.

f) O marido e a mulher, conjuntamente.

g) Os que, por efeito do acto, adquiram qualquer vantagem patrimonial (recomenda-se especial cuidado neste caso, aquando da aprovação de testamento cerrado ou internacional: como o notário desconhece o conteúdo destes testamentos, deverá sempre chamar a atenção do testador para a exigência legal referida, a fim de evitar a intervenção, no instrumento de aprovação, de alguém contemplado no testamento).

h) Os que não saibam ou não possam assinar.

[54] Cfr. nº 2 do art. 71º.

8. Compete ao notário verificar se os intervenientes acidentais são ou não pessoas idóneas, podendo recusar a intervenção do abonador, intérprete, perito, tradutor, leitor ou testemunha que não considere digno de crédito, ainda que ele não esteja abrangido pelas proibições do citado nº 1 do art. 68º[55].

9. As testemunhas instrumentárias podem servir de abonadores, sendo, porém, proibido aos demais intervenientes acidentais intervir em mais do que uma qualidade[56].

À alínea *i*)

1. Os intérpretes, peritos e leitores devem prestar juramento ou o compromisso de honra de bem desempenharem as suas funções[57].

2. Pode, por exemplo, ser utilizada uma fórmula igual ou semelhante a esta:

Esta escritura foi lida ..., apresentando o segundo outorgante, como ***intérprete*** *da sua escolha, por não compreender a língua portuguesa, F..., pessoa cuja identidade verifiquei por ..., o qual prestou perante mim, notário, o compromisso de honra de bem desempenhar as suas funções e transmitiu ao dito outorgante, verbalmente, a tradução deste instrumento e a mim, notário, a declaração de conformidade da sua vontade com o mesmo.*

À alínea *j*)

1. Os arts. 65º e 66º, referidos nesta alínea, reportam-se, respectivamente, aos actos com intervenção de outorgantes que não compreendam a língua portuguesa e que sejam surdos ou/e mudos, para cujas notas se remete o leitor.

2. Indicam-se algumas fórmulas usadas na prática notarial na redacção dos actos, relativamente a esta matéria.

2.1. Intérprete de outorgante que não compreende a língua portuguesa:

Esta escritura foi lida aos outorgantes e aos mesmos explicado o seu conteúdo, apresentando o segundo outorgante, como intérprete da sua escolha, por não compreender a língua portuguesa, F..., casado, residente habitualmente em ..., cuja identidade verifiquei por ..., o qual pres-

[55] É o que dizem os nºs 3 e 4 do art. 68º.

[56] Cfr. arts. 48º, nº 4, e 68º, nº 2.

[57] Cfr. art. 69º.

tou perante mim, notário, compromisso de honra de bem desempenhar as suas funções e transmitiu ao dito outorgante, verbalmente, a tradução deste instrumento e a mim, notário, a declaração de conformidade da sua vontade com o mesmo.

2.1.1. Se o notário dominar a língua:

Esta escritura foi lida ...

O segundo outorgante F... não compreende a língua portuguesa, expressando-se em inglês, língua em que eu, notário, fiz ao outorgante a tradução verbal da presente escritura e a explicação do seu conteúdo.

2.2. Leitor no caso de surdo que não sabe ou não pode ler:

Esta escritura foi lida ...

O segundo outorgante F... não pôde ouvir a leitura desta escritura, por motivo de surdez, pelo que intervém neste acto, como intérprete de sua escolha, F... (nome completo, estado e residência habitual), cuja identidade verifiquei por ..., o qual, credenciado pela Federação Portuguesa das Associações de Surdos, conforme declaração que arquivo, prestou neste acto, perante mim, notário, compromisso de honra de bem desempenhar as suas funções.

Este intérprete, na presença de todos os intervenientes, fez, seguidamente, uma segunda leitura desta escritura, explicando o seu conteúdo, gestualmente, ao outorgante surdo e transmitindo a mim, notário, a declaração de conformidade da vontade do mesmo.

2.2.1. Se o surdo souber e puder ler:

Esta escritura foi lida ...

O segundo outorgante F... não pôde ouvir a leitura desta escritura, por motivo de surdez, pelo que o convidei a fazer a leitura da mesma, o que ele fez de seguida.

2.2.2. Intérprete de mudo que não sabe ou não pode escrever (***consultar a minuta, apresentada supra, no início do capítulo dedicado aos formalismos dos instrumentos notariais***).

2.2.3. Se o mudo conseguir manifestar a sua vontade por sinais:

Esta escritura foi lida aos outorgantes e aos mesmos explicado o seu conteúdo, tendo o outorgante F..., mudo, manifestado a conformidade da mesma com a sua vontade, por gestos, que eu, notário, e os demais intervenientes compreendemos.

2.2.4. Se o mudo (ou surdo-mudo) souber e puder ler e escrever (neste caso, a seguir ao texto do instrumento e antes das assinaturas, escreve pelo seu punho, na presença do notário e de todos os intervenientes:

Eu, abaixo assinado, F... não posso falar, mas li esta escritura e reconheço-a conforme à minha vontade.

À alínea *l*)

1. A leitura pode ser feita pelo notário ou por qualquer funcionário, estando presente o notário, e deve sê-lo em voz alta, na presença simultânea de todos os intervenientes, como aliás determina o nº 1 do art. 50º.

2. A leitura abrange todo o instrumento e, portanto, também o documento complementar. Mas, enquanto a leitura do acto só pode ser dispensada se todos os intervenientes declararem que a dispensam, por já o terem lido ou conhecerem o seu conteúdo e se o notário não vir inconveniente, a leitura dos documentos complementares que contenham cláusulas que digam respeito directamente a apenas alguns outorgantes pode ser dispensada só por estes[58].

3. A explicação do conteúdo do instrumento e das suas consequências legais deve ser feita pelo notário, antes das assinaturas, de forma resumida, mas de modo que os outorgantes fiquem a conhecer, com precisão, o significado e os efeitos do acto.

4. Se a leitura, explicação e outorga não se concluírem no dia em que tiveram início, consignar-se-á também, antes das assinaturas, o dia e a hora da sua conclusão[59].

À alínea *m*)

1. Quando algum outorgante não souber ou não puder assinar, não é necessário que alguém assine a seu rogo.

2. Os outorgantes que não saibam ou não possam assinar devem apor, à margem do instrumento, a impressão digital do indicador da mão direita (ou, quando tal não possa ser, por motivo de doença ou de defeito físico, a do dedo que o notário determinar), nos moldes a que se reporta o art. 51º.

3. As impressões digitais são apostas pela ordem por que os outorgantes são identificados e no final do instrumento na margem oposta à lombada do livro.

4. Quando não for possível apor a impressão digital de um outorgante – nos caos em que, obviamente, a aposição seja exigível por lei –, julgamos que deve fazer-se intervir duas testemunhas.

[58] Cfr. arts. 50º, nº 2, e 64º.

[59] Cfr. nº 2 do art. 53º.

À alínea *n*)

1. Embora a lei não o obrigue, razões metodológicas e de facilidade de controlo aconselham a que os intervenientes assinem pela ordem por que foram nomeados.

A assinatura do funcionário é que tem de ser a última.

2. Além das assinaturas, o art. 52º exige ainda, mas só relativamente aos instrumentos lavrados fora das notas, que as folhas que não contiverem as assinaturas sejam rubricadas por todos os que os assinaram.

Esta regra devia hoje ser extensível também aos instrumentos lavrados nos livros de notas, quando lavrados em folhas soltas.

3. Os documentos complementares, que digam respeito apenas a alguns dos outorgantes da escritura que integram, devem ser assinados só por essas pessoas, e as respectivas páginas, se contiverem mais do que uma, apenas por essas pessoas rubricadas.

Se na mesma escritura houver intervenientes acidentais, estes só devem assinar e rubricar os documentos complementares, se a sua intervenção no acto foi determinada pelas pessoas a quem os documentos complementares respeitam.

4. O art. 185º nº 2 manda lançar, por algarismos, em cada instrumento do qual deva ser extraído verbete estatístico, a indicação do verbete ou dos verbetes que lhe correspondam.

Na prática notarial o lançamento dessa indicação é feito após as assinaturas.

5. De igual modo – diz a primeira parte do nº 2 do art. 197º –, no final de cada instrumento cuja conta nele não deva ser lançada, e após as assinaturas, faz-se referência, também por algarismos, como permite a alínea *a*) do nº 3 do art. 40º, ao seu número de registo.

6. As menções previstas na segunda parte do nº 2 desse art. 197º (a isenção ou redução de emolumentos e de selo) costumam ser lançadas, não, como aí se diz, no final de cada instrumento e após as assinaturas, mas sim no texto, antes das menções da leitura do acto e da explicação do seu conteúdo.

Ao nº 2

1. Se o *notário público* estiver impedido por motivo diverso do previsto no art. 5º, compete ao ajudante mais qualificado assegurar a sua substituição.

A passagem de certidões e documentos análogos de actos em relação aos quais se verifique o impedimento do notário não está exceptuada da aplicação da regra do nº 1 deste art. 6º, não podendo, pois, os oficiais emitir em seu nome tais documentos quando se verifique o condicionalismo em causa.

2. De igual modo, o ajudante, quando estiver a substituir o notário em caso de licença ou doença, não pode intervir em actos que aquele não poderia realizar por motivo da existência do impedimento previsto no art. 5º.

3. Os impedimentos do *notário privado* são também extensivos aos seus trabalhadores, com excepção das procurações e dos substabelecimentos com simples poderes forenses e dos reconhecimentos de letra e de assinatura apostas em documentos que não titulem actos de natureza contratual, nos quais os trabalhadores podem intervir, ainda que o representado, representante ou signatário seja o próprio notário (art. 14º do EN).

Ao nº 3

1. O facto de no repúdio haver direito de representação e de nada se dizer acerca da existência de descendentes do repudiante traz problemas, sobretudo quando o repúdio é feito depois da escritura de habilitação.

2. Quando o repúdio precede a habilitação, esta terá de tomar aquele em consideração, sob pena de dever ser rectificada.

3. Quando, ao invés, o repúdio sucede à habilitação, coloca-se, desde logo, a questão de saber se o repúdio deverá ou não ser averbado à habilitação.

À primeira vista parece que não, visto que, tendo a habilitação sido correctamente lavrada, o repúdio não envolve rectificação do acto anterior[60].

Mas, retrotraindo-se os efeitos do repúdio ao momento da abertura da sucessão – considerando-se como não chamado o sucessível que a repudia, salvo para efeitos de representação[61] –, o repúdio constituirá uma verdadeira revogação, embora parcial, da escritura de habilitação

[60] Cfr. alínea *g*) do nº 1 do art. 131º.

[61] *Vide* art. 2 062º do CC.

e, por isso, esta só depois do averbamento pode dar a conhecer quem são verdadeiramente os sucessores do falecido.

4. O repúdio de disposições testamentárias a título de herança ou de legado deve ser igualmente averbado ao correspondente testamento, ao qual deverá também ser averbada a habilitação nele baseada.

5. Outra questão que, em tal hipótese, se pode colocar é a da admissibilidade ou não do repúdio, quando outorgado pelo cabeça-de-casal que tenha intervindo como declarante na habilitação.

Ao intervir na escritura de habilitação, o cabeça-de-casal aceitou a herança de forma expressa (retrotraindo-se os efeitos da aceitação também ao momento da abertura da sucessão), sendo este acto irrevogável[62].

Assim sendo, julgamos juridicamente inadmissível o repúdio da herança feito por quem antes a aceitou expressamente.

6. A menção a que alude o nº 3 do artigo em anotação só não será de fazer se, relativamente ao repudiante, a lei não admitir o direito de representação.

Ao nº 4

Sobre a identificação dos outorgantes em geral, veja-se a alínea *c*) do nº 1 do artigo em anotação e respectivas notas.

Ao nº 5

1. *Vide* notas lançadas à alínea *e*) do nº 1 do artigo em anotação.

2. O domínio de aplicação da representação legal resulta das disposições que a consagram para suprir a incapacidade dos menores, dos interditos e, eventualmente, dos inabilitados.

Os poderes do representante não lhe são outorgados pela autonomia da vontade do representado, inscrevem-se na sua esfera jurídica *ex vi legis*, não podendo o representante renunciar a esses poderes.

A lei determina a necessidade da representação, indicando quem é o representante (os pais, os tutores ou os curadores, respectivamente) e quais são os seus poderes representativos.

[62] Idem nº 2 do art. 2 050º, nº 2 do art. 2 056º e art. 2 061º.

3. Quando, num instrumento notarial, devam intervir ambos os progenitores e algum deles estiver impedido, é recomendável deixar exarado no respectivo contexto a causa do impedimento do faltoso.

4. Se o acto a praticar pelos pais em representação dos filhos menores estiver dependente de autorização judicial ou do Ministério Público, terá de se fazer prova dessa autorização.

5. Se entrar em funcionamento o instituto da tutela ou da curatela, a representação legal terá de ser verificada por documento que acrescerá, ou não, ao que titule a dita autorização do tribunal ou do Ministério Público.

6. A alínea *e*) do artigo em anotação exige que se faça alusão no acto notarial aos documentos que justifiquem a qualidade de representante, mencionando-se, no caso de representação legal (e também no de representação orgânica), terem sido verificados os poderes necessários para o acto.

A doutrina acabada de enunciar não é aplicável aos pais que outorguem na qualidade de representantes de filhos menores (segundo nos diz o nº 5 do artigo, ora anotado), pelo que apenas vale relativamente à tutela e à curatela.

Ao nº 6

1. Os instrumentos de actas de reuniões de órgãos sociais relatam o que o presidente da assembleia verifica e não o que verifica o notário.

O notário não faz parte da assembleia; é mero relator do que se passa nela.

2. A feitura das actas previstas neste número 6 deve competir exclusivamente ao notário, visto que não é permitido aos ajudantes do cartório público (a menos que se encontrem em substituição legal do notário) ou aos colaboradores do notário privado desempenhar funções excluídas por lei das suas competências.

Esta posição tem também por base a comparação do actual código com o anterior, pois no actual o notário tem um papel mais interveniente, de acordo com o que acontece em todos os países do notariado latino.

O facto de hoje em dia muitas actas valerem como escritura pública é razão mais do que suficiente para que as mesmas sejam exclusivamente feitas pelo notário.

SUBSECÇÃO I
Requisitos gerais

Artigo 47º
Menções especiais

1 – O instrumento destinado a titular actos sujeitos a registo deve conter, em especial:

a) A menção do nome completo do cônjuge e do respectivo regime matrimonial de bens, se a pessoa a quem o acto respeitar for casada;

b) A advertência de que o registo deve ser requerido no prazo de três meses, se respeitar a actos sujeitos a registo comercial obrigatório que não tenham sido promovidos e dinamizados pelo notário no uso de competência atribuída por lei;

c) (*Revogada.*)

d) (*Revogada.*)

2 – O disposto na alínea *a*) do número anterior é aplicável às escrituras de habilitação, relativamente ao autor da herança e aos habilitandos, e aos instrumentos de procuração com poderes para a outorga de actos sujeitos a registo.

3 – Nos instrumentos de constituição de estabelecimento individual de responsabilidade limitada ou de constituição de pessoa colectiva, de alteração dos respectivos estatutos que determine a modificação da firma, denominação ou objecto social deve ser mencionada a exibição de certificado comprovativo de admissibilidade da firma ou denominação ou da sua manutenção em relação ao novo objecto, com indicação da sua data.

4 – O testamento público, a escritura de revogação de testamento e o instrumento de aprovação de testamento cerrado devem conter, como menção especial, a data de nascimento do testador e os nomes completos dos pais.

5 – O instrumento destinado a titular actos sujeitos a registo deve ainda conter, sempre que esteja em causa o pagamento de

uma quantia, a indicação do momento em que tal ocorre e do meio de pagamento utilizado.

6 – Para o cumprimento do disposto no número anterior, caso o pagamento ocorra antes ou no momento da celebração do acto, deve ser consignado no instrumento:

a) Tratando-se de pagamento em numerário, a moeda utilizada;

b) Tratando-se de pagamento por cheque, o seu número e a entidade sacada;

c) Tratando-se de pagamento através da realização de uma transferência de fundos:

i) A identificação da conta do ordenante e da conta do beneficiário, mediante a menção dos respectivos números e prestadores de serviços de pagamento;

ii) Quando o ordenante ou o beneficiário não realize a transferência por intermédio de uma conta de pagamento, mediante a menção do identificador único da transacção ou do número do instrumento de pagamento utilizado e do respectivo emitente.

HISTÓRICO

Contém as alterações dos seguintes diplomas:

- Rect. nº 130/95, de 31/10
- DL nº 116/2008, de 04/07

Consultar versões anteriores deste artigo:

- 1ª versão: DL nº 207/95, de 14/08
- 2ª versão: Rect. nº 130/95, de 31/10
- Lei nº 89/2017, de 21/08

ANOTAÇÕES

À alínea *a*)

1. O instrumento destinado a titular *actos sujeitos a registo* deve conter a menção do nome completo do cônjuge e do respectivo regime matrimonial de bens, se a pessoa a quem o acto respeitar for casada.

A lei não distingue a espécie de registo a que os actos podem estar sujeitos, razão pela qual a referida menção deve constar não só dos actos sujeitos a registo comercial – como a alínea *b*) pode dar a entender – mas também dos actos sujeitos a registo predial.

2. O disposto nesta alínea deve ser conjugado com o que estatui o seu nº 2, ou seja, a menção em causa – nome completo do cônjuge e do respectivo regime matrimonial de bens, se a pessoa a quem o acto respeitar for casada – é também aplicável às escrituras de habilitação, relativamente ao autor da herança e aos habilitandos, e aos instrumentos de procuração com poderes para a outorga de actos sujeitos a registo.

À alínea *b*)

1. Os instrumentos destinados a titular actos sujeitos a registo comercial obrigatório devem conter, como menção especial, a *advertência de que o registo deve ser requerido no prazo de dois meses*, se respeitarem a *actos sujeitos a registo comercial obrigatório* (designadamente os alusivos a sociedades comerciais e civis sob forma comercial, a sociedades anónimas europeias, a cooperativas, a empresas públicas, a agrupamentos complementares de empresas, a agrupamentos europeus de interesse económico e a estabelecimentos individuais de responsabilidade limitada) – cfr. art. 15º, nº 2, do CRCom.

2. A redacção da disposição legal do CRCom acabada de citar é posterior à da alínea *b*) em anotação e, por isso, o prazo para requerer o registo dos actos sujeitos a registo comercial obrigatório já não pode hoje ser de três meses, mas sim de dois meses, a contar da data em que tiverem sido titulados.

3. As excepções a esta regra – quer quanto ao prazo, quer quanto à data a partir da qual o registo deve ser pedido –, constam dos nºs 3 a 8 daquele art. 15º do CRCom.

Assim:

– o prazo é de seis meses nos pedidos de registo de prestação de contas de sociedades e de estabelecimentos individuais de responsabilidade limitada;

– a data a partir da qual o registo deve ser pedido é: a da publicação do decreto que as determinou, na constituição das empresas públicas, no agrupamento, fusão, cisão e qualquer outra alteração dos estatutos dessas empresas e na sua extinção, bem como na designação e cessação de funções, anterior ao encerramento da liquidação, dos liquidatários, e no encerramento da liquidação; a partir do termo do exercício económico, na prestação de contas de sociedades e de estabelecimentos individuais de responsabilidade limitada; a contar da data da sua propositura, nas acções e nos procedimentos cautelares de suspensão de deliberações sociais; a contar do trânsito em julgado, nas decisões finais proferidas nas acções e nos procedimentos cautelares acabados de referir.

4. A alínea em anotação refere que, se o acto sujeito a registo comercial obrigatório for promovido e dinamizado pelo notário no uso de competência atribuída por lei, como acontecia no domínio do DL nº 267/93, de 31 de Julho, não há lugar à menção da advertência.

Este diploma criou o regime jurídico do *notário-pivot*, atribuindo aos notários competência para promover e dinamizar a tramitação do processo de constituição de sociedades comerciais e civis sob forma comercial, estabelecimentos individuais de responsabilidade limitada, cooperativas, empresas públicas, agrupamentos complementares de empresas e agrupamentos europeus de interesse económico, sempre que os interessados a queiram formalizar por escritura pública.

No exercício desta competência, os notários podiam apresentar o pedido de certificado de admissibilidade de firma, assinando o respectivo impresso, requerer o registo dos actos por si lavrados e, inclusivamente, cobrar os emolumentos devidos que se destinem ao RNPC e à competente conservatória do registo comercial.

Aquele DL foi, porém, revogado pelo DL nº 247-B/2008, de 30 de Dezembro.

5. O incumprimento da obrigação de registar dentro do prazo fixado constitui contra-ordenação punida através da aplicação de coima, mediante instauração de processo contra-ordenacional[63].

Para poder ser fiscalizado o cumprimento da obrigação de registar, os notários, como adiante se dirá na alínea *b*) do nº 1 do art. 186º, devem enviar às conservatórias competentes, até ao dia 15 de cada mês, rela-

[63] Cfr. art. 17º do CRCom.

ção dos actos lavrados no mês anterior para prova dos factos sujeitos a registo comercial obrigatório[64].

6. Os notários podem, a pedido dos interessados, solicitar, em papel ou *online*, através do sítio na Internet com o endereço *www.empresaonline.pt*, o registo de quaisquer actos sujeitos a registo comercial obrigatório.

A promoção *on-line* de actos de registo comercial – os quais podem ser solicitados por qualquer pessoa que tenha um meio de certificação electrónica adequado, incluindo, portanto, além dos notários, os advogados e os solicitadores – encontra-se regulada na Portaria nº 1416-A/2006, de 19 de Dezembro.

Os interessados na promoção dos actos de registo comercial *online* formulam o seu pedido e enviam, através da Internet, os documentos necessários ao registo, designadamente os que legalmente comprovem os factos constantes do pedido de registo e os comprovativos da sua capacidade e dos seus poderes de representação para o acto.

O pedido (cuja existência depende de confirmação do pagamento dos encargos devidos) só é considerado validamente submetido após a emissão de um comprovativo electrónico, através da Internet, que indique a data e a hora em que o pedido foi concluído.

Esse comprovativo do pedido de registo deve ser enviado aos interessados através de mensagem de correio electrónico e a realização do registo deve ser comunicada por igual meio ou, sempre que possível, por *sms*.

7. Sobre *certidão permanente de registo comercial*, regulada também pela dita Portaria nº 1416-A/2006 (alterada pelas Portarias nºs 562/2007, de 30 de Abril, 1256/2009, de 14 de Outubro, e 286/2012, de 20 de Setembro), *certidão permanente de registos e de documentos* e *certidão permanente do pacto social actualizado*, reguladas pela Portaria nº 285/2012, de 20 de Setembro, *vide* o que se disse supra em nota à alínea *c*) do nº 1 do art. 46º.

8. É também obrigatório submeter a registo os factos mencionados no art. 2º do CRP, com as excepções a que alude o art. 8º-A do mesmo diploma.

Disso falaremos adiante nas notas ao art. 54º.

[64] Cfr. nº 1 do art. 16º, ibidem.

Ao nº 3

1. A admissibilidade das firmas e denominações dos estabelecimentos individuais de responsabilidade limitada e das pessoas colectivas é comprovada através da disponibilização do respectivo certificado.

2. O certificado de admissibilidade de firma ou denominação deve ser requerido por um dos constituintes ou, sendo o caso, pelas entidades já constituídas, presencialmente, por forma verbal, ou por escrito em formulário próprio, através de sítio na Internet, ou pelo correio também em formulário próprio, sendo disponibilizado exclusivamente de forma electrónica, mediante uma senha de acesso fornecida aquando do pedido.

Os formulários do pedido de certificado de admissibilidade de firma ou denominação e do pedido de inscrição/identificação de Pessoa Colectiva ou Entidade Equiparada foram aprovados pelo despacho nº 142/2008, de 30 de Dezembro, do presidente do IRN, encontrando-se disponibilizados, a título gratuito, no *site* do IRN.

3. O certificado é emitido pelo RNPC, com a validade de 3 meses, a contar da data da sua emissão para a firma, sede, objecto, requerente e condições de validade nele indicadas.

4. O acto de constituição de pessoas colectivas ou de estabelecimentos individuais de responsabilidade limitada deve referenciar a emissão do certificado através da indicação do respectivo número e data de emissão.

O acto de alteração do estabelecimento individual de responsabilidade limitada ou dos estatutos de pessoa colectiva, que determine a modificação da firma, denominação ou objecto, ou mudança da sede para outro concelho, não pode ser efectuado sem que seja feita referência ao certificado comprovativo da admissibilidade da nova firma ou denominação ou da sua manutenção em relação ao novo objecto e sede, também através da indicação do respectivo número e data de emissão.

5. O objecto não pode ser ampliado a actividades não contidas no objecto declarado no certificado de admissibilidade, embora se permita a especificação ou restrição das actividades contidas no objecto declarado, desde que estas não estejam reflectidas na denominação, bem

como modificações de redacção ou correcção de erros materiais que não envolvam a sua ampliação[65].

Ao nº 4

Diz-se neste número que nos testamentos, nas escrituras de revogação de testamento e nos instrumentos de aprovação de testamento cerrado se deve mencionar a data de nascimento do testador e os nomes completos dos pais.

Convém, no entanto, não esquecer que nas escrituras de repúdio de herança ou de legado deve ser mencionado, em especial, se o repudiante tem descendentes, excepto se, relativamente ao repudiante, a lei não admitir o direito de representação[66].

Aos nºs 5 e 6

1. Estes números foram aditados pela Lei nº 89/2017, de 21 de Agosto.

O regime aí previsto vale para os instrumentos destinados a titular actos sujeitos a registo (leia-se, predial ou comercial), sempre que esteja em causa o pagamento de uma quantia, em que terá de se indicar o momento em que tal ocorre (antes ou no momento da celebração do acto) e o meio de pagamento utilizado.

2. Nenhuma dificuldade existirá quando o pagamento se efectuar em numerário (com indicação da moeda utilizada: euros, libras, etc.) ou por meio de cheque (indicando-se o seu número e o nome do banco sacado).

Quando o pagamento se efectuar por transferência de fundos, terão de ser indicados os números das contas bancárias donde sai o pagamento e para a qual ele transita, excepto quando o ordenante ou o beneficiário não realize a transferência por intermédio de uma conta de pagamento, hipótese em que terá de se mencionar o identificador único da transacção (número da referência gerado pelo sistema de SIBS) ou do número do instrumento de pagamento utilizado e do respectivo emitente (exemplo: cartão de débito ou de crédito emitido pelo banco ...).

3. No tocante ao pagamento em numerário, o art. 63º-E da Lei Geral Tributária, aditado pela Lei nº 92/2017, de 22 de Agosto, veio determinar que é proibido pagar ou receber em numerário em transacções de qualquer natureza que envolvam montantes iguais ou superiores a

[65] *Vide* arts. 45º, 46º, 51º, 53º, 54º e 56º, nº 1, alíneas *f*) e *h*), do Regime do RNPC.

[66] Como vimos no art. 46º, nº 3.

€ 3 000, ou o seu equivalente em moeda estrangeira, sendo que este limite passa para € 10 000, ou o seu equivalente em moeda estrangeira, sempre que o pagamento seja realizado por pessoas singulares não residentes em território português e desde que não actuem na qualidade de empresários ou comerciantes.

A realização de transacções em numerário que excedam os limites legalmente previstos é punível com coima de € 180 a € 4 500 – art. 129º do Regime Geral das Infracções Tributárias, na redacção daquela Lei nº 92/2017.

Artigo 48º
Verificação da identidade

1 – A verificação da identidade dos outorgantes pode ser feita por alguma das seguintes formas:

a) Pelo conhecimento pessoal do notário;

b) Pela exibição do bilhete de identidade, de documento equivalente ou da carta de condução, se tiverem sido emitidos pela autoridade competente de um dos países da União Europeia;

c) Pela exibição do passaporte;

d) Pela declaração de dois abonadores cuja identidade o notário tenha verificado por uma das formas previstas nas alíneas anteriores, consignando-se expressamente qual o meio de identificação usado.

2 – Não deve ser aceite, para verificação da identidade, documento cujos dados não coincidam com os elementos de identificação fornecidos pelo interessado ou cujo prazo de validade tenha expirado, admitindo-se a alteração da residência e do estado civil, se, quanto a este, for exibido documento comprovativo da sua alteração não ocorrida há mais de seis meses.

3 – Nos actos notariais devem ser mencionados o número e a data dos documentos exibidos para a identificação de cada outorgante, bem como o respectivo serviço emitente.

4 – As testemunhas instrumentárias podem servir de abonadores.

ANOTAÇÕES

À alínea *a*)

A verificação da identidade por conhecimento pessoal não deve ser facilitada, recorrendo-se a ela apenas e só quando o notário tiver a certeza da identidade do outorgante em causa.

À alínea *b*)

1. Por documento equivalente deve entender-se, v.g., o cartão de cidadão ou o bilhete de identidade emitido por entidades militares ou paramilitares.

2. Os países da União Europeia são actualmente, por data de adesão, 28:

1 de Janeiro de 1958
Alemanha, Bélgica, França, Itália, Luxemburgo e Países Baixos.
1 de Janeiro de 1973
Dinamarca, Irlanda e Reino Unido.
1 de Janeiro de 1981
Grécia.
1 de Janeiro de 1986
Espanha e Portugal.
1 de Janeiro de 1995
Áustria, Finlândia e Suécia.
1 de Maio de 2004
Chipre, Eslováquia, Eslovénia, Estónia, Hungria, Letónia, Lituânia, Malta, Polónia, República Checa.
1 de Janeiro de 2007
Bulgária e Roménia.
1 de Julho de 2013
Croácia.

3. Os países que se encontram na fase de "transposição" da legislação europeia para o direito nacional são os seguintes: Albânia, Antiga República Jugoslava da Macedónia, Montenegro, Sérvia e Turquia.

4. Quanto aos bilhetes de identidade de cidadãos de fora da União Europeia são plenamente reconhecidos os relativos aos nacionais de São Tomé e Príncipe, da Guiné-Bissau, de Angola e de Moçambique (con-

forme os Acordos Judiciários ou de Cooperação Jurídica e Judiciária entre Portugal e esses países) e aos brasileiros (para os que não gozam do estatuto de igualdade os seus bilhetes de identidade são válidos por 12 meses; para os que gozam do estatuto de igualdade conferido pela Convenção sobre a Igualdade de Direitos e Deveres entre Brasileiros e Portugueses é fornecido, para uso interno, documento de identidade de modelo igual ao dos portugueses, com menção da sua nacionalidade e referência àquela convenção).

5. Como acima dissemos, a *Lei nº 7/2007, de 5 de Fevereiro* (alterada pelas Leis nºs 91/2015, de 12 de Agosto, e 32/2017, de 1 de Junho), criou o *cartão de cidadão*, que contém os dados de cada pessoa física relevantes para a sua identificação, incluindo, além do *número de identificação civil*, o número de identificação fiscal, o número de utente dos serviços de saúde e o número de identificação da segurança social.

Este cartão constitui título bastante para provar a identidade do titular perante quaisquer autoridades e entidades públicas e privadas em todo o território nacional (e fora dele, quando a sua eficácia extraterritorial for reconhecida por normas comunitárias e convenções internacionais) e é de obtenção obrigatória para todos os cidadãos nacionais, residentes em Portugal ou no estrangeiro, a partir dos 20 dias após o registo do nascimento, e facultativa para os cidadãos brasileiros a quem, nos termos do DL nº 154/2003, de 15 de Julho, tenha sido concedido o estatuto geral de igualdade de direitos e deveres, previsto no Tratado de Amizade, Cooperação e Consulta entre a República Portuguesa e a República Federativa do Brasil.

Os bilhetes de identidade válidos continuam a produzir os seus efeitos, enquanto não tiver sido entregue cartão de cidadão aos respectivos titulares.

O cartão de cidadão é válido até à data nele indicada, não podendo o seu prazo de validade, de acordo com a Portaria nº 203/2007, de 13 de Fevereiro, exceder 5 anos e, uma vez emitido, produz de imediato todos os seus efeitos, substituindo o bilhete de identidade.

6. Ao cidadão estrangeiro autorizado a residir (temporária ou permanentemente) em território português é emitido um título de residência, o qual substitui, para todos os efeitos legais, o documento de identificação, sem prejuízo do regime previsto no Tratado de Amizade, Cooperação e Consulta entre a República Portuguesa e a Repú-

blica Federativa do Brasil, assinado em Porto Seguro em 22 de Abril de 2000[67].

O título de residência é também emitido a quem tenha sido reconhecido o estatuto de refugiado ou o estatuto de protecção subsidiária e a quem tenha sido reconhecido o estatuto de membro da família de beneficiário do estatuto de refugiado ou de membro da família de beneficiário do estatuto de protecção subsidiária[68].

À alínea *c*)

O passaporte pode ser utilizado para verificar a identidade, quer os portadores residam ou não em Portugal, mas não devem ser aceites os que são válidos "apenas para viajar".

Às alíneas *b*) e *c*)

Os dados dos documentos citados em *b*) e *c*) do nº 1 do artigo em anotação não podem diferir dos fornecidos pelos interessados, a menos que se trate da residência ou do estado civil e, neste último caso, se comprove por documento que a alteração não ocorreu há mais de 6 meses.

É claro que os referidos documentos não podem aceites para verificação da identidade, se o respectivo prazo de validade tiver expirado.

À alínea *d*)

De acordo com o nº 4 do artigo em anotação, as testemunhas instrumentárias podem servir de abonadores.

Ao nº 3

A referência à forma como foi verificada a identidade dos outorgantes pode ser feita assim:

Verifiquei a identidade dos primeiros outorgantes (ou das testemunhas instrumentárias ou dos abonadores) por conhecimento pessoal e a do segundo por exibição do seu cartão de cidadão ...nº ... emitido pela República Portuguesa, válido até ...).

Ao nº 4

Vide art. 67º e respectivas notas.

[67] Cfr. arts. 74º e 84º da Lei nº 23/2007, de 4 de Julho.

[68] *Vide* Portaria nº 1432/2008, de 10 de Dezembro.

Artigo 49º
Representação de pessoas colectivas e sociedades

1 – A prova documental da qualidade de representante de pessoa colectiva sujeita a registo e da suficiência dos seus poderes faz-se por certidão do registo comercial, válida por um ano, sem prejuízo de o notário poder solicitar ainda outros documentos por onde complete a verificação dos poderes invocados.

2 – As certidões arquivadas, cujo prazo tiver expirado, podem ser aceites desde que os representantes e seus poderes de representação se mantenham inalterados, ficando consignada no instrumento ou arquivada no cartório, em documento autêntico ou autenticado, uma declaração proferida nesse sentido por todos os membros da gerência ou da administração, sob sua inteira responsabilidade, a qual pode ser renovada anualmente.

3 – O notário pode dispensar a prova documental da representação de pessoas colectivas ou de sociedades, quando tenha conhecimento pessoal da qualidade que se arroga o representante e dos poderes que legitimam a sua intervenção, fazendo expressa menção do facto no texto do documento.

ANOTAÇÕES

Ao nº 1

Relembram-se aqui as notas lançadas à alínea *c*) do art. 46º, na parte que toca à identificação das sociedades e demais pessoas colectivas.

Assim:

1. As sociedades devem ser identificadas pela indicação da firma, tipo, sede, conservatória do registo onde se encontrem matriculadas, número de matrícula e de identificação de pessoa colectiva e, sendo caso disso, pela menção de que a sociedade se encontra em liquidação; as de capitais devem indicar ainda o capital social, o montante do capital realizado, se for diverso, e o montante do capital próprio segundo o último balanço aprovado, sempre que este for igual ou inferior a metade do capital social.

2. Esses elementos são extraídos de certidão do registo comercial, hoje válida por um período de seis meses, nos termos do nº 2 do art. 75º do CRCom.

3. Estas certidões podem também ser disponibilizadas em suporte electrónico, fazendo prova para todos os efeitos legais e perante qualquer autoridade pública ou entidade privada, nos mesmos termos da correspondente versão em suporte de papel[69].

4. A *certidão permanente de registo comercial*, regulada pela Portaria nº 1416-A/2006, de 19 de Dezembro (alterada pelas Portarias nºs 562/ /2007, de 30 de Abril, 1256/2009, de 14 de Outubro, e 286/2012, de 20 de Setembro) é a designação dada à disponibilização, em suporte electrónico e permanentemente actualizada, da reprodução dos registos em vigor respeitantes a entidade sediada em conservatória informatizada, bem como da menção das apresentações e dos pedidos de registos pendentes.

5. Diferentes são a *certidão permanente de registos e de documentos*, arquivados na pasta electrónica das entidades inscritas no registo comercial, e a *certidão permanente do pacto social actualizado*, reguladas pela Portaria nº 285/2012, de 20 de Setembro: a primeira reproduz, em suporte electrónico e permanentemente actualizada, os registos respeitantes a entidades inscritas no registo comercial, a menção das apresentações e pedidos de registo pendentes, bem como os documentos que serviram de base aos registos efectuados, com excepção do registo de prestação de contas, desde que sobre a entidade existam registos requeridos e efectuados após 1 de Janeiro de 2011; a segunda reproduz, também em suporte electrónico e permanentemente actualizada, o último pacto ou estatutos entregue por entidade inscrita no registo comercial, quando este esteja digitalizado e disponível na respectiva pasta electrónica.

6. O pedido das certidões permanentes de registo comercial, de registos e de documentos e do pacto social actualizado pode ser efectuado através da Internet com o endereço *www.empresaonline.pt* ou, verbalmente, em qualquer serviço com competência para a prática de actos de registo comercial.

[69] Cfr. nº 5 do art. 75º do CRCom.

O requerente é identificado pela indicação do nome ou firma e do endereço do correio electrónico, sem necessidade de utilização de meios especiais de autenticação, tendo de ser indicado, no caso do pedido das certidões permanentes de registos e de documentos e do pacto social actualizado, o número de identificação de pessoa colectiva da entidade a que respeita a mesma.

7. Após a solicitação das certidões permanentes, é disponibilizado ao requerente um código que permite a visualização das certidões a partir do momento em que seja confirmado o pagamento das taxas devidas, sendo a entrega desse código a qualquer entidade pública ou privada equivalente à entrega de uma certidão do registo comercial.

O serviço certidão permanente em qualquer destas modalidades é prestado mediante a subscrição de uma assinatura que pode ter a duração de um, dois, três ou quatro anos.

8. ***Minuta da menção da representação de sociedade***

... compareceram F... e F..., na qualidade de gerentes em representação da sociedade comercial por quotas ..., com a firma ..., com sede em ..., matriculada na conservatória do registo comercial de ... sob o número ..., correspondente ao número de identificação de pessoa colectiva, com o capital de ... (e, sendo caso disso, a menção de que se encontra em liquidação, não esquecendo que nas de capitais deve indicar-se ainda o montante do capital realizado, se for diverso, e o montante do capital próprio segundo o último balanço aprovado, sempre que este for igual ou inferior a metade do capital social), qualidade e poderes que verifiquei por certidão do registo comercial, que arquivo (ou por consulta online da certidão permanente de registo comercial, com o código de acesso nº ...; ou por consulta online da certidão permanente de registos e de documentos, com o código de acesso nº ...; ou por consulta online da certidão permanente do pacto social actualizado, com o código de acesso nº ...).

9. A existência jurídica das *pessoas colectivas de direito canónico* e a qualidade e os poderes dos seus representantes são na prática notarial muitas vezes comprovados por credencial ou documento equivalente, emitido pela diocese.

10. ***Minuta de representação de Fábrica de Igreja***

... compareceu F..., pároco da freguesia de..., que outorga na qualidade de representante da Fábrica da Igreja de..., NIPC ..., com poderes necessários para este acto, como verifiquei por uma credencial emitida pela diocese de... que arquivo.

Ao nº 2

1. *Vide* art. 45º e respectivas notas.

2. É aconselhável que seja feito na certidão arquivada no cartório um averbamento com base na declaração de que os poderes de representação se mantêm inalterados.

Assim, efectuada a declaração, em documento autêntico ou autenticado, a mesma poderá ficar arquivada no maço de documentos arquivados a pedido das partes e, caso a certidão não se encontre arquivada no cartório onde foi recolhida a declaração, deverá o notário comunicar o facto ao cartório competente.

Caso o particular queira ficar na posse da declaração pode, posteriormente, proceder à sua apresentação no cartório onde a certidão se encontra arquivada.

Artigo 50º
Leitura e explicação dos actos

1 – A leitura prevista na alínea *l*) do nº 1 do artigo 46º é feita pelo notário, ou por oficial perante o notário, em voz alta e na presença simultânea de todos os intervenientes.

2 – A leitura do instrumento lavrado pode ser dispensada se todos os intervenientes declararem que a dispensam, por já o terem lido ou por conhecerem o seu conteúdo, e se o notário não vir inconveniente.

3 – A explicação do conteúdo dos instrumentos e das suas consequências legais é feita pelo notário, antes da assinatura, em forma resumida, mas de modo que os outorgantes fiquem a conhecer, com precisão, o significado e os efeitos do acto.

HISTÓRICO

Contém as alterações dos seguintes diplomas:

- DL nº 410/99, de 15/10

Consultar versões anteriores deste artigo:

- 1ª versão: DL nº 207/95, de 14/08

ANOTAÇÃO

Ao nº 2

A dispensa da leitura do instrumento é uma inovação – única em todos os países com um sistema notarial idêntico ao português – introduzida pelo DL nº 410/99, de 15 de Outubro.

O notário deve ter especial cuidado na dispensa da leitura do instrumento e, mesmo quando isso aconteça, não pode deixar de explicar o conteúdo do acto.

Artigo 51º
Impressões digitais

1 – Os outorgantes que não saibam ou não possam assinar devem apor, à margem do instrumento, segundo a ordem por que nele foram mencionados, a impressão digital do indicador da mão direita.

2 – Os outorgantes que não puderem apor a impressão do indicador da mão direita, por motivo de doença ou de defeito físico, devem apor a do dedo que o notário determinar, fazendo-se menção do dedo a que corresponde junto à impressão digital.

3 – Quando algum outorgante não puder apor nenhuma impressão digital, deve referir-se no instrumento a existência e a causa da impossibilidade.

4 – A aposição da impressão digital a que se referem os números anteriores pode ser substituída pela intervenção de duas testemunhas instrumentárias, excepto nos testamentos públicos, instrumentos de aprovação ou de abertura de testamentos cerrados e internacionais e nas escrituras de revogação de testamentos.

ANOTAÇÕES

Ao nº 1

1. Quando algum outorgante não souber ou não puder assinar, o instrumento deve identificá-lo e mencionar a declaração que haja feito do

motivo por que o não assina, se por não saber ou não poder, não sendo necessário que alguém assine a seu rogo.

2. As impressões digitais são apostas pela ordem por que os outorgantes são identificados e no final do instrumento na margem oposta à lombada do livro, ou seja, na margem lateral direita ou esquerda da página, conforme o instrumento se conclua no rosto ou no verso da folha e sempre de cima para baixo.

Ao nº 3

1. Se for impossível apor a impressão digital, mencionar-se-á o facto e a causa da impossibilidade.

Em tal caso pensamos ser prática recomendável fazer-se intervir duas testemunhas.

2. A falta de aposição da impressão digital do outorgante que não sabe ou não pode assinar não determina a nulidade do instrumento no qual se faça essa menção de que não sabe ou não pode assinar, uma vez que a enumeração dos vícios de forma que constam do art. 70º é taxativa[70].

Artigo 52º
Rubrica das folhas não assinadas

As folhas dos instrumentos lavrados fora dos livros, com excepção das que contiverem as assinaturas, são rubricadas pelos outorgantes que saibam e possam assinar, pelos demais intervenientes e pelo notário.

ANOTAÇÃO

O princípio aqui enunciado da rubrica das folhas não assinadas devia hoje ser extensível também aos instrumentos lavrados nos livros de notas, quando lavrados em folhas soltas.

[70] Parecer proferido no proc. nº C.N. 40/97 – DSJ, *in* BRN nº 5/98.

Artigo 53º
Continuidade dos actos

1 – A leitura, explicação, outorga e assinatura dos instrumentos devem realizar-se em acto continuado.

2 – Se a leitura, explicação e outorga se não concluírem no dia em que tiverem início, deve consignar-se no instrumento, antes das assinaturas, o dia e a hora da sua conclusão.

ANOTAÇÃO

O CN anterior, aprovado pelo DL nº 47 619, de 31 de Março de 1967, com as alterações várias que lhe foram sendo sucessivamente introduzidas, continha uma disposição, a do seu art. 68º, segundo a qual os instrumentos que não pudessem ser concluídos no livro em que foram iniciados continuavam no livro imediato, segundo a ordem numérica, fazendo-se menção do facto no fim do texto e antes das assinaturas.

Esta disposição não foi reproduzida no actual código, tendo em vista a sua desnecessidade no sistema de folhas soltas.

É, todavia, evidente que, em livros previamente encadernados, a citada doutrina do revogado código constitui prática a ser seguida.

Quando tal acontecer, convém ter presente que, tratando-se de livro desdobrado, a letra integra a sua numeração. Assim, por exemplo, o acto que não puder ser concluído no livro 16-D continua no livro 17-D.

SUBSECÇÃO II
Requisitos especiais

Artigo 54º
Menções relativas ao registo predial

1 – Nenhum instrumento respeitante a factos sujeitos a registo pode ser lavrado sem que no texto se mencionem os números das descrições dos respectivos prédios na conservatória a que pertençam ou hajam pertencido, ou sem a declaração de que não estão descritos.

2 – Os instrumentos pelos quais se partilhem ou transmitam direitos sobre prédios, ou se contraiam encargos sobre eles, não podem ser lavrados sem que também se faça referência à inscrição desses direitos em nome do autor da herança, ou de quem os aliena, ou à inscrição de propriedade do prédio em nome de quem o onera.

3 – O disposto no número anterior não é aplicável:

a) Nos actos de transmissão ou de constituição de encargos outorgados por quem, no mesmo dia e com conhecimento pessoal do notário, que será expressamente mencionado, tenha adquirido os bens partilhados, transmitidos ou onerados;

b) Nos casos de urgência, devidamente comprovada, motivada por perigo de vida dos outorgantes ou por extravio ou inutilização do registo causados por incêndio, inundação ou outra calamidade como tal reconhecida por despacho do Ministro da Justiça.

4 – A prova dos números das descrições e das referências relativas às inscrições no serviço de registo é feita pela exibição de certidão de teor, passada com antecedência não superior a um ano, ou quanto a prédios situados em concelho onde tenha vigorado o registo obrigatório, pela exibição da respectiva caderneta predial, desde que este documento se encontre actualizado.

5 – A não descrição dos prédios prova-se mediante a exibição de certidão válida por três meses.

HISTÓRICO

Contém as alterações dos seguintes diplomas:

- DL nº 410/99, de 15/10
- DL nº 116/2008, de 04/07

Consultar versões anteriores deste artigo:

- 1ª versão: DL nº 207/95, de 14/08
- 2ª versão: DL nº 410/99, de 15/10

ANOTAÇÕES

Ao nº 1

1. Antes da entrada em vigor do CRP de 1984, o registo era, em regra, facultativo, vigorando a sua obrigatoriedade nos concelhos a seguir indicados.

Açores: Ponta Delgada;

Distrito de Beja: Aljustrel, Almodôvar, Alvito, Barrancos, Beja, Castro Verde, Cuba, Ferreira do Alentejo, Mértola, Moura, Odemira, Ourique, Serpa e Vidigueira;

Distrito de Bragança: Mogadouro;

Distrito de Évora: Alandroal, Arraiolos, Borba, Estremoz, Évora, Montemor-o-Novo, Mora, Mourão, Portel, Redondo, Reguengos de Monsaraz, Viana do Alentejo e Vila Viçosa;

Distrito de Lisboa: Arruda dos Vinhos, Cascais, Loures, Lourinhã, Mafra, Oeiras, Sintra e Vila Franca de Xira;

Distrito de Portalegre: Alter do Chão, Arronches, Avis, Campo Maior, Castelo de Vide, Crato, Elvas, Fronteira, Marvão, Monforte, Nisa, Ponte de Sor, Portalegre e Sousel;

Distrito de Santarém: Coruche;

Distrito de Setúbal: Alcácer do Sal, Almada, Barreiro, Grândola, Santiago do Cacém, Sesimbra e Sines; e

Distrito de Vila Real: Mesão Frio, Peso da Régua e Santa Marta de Penaguião.

2. É hoje obrigatório submeter a registo os factos referidos no art. 2º do CRP, com as excepções aludidas na alínea *a*) do nº 1 do art. 8º-A do mesmo diploma.

3. O pedido de registo pode ser efectuado pessoalmente, por via electrónica ou pelo correio (art.41º-B do CRP).

3.1. Os elementos que devem constar do pedido de registo por advogados, notários e solicitadores foram regulamentados pela Portaria nº 621/2008, de 18 de Julho, alterada pela Portaria nº 283/2013, de 30 de Agosto.

3.2. O *pedido online de actos de registo predial* foi regulamentado pela Portaria nº 1535/2008, de 30 de Dezembro, alterada pelas Portarias nºs 426/2010, de 29 de Junho, 286/2012, de 20 de Setembro, e 283/2013, de 30 de Agosto.

Os interessados formulam o seu pedido e enviam, através da Internet, os documentos necessários ao registo, designadamente os que comprovem os factos constantes do pedido e os que comprovem a capacidade e os poderes de representação para o acto, salvo se a verificação da capacidade e dos poderes resultar de forma expressa e inequívoca, do título que serve de base ao pedido do registo.

Para efeitos do pedido de actos do registo predial *online*, a autenticação electrónica dos utilizadores faz-se pelo referido certificado digital que comprove a sua qualidade profissional.

O pedido de actos de registo predial *online*, através do sítio na Internet com o endereço *www.predialonline.mj.pt*, mantido pelo Instituto dos Registos e do Notariado, I.P., só é considerado validamente submetido após a emissão de um comprovativo electrónico pelo indicado sítio na Internet que indique a data e a hora em que o pedido foi concluído, comprovativo esse que deve ser enviado ao interessado através de mensagem de correio electrónico.

Após a submissão electrónica do pedido é gerada automaticamente uma referência para pagamento dos encargos devidos.

Depois de confirmado o pagamento efectuado pelo interessado, o serviço competente procede às diligências necessárias tendo em vista a realização do registo dos factos, o qual deve ser comunicado ao interessado através de correio electrónico e, sempre que possível, por *sms*.

3.3. As entidades que celebrem a escritura pública, autentiquem os documentos particulares ou reconheçam as assinaturas neles apostas devem promover o registo desses factos no prazo de 2 meses a contar da data em que os factos tiverem sido titulados – art. 8º-C, nº 1 do CRP.

Há, como se sabe, obrigações fiscais cujo pagamento é posterior à titulação: é o que acontece na doação, divisão e partilha[71].

Em relação a estes tipos de actos, se a liquidação das obrigações fiscais que lhes correspondem não ocorrer no aludido prazo de 2 meses, os notários poderão pedir aos serviços fiscais uma declaração comprovativa de terem atempadamente feito a comunicação da titulação desses actos para efeitos da liquidação dos impostos que forem devidos, servindo essa declaração para instruir o pedido de registo.

[71] Cfr. art. 23º, nºs 4 e 5, do CIS (quanto às doações em que o donatário é uma pessoa singular) e arts. 22º, nº 1, *in fine*, 23º e 36º, nº 7, do CIMT, quanto às partilhas, sendo certo que o mesmo procedimento vale para as divisões, de acordo com o referido art. 23º.

3.4. Caso não cumpram a obrigação de pedirem o registo nos prazos assinalados, as mencionadas entidades sujeitam-se a ter de entregar o emolumento em dobro, isto é, o faltoso terá de satisfazer o dobro do emolumento a que está sujeito o acto praticado nos serviços, nos termos fixados na tabela anexa ao RERN, com a redução nele prevista, se for o caso, nos arts. 1º, 21º e 28º[72].

A responsabilidade pelo agravamento do emolumento recai sobre o notário e não sobre o responsável pelo pagamento do emolumento, sujeito activo do facto[73].

Ao nº 2

1. Para a titulação dos factos de que resulte transmissão de direitos ou constituição de encargos sobre imóveis exige a lei – nº 2 do artigo, ora anotado –, como princípio geral, que, os bens estejam definitivamente inscritos a favor da pessoa de quem se adquire o direito ou contra a qual se constitui o encargo.

Falhando em absoluto a legitimação do direito do transmitente sobre prédio não descrito, o registo de aquisição depende da prévia inscrição do prédio em nome de quem o transmitiu (art. 34º, nº 1, do CRP), ainda que não se trate de caso de urgência devidamente justificada por perigo de vida dos outorgantes (art. 9º, nº 2, alínea *c*), do CRP).

O princípio da legitimação de direitos sobre imóveis sofreu algumas alterações ditadas pela redacção dada ao art. 9º do CRP pelo DL nº 116/2008, de 4 de Julho.

A grande alteração diz respeito à partilha, para a titulação da qual deixa de ser necessária a inscrição prévia a favor do autor da herança, como decorre também da nova redacção dada pelo citado diploma legal à alínea *a*) do art. 55º, seguidamente anotando.

Com efeito e segundo reza o nº 1 daquele art. 9º, os factos de que resulte transmissão de direitos ou constituição de encargos sobre imóveis não podem ser titulados sem que os bens estejam definitivamente inscritos a favor da pessoa de quem se adquire o direito ou contra o qual se constitui o encargo.

Constituem excepções a este princípio, como consta do seu nº 2, além de determinados actos do âmbito judicial (a expropriação, a venda

[72] Decisão singular do Tribunal da Relação de Coimbra proferida em 03.07.2012 no processo 1275/11.5TBGRD.

[73] Cfr. art. 8º-D do CRP.

executiva, a penhora, o arresto, a declaração de insolvência e outras providências que afectem a livre disposição dos imóveis), a partilha, os actos de transmissão ou oneração praticados por quem tenha adquirido no mesmo dia os bens transmitidos ou onerados e os casos de urgência devidamente justificada por perigo de vida dos outorgantes.

Vide, a este propósito, as notas à alínea *a*) do art. 55º.

E o nº 3 desse art. 9º conclui que, tratando-se de prédio situado em área onde não tenha vigorado o registo obrigatório, o primeiro acto de transmissão posterior a 1 de Outubro de 1984 pode ser titulado sem a exigência, acima referida, prevista no nº 1, se for exibido documento comprovativo, ou feita justificação simultânea, do direito da pessoa de quem se adquire, procedimento que também está contemplado na alínea *b*) do art. 55º do CN.

2. A transmissão de um direito com infracção ao princípio da legitimação não implica a invalidade do acto, conduzindo apenas a sanções de natureza disciplinar[74].

3. A outra face do princípio da legitimação de direitos é a do trato sucessivo, princípio este que se encontra consagrado no art. 34º do CRP.

A legitimação dirige-se à titulação dos actos e o trato sucessivo ao seu registo.

O objectivo é, porém, idêntico: em regra o direito do adquirente deve apoiar-se no do transmitente e o encargo só pode ser constituído por ou contra o respectivo titular[75].

Ao nº 3

Sobre o modo como é comprovada a urgência prevista na alínea *b*) do nº 3 do artigo em anotação, *vide* adiante as notas ao art. 56º.

Ao nº 4

1. A prova dos números das descrições e das referências relativas às inscrições no serviço de registo é feita pela exibição de certidão de teor, passada com antecedência *não superior a um ano* (a da não descrição dos

[74] 1ª conclusão do parecer do CT de 28.05.99, proferido no proc. R.P. 33/99 DSJ, publicado no II caderno do BRN nº 9/99.

[75] Mouteira Guerreiro, “Noções de Direito Registral”, Coimbra Editora, 1994, p. 77.

prédios prova-se mediante a exibição de certidão válida por *três meses* – cfr. nº 5 do artigo em anotação).

Porém, o nº 2 do art. 110º do CRP foi alterado pelo art. 4º do DL nº 209/2012, de 19 de Setembro, sendo agora de *seis meses* o período de validade das certidões de registo, embora possam ser revalidadas por períodos de igual duração se a sua informação se mantiver actual.

1.1. Para além do suporte em papel, faz igualmente prova para todos os efeitos legais e perante qualquer autoridade pública ou entidade privada a disponibilização da informação constante da certidão em sítio da Internet (nº 5 do referido art. 110º), passando a estar prevista no registo predial, com âmbito geral, a *certidão permanente.*

A certidão permanente de registo predial, regulada pela Portaria nº 1513/2008, de 23 de Dezembro (alterada pelas Portarias nºs 426/2010, de 29 de Junho, e 286/2012, de 20 de Setembro), veio permitir, durante o prazo da sua validade, a visualização – através da Internet em *www.predialonline.mj.pt* e mediante um código de acesso – da informação permanentemente actualizada dos registos em vigor e das apresentações pendentes respeitantes a prédio descrito, evitando-se, assim, a necessidade de obter essa informação através de certidões em papel.

A referida Portaria regula os termos em que se pode fazer o pedido de acesso à certidão permanente (através daquele sítio na Internet ou verbalmente em qualquer serviço com competência para a prática de actos de registo predial, com referência a cada prédio, mediante a indicação da freguesia e do concelho a que o mesmo pertence e do número da descrição), o prazo da sua validade e os encargos devidos, prevendo ainda que, mediante protocolo com o IRN, possam ser estabelecidas formas de pagamento agrupado com entidades públicas ou privadas que tenham um elevado nível de utilização deste serviço.

Após o pedido da certidão permanente, é disponibilizado ao requerente um código que, como dissemos, permite a sua visualização na Internet, a partir do momento em que seja confirmado o pagamento dos montantes devidos.

A certidão permanente é disponibilizada pelo prazo de seis meses, podendo ser renovada por iguais períodos de tempo.

O regime da certidão permanente de registo comercial é aplicável em tudo quanto não esteja previsto nesta Portaria.

1.2. À possibilidade de se solicitar e obter electronicamente uma certidão permanente de registo predial, a Portaria nº 54/2011, de 28 de Janeiro (na redacção da Portaria nº 358/2015, de 14 de Outubro), veio somar o acesso dos cidadãos e empresas a um novo serviço, a *informação predial simplificada*, que, no entanto, não dispensa a apresentação de certidão de registo predial sempre que a lei a exija.

A informação predial simplificada consiste na disponibilização on-line, mediante um código de acesso, de uma informação não certificada, permanentemente actualizada, que conterá a descrição do prédio e a identificação do proprietário, permitindo a qualquer cidadão verificar se se encontram registadas sobre um determinado prédio hipotecas, penhoras ou quaisquer outros ónus ou encargos.

O pedido de acesso à informação predial simplificada pode fazer-se através da Internet em *www.predialonline.mj.pt* ou verbalmente em qualquer serviço com competência para a prática de actos de registo predial, após o que é disponibilizado ao requerente um código que permite a sua visualização, a partir do momento em que seja confirmado o pagamento da taxa devida.

A citada Portaria regula o prazo da duração e da renovação da informação predial simplificada e os encargos devidos, prevendo ainda que, mediante protocolo com o IRN, possam ser estabelecidos montantes e formas de pagamento específicos com entidades públicas ou privadas que tenham um elevado nível de utilização deste serviço, designadamente as que exercem a sua actividade no âmbito do sector imobiliário.

2. ***Minutas***

Exibida certidão emitida em ... pela conservatória de ..., com o número de ordem ..., comprovativa dos elementos registais do imóvel objecto desta escritura.

ou

Verifiquei os elementos registais do imóvel objecto desta escritura por consulta online da certidão permanente de registo predial, através do código de acesso ..., com informação em vigor pelas ... horas, ... minutos e ... segundos de hoje.

Artigo 55º
Dispensa de menção do registo prévio

A exigência prevista no nº 2 do artigo anterior é dispensada:

a) Nos actos de partilha de herança e, tratando-se de prédios não descritos ou sem inscrição de aquisição, nos de transmissão de prédios que dela façam parte, se os partilhantes ou transmitentes se encontrarem habilitados como únicos herdeiros, ou for feita, simultaneamente, a respectiva habilitação;

b) Nos instrumentos relativos a prédios situados em concelho onde não tenha vigorado o registo obrigatório, que titulem o primeiro acto de transmissão ocorrido após 1 de Outubro de 1984, se for exibido documento comprovativo ou feita justificação simultânea do direito da pessoa de quem se adquire.

HISTÓRICO

Contém as alterações dos seguintes diplomas:

- DL nº 116/2008, de 04/07

Consultar versões anteriores deste artigo:

- 1ª versão: DL nº 207/95, de 14/08

ANOTAÇÕES

À alínea *a*)

A alínea em anotação fala em partilha de herança (e não em partilha, diversamente do que vimos acontecer com a alínea *a*) do nº 2 do art. 9º do CRP) e acrescenta ao indicado elenco os actos de transmissão de prédios que dela façam parte, desde que não descritos ou sem inscrição de aquisição, se os partilhantes ou transmitentes se encontrarem habilitados como únicos herdeiros, ou for feita, simultaneamente, a respectiva habilitação.

A referência feita, no CRP, à partilha e à dispensa da inscrição prévia no registo de aquisição nela baseado[76], leva-nos a concluir que, doravante, os instrumentos de partilha (qualquer que seja: partilha da herança; partilha de bens sociais; ou partilha do casal, resultante da dissolução do casamento por divórcio, da separação judicial de pessoas e bens ou da simples separação judicial de bens) podem ser realizados, quer os bens partilhados estejam omissos no registo, quer estejam nele inscritos, ainda que em nome de pessoa diversa do autor da herança ou dos cônjuges ou da sociedade (sem embargo da observância do princípio do trato sucessivo).

No entanto, a transmissão de prédios que façam parte de herança só é possível se os bens estiverem inscritos em nome do autor da herança

[76] *Vide* nº 3 do art. 34º.

ou não descritos ou sem inscrição de aquisição e os transmitentes se encontrarem habilitados como únicos herdeiros, ou for feita, simultaneamente, a respectiva habilitação.

À alínea *b*)

1. Por "documento comprovativo" do direito da pessoa de quem se adquire – expressão usada na parte final da alínea *b*) do artigo em anotação – deve entender-se aquele que prove o direito para fins de registo, como é, por exemplo, o caso da escritura de habilitação[77].

2. Tendo havido legitimação de prédio não descrito, é ao titulador que compete apreciar a legitimidade do transmitente, quer no caso da legitimação se processar com exibição de "documento comprovativo" do direito, quer no caso de a mesma consistir em "justificação simultânea" (art. 9º, nº 3, do CRP).

Decorrentemente, ainda que seja nulo o acto de justificação notarial simultânea, não haverá que registar previamente o prédio em nome do transmitente, por força da norma do nº 1 do art. 34º do CRP, nem haverá que justificar desfavoravelmente o registo de aquisição[78].

"O Conservador não só não deve exigir que lhe seja presente o "documento comprovativo" com que o transmitente legitimou perante o titulador o seu direito, para sobre ele exercer um juízo reapreciativo, como também não terá que apreciar a justificação que perante o titulador foi deduzida pelo transmitente no acto de transmissão do direito"[79].

Artigo 56º
Menções obrigatórias

Dos instrumentos que contenham factos sujeitos a registo deve constar:

[77] 3ª conclusão extraída do parecer emitido pelo Conselho Técnico em 24/6/92 no proc. 23/92 – R.P. 4, publicado no I caderno do BRN nº 5/95.

[78] 3ª e 4ª conclusões do parecer do CT de 28.05.99, proferido no proc. R.P. 33/99 DSJ, publicado no II caderno do BRN nº 9/99.

[79] Citação a fls. 28 do parecer acabado de mencionar.

a) O modo como foi comprovada a urgência prevista na alínea *b*) do nº 3 do artigo 54º

b) (*Revogada.*)

HISTÓRICO

Contém as alterações dos seguintes diplomas:

- DL nº 116/2008, de 04/07

Consultar versões anteriores deste artigo:

- 1ª versão: DL nº 207/95, de 14/08

ANOTAÇÕES

1. A prova da urgência da realização do acto, motivada por perigo de vida dos outorgantes, pode fazer-se, por exemplo, pela apresentação de atestado médico.

2. O extravio ou inutilização do registo causados por incêndio, inundação ou outra calamidade como tal reconhecida por despacho do Ministro da Justiça prova-se por declaração do interessado, acompanhada de certidão passada gratuitamente pela conservatória[80].

Artigo 57º
Menções relativas à matriz

1 – Nos instrumentos em que se descrevam prédios rústicos, urbanos ou mistos deve indicar-se o número da respectiva inscrição na matriz ou, no caso de nela estarem omissos, consignar-se a declaração de haver sido apresentada na repartição de finanças a participação para a inscrição, quando devida.

2 – A prova dos artigos matriciais é feita pela exibição de caderneta predial actualizada ou da certidão de teor da inscrição matricial, passada com antecedência não superior a um ano.

3 – A participação para a inscrição na matriz, quando se trate de prédio omisso que nela deva ser inscrito, prova-se pela exibição de duplicado que tenha aposto o recibo da repartição de

[80] *Vide* art. 1º do DL nº 312/90, de 2 de Outubro.

finanças, com antecedência não superior a um ano, ou pela exibição de outro documento dela emanado, autenticado com o respectivo selo branco.

HISTÓRICO

Contém as alterações dos seguintes diplomas:
- DL nº 410/99, de 15/10

Consultar versões anteriores deste artigo:
- 1ª versão: DL nº 207/95, de 14/08

ANOTAÇÕES

Ao nº 1

Na mesma linha de pensamento, o art. 124º do CIMI preceitua que as entidades públicas, ou que desempenhem funções públicas, que intervenham em actos relativos à constituição ou transmissão de direitos sobre prédios devem exigir a exibição de documento comprovativo da inscrição do prédio na matriz ou, sendo omisso, de que foi apresentada a declaração para inscrição.

Ao nº 2

1. De acordo com os nºs 4 e 5 do art. 93º do dito código, na redacção que lhes deu a Lei nº 64-A/2008, de 31 de Dezembro, os notários, conservadores e oficiais dos registos, bem como as entidades profissionais com competência para autenticar documentos particulares que titulem actos ou contratos sujeitos a registo predial, sempre que intervenham em actos ou contratos que exijam a apresentação da caderneta predial relativa a prédios objecto desses actos, contratos ou factos, podem obtê-la por via electrónica e entregá-la, gratuitamente, ao sujeito passivo, assim como podem obter, pela mesma via, a declaração modelo nº 1 do IMI entregue para efeitos de inscrição na matriz de prédio urbano ou fracção autónoma.

É gratuita a emissão, através da Internet, não só das cadernetas prediais mas também das certidões de teor matricial.

2. A Portaria nº 630/2007, de 30 de Maio, ao aprovar o modelo oficial da matriz rústica informatizada, aprovou também os modelos das cadernetas prediais dos prédios rústicos de base não cadastral e de base

cadastral, as quais podem ser emitidas em atendimento *front office* em qualquer serviço de finanças ou via Internet.

De igual modo, as certidões de teor matricial dos prédios rústicos inscritos na matriz de base cadastral ou não cadastral poderão ser emitidas por qualquer serviço de finanças ou via Internet, mas, quando delas devam constar os elementos históricos dos prédios não transcritos para o sistema informático do cadastro predial, são emitidas pelo serviço de finanças da área de localização dos prédios através de impressão do sistema informático da matriz predial rústica, contendo os elementos dele constantes, e de fotocópia da matriz predial rústica em suporte de papel existente à data dessa transcrição.

3. ***Minuta da exibição da caderneta predial***

Exibida caderneta predial (rústica ou urbana), obtida em ... via Internet, por onde verifiquei os elementos matriciais do prédio.

Ao nº 3

1. Tratando-se de prédios omissos, consignar-se a declaração de haver sido apresentada nos serviços de finanças a participação para a sua inscrição.

2. A participação para a inscrição na matriz de prédios urbanos, onde se incluem os terrenos para construção, faz-se através do preenchimento em duplicado do modelo 1 do IMI, certificando os serviços de finanças num dos exemplares o número provisório da inscrição.

3. Nos termos do art. 14º do revogado Código da Contribuição Autárquica, a inscrição de prédio na matriz devia ser apresentada no prazo de 90 dias, contados a partir da ocorrência de várias circunstâncias, designadamente quando uma dada realidade física devesse passar a ser considerada como prédio.

Por essa razão, não era exigível a apresentação de declaração para inscrição na matriz de parcela de terreno, que só por via da escritura era desanexada, posto que, só a partir desse momento, se podia considerar a existência de novo prédio[81].

[81] Recomendação que consta do I caderno do BRN nº 11/2000.

Afigura-se-nos que esta doutrina está actualizada, face ao comando da alínea *a*) do nº 1 do art. 13º do CIMI, embora hoje o prazo de apresentação da declaração seja de 60 dias.

4. ***Minuta da exibição do pedido da participação para a inscrição na matriz***

Se o prédio estiver omisso na matriz, mas tiver sido feita a competente participação, então a fórmula adoptada poderá ser assim redigida: *Exibido o duplicado do pedido de participação para a inscrição do prédio na matriz entregue em ... no serviço de finanças de ...*

Artigo 58º
Harmonização com a matriz e o registo

1 – Nos instrumentos respeitantes a factos sujeitos a registo, a identificação dos prédios deve ser feita em harmonia com a inscrição da matriz ou o pedido de correcção ou alteração desta, quanto à localização, área e artigo de matriz tratando-se de prédios rústicos onde vigore o cadastro geométrico e quanto à área e artigo da matriz tratando-se de prédios rústicos situados em área onde não vigore o cadastro geométrico e prédios urbanos.

2 – Nos instrumentos referidos no número anterior a identificação dos prédios também deve ser feita em harmonia com a respectiva descrição predial, salvo se os interessados esclarecerem que a divergência resulta de alteração superveniente ou de simples erro de medição.

3 – Caso exista diferença, quanto à área, entre a descrição e a inscrição matricial ou, tratando-se de prédio não descrito, entre o título e a inscrição matricial, é dispensada a harmonização se a diferença não exceder, em relação à área maior:

a) 20%, nos prédios rústicos não submetidos ao cadastro geométrico;

b) 5%, nos prédios rústicos submetidos ao cadastro geométrico;

c) 10%, nos prédios urbanos ou terrenos para construção.

4 – O erro de medição a que se refere o nº 2 comprova-se nos termos previstos no Código do Registo Predial.

HISTÓRICO

Contém as alterações dos seguintes diplomas:

- Rect. nº 130/95, de 31/10
- DL nº 116/2008, de 04/07

Consultar versões anteriores deste artigo:

- 1ª versão: DL nº 207/95, de 14/08
- 2ª versão: Rect. nº 130/95, de 31/10

ANOTAÇÕES

Aos nºs 1 e 2

A desejável harmonização entre a descrição predial, a matriz e o título pressupõe a existência de um cadastro predial que identifique correctamente todos os prédios existentes no país.

Na falta dele, o legislador procurou atenuar as divergências entre a descrição e a inscrição matricial, estipulando que nos títulos deve haver harmonização com a matriz ou o pedido de rectificação ou alteração desta (quanto à localização, área e artigo de matriz, tratando-se de prédios rústicos onde vigore o cadastro geométrico, e quanto à área e artigo de matriz, tratando-se de prédios urbanos e de prédios rústicos situados em área onde não vigore o cadastro geométrico) e com a descrição, salvo se, quanto a esta, os interessados esclarecerem que a divergência resulta de alteração superveniente ou de simples erro de medição.

Ao nº 3

1. Caso exista diferença, quanto à área, entre a descrição e a inscrição matricial ou, tratando-se de prédio omisso no registo, entre o título e a inscrição matricial, é dispensada a harmonização se a diferença não exceder, em relação à área maior, as percentagens fixadas neste nº 3 em anotação.

A dispensa de harmonização entre a descrição e a matriz, quanto às áreas, é ditada pela consideração daquilo que será razoável tolerar em face das dificuldades práticas em obter uma medição exacta das mesmas, atentos os acidentes dos terrenos e a configuração dos prédios.

Daí que os referidos limites de tolerância devam ser tidos como referências ou balizas de contornos não flácidos mas também não cegamente inflexíveis[82], permitindo a lei que, caso seja declarado pelo interessado que a área correcta é a constante da matriz, se proceda à actualização, em conformidade, da área constante da descrição ou, no caso de prédio omisso no registo, se proceda à abertura da descrição com a área constante da matriz e não com a que resulta do título.

2. Esta faculdade de actualização da descrição ou da sua abertura com a área constante da matriz apenas pode ser utilizada uma única vez, mencionando-se na descrição, para controlar a sua utilização, o exercício dessa faculdade[83].

Ao nº 4

As situações de divergência de área entre a descrição e o título, resultantes de erro de medição, e as formas de as contornar estão previstas no art. 28º-C do CRP, havendo que distinguir entre a existência de divergência de área no limite das percentagens a que se refere o nº 3 do artigo em anotação e em percentagens superiores.

Divergência de área entre a descrição e o título no limite das percentagens

A área constante da descrição de qualquer prédio (rústico – cadastrado e não cadastrado – ou urbano) pode ser actualizada em conformidade com a que consta do título, se não tiver havido actualização prévia da descrição em conformidade com a área constante da matriz, mediante recurso à faculdade prevista no art. 28º-B do CRP, e o proprietário inscrito esclarecer que a divergência provém de simples erro de medição.

Divergência de área entre a descrição e o título em percentagens superiores

Para se actualizar a descrição não basta invocar a existência de erro de medição, é necessário comprová-lo:

a) Na matriz cadastral, pela informação da inscrição matricial donde conste a rectificação da área e por declaração que confirme que a configuração geométrica do prédio não sofreu alteração;

82 Cfr. BRN nº 10/99, II caderno, pp. 36 e ss.

83 Art. 28º-B, nºs 1 e 2, do CRP.

b) Na matriz não cadastral, pela apresentação de planta do prédio elaborada por técnico habilitado e declaração do titular de que não ocorreu alteração na configuração do prédio; ou planta do prédio e declaração dos confinantes de que não ocorreu alteração na configuração do prédio.

Artigo 59º
Constituição de propriedade horizontal

1 – Os instrumentos de constituição da propriedade horizontal só podem ser lavrados se for junto documento, passado pela câmara municipal, comprovativo de que as fracções autónomas satisfazem os requisitos legais.

2 – Tratando-se de prédio construído para transmissão em fracções autónomas, o documento a que se refere o número anterior pode ser substituído pela exibição do respectivo projecto de construção e, sendo caso disso, dos posteriores projectos de alteração aprovados pela câmara municipal.

3 – O documento autêntico que se destine a completar o título constitutivo da propriedade horizontal, quanto à especificação das partes do edifício correspondentes às fracções autónomas ou ao seu valor relativo, expresso em percentagem ou permilagem, não pode ser lavrado sem a observância do disposto nos números anteriores.

ANOTAÇÕES

Ao nº 1

1. Como é sabido, a propriedade horizontal é uma forma especial do direito de propriedade consistente na possibilidade de diversas fracções de que se compõe um edifício poderem pertencer a proprietários diferentes, desde que sejam susceptíveis de constituir unidades independentes, perfeitamente distintas e isoladas entre si, com saída própria para a via pública ou para uma parte comum do prédio e desta para a via pública.

Depois de desarticuladas do edifício, as partes que se autonomizaram através do processo de constituição da propriedade horizontal ficam a pertencer em propriedade singular ao respectivo titular; as outras, as que não puderam constituir-se em unidades independentes, são as partes comuns do prédio que ficam a pertencer aos vários proprietários na proporção do valor da parte autónoma de cada um, expresso em percentagem ou permilagem.

A propriedade horizontal é, assim, um direito real complexo, constituído por direitos de propriedade singular sobre as fracções autónomas e de compropriedade sobre as partes comuns, sendo tal unidade de direitos incindível.

O Prof. Mota Pinto ensinava nas suas Lições de Direitos Reais que a lei se referia à propriedade horizontal, mas que o seccionamento podia ser feito segundo uma linha vertical e não segundo uma linha horizontal, por forma a pertencer um lado a um proprietário e o outro a proprietário diferente.

Para podermos em tal caso continuar a falar da figura da propriedade horizontal é, porém, necessário que as unidades obtidas por seccionamento vertical, tendo autonomia, não sejam tão autónomas que deixem de ser interdependentes, pois sem partes comuns não há propriedade horizontal.

2. Requisitos essenciais para que um certo edifício possa ser submetido ao regime de propriedade horizontal são, como se deixou antever, que seja constituído por fracções autónomas, independentes, distintas e isoladas entre si e que tais fracções tenham garantida uma saída própria para uma parte comum do prédio e dela para a via pública ou directamente para esta, requisitos estes que, em princípio, terão de ser comprovados por documento passado pela câmara municipal do local da situação do prédio.

Se não apresentar os requisitos exigidos por lei, o título constitutivo da propriedade horizontal é nulo, ficando o prédio sujeito ao regime da compropriedade com atribuição a cada consorte da titularidade da quota que lhe tiver sido fixada ou que corresponder ao valor relativo da sua fracção.

3. A propriedade horizontal pode ser constituída por qualquer dos modos previstos no art. 1417º do CC, embora aqui nos interesse apenas a constituição por negócio jurídico.

Podem ser negócios constitutivos do regime de propriedade horizontal o testamento (ao qual o artigo em anotação não é aplicável, como se verá seguidamente), a partilha e a divisão de coisa comum.

Além deles, o estabelecimento do regime de propriedade horizontal surge no notariado com mais frequência através de um negócio jurídico unilateral típico, mediante o qual o proprietário do prédio declara submetê-lo ao regime da horizontalidade, operando o seu parcelamento jurídico em fracções autónomas para serem objecto de propriedade singular a favor de diversas pessoas, futuramente ou de imediato.

4. É do documento passado pela câmara municipal (ou do projecto de construção, como sucede no caso de constituição de propriedade horizontal de prédio construído para transmissão em fracções autónomas), que o notário extrairá os elementos necessários à elaboração da escritura, a fim de poder nela descrever as partes do prédio que constituem unidades autónomas, distintas e isoladas, com saída própria, e as que constituem as partes comuns.

5. "Não impondo a lei que no título constitutivo do regime da propriedade horizontal se indiquem as partes de que se compõem as fracções autónomas, bem como a área das mesmas, deve o notário, em obediência ao preceituado no art. 42º do CN, abster-se de sobrecarregar o conteúdo do acto com formalismos inúteis ou desnecessários, redigindo-o em termos claros e precisos"[84].

Julgamos, no entanto, que se revestia de grande utilidade a indicação da área de cada fracção, apesar de a lei não o exigir.

6. Os factos jurídicos que determinem a constituição (ou a modificação) da propriedade horizontal estão, como se sabe, sujeitos a registo, nos termos do art. 2º, nº 1, alínea *b*), do CRP.

7. Para a celebração do acto de constituição da propriedade horizontal em prédio comum do casal, é necessário o *consentimento de ambos os cônjuges*, de acordo com o entendimento firmado no parecer do CT de 20/9/89[85].

[84] Proc. CN 49/98 DSJ.

[85] Publicado na Revista do Notariado 1989/3, pp. 449 e ss.

8. ***Minuta***

Constituição de propriedade horizontal

...

E por eles foi dito:

Que são donos e legítimos possuidores do prédio urbano, sito na Rua... com os números ... e ... de polícia, desta cidade de ..., descrito na conservatória do registo predial deste concelho sob o número... da freguesia de ..., inscrito na respectiva matriz sob o artigo número ... com o valor patrimonial tributário de ... e a que atribuem o valor de ...;

Que o prédio se compõe de cave, rés-do-chão e três andares: na cave situam-se duas garagens, designadas pelos números um e dois, e dois lugares de estacionamento, também designados pelos números um e dois; no rés-do-chão situam-se três lojas destinadas a comércio, designadas pelos números um, dois e três; os primeiro, segundo e terceiro andares têm três fogos por piso, num total de nove fogos, todos destinados a habitação;

Que, por esta escritura, constituem o regime de propriedade horizontal sobre o identificado prédio, o qual obedece às condições legalmente exigidas para tal efeito, sendo composto pelas seguintes fracções autónomas distintas, independentes e isoladas entre si, com saída própria para uma parte comum do prédio e desta para a via pública ou directamente para a via pública:

Fracção A – garagem número um na cave, com entrada pelo nº ..., a que corresponde a percentagem de ... do valor total do prédio e o valor de ...

Fracção B ...

Fracção C ...– loja número um no rés do chão esquerdo, com entrada pelo nº ..., a que corresponde a percentagem de ... do valor total do prédio e o valor de ...

Fracção D ...

Fracção E ...

Fracção F – primeiro andar esquerdo, com o lugar de estacionamento número um na cave, a que corresponde a percentagem de ... do valor total do prédio e o valor de ...

Fracção G ...

Fracção H ...

Fracção I – segundo andar esquerdo, a que corresponde a percentagem de ... do valor total do prédio e o valor de ...

Fracção J ...

...

As fracções ... a ..., inclusivé, têm entrada comum pelo nº ...

São partes comuns do prédio, além das referidas no artigo 1421º do Código Civil, um arrumo situado no rés-do-chão destinado à guarda do contentor do lixo.

Arquiva-se: certidão camarária com o auto de vistoria para efeitos de constituição do regime de propriedade horizontal.

Exibiu-se:

a) certidão passada pela conservatória do registo predial de ... em ... com o número de ordem ... por onde verifiquei o número da descrição referida; e

b) caderneta predial ..., comprovativa do citado artigo e valor patrimonial tributário.

Esta escritura foi lida ...[86]

Ao nº 2

1. No caso a que se refere este nº 2, é indiferente que o prédio esteja ou não construído à data da constituição do regime de propriedade horizontal, mas é necessário que do projecto ou dos documentos que o integrem conste que o prédio se destina a ser transmitido em fracções autónomas, pois só assim se ficará com a certeza de que a entidade administrativa, ao examinar o projecto e ao aprová-lo, verificou os requisitos legais para a constituição da propriedade horizontal.

2. ***Minuta***

Constituição de propriedade horizontal

...

E por eles foi dito:

Que são donos e legítimos possuidores de um prédio urbano, composto de terreno destinado a construção urbana, com a área de ..., sito em..., descrito na conservatória do registo predial de... sob o número... da freguesia de ..., inscrito na respectiva matriz sob o artigo número ... com o valor patrimonial tributário de ...;

Que neste terreno está em construção um edifício de rés do chão e andar, com a superfície coberta de ... e descoberta de ..., que se destina a ser transmitido em fracções autónomas e ao qual atribuem o valor de ...;

Que o referido edifício satisfaz os requisitos legais para nele ser constituída a propriedade horizontal, sendo composto por duas fracções autónomas distintas, independentes e isoladas entre si, com saída própria para uma parte comum do prédio e desta para a via pública ou directamente para a via pública e que são as seguintes:

Fracção A ...

[86] O leitor poderá encontrar em *MANUAL DE DIREITO NOTARIAL*, do autor deste código anotado, Fevereiro de 2016, a pp. 794-797 uma minuta de constituição de propriedade horizontal de conjunto imobiliário.

Fracção B ...

Que ambas as fracções se destinam a habitação;

Que é comum a ambas as fracções o logradouro do lado sul, com a área de ..., para acesso às fracções e estacionamento;

Que o acesso às fracções se faz através de logradouro comum por um átrio onde está a porta de entrada para o rés-do-chão e onde nascem as escadas que levam ao andar;

Que, assim, pela presente escritura, fica constituída a propriedade horizontal sobre o citado prédio nos sobreditos termos.

Exibiu-se:

a) fotocópia – certidão expedida pela câmara municipal de ... em ... do projecto de construção, aprovado em ... por essa entidade, e da respectiva memória descritiva, donde consta que o prédio se destina a ser transmitido em fracções autónomas;

b) certidão passada pela conservatória do registo predial de ... em ... com o número de ordem ... por onde verifiquei o número da descrição referida; e

c) caderneta predial ..., comprovativa do citado artigo e valor patrimonial tributário.

Esta escritura foi lida ...

Ao nº 3

Os testamentos, muitas vezes, dadas as condições em que são elaborados, apresentam omissões no tocante às menções ou aos elementos referidos nos nºs 1 e 2 do artigo, ora anotado.

Pode também dar-se a circunstância de numa escritura, por inadvertência, ter faltado alguma daquelas menções.

Em ambos os casos se impõe que o respectivo título seja completado.

Artigo 60º
Modificação de propriedade horizontal

1 – Os instrumentos de modificação do título constitutivo da propriedade horizontal que importem alteração da composição ou do destino das respectivas fracções só podem ser lavrados se for junto documento camarário comprovativo de que a alteração está de acordo com os correspondentes requisitos legais.

2 – No caso de a modificação exigir obras de adaptação, a exibição do projecto devidamente aprovado dispensa o documento a que se refere o número anterior.

ANOTAÇÕES

Ao nº 1

1. Entre as modificações possíveis do título constitutivo da propriedade horizontal, contam-se as dos valores relativos das fracções, as que importem alteração da composição e as que demandem alteração do destino das respectivas fracções.

2. A alteração da composição pode ocorrer:

a) Por acrescentamento de componentes que antes integravam outras fracções autónomas ou eram partes comuns.

b) Por divisão de fracções em novas fracções.

c) Por reunião numa só de duas ou mais fracções autónomas.

d) Pela atribuição, apenas a alguns condóminos, da comunhão em elementos que antes eram comuns a todos.

e) Pela criação de nova fracção autónoma, etc.

3. O documento camarário necessário para se poder lavrar o instrumento de modificação da propriedade horizontal fica arquivado no cartório, podendo ser dispensado e substituído pela exibição do projecto devidamente aprovado, no caso de a modificação exigir obras de adaptação.

4. Do art. 1422º-A do CC, respigam-se os seguintes entendimentos:

a) Não carece de autorização dos restantes condóminos a junção, numa só, de duas ou mais fracções do mesmo edifício, desde que estas sejam contíguas.

b) Não é permitida a divisão de fracções em novas fracções autónomas, salvo autorização do título constitutivo ou da assembleia de condóminos, aprovada sem qualquer oposição.

c) Sem prejuízo do disposto em lei especial, nos casos anteriormente referidos cabe aos condóminos que juntaram ou cindiram as fracções o poder de, por acto unilateral constante de escritura pública (ou de documento particular autenticado), introduzir a correspondente alteração no título constitutivo.

5. "I – A junção de fracções autónomas contíguas é livre e pode ser formalizada através de escritura pública outorgada, unilateralmente, pelo respectivo titular ou titulares, mas no pressuposto de inexistirem obstáculos legais, designadamente os que impliquem qualquer outra modificação no conteúdo do estatuto do condomínio do prédio.

II – O fim a que as fracções autónomas se destinam, constando do título constitutivo da propriedade horizontal, faz parte do estatuto (real) do condomínio, pelo que a sua alteração depende do consentimento de todos os condóminos, que deve ser formalizado em escritura pública por estes outorgada, ou, em sua representação, pelo administrador, de harmonia com o disposto no nº 2 do art. 1419º do Código Civil.

III – A junção de fracções autónomas com fins diferentes implica que pelo menos o de uma delas sofra alteração, pelo que só poderá ter lugar depois de previamente obtido o consentimento dos restantes condóminos, nos termos da conclusão anterior"[87].

6. ***Minuta***[88]

Modificação de propriedade horizontal

...

... outorgante F ..., que intervém neste acto na qualidade de administrador do condomínio do prédio urbano sito em ..., inscrito na matriz ... e descrito na conservatória do registo predial de ... sob o número ..., achando-se registada a constituição do regime da propriedade horizontal, nos termos da inscrição ...

Verifiquei a identidade do outorgante por ... e a qualidade e poderes por fotocópias das actas de ..., ... e ..., documentos que apresenta.

E por ele foi dito:

Que o referido prédio, de cujo condomínio é administrador, foi submetido ao regime de propriedade horizontal por escritura lavrada ...;

Que nessa escritura foi atribuído à fracção autónoma designada pela letra "B" da zona I, correspondente ao estabelecimento comercial número dois, ao nível do

[87] Parecer proferido no Proc. nº R.P. 4/98-DSJ-CT, publicado no II caderno do BRN nº 7/98.

[88] Na cit. obra *MANUAL DE DIREITO NOTARIAL* encontram-se, além desta, cinco minutas de modificação da propriedade horizontal: duas, de alteração da composição das fracções autónomas; uma, de criação de nova fracção autónoma; uma, de junção de fracções autónomas, e, finalmente, outra, de divisão de fracção.

rés do chão, com acesso directo ao logradouro à frente, o direito ao uso exclusivo de quinze lugares para viaturas, identificados com a menção do dito estabelecimento, no parqueamento privativo dos condóminos, ao nível da terceira cave;

Que, por esta escritura, e de acordo com o deliberado, por unanimidade, por todos os condóminos em reunião do condomínio realizada em ... – conforme fotocópia da respectiva acta, já mencionada – altera o direito ao uso exclusivo dos lugares de estacionamento existentes na terceira cave, afectos à dita fracção "B", passando esta fracção autónoma a ter direito apenas ao uso exclusivo de quatro lugares para viaturas no parqueamento privativo dos condóminos, ao nível da terceira cave, e sendo o uso exclusivo dos restantes onze lugares de estacionamento, na referida cave, que lhe estavam afectos, redistribuídos pelas seguintes fracções autónomas: letras "D", "F", "L", "AD", "J", "AI" e "T";

Que, em virtude da presente alteração do direito ao uso exclusivo dos lugares de estacionamento ao nível da terceira cave, cada uma das fracções autónomas da zona II, individualizadas pelas letras "D", "F", "L" e "AD", passa a ter direito ao uso exclusivo, na terceira cave, de dois lugares de estacionamento;

Cada uma das fracções autónomas designadas pelas letras "J" e "AI", da zona II, passa a ter direito ao uso exclusivo, na terceira cave, de três lugares de estacionamento; e

A fracção autónoma individualizada pela letra "T", da zona II, passa a ter direito ao uso exclusivo, na terceira cave, de quatro lugares de estacionamento.

Que em tudo o mais se mantém o conteúdo da citada escritura lavrada em ...

Arquiva-se: três fotocópias de actas de reunião do condomínio.

Exibiu-se:

a) fotocópia-certidão de teor da descrição e inscrição em vigor passada em ... com o número de ordem ... por ...

b) caderneta predial urbana ...

Esta escritura foi lida ...

Artigo 61º
Regime especial para os testamentos

O disposto nos artigos 54º a 58º e nos dois primeiros números do artigo 59º não é aplicável aos testamentos.

ANOTAÇÕES

1. O que esta disposição quer dizer é que não é obrigatória nos testamentos, relativamente aos prédios que constituem o seu objecto, a

observância das menções relativas às descrições e inscrições no registo, às inscrições na matriz, e à harmonização com a matriz e o registo, e ainda na constituição da propriedade horizontal, quando levada a cabo por testamento, a apresentação de qualquer documento, passado pela câmara municipal, comprovativo de que as fracções autónomas satisfazem os requisitos legais, ou a exibição, em sua substituição, do projecto de construção, se o prédio se destinar a ser transmitido em fracções autónomas.

2. O facto de essas menções não serem obrigatórias nem obrigatória a apresentação ou a exibição dos falados documentos não significa que as menções não possam ser feitas nem os documentos possam ser apresentados ou exibidos, se, facultativamente, esses elementos forem fornecidos ao notário, no convencimento de que, dessa forma, os prédios ficam melhor identificados e para mostrar que se encontra já regularizada junto da entidade competente a constituição da propriedade horizontal.

Artigo 62º
Prédios sob regime de propriedade horizontal

1 – Nenhum instrumento pelo qual se transmitam direitos reais ou contraiam encargos sobre fracções autónomas de prédios em regime de propriedade horizontal pode ser lavrado sem que se exiba documento comprovativo da inscrição do respectivo título constitutivo no registo predial.

2 – O disposto no número anterior não se aplica sempre que os actos de transmissão de direitos ou de constituição de encargos sejam lavrados no mesmo dia e com o conhecimento pessoal do notário de que foi lavrado o título constitutivo de propriedade horizontal, circunstância que deve ser expressamente mencionada.

HISTÓRICO

Contém as alterações dos seguintes diplomas:

– DL nº 116/2008, de 04/07

Consultar versões anteriores deste artigo:
- 1ª versão: DL nº 207/95, de 14/08

ANOTAÇÕES

Ao nº 1

1. Como anteriormente vimos no art. 54º, para que se possam transmitir direitos ou contrair encargos sobre imóveis é necessário que eles estejam inscritos no registo em nome de quem os aliena ou onera.

Ora, a inscrição de fracções autónomas a favor de alguém só é possível se previamente se registar a horizontalidade.

Bem vistas as coisas, a exigência contida no nº 1 do artigo, ora anotado, era, de certo modo, desnecessária.

2. O Conselho Técnico da ex-DGRN emitiu em 28.04.2000 um parecer[89] onde se pondera que a constituição prévia da propriedade horizontal é um requisito de admissibilidade legal do contrato de permuta de lote de terreno por fracções autónomas do edifício a construir.

Nele se diz, além do mais:

"Por se tratar de negócio essencialmente real *quoad effectum*, o contrato de permuta de lote para construção urbana (bem presente) por fracções autónomas de edifício a construir nesse lote (bens futuros) só pode ser validamente concluído quando simultaneamente se constitua – sob a *conditio juris*, embora, da conclusão de tal edifício – a respectiva propriedade horizontal (arts. 62º, nº 2, do Código do Notariado e 280º do Código Civil).

Devem, em consequência, ser recusados quer o registo de aquisição das fracções autónomas quer o registo do lote de terreno, nos termos do art. 69º, nº 1, alínea *b*), do Código do Registo Predial, pedidos com base em contrato, celebrado por escritura pública, em que as partes declarem ceder reciprocamente, uma o lote de terreno e a outra determinadas fracções autónomas do edifício que se obriga a construir naquele lote, mas sem constituir (simultaneamente) a propriedade horizontal, uma vez que, não observando o requisito de admissibilidade legal de negócios *inter vivos* de alienação de fracções autónomas imposto pelo citado art. 62º nº 2 do Código do Notariado, o consenso alcançado só poderá produzir efeitos meramente obrigacionais."

[89] Publicado a pp. 38 e ss. do II caderno do BRN nº 6/2000.

A doutrina deste parecer levantou muitos problemas e reticências no seio do serviço do notariado, tendo sido reapreciada pelo CT[90], que firmou as seguintes conclusões:

«Tratando-se de um contrato com eficácia real *quoad effectum*, a permuta de lote de terreno para construção urbana (bem presente) por fracções autónomas de edifício a construir nesse lote (bens futuros) produz directa e imediatamente o efeito real da transmissão do direito de propriedade sobre o lote, e directa mas diferidamente o efeito real da transmissão das fracções autónomas, o qual se verificará com a existência da «coisa» e a individualização jurídica das suas fracções mediante a constituição do regime da propriedade horizontal.

Ocorrendo, como efeito directo e imediato do contrato de permuta, a transmissão do direito de propriedade do «lote», nada obsta ao registo definitivo da sua aquisição com base nesse contrato.

O artigo 62º do Código do Notariado insere-se no âmbito do princípio da legitimação (formal) dos direitos do disponente, não sendo legítimo sustentar a partir daquela norma a tese de que a individualização jurídica das fracções autónomas mediante a constituição do regime da propriedade horizontal é uma condição de validade do negócio jurídico de permuta em questão; tal individualização jurídica é, antes, condição de eficácia real relativamente à transmissão das «fracções autónomas».

Ao nº 2

Nada obsta a que o acto de transmissão de direitos reais ou de constituição de encargos sobre fracções autónomas de prédios em regime de propriedade horizontal seja lavrado no mesmo dia em que foi lavrado o título constitutivo da horizontalidade, desde que o notário tenha conhecimento pessoal dessa circunstância e a mencione expressamente na redacção do acto.

Isto acontecerá não só quando o título constitutivo da propriedade horizontal for exarado no mesmo cartório que vier a titular o acto de transmissão ou de constituição de encargos sobre fracções autónomas, mas também quando, tendo sido lavrado anteriormente noutro cartório e no mesmo dia, seja exibido ao notário documento autêntico comprova-

[90] Parecer aprovado em 27-03-2003, publicado no II caderno do BRN nº 4/2003 pp. 2 a 9.

tivo da constituição daquele regime, facto que passará então a ser do seu conhecimento.

Ponto é que o notário o refira expressamente, como a lei manda.

Artigo 63º
Valor dos bens

1 – Nos actos sujeitos a registo predial deve indicar-se o valor de cada prédio, da parte indivisa ou do direito a que o acto respeitar, devendo também mencionar-se o valor global dos bens, descritos ou relacionados, sempre que dele dependa a determinação do valor do acto.

2 – O valor dos bens, quando não seja determinado com base em simples declaração das partes ou em publicação oficial, deve ser comprovado pela exibição dos documentos necessários ou do título do registo actualizado ou de caderneta predial visada pela repartição de finanças, com antecedência não superior a seis meses, mencionando-se no instrumento o valor patrimonial indicado no documento apresentado.

ANOTAÇÕES

Ao nº 1

1. O valor dos bens será o declarado pelas partes ou o valor patrimonial tributário, determinado nos termos do CIMI.

2. No que aos prédios rústicos concerne, o valor patrimonial tributário que tenha sido determinado ainda nos termos do Código da Contribuição Predial e do Imposto sobre a Indústria Agrícola é, para efeitos de IMT e de imposto de selo, o inscrito na matriz à data da liquidação, actualizado com base em factores de correcção monetária cujo limite não poderá exceder 44,21, a fixar em função do ano da última avaliação geral ou cadastral, a publicar em Portaria do Ministro das Finanças, ou pelo valor constante do acto ou do contrato, consoante o que for maior[91].

[91] Cfr. art. 27º, nº 1, alínea *c*), e nº 2, alínea *c*), do DL nº 287/2003, de 12 de Novembro.

A Portaria nº 1337/2003, de 5 de Dezembro, publicou em anexo um quadro de actualização dos coeficientes de desvalorização da moeda aplicáveis para actualização do valor patrimonial tributário dos prédios rústicos, do qual consta que a todos os prédios rústicos inscritos na matriz até 1970 é aplicável o coeficiente máximo de 44,21, variando os coeficientes desde o ano de 1971 até ao ano de 2002, do modo seguinte:

1971	**1972**	**1973**	**1974**	**1975**	**1976**	**1977**	**1978**
42,08	39,34	35,76	27,42	23,43	19,62	15,06	11,80
1979	**1980**	**1981**	**1982**	**1983**	**1984**	**1985**	**1986**
9,29	8,38	6,85	5,69	4,54	3,54	2,94	2,68
1987	**1988**	**1989**	**1990**	**1991**	**1992**	**1993**	**1994**
2,44	2,22	1,97	1,77	1,56	1,46	1,35	1,28
1995	**1996**	**1997**	**1998**	**1999**	**2000**	**2001**	**2002**
1,23	1,19	1,17	1,14	1,11	1,08	1,04	1,00

Desta maneira, sempre que for exibida caderneta predial obtida via Internet para prova do valor patrimonial tributário de prédios rústicos, há que ter em conta o ano de inscrição na matriz e o valor patrimonial inicial – elementos que o documento revela – e, em seguida, deve multiplicar-se o valor inicial pelo coeficiente previsto no quadro anexo à citada Portaria nº 1337/2003 para o respectivo ano de inscrição na matriz.

Assim, se, por exemplo, fosse 1971 o ano de inscrição do prédio rústico na matriz e 73, 21 € o valor patrimonial inicial, como o coeficiente previsto para esse ano no anexo da dita Portaria é de 42,08, o valor patrimonial tributário do prédio para efeitos de IMT e de Imposto de Selo seria de 3 080,67 € (73,21 x 42,08); se, num outro exemplo, o ano de inscrição na matriz fosse anterior a 1971, ter-se-ia que multiplicar o valor patrimonial inicial pelo coeficiente de 44,21, a fim de se encontrar o valor patrimonial para efeitos de IMT e de imposto de selo.

3. Algumas regras especiais de determinação do valor patrimonial tributário constam do art. 13º do CIMT, para onde se remete o leitor.

É o caso do valor da propriedade (separada do usufruto, uso ou habitação), do valor do usufruto, do valor do direito de propriedade do solo e do direito de superfície, exemplos de situações que surgem no notariado mais amiúde.

Ao nº 2

As menções alusivas à matriz podem ser inseridas no acto do seguinte modo:

Exibida caderneta predial urbana, obtida hoje via Internet, por onde verifiquei os elementos matriciais do prédio.

Artigo 64º
Documentos complementares

1 – Os bens que constituam objecto do acto titulado pelo instrumento notarial podem ser descritos em documento separado, com observância do disposto nos nºs 1, 3 e 4 do artigo 40º, na parte que lhe for aplicável.

2 – Os estatutos das associações, fundações e sociedades e as cláusulas contratuais dos actos em que sejam interessadas as instituições de crédito ou em que a extensão do clausulado o justifique podem ser lavrados em documento separado, observando-se igualmente o disposto nos nºs 1, 3 e 4 do artigo 40º

3 – Os documentos a que se referem os números anteriores devem ser lidos juntamente com o instrumento e rubricados e assinados pelos outorgantes a quem directamente respeitem, que possam e saibam fazê-lo, e pelo notário, sem prejuízo do disposto no artigo 51º

4 – A leitura dos documentos a que se referem os números anteriores é dispensada se os outorgantes declararem que já os leram ou que conhecem perfeitamente o seu conteúdo, o que deve ser consignado no texto do instrumento.

5 – O disposto nos números anteriores é igualmente aplicável aos cadernos de encargos ou à descrição da obra a que respeitem os instrumentos, excepto quanto ao disposto nos nºs 1 e 4 do artigo 40º

ANOTAÇÕES

1. Como se diz no nº 3 do artigo em anotação, os documentos complementares devem ser rubricados e assinados pelos outorgantes a quem directamente respeitem.

Pretende-se, dessa forma, acabar com a questão, muito discutida, de os documentos complementares terem de ser assinados por todos os outorgantes da escritura, ainda que nada tenham a ver com o que neles está clausulado.

2. A aposição da impressão digital dos outorgantes nos documentos complementares, quando haja lugar a ela, deve obedecer, com a devida adaptação, às normas do comentado art. 51º.

3. Todos os documentos que integram um dado acto notarial têm de constar do arquivo do cartório onde o acto for celebrado, pois, como a palavra diz, fazem parte dele, formam com ele uma unidade.

Logo, não pode haver dúvidas quanto à imperatividade do arquivamento dos documentos complementares.

SUBSECÇÃO III
Intervenientes acidentais

Artigo 65º
Actos com intervenção de outorgantes que não compreendam a língua portuguesa

1 – Quando algum outorgante não compreenda a língua portuguesa, intervém com ele um intérprete da sua escolha, o qual deve transmitir, verbalmente, a tradução do instrumento ao outorgante e a declaração de vontade deste ao notário.

2 – Se houver mais de um outorgante, e não for possível encontrar uma língua que todos compreendam, intervêm os intérpretes que forem necessários.

3 – A intervenção de intérprete é dispensada, se o notário dominar a língua dos outorgantes a ponto de lhes fazer a tradução verbal do instrumento.

ANOTAÇÕES

Ao nº 1

1. Começamos por lembrar que, além dos outorgantes, podem intervir nos instrumentos notariais abonadores, intérpretes, leitores, testemunhas e peritos médicos:

a) Abonadores, para os identificarem;

b) Intérpretes e leitores, para lhes transmitirem o conteúdo dos documentos, quando os outorgantes não compreendam a nossa língua ou sejam surdos ou mudos ou surdos-mudos;

c) Testemunhas, para fazer prova de que os outorgantes manifestaram a sua declaração de vontade, assistiram à leitura e explicação do conteúdo do acto notarial e assinaram-no na presença do notário;

d) Peritos médicos, para garantirem a sanidade mental de algum deles.

2. O artigo em anotação reporta-se à intervenção de intérpretes, sempre que os outorgantes (ou algum deles) não compreendam a língua portuguesa – idioma em que, por força da lei, os actos notariais têm de ser redigidos – nem o notário aquela em que se expressam os outorgantes.

3. A identificação dos intérpretes faz-se pela indicação do nome completo, estado e residência habitual, não sendo necessária a menção da sua naturalidade[92].

4. Se a verificação da identidade das testemunhas e abonadores se pode fazer por um dos meios previstos nas alíneas *a*) a *c*) do nº 1 do art. 48º – como ensinam o nº 3 do art. 67º e a alínea *d*) do nº 1 do citado art. 48º –, a dos intérpretes, por maioria de razão, também deve seguir o mesmo caminho.

5. Compete ao notário verificar se os intérpretes são ou não pessoas idóneas, podendo recusar a sua intervenção, quando os não considere dignos de crédito, ainda que não sejam incapazes nem inábeis.

6. Se o notário dominar a língua em que se expressa o outorgante que não fala português, a situação fica resolvida pela intervenção do

[92] Cfr. art. 46º, nº 1, alínea *h*).

notário, o qual terá de fazer a tradução verbal do acto, hipótese em que se poderá usar a seguinte fórmula:

O segundo outorgante F... não compreende a língua portuguesa, expressando-se em inglês, língua em que eu, notário, fiz ao outorgante a tradução verbal da presente escritura (ou outro tipo de acto) *e a explicação do seu conteúdo.*

7. No caso de isso se não verificar, tem de intervir um intérprete que, sabendo falar português e a língua em que se expressa o outorgante que desconhece o nosso idioma, lhe transmitirá verbalmente a tradução do instrumento e ao notário a declaração de vontade do outorgante que não compreende a língua portuguesa.

A fórmula a utilizar poderá, então, ser a que segue:

Esta escritura foi lida aos outorgantes e aos mesmos explicado o seu conteúdo, apresentando o segundo outorgante, como intérprete da sua escolha, por não compreender a língua portuguesa, F... (nome completo, estado e residência habitual), pessoa cuja identidade verifiquei por ..., o qual prestou perante mim, notário, o compromisso de honra de bem desempenhar as suas funções e transmitiu ao dito outorgante, verbalmente, a tradução deste instrumento e a mim, notário, a declaração de conformidade da sua vontade com o mesmo.

8. Nos termos do art. 68º do CN, não podem ser intérpretes:

– os que não estiverem no seu perfeito juízo;

– os que não entenderem a língua portuguesa;

– os menores não emancipados, os surdos, os mudos e os cegos;

– os funcionários e o pessoal contratado em qualquer regime em exercício no cartório notarial;

– o cônjuge, os parentes e afins, na linha recta ou em 2º grau da linha colateral, tanto do notário que intervier no instrumento como de qualquer dos outorgantes, representantes ou representados;

– o marido e a mulher, conjuntamente;

– os que, por efeito do acto, adquiram qualquer vantagem patrimonial;

– os que não saibam ou não possam assinar.

9. Além disso, os intérpretes devem prestar, perante o notário, o juramento ou o compromisso de honra de bem desempenharem as suas funções, sendo aplicável ao juramento ou compromisso de honra o disposto nas leis de processo – cfr. art. 69º do CN.

10. A falta das formalidades descritas neste preceito legal acarreta a nulidade dos respectivos instrumentos, nos termos do art. 70º, nº 1, alínea *b*).

Artigo 66º
Actos com intervenção de surdos e mudos

1 – O outorgante que, por motivo de surdez, não puder ouvir a leitura do instrumento deve lê-lo em voz alta, e, se não souber ou não puder ler, tem a faculdade de designar uma pessoa que, na presença de todos os intervenientes, proceda a segunda leitura e lhe explique o conteúdo.

2 – O mudo que souber e puder ler e escrever deve declarar, por escrito, no próprio instrumento e antes das assinaturas, que o leu e reconheceu conforme à sua vontade e, se não souber ou não puder escrever, deve manifestar a sua vontade por sinais que o notário e os demais intervenientes compreendam e, se nem isso for possível, deve intervir no acto um intérprete, nas condições previstas no artigo anterior.

3 – O disposto no número anterior é igualmente aplicável no caso de algum outorgante ser surdo-mudo.

ANOTAÇÕES

1. A identificação do leitor também se faz pela indicação do nome completo, estado e residência habitual, não sendo necessária a menção da sua naturalidade.

2. A verificação da identidade dos leitores faz-se do mesmo modo que a dos intérpretes.

3. O notário pode recusar a intervenção do leitor que não considere digno de crédito, nas mesmas condições aplicáveis ao intérprete.

4. A Lei nº 89/99, de 5 de Julho, define as condições de acesso, de exercício e regime da actividade dos intérpretes de língua gestual portuguesa.

Se algum outorgante sofrer limitações a nível do ouvido ou da fala, que constituam obstáculo à manifestação da sua vontade, o notário tem de tomar as providências que o artigo enumera para que ele fique devidamente esclarecido e inteirado do conteúdo do acto.

5. Nos termos do art. 68º do CN, não podem ser leitores nem intérpretes:

– os que não estiverem no seu perfeito juízo;

– os que não entenderem a língua portuguesa;

– os menores não emancipados, os surdos, os mudos e os cegos;

– os funcionários e o pessoal contratado em qualquer regime em exercício no cartório notarial;

– o cônjuge, os parentes e afins, na linha recta ou em 2º grau da linha colateral, tanto do notário que intervier no instrumento como de qualquer dos outorgantes, representantes ou representados;

– o marido e a mulher, conjuntamente;

– os que, por efeito do acto, adquiram qualquer vantagem patrimonial;

– os que não saibam ou não possam assinar.

6. Além disso, os leitores e intérpretes devem prestar, perante o notário, o juramento ou o compromisso de honra de bem desempenharem as suas funções, sendo aplicável ao juramento ou compromisso de honra o disposto nas leis de processo – cfr. art. 69º do CN.

Ao nº 1

1. No caso de surdez, a lei adopta os seguintes procedimentos:

1.1. Se o outorgante surdo souber e puder ler, o notário, depois de ler o acto, convidá-lo-á a fazer a leitura do instrumento em voz alta, fazendo constar isso do acto.

Assim, por exemplo:

Esta escritura foi lida aos outorgantes e aos mesmos explicado o seu conteúdo.

O segundo outorgante F... não pôde ouvir a leitura desta escritura, por motivo de surdez, pelo que o convidei a fazer a leitura da mesma, o que ele fez de seguida.

1.2. Se o outorgante surdo não souber ou não puder ler, tem a faculdade de designar uma pessoa que, na presença de todos os intervenientes, proceda a segunda leitura do instrumento e lhe explique o conteúdo[93].

[93] É o surdo que escolhe o intérprete e não o notário.

Dir-se-á, então, também exemplificativamente:

Esta escritura foi lida aos outorgantes e aos mesmos explicado o seu conteúdo.

O segundo outorgante F... não pôde ouvir a leitura desta escritura, por motivo de surdez, pelo que intervém neste acto, como intérprete de sua escolha, F... (nome completo, estado e residência habitual), cuja identidade verifiquei por ..., o qual prestou neste acto, perante mim, notário, compromisso de honra de bem desempenhar as suas funções.

Este intérprete, na presença de todos os intervenientes, fez, seguidamente, uma segunda leitura desta escritura, explicando o seu conteúdo, gestualmente, ao outorgante surdo e transmitindo a mim, notário, a declaração de conformidade da vontade do mesmo.

1.3. A Federação Portuguesa das Associações de Surdos pode, sem encargos para o cartório ou para o cidadão surdo, prestar apoio nesta área dos intérpretes de língua gestual, por iniciativa do próprio cidadão ou por iniciativa do cartório: no primeiro caso, o surdo faz-se acompanhar de intérprete, cuja intervenção deve ser prontamente aceite; no segundo, o cartório, quando for necessário ou for solicitado pelo próprio surdo, deve solicitar à referida Federação a indicação de um intérprete, indicando o local, dia e hora em que é necessária a comparência deste[94].

O intérprete deverá fazer-se acompanhar de uma declaração emitida pela Federação, comprovativa da sua qualidade de intérprete credenciado – de modelo distribuído com esse Boletim – e o notário confirmará a intervenção do intérprete no referido impresso.

A fórmula utilizada costuma ser a que segue:

Esta escritura foi lida aos outorgantes e aos mesmos explicado o seu conteúdo.

O segundo outorgante F... não pôde ouvir a leitura desta escritura, por motivo de surdez, pelo que intervém neste acto, como intérprete de sua escolha, F... (nome completo, estado e residência habitual), cuja identidade verifiquei por ..., o qual, credenciado pela Federação Portuguesa das Associações de Surdos, conforme declaração que arquivo, prestou neste acto, perante mim, notário, compromisso de honra de bem desempenhar as suas funções.

Este intérprete, na presença de todos os intervenientes, fez, seguidamente, uma segunda leitura desta escritura, explicando o seu conteúdo, gestualmente, ao outorgante surdo e transmitindo a mim, notário, a declaração de conformidade da vontade do mesmo.

[94] Informação transmitida no BRN nº 8/2000, sob a rubrica "Intérpretes de língua gestual no Sistema da Justiça – Acordo de Cooperação (o Boletim indica o endereço da Federação).

Ao nº 2

1. Procedimentos a adoptar no caso de outorgante mudo:

1.1. Se o mudo souber e puder ler e escrever, declara, por escrito, no próprio instrumento e antes das assinaturas, na presença do notário e de todos os intervenientes, que o leu e reconheceu conforme à sua vontade, o que pode ser feito assim:

Eu, abaixo assinado, F... não posso falar, mas li esta escritura e reconheço-a conforme à minha vontade.

1.2. Se o mudo não souber ou não puder escrever, deve manifestar a sua vontade por sinais que o notário e os demais intervenientes compreendam.

A fórmula poderá ser esta:

Esta escritura foi lida aos outorgantes e aos mesmos explicado o seu conteúdo, não assinando o segundo outorgante, mudo, por ter manifestado por sinais que não sabia assinar nem escrever, mas manifestou a conformidade da mesma com a sua vontade, por gestos, que eu, notário, e os demais intervenientes compreendemos.

1.3. Se o mudo não souber ou não puder escrever e se o notário e os demais intervenientes não compreenderem a sua linguagem gestual, deve intervir no acto um intérprete, nas condições previstas no art. 65º.

Dir-se-á, então, como segue:

Esta escritura foi lida aos outorgantes e aos mesmos explicado o seu conteúdo, não assinando o segundo outorgante, mudo, por ter manifestado por sinais que não sabia assinar nem escrever, mas apresentando como seu intérprete F..., cuja identidade verifiquei por ..., o qual prestou neste acto perante mim, notário, compromisso de honra de bem desempenhar as suas funções e me transmitiu a interpretação da linguagem gestual do mudo, no sentido deste haver compreendido a leitura e a explicação do conteúdo do presente acto e de ele estar conforme à sua vontade.

Ao nº 3

1. No caso de outorgante que seja surdo-mudo, aplicam-se os procedimentos anteriores, devidamente adaptados, havendo também que distinguir:

1.1. Se o surdo-mudo souber e puder ler e escrever, declara, por escrito, no próprio instrumento e antes das assinaturas, na presença do notário e de todos os intervenientes, que o leu e reconheceu conforme à sua vontade.

Fórmula

Eu, abaixo assinado, F..., surdo-mudo, li esta escritura e reconheço-a conforme à minha vontade.

1.2. Se o surdo-mudo não souber ou não puder escrever, deve manifestar a sua vontade por sinais que o notário e os demais intervenientes compreendam.

Fórmula

Esta escritura foi lida aos outorgantes e aos mesmos explicado o seu conteúdo, não assinando o segundo outorgante, surdo-mudo, por ter manifestado por sinais que não sabia assinar nem escrever, mas manifestou a conformidade da mesma com a sua vontade, por gestos, que eu, notário, e os demais intervenientes compreendemos.

1.3. Se o surdo-mudo não souber ou não puder escrever e se o notário e os demais intervenientes não compreenderem a sua linguagem gestual, deve intervir no acto um intérprete.

Fórmula

Esta escritura foi lida aos outorgantes e aos mesmos explicado o seu conteúdo, não assinando o segundo outorgante, mudo, por ter manifestado por sinais que não sabia assinar nem escrever, mas apresentando como seu intérprete F..., cuja identidade verifiquei por ..., o qual prestou neste acto perante mim, notário, compromisso de honra de bem desempenhar as suas funções e me transmitiu a interpretação da linguagem gestual do mudo, no sentido deste haver compreendido a leitura e a explicação do conteúdo do presente acto e de ele estar conforme à sua vontade.

2. A falta das formalidades descritas acarreta, como vimos, a nulidade dos respectivos instrumentos.

Artigo 67º
Intervenção de testemunhas e de peritos médicos

1 – A intervenção de testemunhas instrumentárias apenas tem lugar nos casos seguintes:

a) Nos testamentos públicos, instrumentos de aprovação ou de abertura de testamentos cerrados e internacionais e nas escrituras de revogação de testamentos;

b) Nos casos previstos no nº 4 do artigo 51º;

c) Nos outros instrumentos, com excepção dos protestos de títulos de crédito, quando o notário ou alguma das partes reclame essa intervenção.

2 – A intervenção de testemunhas nos actos a que se refere a alínea *a*) do número anterior pode ser dispensada pelo notário, no caso de haver urgência e dificuldade em as conseguir, devendo fazer-se menção expressa desta circunstância no texto.

3 – As testemunhas instrumentárias, quando haja lugar à sua intervenção, são em número de duas e a sua identidade deve ser verificada por uma das formas previstas nas alíneas *a*), *b*) e *c*) do nº 1 do artigo 48º, consignando-se no instrumento o processo de identificação utilizado.

4 – Podem ainda intervir nos actos peritos médicos para abonarem a sanidade mental dos outorgantes, a pedido destes ou do notário.

ANOTAÇÕES

Em geral

1. Compete ao notário verificar se as testemunhas e os peritos são ou não pessoas idóneas, podendo recusar a sua intervenção, caso os não considere dignos de crédito.

2. Nos termos do art. 68º do CN, não podem ser peritos nem testemunhas:

– os que não estiverem no seu perfeito juízo;

– os que não entenderem a língua portuguesa;

– os menores não emancipados, os surdos, os mudos e os cegos;

– os funcionários e o pessoal contratado em qualquer regime em exercício no cartório notarial;

– o cônjuge, os parentes e afins, na linha recta ou em 2º grau da linha colateral, tanto do notário que intervier no instrumento como de qualquer dos outorgantes, representantes ou representados;

– o marido e a mulher, conjuntamente;

– os que, por efeito do acto, adquiram qualquer vantagem patrimonial;

– os que não saibam ou não possam assinar.

3. Além disso, os peritos devem prestar, perante o notário, o juramento ou o compromisso de honra de bem desempenharem as suas fun-

ções, sendo aplicável ao juramento ou compromisso de honra o disposto nas leis de processo – cfr. art. 69º do CN.

Ao nº 1

1. A intervenção de testemunhas em certos actos notariais destina-se fundamentalmente a comprovar a sua realização, a presença dos outorgantes e a sua declaração de vontade prestada perante o notário, ou seja, que se cumpriu o formalismo a que a lei os sujeita.

2. As testemunhas instrumentárias intervêm, por imposição da lei, nos testamentos públicos, instrumentos de aprovação ou de abertura de testamentos cerrados e internacionais, nas escrituras de revogação de testamentos e no averbamento de restituição de testamento cerrado ou de testamento internacional, que se encontre depositado, quando a pessoa a quem a restituição é feita não souber ou não puder assinar – alínea *a*) do nº 1 do artigo em anotação e art. 136º – e, facultativamente, em substituição da impressão digital dos outorgantes que não saibam ou não possam assinar, quando o notário ou alguma das partes reclamar essa intervenção e nos termos de autenticação (nº 4 do art. 51º, alínea *c*) do nº 1 do artigo, ora anotado, e nº 2 do art. 151º).

Fórmulas

Foram testemunhas F... e F..., cuja identidade verifiquei por...

ou

Intervieram neste acto, a solicitação do primeiro outorgante, as testemunhas F... e F ..., cuja identidade verifiquei por........

Ao nº 2

A faculdade de dispensar a intervenção de testemunhas nos actos a que se refere a alínea *a*) do nº 1 do artigo em anotação, no caso de, cumulativamente, haver urgência e dificuldade em as conseguir, deve ser usada com moderação, dado o especial melindre dos actos de que se trata e a natureza excepcional desta disposição[95].

Para tanto, o notário deve explicitar nos actos, de forma expressa, as circunstâncias de facto justificativas da urgência e da dificuldade em conseguir testemunhas.

[95] Nota inserta, a p. 100, ao art. 81º do CN de 1967, edição da Direcção-Geral dos Registos e do Notariado, 1973.

Ao nº 3

A identificação das testemunhas faz-se igualmente pela indicação do nome completo, estado e residência habitual, não sendo necessária a menção da sua naturalidade.

Ao nº 4

Se o notário tiver dúvidas sobre a integridade das faculdades mentais dos outorgantes, deve recusar a prática do acto (alínea *c*) do nº 1 do art. 173º).

Essas dúvidas deixam de constituir fundamento de recusa, se no acto intervierem dois peritos médicos que garantam a sua sanidade mental (nº 2 desse art. 173º)[96].

O notário deverá, relativamente aos peritos médicos, certificar-se das suas habilitações académicas, se delas não tiver conhecimento pessoal. Para tal, bastará fazer a exibição das respectivas cédulas profissionais.

Fórmula

A meu pedido (ou a pedido do outorgante F...), intervieram como peritos médicos os Drs. F.... e F... (nome completo, estado e residência habitual, titular da cédula profissional nº ... emitida por ... em ...), cuja identidade verifiquei por..., os quais, sob compromisso de honra de bem desempenhar as suas funções, abonaram a sanidade mental do mesmo.

Esta escritura foi lida e feita a explicação do seu conteúdo.

Artigo 68º
Casos de incapacidade ou de inabilidade

1 – Não podem ser abonadores, intérpretes, peritos, tradutores, leitores ou testemunhas:

a) Os que não estiverem no seu perfeito juízo;

b) Os que não entenderem a língua portuguesa;

c) Os menores não emancipados, os surdos, os mudos e os cegos;

d) Os funcionários e o pessoal contratado em qualquer regime em exercício no cartório notarial;

[96] Claro que se o notário não tiver dúvidas sobre a insanidade mental do outorgante, por constatar que a pessoa não sabe o que diz, não deve realizar o acto.

e) O cônjuge, os parentes e afins, na linha recta ou em 2º grau da linha colateral, tanto do notário que intervier no instrumento como de qualquer dos outorgantes, representantes ou representados;

f) O marido e a mulher, conjuntamente;

g) Os que, por efeito do acto, adquiram qualquer vantagem patrimonial;

h) Os que não saibam ou não possam assinar.

2 – Não é permitida a intervenção de qualquer interveniente acidental em mais de uma qualidade, salvo o disposto no nº 4 do artigo 48º

3 – Ao notário compete verificar a idoneidade dos intervenientes acidentais.

4 – O notário pode recusar a intervenção do abonador, intérprete, perito, tradutor, leitor ou testemunha que não considere digno de crédito, ainda que ele não esteja abrangido pelas proibições do nº 1.

ANOTAÇÕES

Ao nº 1

A incapacidade ou a inabilidade dos intervenientes acidentais determina a nulidade do acto, embora seja sanável por decisão do notário[97].

Ao nº 4

Diz este número que o notário pode recusar a intervenção de quem não considere digno de crédito.

Não será digno de crédito quem, por exemplo, se apresente no cartório em aparente estado de embriaguez, mas – se analisamos bem o preceito – também alguém que o notário conheça como autor de actos eticamente censuráveis que ponham em causa a sua credibilidade no meio em que vive.

[97] Cfr. nºs 2 e 3 do art. 71º.

Artigo 69º
Juramento legal

1 – Os intérpretes, peritos e leitores devem prestar, perante o notário, o juramento ou o compromisso de honra de bem desempenharem as suas funções.

2 – É aplicável ao juramento ou compromisso de honra o disposto nas leis de processo.

ANOTAÇÕES

Ao nº 1

O juramento ou compromisso de honra devem constar do texto do acto em que sejam prestados[98].

Ao nº 2

Nas notas supra aos arts. 65º, 66º e 67º, foram inseridas algumas minutas de actos com menção ao juramento legal.

SECÇÃO III
Nulidades e revalidação dos actos notariais

SUBSECÇÃO I
Nulidades

Artigo 70º
Casos de nulidade por vícios de forma e sua sanação

1 – O acto notarial é nulo, por vício de forma, apenas quando falte algum dos seguintes requisitos:

a) A menção do dia, mês e ano ou do lugar em que foi lavrado;

[98] Art. 46º, nº 1, alínea *i*).

b) A declaração do cumprimento das formalidades previstas nos artigos 65º e 66º;

c) A observância do disposto na primeira parte do nº 2 do artigo 41º;

d) A assinatura de qualquer intérprete, perito, leitor, abonador ou testemunha;

e) A assinatura de qualquer dos outorgantes que saiba e possa assinar;

f) A assinatura do notário;

g) A observância do disposto na alínea *g*) do nº 1 do artigo 46º.

2 – As nulidades previstas nas alíneas *a*), *b*), *d*), *e*), *f*) e *g*) do número anterior consideram-se sanadas, conforme os casos:

a) Se, em face da omissão do dia, mês, ano ou lugar da celebração do acto, for possível proceder ao averbamento nos termos previstos no nº 7 do artigo 132º;

b) Se as partes declararem, por forma autêntica, que foram cumpridas as formalidades previstas nos artigos 65º e 66º;

c) Se os intervenientes acidentais, cujas assinaturas faltam, se encontrarem devidamente identificados no acto e declararem, por forma autêntica, ter assistido à sua leitura, explicação e outorga e que não se recusaram a assiná-lo;

d) Se os outorgantes, cujas assinaturas faltam, declararem, por forma autêntica, que estiveram presentes à leitura e explicação do acto, que este representa a sua vontade e que não se recusaram a assiná-lo.

e) Se o notário cuja assinatura está em falta declarar expressamente, através de documento autêntico, que esteve presente no acto e que, na sua realização, foram cumpridas todas as formalidades legais;

f) Se em face da inobservância do disposto na alínea *g*) do nº 1 do artigo 46º, ou da incorrecta menção dos requisitos nele exigidos, for comprovado, mediante exibição da certidão de registo ou do correspondente código de acesso, que a mesma já existia à data da celebração do acto.

HISTÓRICO

Contém as alterações dos seguintes diplomas:
- DL nº 273/2001, de 13/10
- DL nº 125/2013, de 30/08

Consultar versões anteriores deste artigo:
- 1ª versão: DL nº 207/95, de 14/08

ANOTAÇÕES

Ao nº 1

1. O notário deve recusar a prática do acto que lhe for requisitado, se ele for nulo (alínea *a*) do nº 1 do art. 173º), ao contrário do que acontece se ele for anulável ou ineficaz, hipótese em que a intervenção do notário já não pode ser recusada com esse fundamento, muito embora deva advertir as partes da existência do vício e consignar no instrumento a advertência que tenha feito (art. 174º).

Decorre daqui que é de suma importância para os notários conhecerem o regime da nulidade dos negócios jurídicos cuja formalização lhes é solicitada.

De uma maneira geral, são nulos os negócios e actos jurídicos celebrados ou realizados contra disposição legal de carácter imperativo (arts. 294º e 295º do CC)[99].

2. Porém a nulidade de que trata o artigo em anotação não é a que eventualmente possa afectar o negócio jurídico que se contem no ins-

[99] V.g. os praticados com violação das regras sobre loteamento urbano (art. 49º do DL nº 555/99, de 16 de Dezembro); os que envolvam a transmissão da propriedade de prédios urbanos ou de suas fracções autónomas sem que se faça prova da existência da correspondente autorização de utilização (DL nº 281/99, de 26 de Julho); os de aquisição a título oneroso da propriedade de prédio ou fracção destinada à habitação sem que o titulador se certifique da existência da ficha técnica da habitação, quando exigível, e de que a mesma é entregue ao comprador (nº 1 do art. 9º do DL nº 68/2004, de 25 de Março); e os previstos em inúmeras disposições do CC, de que se citam, a título exemplificativo, os que careçam de forma legal (arts. 220º); os subordinados a uma condição contrária à lei ou à ordem pública ou ofensiva dos bons costumes e, bem assim, os sujeitos a uma condição suspensiva, que seja física ou legalmente impossível (art. 271º); os que tenham um objecto física ou legalmente impossível, contrário à lei ou indeterminável, e os contrários à ordem pública ou ofensivos dos bons costumes (art. 280º), etc.

trumento, mas sim a que inquine o próprio instrumento que dá forma ao negócio, ou seja, a nulidade formal: o negócio pode ser válido, mas não o ser o instrumento.

3. A nulidade dos actos notariais pode derivar de vício de forma, de incompetência do titulador, em razão da matéria ou do lugar, ou do seu impedimento, e ainda de incapacidade ou inabilidade dos intervenientes acidentais, como adiante se verá.

Ao nº 2

1. Os casos de nulidade acham-se taxativamente indicados na lei, dominando, portanto, nesta matéria, o princípio da tipicidade.

As nulidades previstas nas alíneas *a*), *b*), *d*), *e*), *f*) e *g*) do nº 1 do artigo em anotação consideram-se sanadas verificado o condicionalismo descrito no seu nº 2, a que abaixo se fará referência.

Relativamente às nulidades previstas na alínea *c*) daquele nº 1 e às resultantes da violação das regras de competência em razão do lugar ou derivadas da incapacidade ou inabilidade de algum interveniente acidental, a sua sanação depende de decisão do notário, o mesmo acontecendo com a revalidação dos actos nulos.

A decisão do notário de sanar ou revalidar um acto nulo implica a formulação pelos interessados de pedido escrito a ele dirigido, instruído com a prova documental ou a indicação dos restantes meios de prova a que se reportam o nº 3 do art. 71º e o art. 73º.

2. A menção de ter sido sanado qualquer vício de que o acto enferma e a decisão notarial de revalidação dos actos nulos devem ser-lhe averbadas (art. 131º, nº 1, *d*)).

3. O artigo em anotação elenca os casos de nulidade por vício de forma e, com excepção do caso a que se reporta a alínea *c*) do nº 1, mostra o modo como ela pode ser sanada.

Assim:

a) A falta da menção da data e lugar da celebração do acto, se, pelo texto do instrumento ou pelos elementos existentes no cartório, for possível determinar esses elementos, lavrando-se o competente averbamento.

b) A falta do cumprimento das formalidades relativas à intervenção de intérpretes ou leitores, no caso de outorgantes estrangeiros que não compreendam a nossa língua, ou de surdos ou mudos, se as partes declararem, por forma autêntica, que foram cumpridas as formalidades em falta (não se contando entre estas a omissão à referência ao juramento legal dos intérpretes ou leitores, a qual constitui mera irregularidade).

c) A falta da assinatura de qualquer intérprete, perito, leitor, abonador ou testemunha, devidamente identificado no acto, se eles declararem, por forma autêntica, que assistiram à sua leitura, explicação e outorga e que não se recusaram a assiná-lo.

d) A falta da assinatura dos outorgantes, se eles declararem, por forma autêntica, que estiveram presentes à leitura e explicação do acto, que este representa a sua vontade e que não se recusaram a assiná-lo.

e) A falta da assinatura do notário, se ele declarar expressamente, através de documento autêntico, que esteve presente no acto e que, na sua realização, foram cumpridas todas as formalidades legais.

f) A inobservância do disposto na alínea *g*) do nº 1 do artigo 46º ou a incorrecta menção dos requisitos nele exigidos, se for comprovado, pela exibição da certidão de registo ou do correspondente código de acesso, que a mesma já existia à data da celebração do acto.

4. A nulidade do acto por falta do requisito previsto na alínea *c*) do nº 1 do artigo em anotação, pode ser sanada por decisão do notário, quando as partes declararem, por forma autêntica, que as palavras inutilizadas, quaisquer que elas fossem, não podiam alterar os elementos essenciais ou o conteúdo substancial do acto (nº 3, alínea *b*), do art. 71º).

5. A revalidação ou sanação dos actos notariais não exime os titulares do acto da responsabilidade pelos danos que hajam causado (art. 184º).

6. Os actos de sanação e revalidação de actos notariais são gratuitos (arts. 12º, alínea *b*), do RERN, e 9º, nº 2, da tabela de honorários, aprovada pela Portaria nº 385/2004, de 16 de Abril).

7. Ao contrário do que acontece com os negócios jurídicos, cuja invalidade pode revestir a forma da nulidade ou da anulabilidade, os instrumentos notariais que a lei não considere nulos são válidos, muito embora possam sofrer de irregularidades, causadoras de eventual responsabilidade disciplinar para quem presidir ao correspondente acto.

Artigo 71º
Outros casos de nulidade

1 – É nulo o acto lavrado por funcionário incompetente, em razão da matéria ou do lugar, ou por funcionário legalmente impedido, sem prejuízo do disposto no nº 2 do artigo 369º do Código Civil.

2 – Determina também a nulidade do acto a incapacidade ou a inabilidade dos intervenientes acidentais.

3 – O acto nulo por violação das regras de competência em razão do lugar, por falta do requisito previsto na alínea *c*) do nº 1 do artigo anterior ou por incapacidade ou inabilidade de algum interveniente acidental pode ser sanado por decisão do respectivo notário, nas seguintes situações:

a) Quando for apresentada declaração, passada pelo notário competente, comprovativa da sua ausência na data em causa e as partes justificarem, por escrito, o carácter urgente da celebração do acto;

b) Quando as partes declararem, por forma autêntica, que as palavras inutilizadas, quaisquer que elas fossem, não podiam alterar os elementos essenciais ou o conteúdo substancial do acto;

c) Quando o vício se referir apenas a um dos abonadores ou a uma das testemunhas e possa considerar-se suprido pela idoneidade do outro interveniente.

HISTÓRICO

Contém as alterações dos seguintes diplomas:

- DL nº 273/2001, de 13/10

Consultar versões anteriores deste artigo:

- 1ª versão: DL nº 207/95, de 14/08

ANOTAÇÕES

Ao nº 1

1. O artigo em anotação contempla as nulidades derivadas de incompetência do titulador, em razão da matéria ou do lugar, ou do seu impe-

dimento, e ainda as resultantes de incapacidade ou inabilidade dos intervenientes acidentais.

Além disso, indica também a forma como podem ser sanadas algumas delas, incluindo as ocorridas por falta do requisito previsto na alínea *c*) do nº 1 do artigo anterior.

2. Desde logo, temos de anotar que, como resulta da leitura dos nºs 1 e 3 do artigo em anotação, são insanáveis as nulidades derivadas de incompetência em razão da matéria e de impedimento.

Pelo que respeita à primeira, o artigo em anotação considera nulo o acto praticado por "funcionário" incompetente – o que tanto se aplica ao notário que exorbita os limites da sua própria competência, como ao ajudante ou ao colaborador do notário que pratica acto da exclusiva competência daquele –, sem embargo de, nos termos do nº 2 do art. 369º do CC, ser tido por competente o oficial público que exerce publicamente as suas funções, a não ser que os intervenientes conhecessem essa falsa qualidade no momento da realização do acto.

No que à segunda diz respeito, convém atentar em que os notários estão impedidos de realizar actos em que sejam partes ou beneficiários, directos ou indirectos, quer ele próprio, quer o seu cônjuge ou qualquer parente ou afim na linha recta ou em 2º grau da linha colateral, não obstante a nulidade dos actos com disposições a favor de algumas das indicadas pessoas ou dos seus intervenientes acidentais, incluindo os que figurem nos instrumentos de aprovação de testamentos cerrados e internacionais, ser restrita a essas disposições.

Aos nºs 2 e 3

As nulidades derivadas de incompetência em razão do lugar, da falta do requisito previsto na alínea *c*) do nº 1 do artigo anterior ou de incapacidade ou inabilidade de algum interveniente acidental podem ser sanadas por decisão do notário, mediante pedido escrito dirigido ao notário pelos interessados, acompanhado da competente prova.

a) ***Incompetência em razão do lugar***

Como sabemos, salvo disposição legal em contrário, o notário pode praticar, dentro da área do concelho em que se encontra sediado o cartório notarial, todos os actos da sua competência que lhe sejam requisitados, ainda que respeitem a pessoas domiciliadas ou a bens situados fora dessa área.

Constituem excepção a esta regra a abertura de testamento cerrado que, estando depositado em cartório notarial, só nesse cartório poderá ser aberto e o protesto de letra que deve ser feito no cartório notarial da área do domicílio nela indicado para o aceite ou o pagamento ou, na falta dessa indicação, no cartório notarial do domicílio da pessoa que a deve aceitar ou pagar, incluindo a que for indicada para aceitar em caso de necessidade.

Excepcionalmente, a competência dos notários pode ainda ser exercida em mais de uma circunscrição territorial contígua, do modo como se assinalou em nota à regra constante do nº 3 do art. 4º.

Fora destes casos, o acto praticado por notário fora da área do concelho onde se encontra o seu cartório é nulo, mas, ao contrário do que acontece na incompetência em razão da matéria, o acto é sanável, se for apresentada declaração pelo notário competente, comprovativa da sua ausência na data da realização do acto, e as partes justificarem, por escrito, o carácter urgente da celebração do acto, podendo ainda, em último recurso, ser revalidado por decisão do notário, observados certos condicionalismos.

b) ***Falta do requisito previsto na alínea c) do nº 1 do artigo anterior***

Esta nulidade pode ser sanada por decisão do notário, quando as partes declararem, por forma autêntica, que as palavras inutilizadas, quaisquer que elas fossem, não podiam alterar os elementos essenciais ou o conteúdo substancial do acto.

c) ***Incapacidade ou inabilidade de algum interveniente acidental***

São intervenientes acidentais, como já anteriormente dissemos, os abonadores, intérpretes, leitores, testemunhas e peritos médicos.

Os casos de incapacidade ou de inabilidade dos intervenientes acidentais vêm enumerados no art. 68º.

A incapacidade ou inabilidade determina a nulidade do acto, mas é sanável quando o vício se referir a um dos abonadores ou a uma das testemunhas e possa ser considerado suprido pela idoneidade do outro interveniente.

Sendo assim, não é sanável o vício que respeitar aos outros intervenientes acidentais: intérpretes, leitores e peritos médicos.

Artigo 72º
Limitação de efeitos de algumas nulidades

Nos actos com disposições a favor de algumas das pessoas mencionadas no nº 1 do artigo 5º ou dos respectivos intervenientes acidentais, incluindo os que figurem nos instrumentos de aprovação de testamentos cerrados e internacionais, a nulidade é restrita a essas disposições.

ANOTAÇÃO

Como vimos na nota ao artigo anterior, é insanável a nulidade resultante de impedimento legal do titulador.

O artigo em anotação considera, no entanto, que nos actos com disposições a favor de notário, do seu cônjuge ou de qualquer parente ou afim na linha recta ou em 2º grau da linha colateral, ou dos respectivos intervenientes acidentais, incluindo os que figurem nos instrumentos de aprovação de testamentos cerrados e internacionais, a nulidade é restrita a essas disposições.

SUBSECÇÃO II
Revalidação

Artigo 73º
Casos de revalidação notarial

O acto nulo, por violação das regras de competência territorial ou por falta de qualquer dos requisitos previstos nas alíneas *b*) a *f*) do nº 1 do artigo 70º, que não seja susceptível de sanação nos termos dos artigos precedentes, pode ser revalidado a pedido dos interessados, por decisão do notário que exerça funções no cartório notarial em que o acto foi lavrado, quando:

a) Se prove a ausência do notário competente e a natureza urgente do acto;

b) Se prove que foram cumpridas as formalidades devidas;

c) Se mostre que as palavras eliminadas, quaisquer que elas fossem, não podiam alterar os elementos essenciais ou o conteúdo substancial do acto;

d) Se prove que os intervenientes acidentais, cujas assinaturas faltam, assistiram à sua leitura, explicação e outorga e não se recusaram a assiná-lo;

e) Se prove que os outorgantes, cujas assinaturas estão em falta, assistiram à leitura e explicação do acto, deram a este o seu acordo e não se recusaram a assiná-lo;

f) Se prove que o acto não assinado pelo notário é conforme à lei, representa fielmente a vontade das partes e foi presidido pelo notário, que não se recusou a assiná-lo.

HISTÓRICO

Contém as alterações dos seguintes diplomas:

- DL nº 273/2001, de 13/10

Consultar versões anteriores deste artigo:

- 1ª versão: DL nº 207/95, de 14/08

ANOTAÇÕES

1. Já vimos atrás que o acto nulo por violação das regras de competência territorial ou por falta de qualquer dos requisitos previstos nas alíneas *b*) a *f*) do nº 1 do art. 70º é susceptível de sanação, tendo indicado também as condições em que tal se torna legalmente possível.

A sanação dessas nulidades passa, em qualquer dos assinalados casos, pela apresentação de prova documental: declaração, sem especiais formalidades, prestada pelo notário competente, no caso de violação das regras de competência em razão do lugar; ou declaração, em por forma autêntica, das partes, ou dos intervenientes acidentais, ou dos outorgantes, ou do notário, conforme a situação aplicável, nas demais hipóteses.

O artigo, ora em análise, veio conceder aos interessados, em todos estes casos, a possibilidade de revalidarem o acto nulo, por decisão do notário que exerça funções no cartório notarial em que o acto foi lavrado, demonstrando a ocorrência dos mesmos factos que legitimam a sanação, mas com base em prova não necessariamente documental.

2. "No âmbito do princípio da convalidação dos actos inválidos por terem sido praticados com violação de regras de competência territorial ou de certos preceitos do Código, foi introduzida a tramitação pormenorizada do respectivo *processo*" – pode ler-se no decreto preambular.

3. A procedência da revalidação está dependente da prova dos factos enumerados nas várias alíneas do artigo em anotação feita num processo, que se desenvolve nas seguintes fases:

a) Formulação do pedido de revalidação dirigido ao notário competente, fazendo-o acompanhar dos meios de prova necessários.

b) Notificação dos interessados para, no prazo de 10 dias, deduzirem oposição e oferecerem os seus meios de prova, decidindo o notário de imediato, no caso de considerar suficiente a prova apresentada, ou depois de proceder à inquirição das testemunhas, no caso contrário.

c) Notificação da decisão aos interessados.

d) Havendo recurso, o tribunal de 1ª instância competente decidirá (cabendo ainda recurso para o tribunal da Relação); não sendo interposto recurso, a decisão é executada através da feitura do averbamento ao acto revalidado.

Artigo 74º
Formulação do pedido

O pedido de revalidação pode ser apresentado por qualquer interessado e é dirigido ao notário competente para o efeito.

HISTÓRICO

Contém as alterações dos seguintes diplomas:
- DL nº 273/2001, de 13/10

Consultar versões anteriores deste artigo:
- 1ª versão: DL nº 207/95, de 14/08

Artigo 75º
Conteúdo do pedido

1 – O pedido especifica o acto a sanar, o objecto da sanação, as circunstâncias subjacentes em que a mesma se fundamenta e a identidade das pessoas nele interessadas.

2 – O pedido é acompanhado da junção da prova documental e da indicação dos restantes meios de prova.

HISTÓRICO

Contém as alterações dos seguintes diplomas:
- DL nº 273/2001, de 13/10

Consultar versões anteriores deste artigo:
- 1ª versão: DL nº 207/95, de 14/08

ANOTAÇÃO

Fórmula do pedido

Ex.mo Senhor
F ...
Notário em ...

F ...(estado, naturalidade e residência habitual), vem, ao abrigo do disposto no art. 73º do Código do Notariado, pedir a revalidação da escritura de compra e venda realizada neste cartório no dia ..., exarada a folhas ... do livro ..., na qual figurou como comprador, porquanto:

1º

A identidade do ora peticionário foi verificada por declaração dos abonadores F ... e F ..., devidamente identificados no acto.

2º

O abonador F ..., por descuido, não assinou a escritura.

3º

A falta de assinatura de interveniente acidental é causa de nulidade por vício de forma, nos termos da alínea d), nº 1, do art. 70º do dito código.

4º

Acontece que o abonador, cuja assinatura falta, assistiu à leitura, explicação e outorga da escritura e não se recusou a assiná-la – como se comprovará pelas testemunhas infra nomeadas –, mas não pode fazer a correspondente declaração, por forma autêntica, por se ter ausentado para o estrangeiro.

Termos em que a escritura referenciada deve ser revalidada, para os devidos efeitos.

Testemunhas:
F ..., residente em ...
F ...
F ...

Em ...

O interessado,

...

Artigo 76º
Notificação e audição dos interessados

1 – O notário ordena a notificação dos interessados para, no prazo de 10 dias, deduzirem oposição e oferecerem os meios de prova.

2 – O notário decide de imediato, caso considere suficientes os meios de prova apresentados.

3 – Se considerar que a prova apresentada não é suficiente e for indicada prova testemunhal, o notário procede à inquirição das testemunhas, cujo depoimento é reduzido a escrito, após a qual decide.

HISTÓRICO

Contém as alterações dos seguintes diplomas:

- DL nº 273/2001, de 13/10

Consultar versões anteriores deste artigo:

- 1ª versão: DL nº 207/95, de 14/08

ANOTAÇÕES

1. Apresentado o pedido, o notário nomeia um oficial (ou, nos cartórios privados, um colaborador que esteja autorizado a praticar este tipo de actos) para autuar o pedido e secretariar o processo, ordenando-lhe a notificação dos interessados.

Por uma questão de economia processual, o despacho de nomeação pode ser exarado no próprio pedido.

Fórmulas

a) ***Do despacho***

Designo F ... para autuar este pedido como processo de revalidação de acto nulo e para exercer nele as funções de secretário.

Notifique os interessados, nos termos do nº 1 do art. 76º do Código do Notariado.

Em ...
O Notário,
...
b) ***Da notificação***

Exmo. Sr.
....

N/Referência ....
Data ....

Fica V. Exª por este meio notificado de que F ... pediu a revalidação da escritura de compra e venda realizada neste cartório no dia ..., exarada a folhas ... do livro ..., na qual figurou como comprador, alegando que o abonador F ..., por descuido, não assinou a escritura, mas assistiu à leitura, explicação e outorga da escritura e não se recusou a assiná-la.

Mais fica notificado de que pode, no prazo de 10 dias, deduzir oposição ao pedido formulado e oferecer os meios de prova.

O Secretário,
....

2. Em seguida, o notário marca data para a inquirição das testemunhas arroladas pelas partes, procedendo o secretário à respectiva notificação.

O depoimento das testemunhas é reduzido a escrito.

Fórmulas

a) ***Do despacho***

Designo o dia ..., pelas ... horas, para a inquirição das testemunhas.
Notifique.
Em ...
O Notário,
...

b) ***Da notificação***

Exmo. Sr.
....

N/Referência ....
Data ....

Encontrando-se em curso neste cartório um processo de revalidação da escritura de compra e venda aqui realizada no dia ... e exarada a folhas ... do livro ..., solicito a V. Exª se digne comparecer neste cartório no próximo dia ..., pelas ... horas, a fim de ser inquirido como testemunha arrolada pelo outorgante F ...

O Secretário,

....

c) ***Da inquirição de testemunhas***

Auto de inquirição de testemunhas

No dia ... no cartório ... perante mim, ..., notário, compareceram:

Primeiro – F ... (identificação e juramento legal).

Inquirido disse: ...

Lido o seu depoimento, o achou conforme e vai assinar.

Segundo – ...

Terceiro – ...

E para constar se lavrou o presente auto que vai ser assinado por mim, secretário, e pelo notário do cartório F ...

3. Ouvidas as testemunhas será proferida decisão.

Fórmula da decisão

F ... veio pedir a revalidação da escritura de compra e venda realizada neste cartório no dia ..., exarada a folhas ... do livro ..., na qual figurou como comprador, em virtude de o abonador F ..., por descuido, não a ter assinado, o que é causa de nulidade por vício de forma, nos termos da alínea d), nº 1, do art. 70º do Código do Notariado.

Notificados os interessados, não foi deduzida oposição no prazo legal.

Inquiridas as testemunhas, ficou provado que o abonador, cuja assinatura falta, assistiu à leitura, explicação e outorga da escritura e não se recusou a assiná-la.

Assim sendo, revalido a mencionada escritura.

Notifique.

Em ...

O Notário,

...

Artigo 77º
Execução e averbamento da decisão

1 – Depois de proferida a decisão e após a notificação desta aos interessados, a respectiva execução é sustada pelo prazo de 10 dias, durante o qual qualquer das partes pode interpor recurso.

2 – Não sendo interposto recurso durante o prazo referido no número anterior, o notário procede à execução da decisão e averba-a ao acto revalidado.

HISTÓRICO

Contém as alterações dos seguintes diplomas:

- DL nº 273/2001, de 13/10

Consultar versões anteriores deste artigo:

- 1ª versão: DL nº 207/95, de 14/08

ANOTAÇÃO

O prazo da interposição do recurso é hoje de 30 dias, a partir da notificação da decisão do notário – como se dirá em nota ao artigo 78º –, pelo que a execução dessa decisão ficará sustada dentro desse prazo.

Não havendo recurso, far-se-á o averbamento de revalidação ao acto correspondente.

Fórmulas

a) ***Da notificação da decisão***

Exmo. Sr.

....

N/Referência ....

Data ....

Fica V. Exª por este meio notificado da decisão – de que junto fotocópia – proferida pelo notário deste cartório no processo referente ao pedido de revalidação da escritura de compra e venda realizada neste cartório no dia ..., exarada a folhas ... do livro ...

O Secretário,

....

b) ***Do averbamento***

Nº ... Esta escritura, nula por falta da assinatura do abonador F ..., foi, a pedido do outorgante F ..., revalidada por minha decisão de hoje, nos termos da alínea d) do art. 73º do Código do Notariado.

Em ...

O Notário,

...

Artigo 78º
Recurso

1 – Qualquer interessado pode recorrer da decisão do notário para o tribunal de 1ª instância competente na área da circunscrição a que pertence o cartório em que o processo se encontra pendente.

2 – O prazo para a interposição do recurso, que é processado e julgado como o de agravo em matéria cível e tem efeito suspensivo, é o do artigo 685º do Código de Processo Civil.

3 – Caso a decisão do juiz não coincida com a decisão recorrida, o notário, qualquer interessado e o Ministério Público podem recorrer da sentença proferida para o tribunal da Relação.

HISTÓRICO

Contém as alterações dos seguintes diplomas:
- DL nº 273/2001, de 13/10

Consultar versões anteriores deste artigo:
- 1ª versão: DL nº 207/95, de 14/08

ANOTAÇÕES

Ao nº 1

A petição do recurso deve ser apresentada no cartório do notário recorrido e enviada com todo o processado para o competente tribunal de 1ª instância.

Ao nº 2

O prazo para a interposição do recurso é de 30 dias, a partir da notificação da decisão do notário, de acordo com a redacção do nº 1 do art. 638º do novo CPCivil.

Artigo 79º
Isenções

(Revogado pelo Decreto-Lei nº 34/2008, de 26-02)

HISTÓRICO

Contém as alterações dos seguintes diplomas:
- DL nº 273/2001, de 13/10
- DL nº 34/2008, de 26/02

Consultar versões anteriores deste artigo:
- 1ª versão: DL nº 207/95, de 14/08
- 2ª versão: DL nº 273/2001, de 13/10

CAPÍTULO II
Actos notariais em especial

SECÇÃO I
Escrituras públicas em geral

Artigo 80º
Exigência de escritura

1 – (*Revogado.*)

2 – Salvo disposição legal em contrário, devem especialmente celebrar-se por escritura pública:

a) As justificações notariais;

b) Os actos que importem revogação, rectificação ou alteração de negócios que, por força da lei ou por vontade das partes, tenham sido celebrados por escritura pública, sem prejuízo do disposto nos artigos 221º e 222º do Código Civil;

c) (*Revogada.*)

d) As habilitações de herdeiros;

e) (*Revogada.*)

f) (*Revogada.*)

g) Os actos de constituição de associações e de fundações, bem como os respectivos estatutos e suas alterações;

h) (*Revogada.*)

i) (*Revogada.*)

j) (*Revogada.*)
l) (*Revogada.*)

HISTÓRICO

Contém as alterações dos seguintes diplomas:
- DL nº 40/96, de 07/05
- DL nº 64-A/2000, de 22/04
- DL nº 237/2001, de 30/08
- DL nº 2/2005, de 04/01
- DL nº 76-A/2006, de 29/03
- Rect. nº 28-A/2006, de 26/05
- DL nº 116/2008, de 04/07

Consultar versões anteriores deste artigo:
- 1ª versão: DL nº 207/95, de 14/08
- 2ª versão: DL nº 40/96, de 07/05
- 3ª versão: DL nº 64-A/2000, de 22/04
- 4ª versão: DL nº 237/2001, de 30/08
- 5ª versão: DL nº 2/2005, de 04/01
- 6ª versão: DL nº 76-A/2006, de 29/03
- 7ª versão: Rect. nº 28-A/2006, de 26/05

ANOTAÇÕES

1. Têm vindo a ser publicados vários diplomas legais a dispensar a realização de escritura pública relativamente a certos actos ou a permitir a certas entidades – instituições de crédito, advogados, solicitadores, câmaras de comércio e indústria, conservadores dos registos – a titulação de outros por meio de documento particular autenticado, com a mesma força probatória das escrituras públicas.

1.1. O DL nº 255/93, de 15 de Julho, dispensou a realização, através de escritura pública, da compra e venda com mútuo, garantido ou não por hipoteca, referente a prédio urbano ou fracção autónoma destinada a habitação, desde que o documento seja lavrado pela instituição de crédito mutuante, autorizada a conceder crédito à habitação.

1.2. O DL nº 36/2000, de 14 de Março (e depois também o DL nº 237/ /2001, de 30 de Agosto, e o DL nº 76-A/2006, de 29 de Março), dispensaram a exigência da escritura pública, relativamente a diversos actos referentes às sociedades, aos estabelecimentos individuais de responsabilidade limitada, aos agrupamentos complementares de empresas (ACE), às cooperativas de ensino, às "régies cooperativas" ou cooperativas de interesse público, às caixas agrícolas, às cooperativas de 1º grau, às empresas municipais, intermunicipais e regionais, às cooperativas de habitação e construção, às cooperativas de comercialização.

1.3. O DL nº 64-A/2000, de 22 de Abril, também dispensou a escritura pública para a formalização de arrendamentos sujeitos a registo, de arrendamentos para comércio, indústria ou exercício de profissão liberal, de cessões de exploração de estabelecimento comercial ou industrial, de trespasses e de cessões da posição de locatário nos arrendamentos para o exercício de profissões liberais.

1.4. O DL nº 111/2005, de 8 de Julho, criou o regime especial de constituição imediata de sociedades comerciais e civis sob a forma comercial do tipo por quotas e anónima, conhecido por "*Empresa na hora*", perante as conservatórias do registo comercial.

1.5. O DL nº 125/2006, de 29 de Junho, introduziu no nosso ordenamento jurídico uma via inovadora para a constituição de sociedades comerciais e civis sob forma comercial do tipo por quotas e anónima, a chamada constituição on-line de sociedades.

1.6. O DL nº 263-A/2007, de 23 de Julho (alterado pelo DL nº 122/ /2009, de 21 de Maio) criou um procedimento especial de transmissão, oneração e registo imediato de prédios através de documentos elaborados no "*balcão único*" das conservatórias de registo e que compreende, além da compra e venda, da hipoteca, da sub-rogação nos direitos e garantias do credor hipotecário, da dação em pagamento, da hipoteca, do mútuo e demais contratos de crédito e de financiamento celebrados ou não por intermédio de instituições de crédito, com hipoteca e com ou sem fiança, da doação, da permuta e também a constituição da propriedade horizontal e a modificação do seu título constitutivo.

1.7. A Lei nº 40/2007, de 24 de Agosto, criou um regime especial de constituição imediata de associações da competência das conservatórias.

1.8. O DL nº 324/2007, de 28 de Setembro, veio permitir que se efectuassem nas conservatórias do registo civil, em certos termos, as habilitações de herdeiros e a partilha dos bens do falecido, a partilha do património conjugal no âmbito do processo de divórcio e de separação de pessoas e bens e as convenções antenupciais (arts. 210º-A a 210º-R do CRC).

1.9. O DL nº 116/2008, de 4 de Julho, criou condições para que, além dos notários, os advogados, as câmaras de comércio e indústria, os serviços de registo e os solicitadores passassem a praticar por documento particular autenticado todos os actos que importem reconhecimento, constituição, aquisição, modificação, divisão ou extinção dos direitos de propriedade, usufruto, uso e habitação, superfície ou servidão sobre coisas imóveis.

2. Do que acaba de ser dito, restaram para o artigo em anotação:

a) As justificações notariais, de que nos ocuparemos mais adiante nas notas aos arts. 89º e ss.

b) Os actos que importem revogação, rectificação ou alteração de negócios que tenham sido celebrados por escritura pública, sem prejuízo do disposto nos arts. 221º e 222º do CC.

c) As habilitações de herdeiros, de que falaremos infra quando abordarmos os arts. 82º e ss.

d) Os actos de constituição de associações e de fundações, bem como os respectivos estatutos, suas alterações e revogações.

3. ***É claro que podem igualmente ser celebrados por escritura pública todos os actos que as partes queiram que revista esta forma, ainda que a lei o não exija, como dispõe a segunda parte do nº 1 do art. 36º***[100].

4. No que, em particular, concerne às associações e fundações, sempre se dirá que lhes são aplicáveis as disposições dos arts. 157º a 194º do CCiv., no capítulo dedicado às pessoas colectivas, e também, quanto às fundações, a respectiva Lei-Quadro, aprovada pela Lei nº 24/2012, de 9 de Julho.

4.1. ***Associação na hora***

Antes de abordarmos a matéria das associações e das fundações, convém lembrar que a Lei nº 40/2007, de 24 de Agosto, alterada pelo DL nº 247-B/2008, de 30 de Dezembro, criou um regime especial de cons-

[100] Além das minutas relativas às associações, fundações, habilitações e justificações notariais, a que adiante faremos referência, o nosso *MANUAL DE DIREITO NOTARIAL* insere variadas minutas de escrituras, tais como, abertura de crédito, alienação de herança ou de quinhão hereditário, cessão de créditos, compra e venda, consignação de rendimentos, contrato-promessa, convenção antenupcial, cooperativas, dação em cumprimento, direito de superfície, distrate de actos notariais, divisão de coisa comum, doação, expropriação amigável, hipoteca, locação, mútuo, partilha, perfilhação, permuta, propriedade horizontal, renda vitalícia, repúdio, servidões prediais, sociedades, transmissão singular de dívidas e trespasse.

tituição imediata de associações (*associação na hora*), não aplicável, no entanto, aos partidos políticos, às pessoas colectivas religiosas, às associações sócio-profissionais de militares e de agentes das forças de segurança, às associações de empregadores, às associações sindicais, às comissões de trabalhadores e às associações humanitárias de bombeiros, bem como às associações cujos interessados na sua constituição concorram para o património social com bens imóveis.

Este regime da associação na hora abrange apenas o acto constitutivo (deixando de fora as suas alterações e revogações, que continuam a dever ser celebradas por escritura pública) e é da competência das conservatórias e de outros serviços previstos em portarias do membro do Governo responsável pela área da justiça (v.g. Portarias nºs 1441/2007, de 7 de Novembro; 243/2008, de 20 de Março; 569/2008, de 2 de Julho, 1092/2008, de 29 de Setembro, 1355/2008, de 27 de Novembro, 282/2009, de 19 de Março, 698/2009, de 2 de Julho, 1098/2009, de 23 de Setembro, 229/2010, de 23 de Abril, e 89/2011, de 28 de Fevereiro), independentemente da localização da sede da associação a constituir, devendo iniciar-se e concluir-se a tramitação do procedimento no mesmo dia, em atendimento presencial único.

O serviço associação na hora começou a ser prestado em Outubro de 2007 em 9 postos de atendimento, tendo sido depois disponibilizado noutros postos de atendimento espalhados pelo país.

Os interessados podem optar por uma denominação aprovada no posto de atendimento ou por uma denominação constituída por expressão de fantasia previamente criada e reservada a favor do Estado, associada ou não à aquisição de uma marca previamente registada a favor do Estado ou pela apresentação de certificado de admissibilidade de denominação, sendo pressuposto da aplicação do regime da associação na hora a opção por estatutos de modelo aprovado por deliberação do presidente do IRN, I. P., desde que o mesmo se adeqúe ao fim da associação que se pretende constituir.

O serviço procede ao envio posterior à associação do cartão de pessoa colectiva a título gratuito, entregando aos interessados, a título gratuito, uma certidão do acto de constituição e dos estatutos, que fará publicar electronicamente em termos idênticos aos que vigoram para os actos das sociedades comerciais.

4.2. ***Pessoas colectivas em geral***

4.2.1. As pessoas colectivas são organizações constituídas por um grupo de pessoas (associações) ou por um complexo patrimonial (fundações), tendo em vista a prossecução de um determinado interesse comum e às quais a ordem jurídica atribui a qualidade de sujeitos de direitos, isto é, reconhece como centros autónomos de relações jurídicas.

4.2.2. Os estatutos das pessoas colectivas devem designar os respectivos órgãos, entre os quais um órgão colegial de administração constituído por um número ímpar de titulares, dos quais um será o presidente, e um órgão de fiscalização, que pode ser constituído por um fiscal único ou por um número ímpar de titulares, dos quais um será o presidente (art. 162º do dito código).

As fundações privadas têm ainda obrigatoriamente um órgão directivo ou executivo, com funções de gestão corrente (art. 26º da Lei-Quadro).

4.2.3. A admissibilidade das denominações das pessoas colectivas é comprovada através da disponibilização do respectivo certificado.

4.2.3.1. O certificado de admissibilidade deve ser requerido por um dos constituintes ou, sendo o caso, pelas entidades já constituídas, presencialmente, por forma verbal ou por escrito em formulário próprio, ou através da Internet em *www.empresaonline.pt*, ou pelo correio também em formulário próprio, sendo disponibilizado exclusivamente de forma electrónica, mediante uma senha de acesso fornecida aquando do pedido.

Os formulários do pedido de certificado de admissibilidade de denominação e do pedido de inscrição/identificação de Pessoa Colectiva ou Entidade Equiparada foram aprovados pelo despacho nº 142/2008, de 30 de Dezembro, do presidente do IRN, encontrando-se disponibilizados, a título gratuito, no *site* do IRN.

4.2.3.2. O certificado é emitido pelo RNPC, com a validade de 3 meses, a contar da data da sua emissão para a firma, sede, objecto, requerente e condições de validade nele indicadas.

4.2.3.3. O acto de constituição de pessoas colectivas deve referenciar a emissão do certificado através da indicação do respectivo número e data de emissão.

O acto de alteração dos estatutos que determine a modificação da denominação e do objecto, ou que altere a sede para concelho diferente não pode ser efectuado sem que seja feita referência ao certificado comprovativo da admissibilidade da nova denominação ou da sua manutenção em relação ao novo objecto e sede, também através da indicação do respectivo número e data de emissão.

4.2.3.4. O objecto não pode ser ampliado a actividades não contidas no objecto declarado no certificado de admissibilidade, embora se permita a especificação ou restrição das actividades contidas no objecto declarado, desde que estas não estejam reflectidas na denominação, bem como modificações de redacção ou correcção de erros materiais que não envolvam a sua ampliação (arts. 45º, 46º, 51º, 53º, 54º e 56º, nº 1, alínea *h*), do Regime do RNPC).

4.2.4. Ocorrem com frequência nos estatutos de associações e fundações algumas irregularidades que umas vezes originam a sua alteração e outras vezes – o que é mais grave – provocam a declaração da sua nulidade.

Citamos, como exemplos a evitar, a omissão dos órgãos da pessoa colectiva ou a omissão da sua composição, de acordo com o que se disse no parágrafo anterior; a não especificação, no acto constitutivo das associações, dos bens e serviços com que os associados concorrem para o património social ou a inclusão, na parte relativa à convocação e ao funcionamento da assembleia geral, de regras que colidem com os ditames dos arts. 174º e 175º do mesmo código, bem como a atribuição a outros órgãos das competências imperativamente previstas na lei como sendo da assembleia geral, etc.

4.3. ***Associações***

4.3.1. Normalmente, as associações adquirirem personalidade jurídica pelo simples facto de a sua constituição se operar por escritura pública ou por outro meio legalmente admitido, com as especificações a que alude o nº 1 do art. 167º do CCiv. – *vide* art. 158º, nº 1 – , muito embora o acto de constituição, os estatutos e as suas alterações não produzam efeitos em relação a terceiros enquanto não forem publicados nos mesmos termos em que o são as sociedades comerciais (arts. 166º e 168º desse código).

4.3.2. Em princípio, a lei não fixa o número mínimo de associados necessário para a constituição de uma associação, pelo que tem sido entendido que elas podem ser constituídas por qualquer número – respeitando o mínimo de 2 –, desde que se mostre que a pessoa colectiva a erigir possui condições dignas para iniciar a sua actividade e poder prossegui-la.

Os menores com idade inferior a 14 anos têm o direito de aderir a associações, desde que previamente autorizados, por escrito, por quem detém o exercício das responsabilidades parentais, e os menores com idade igual ou superior a 14 anos têm, além desse direito, o de constituir novas associações e o de serem titulares dos respectivos órgãos, sem necessidade de qualquer autorização (nºs 1 e 2 do art. 2º da Lei nº 124/99, de 20 de Agosto).

As associações podem ser constituídas por pessoas individuais ou colectivas, empresas, outras associações, autarquias, fundações, cooperativas, universidades, institutos públicos e o próprio Estado.

Juntando-se várias associações numa nova pessoa colectiva, nasce uma associação de associações – associação de segundo grau – denominada União ou Federação, podendo haver ainda associações de terceiro grau, as Confederações, constituídas apenas por federações.

4.3.3. Os estatutos devem especificar imperativamente: os bens ou serviços com que os associados concorrem para o património social (embora seja possível, mas raro, a constituição de associação apenas com um conjunto de pessoas, sem qualquer massa patrimonial); a sua denominação (cuja admissibilidade é comprovada, como vimos, através da disponibilização do respectivo certificado); o fim que se propõe alcançar (o qual não poderá nunca ter em vista o lucro económico dos associados); a sede; a forma do seu funcionamento; a sua duração, quando não se constitua por tempo indeterminado.

Além destas menções, o acto constitutivo da associação pode ainda especificar os direitos e obrigações dos associados, as condições da sua admissão, saída, exclusão e readmissão, os termos da sua extinção e o consequente destino do seu património.

4.3.4. Há diversos tipos de associações, como por exemplo, de agricultores, de caçadores, de defesa do ambiente, de defesa do consumidor, de defesa do património, de desenvolvimento regional, desportivas, de educação popular, empresariais, de estudantes, humanitárias de bombeiros, juvenis, mutualistas, de pais e encarregados de educação, políticas, profissionais, religiosas, sindicais, de solidariedade social, etc., regendo-se cada uma delas por legislação própria.

4.3.5. As associações que prossigam fins de interesse geral ou da comunidade nacional ou de qualquer região ou circunscrição podem merecer da parte da administração central a declaração de utilidade pública, designadamente quando, sem fins lucrativos, desenvolvam a sua actividade em favor da comunidade em áreas de relevo social, tais como a educação, a cultura, a ciência, o desporto, a protecção de crianças, jovens, pessoas idosas e desfavorecidas, etc. (alíneas *a*) a *f*) do nº 1 do art. 2º do DL nº 460/77, de 7 de Novembro, republicado, com a actual redacção, em anexo ao DL nº 391/2007, de 13 de Dezembro).

4.3.5.1. As associações beneficentes ou humanitárias e os institutos de assistência ou educação, tais como hospitais, hospícios, asilos, casas-pias, creches, albergues, dispensários, sanatórios, bibliotecas e estabelecimentos análogos podem ser declaradas de utilidade pública logo a seguir à sua constituição, sendo as associações humanitárias de bombeiros reconhecidas mesmo como *pessoas colectivas de utilidade pública administrativa*, também a partir desse momento.

4.3.5.2. As restantes associações só podem ser declaradas de utilidade pública ao fim de três anos de efectivo e relevante funcionamento, salvo se forem dispensadas deste prazo por desenvolverem actividade de âmbito nacional ou por evidenciarem manifesta relevância social (art. 4º, nº 1, 2 e 3 do dito diploma e art. 3º da Lei nº 32/2007, de 13 de Agosto).

4.3.5.3. Compete ao Primeiro-Ministro, com a faculdade de delegação, a declaração do reconhecimento de utilidade pública, bem como a da sua cessação (art. 3º).

O requerimento para a concessão da declaração de utilidade pública deve ser efectuado exclusivamente através do preenchimento do formulário electrónico adequado – disponibilizado para o efeito no portal da Secretaria-Geral da Presidência do Conselho de Ministros, na Internet – no qual se identifiquem a entidade requerente, os fins de utilidade pública em função dos quais a pessoa colectiva se encontra organizada, os fundamentos que sustentam a concessão do estatuto de utilidade pública, a eventual prestação do consentimento para a consulta da respectiva situação tributária ou contributiva regularizada e o nome e qualidade do responsável pelo preenchimento do requerimento (art. 5º).

O seu registo acha-se regulamentado no DL nº 57/78 de 1 de Abril, tendo o citado DL nº 391/2007 – através da alteração da redacção do art. 8º do DL nº 460/77 – criado uma base de dados das pessoas colectivas de utilidade pública, mantida e disponibilizada pela Secretaria-Geral da Presidência do Conselho de Ministros no respectivo portal na Internet (art. 8º).

Às pessoas colectivas de utilidade pública podem ser concedidas isenções em sede de imposto do selo, imposto automóvel, IMT e IMI (art. 1º do DL nº 260-D/81, de 2 de Setembro, art. 6º, alínea *c*), do CIS e art. 6º, alínea *d*), do CIMI).

4.3.6. ***Minutas***

Constituição de associação

...

E pelos outorgantes foi dito:

Que, por esta escritura, constituem uma associação que passará a reger-se pelos seguintes estatutos:

Capítulo I

Denominação, sede e fins

Artigo 1º

Denominação

É constituída uma associação do tipo ..., denominada ...

Artigo 2º

Sede

A associação tem sede na Rua ... número ... da cidade de ...

Artigo 3º

Fins

1. O objecto da associação consiste em ...

2. No prosseguimento desse escopo, desenvolverá nomeadamente as seguintes actividades:

a) ...

b) ...

c) ...

3. As actividades da associação serão obrigatoriamente amadoras.

Capítulo II

Associados

Artigo 4º

Categorias

1. Haverá as seguintes categorias de associados:

a) Efectivos;

b) Extraordinários;

c) Honorários;

d) Beneméritos.

2. O regulamento interno definirá cada uma dessas categorias e especificará os direitos e obrigações dos associados, bem como as condições da sua admissão, saída e exclusão.

Capítulo III

Órgãos da associação

Artigo 5º

Disposições gerais

1. A associação funciona através dos seus órgãos.

2. São órgãos da associação a direcção e o conselho fiscal.

3. A duração do mandato dos órgãos da associação é de ... anos, coincidindo o ano da actividade social com o ano civil.

4. No caso de a totalidade ou a maioria dos titulares de qualquer órgão da associação pedir a exoneração, proceder-se-á à eleição de novos titulares para o órgão, os quais exercerão funções até ao final do mandato interrompido.

5. Os titulares dos órgãos da associação destituídos, exonerados ou impedidos, definitiva ou prolongadamente, de exercerem as suas funções, serão substituídos, até ao termo do mandato, por quem for eleito para ocupar os lugares vagos.

6. Os titulares dos órgãos da associação podem ser reeleitos sem limite de mandatos.

7. A competência e o modo de funcionamento dos órgãos sociais são estabelecidos no regulamento interno.

Artigo 6º

Direcção

A direcção é constituída por sete membros: um presidente, um vice-presidente, três vogais, um secretário e um tesoureiro.

Artigo 7º

Conselho fiscal

O conselho fiscal é composto por três membros: um presidente e dois vogais.

Capítulo IV

Património social

Artigo 8º

Receitas

Os associados concorrem para o património social com as seguintes receitas:

a) As jóias e as quotas que vierem a ser fixadas em assembleia geral;

b) As receitas provenientes de ...;

c) Os subsídios, apoios e donativos;

e) Quaisquer outras receitas não especificadas.

Capítulo V

Disciplina, eleições e extinção da associação

Artigo 9º

Regulamento interno

As matérias alusivas à jurisdição disciplinar, ao processo eleitoral para os órgãos sociais e ao destino do património da associação no caso de dissolução constarão do regulamento interno.

Adverti os outorgantes da necessidade da inscrição da associação no Ficheiro Central das Pessoas Colectivas no prazo de validade do certificado de admissibilidade, adiante referido.

O certificado de admissibilidade da denominação adoptada, a que se acedeu via Internet, tem o número ... e foi emitido em ...

Foi exibido o NIPC provisório ... (actividade nº...).

Esta escritura foi lida ...[101]

Regulamento interno
Capítulo I
Associados
Secção I
Categorias, direitos e obrigações
Artigo 1º
Categorias

1. Haverá, estatutariamente, as seguintes categorias de associados:
a) Efectivos;
b) Extraordinários;
c) Honorários;
d) Beneméritos.
2. Efectivos são os que ...
3. Extraordinários são os que ...
4. Honorários são as pessoas singulares ou colectivas que ...
5. Beneméritos são as pessoas singulares ou colectivas que ...

Artigo 2º
Direitos

1. Em geral, os associados têm direito a aceder às instalações sociais e a participar nas festividades e convívios que aí tenham lugar.

2. Em especial, constituem direitos dos efectivos:

a) Receber um exemplar dos estatutos e do regulamento interno e das suas alterações;

b) Propor a inscrição de novos associados, abonando a sua idoneidade;

c) Participar e votar nas assembleias gerais, desde que tenham as quotas em dia;

d) Eleger os titulares dos órgãos sociais;

e) Pedir a exoneração dos cargos que ocupem nos órgãos da associação;

f) Convidar qualquer pessoa a visitar as instalações da associação, sem prejuízo do normal funcionamento das actividades orfeónicas;

[101] Após a realização da escritura (e da publicação a que alude o art. 168º do CC) os associados que constituíram a pessoa colectiva terão de proceder à admissão de novos associados – pelo menos em número suficiente para preencher os lugares dos titulares dos órgãos sociais – e de proceder às respectivas eleições, fazendo aprovar o regulamento interno em assembleia geral.

g) Examinar na sede da associação, antes da realização das assembleias gerais e durante as horas que para tal lhes forem assinaladas pela direcção, os relatórios, contas e demais documentos que irão ser objecto de apreciação nessas assembleias;

h) Requerer aos presidentes dos órgãos sociais certidões de actas e outros documentos, as quais deverão ser passadas no prazo de quinze dias a contar da data da entrada do requerimento;

i) Requerer ao presidente da mesa da assembleia geral a convocação extraordinária desta, desde que a petição contenha, pelo menos, a assinatura de dez associados;

j) Recorrer para a assembleia geral das deliberações tomadas pela direcção de expulsão ou de suspensão.

3. Os associados extraordinários terão os mesmos direitos dos efectivos, mas só poderão usufruir dos direitos consignados nas alíneas b), d) e i) do número anterior, decorridos doze meses sobre a data da sua inscrição.

Artigo 3º

Obrigações

1. São obrigações dos associados aceitar e acatar as disposições estatutárias e regulamentares, bem como as deliberações dos órgãos sociais regularmente tomadas.

2. Em especial, são obrigações dos associados efectivos:

a) Pagar as jóias e manter actualizado o pagamento das quotas ou outras prestações a que estejam obrigados;

b) Tomar parte nas assembleias gerais ou em reuniões para que sejam convocados;

c) Servir com zelo e dedicação nos cargos para que forem eleitos como titulares dos órgãos da associação;

d) Assessorar a direcção nas tarefas que por esta lhe forem designadas;

e) Honrar e prestigiar a associação, contribuindo em todas as circunstâncias para o seu engrandecimento;

f) Zelar pelo património da associação.

Secção II

Admissão e exclusão

Artigo 4º

Aquisição da qualidade de associado

1. Adquirem a qualidade de associados os que, como tal, forem inscritos em algumas das categorias a que se reporta o artigo 1º.

2. Serão inscritos como associados efectivos os que forem admitidos nas condições constantes do artigo seguinte.

3. Os associados extraordinários serão inscritos, a seu pedido, por deliberação da direcção.

4. Os associados honorários e beneméritos ingressam no grémio associativo após proclamação em assembleia geral.

Artigo 5º

Condições de admissão dos associados efectivos

Os candidatos a associados efectivos só poderão ser admitidos nas condições seguintes:

a) ...

b) ...

c) ...

Artigo 6º

Exclusão

Perdem a qualidade de associado:

a) Os que falecerem, tratando-se de pessoas singulares, ou os que se extinguirem, no caso de pessoas colectivas;

b) Os que faltarem ao pagamento de quotas já vencidas, correspondentes, pelo menos, ao período de seis meses;

c) Os que forem exonerados;

d) Aqueles a quem for aplicada a sanção disciplinar de expulsão.

Capítulo II

Competência e modo de funcionamento dos órgãos sociais

Secção I

Assembleia geral

Subsecção I

Competência

Artigo 7º

Da assembleia geral

Compete à assembleia geral:

a) Aprovar os estatutos e os regulamentos internos e as respectivas alterações;

b) Eleger, destituir e exonerar os titulares dos órgãos da associação;

c) Apreciar anualmente o relatório e as contas da direcção, bem como o correspondente parecer do conselho fiscal, e aprovar o respectivo balanço;

d) Fixar a jóia de inscrição e as quotas dos associados, sob proposta da direcção;

e) Ratificar as decisões da direcção sobre a aplicação aos associados da sanção de expulsão, em caso de recurso;

f) Autorizar a aquisição, alienação ou oneração de bens imóveis, mediante o parecer favorável do conselho fiscal;

g) Autorizar a associação a demandar os directores por factos praticados no exercício do cargo;

h) Proclamar os associados honorários e beneméritos;

i) Deliberar sobre a extinção da associação.

Artigo 8º

Do presidente da mesa

Ao presidente da mesa da assembleia geral compete, em especial:

a) Dirigir os trabalhos, exigir correcção nas exposições e discussões, podendo limitar e retirar o uso da palavra sempre que os associados se afastem dessa norma, e mandar sair quem, advertido, não acate;

b) Organizar as mesas de voto e nomear um delegado de cada lista para fiscalizar o acto eleitoral, convidando os escrutinadores que julgar convenientes;

c) Proclamar os titulares dos órgãos sociais eleitos e dar-lhes posse;

d) Apresentar obrigatoriamente à discussão e votação, na assembleia imediata, as propostas admitidas e não discutidas;

e) Assinar as actas;

f) Cumprir e fazer cumprir a lei, os estatutos, o regulamento interno, as decisões da direcção e as deliberações da assembleia geral.

Artigo 9º

Dos secretários

Aos secretários da mesa da assembleia geral compete, em especial:

a) Executar as tarefas que lhes forem designadas pelo presidente da mesa, no quadro das competências da assembleia geral;

b) Ler as actas das sessões, os avisos convocatórios e o expediente;

c) Lavrar as actas e assiná-las.

Subsecção II

Convocação e modo de funcionamento

Artigo 10º

Convocação

1. A assembleia geral é convocada pela direcção para apreciar e decidir sobre as matérias da competência daquele órgão e sempre que o julgar conveniente, sendo-o, obrigatoriamente, uma vez em cada ano, no mês de ..., para aprovação do balanço.

2. Se a direcção não convocar a assembleia nos casos em que está legalmente obrigada a fazê-lo, pode qualquer associado efectuar essa convocação.

3. A assembleia é ainda convocada por um conjunto de associados não inferior a dez, quando a convocação for requerida ao presidente da assembleia geral e este entender ser legítimo o fim da convocação.

4. A convocação é feita por aviso postal, expedido para cada um dos associados com a antecedência mínima de oito dias, nela se indicando o dia, hora e local da reunião e a respectiva ordem do dia.

5. É, porém, admissível que a convocação se efective mediante publicação do respectivo aviso, nos termos legalmente previstos para os actos das sociedades comerciais, ou ainda por fax ou e-mail a enviar aos associados que se não tenham oposto, por escrito, a esse meio de comunicação.

Artigo 11º
Modo de funcionamento

1. A assembleia não pode deliberar, em primeira convocação, sem a presença de três quartos dos sócios efectivos; em segunda convocação – que deve distar da primeira uma hora, pelo menos – funcionará com qualquer número.

2. Não podem ser tomadas deliberações sobre matérias estranhas à ordem do dia, a não ser que todos os associados tenham comparecido à reunião e todos tenham concordado com o aditamento.

3. O disposto no número anterior não impede que o presidente da mesa possa, antes ou depois da ordem do dia, autorizar a abordagem de assuntos estranhos aos incluídos na convocatória, desde que seja com fins informativos ou críticos.

4. Os associados não podem votar, por si ou como representantes de outrem, nas matérias em que haja conflito de interesse entre eles e a associação.

5. As deliberações são tomadas por maioria absoluta de votos dos associados presentes, salvo as deliberações sobre as matérias a que se reportam os números seguintes.

6. As deliberações sobre alteração dos estatutos exigem o voto favorável de três quartos do número dos associados presentes.

7. As deliberações sobre a dissolução ou prorrogação da associação exigem o voto favorável de três quartos do número de todos os associados.

Secção II
Direcção
Subsecção I
Competência
Artigo 12º
Da direcção

Compete, nomeadamente, à direcção:

a) Cumprir e fazer cumprir a lei, os estatutos, o regulamento interno e as deliberações da assembleia geral;

b) Promover e executar as actividades decorrentes do objecto social, de que prestará contas anualmente para apreciação do conselho fiscal e aprovação da assembleia geral;

c) Elaborar o regulamento interno e as propostas de alteração dos estatutos e do regulamento interno, a serem submetidos à aprovação da assembleia geral;

d) Organizar serviços e gerir recursos humanos, nomeadamente admitindo e despedindo pessoal;

e) Gerir as receitas e as despesas necessárias ao cabal desempenho dos fins associativos, designadamente adquirindo bens móveis e, com autorização da assembleia geral, adquirindo, alienando ou onerando bens imóveis;

f) Propor à assembleia geral a fixação do valor das jóias e quotas;

g) Apresentar ao presidente da assembleia geral as listas unitárias para cada um dos órgãos sociais concorrentes ao próximo mandato;

h) Manter actualizado o registo dos associados inscritos e o inventário da associação;

i) Apreciar as propostas formuladas pelos associados efectivos para ingresso de novos associados da mesma categoria;

j) Propor à assembleia geral a atribuição da categoria de associado honorário ou benemérito a qualquer pessoa singular ou colectiva que, fundadamente, entenda ser merecedora dessa distinção;

l) Exercer o poder disciplinar e declarar a perda da qualidade de associado;

Artigo 13º

Do presidente

É, especialmente, da competência do presidente:

a) Convocar as reuniões da direcção e coordenar e dirigir os respectivos trabalhos;

b) Representar a associação, em juízo e fora dele;

c) Distribuir pelouros;

d) Superintender na elaboração do relatório e contas;

e) Visar documentos de receita e despesa e assinar os balancetes e cheques.

Artigo 14º

Do vice-presidente

Incumbe, em especial, ao vice-presidente:

a) Substituir o presidente, nas suas faltas ou impedimentos;

b) Coadjuvar o presidente

Artigo 15º

Dos vogais

Os vogais desempenharão as funções que lhes forem designadas pela direcção, devendo, além disso, substituir o secretário nos seus impedimentos.

Artigo 16º

Do secretário

Compete ao secretário:

a) Redigir as actas das reuniões da direcção que o presidente entender deverem ser formalizadas por escrito;

b) Redigir a correspondência;

c) Organizar o arquivo, com excepção da documentação alusiva à contabilidade.

Artigo 17º

Do tesoureiro

É da competência especial do tesoureiro:

a) Arrecadar fundos, seja qual for a sua proveniência;

b) Pagar as quantias autorizadas pela direcção;

c) Assinar os documentos de receita e de despesa e os cheques e visar os documentos da tesouraria;

d) Organizar a contabilidade, por forma a poder prestar as informações sobre a situação financeira da associação, que lhe forem solicitadas pela direcção ou pelo conselho fiscal.

Subsecção II

Convocação e deliberações

Artigo 18º

Convocação

A direcção é convocada pelo presidente, sempre que o entender conveniente.

Artigo 19º

Deliberações

1. A direcção só pode deliberar com a presença da maioria dos seus titulares.

2. As deliberações são tomadas por maioria dos votos dos titulares presentes, tendo o presidente, além do seu voto, direito a voto de desempate.

3. As reuniões da direcção são privadas, mas podem a elas assistir, com permissão do presidente mas sem direito de voto, os titulares dos restantes órgãos sociais.

Secção III

Conselho fiscal

Artigo 20º

Competência

Compete, em especial, ao conselho fiscal:

a) Examinar a escrita da associação e fiscalizar os actos administrativos da direcção;

b) Dar parecer sobre o relatório e as contas apresentados pela direcção;

c) Emitir parecer sobre a aquisição, alienação ou oneração de bens imóveis.

Artigo 21º

Convocação e deliberações

1. O conselho fiscal é convocado pelo presidente, só podendo tomar deliberações com a presença da maioria dos seus titulares.

2. As deliberações são tomadas por maioria dos votos dos titulares presentes, tendo o presidente, além do seu voto, direito a voto de desempate.

Capítulo III

Disciplina

Artigo 22º

Infracção disciplinar

Considera-se infracção disciplinar todo o facto, ainda que meramente culposo, praticado pelo associado com violação de alguma das obrigações consagradas nos estatutos e no regulamento interno.

Artigo 23º

Competência disciplinar

O poder disciplinar é exercido pela direcção, a quem cabe a competência para instaurar o respectivo procedimento, logo que, por qualquer meio, tenha conhecimento da prática de qualquer infracção.

Artigo 24º

Natureza secreta do processo

1. O processo é de natureza secreta até à acusação.

2. O arguido pode, no entanto, constituir advogado em qualquer fase do processo, nos termos gerais de direito.

Artigo 25º

Sanções

Os autores das infracções ficam sujeitos às seguintes sanções:

a) Repreensão;

b) Expulsão.

Artigo 26º

Aplicação das sanções

As sanções previstas no artigo anterior são aplicáveis:

a) A de repreensão, a casos de simples negligência no cumprimento das obrigações a que estejam adstritos;

b) A de expulsão, a casos de dolo ou de negligência grave no cumprimento das ditas obrigações e que ponham em causa a dignidade e o prestígio da associação.

Artigo 27º

Graduação das sanções

Na aplicação das sanções deve atender-se aos antecedentes disciplinares do associado, ao grau de culpabilidade, à sua personalidade, às consequências da infracção e, de um modo geral, a todas as circunstâncias em que a infracção tiver sido cometida que militem contra ou a seu favor.

Artigo 28º
Instrução do processo

1. A direcção deve nomear um instrutor, de preferência não associado e que possua adequada formação jurídica.

2. A instrução realiza-se na sede da associação e nela são admissíveis todos os meios de prova em direito permitidos, sendo ilimitado o número de testemunhas.

3. A instrução deverá ser concluída, independentemente da possibilidade de ser prorrogada por uma só vez e por igual período de tempo, no prazo de 30 dias úteis, findo o qual deve ser proposta à direcção o arquivamento do processo ou deduzida a acusação contra o associado, nela se especificando os factos imputados e as circunstâncias em que foram praticados, com indicação das obrigações infringidas e da sanção aplicável, fixando-se-lhe um prazo, entre 10 e 20 dias úteis, para apresentar a sua defesa escrita.

4. Na defesa, para além da indicação das razões que a fundamentam, devem ser apresentados o rol de testemunhas a inquirir ou outros meios de prova.

5. O instrutor elaborará no prazo de 15 dias úteis um relatório final completo, donde conste a existência das faltas, sua qualificação e gravidade, a pena que entender justa a aplicar pela direcção ou a proposta para que o processo se arquive.

Artigo 29º
Recurso

Da aplicação das sanções cabe recurso para a assembleia geral, no prazo de quinze dias.

Artigo 30º
Direito subsidiário

Ao procedimento disciplinar são subsidiariamente aplicáveis as regras do procedimento administrativo e as normas gerais de direito penal e processual penal.

Capítulo IV
Eleições

Artigo 31º
Processo eleitoral

1. As eleições dos titulares dos órgãos sociais deverão realizar-se no mês de ...

2. Os titulares dos órgãos sociais mantêm-se, no entanto, em funções até à tomada de posse dos novos eleitos.

3. A direcção apresentará ao presidente da assembleia geral, com ... dias de antecedência relativamente ao dia marcado para o acto eleitoral, as listas unitárias para cada um dos órgãos sociais.

4. As listas serão identificadas por letras maiúsculas com a mesma sucessão do alfabeto, caso haja mais do que uma lista para algum órgão social.

5. Os candidatos a titulares dos órgãos sociais não podem figurar em mais de uma lista.

6. Os boletins de voto, onde constarão os nomes dos candidatos, serão em papel rigorosamente igual, sem marca ou sinal exterior.

7. As eleições far-se-ão por escrutínio secreto, sendo, no final da contagem dos votos e do apuramento dos resultados, proclamados eleitos os candidatos pertencentes à lista mais votada.

8. A substituição ou eliminação de algum nome dos constantes das listas implica a anulação do voto correspondente.

9. Se no prazo a que se reporta o número três deste artigo não aparecer nenhuma lista concorrente para algum dos órgãos sociais, os titulares do órgão social cessante manter-se-ão em funções por um período de trinta dias, a fim de ser convocada uma assembleia geral extraordinária, visando a ultrapassagem da situação de crise.

Capítulo V
Dissolução
Artigo 32º
Destino do património

No caso de dissolução, o património da associação terá o seguinte destino:

a) Os bens que integram o património histórico da associação deverão ser entregues a ...;

b) Os restantes bens – designadamente o imóvel onde funciona a sede da associação, o respectivo recheio e outros bens e valores não incluídos na alínea anterior – consideram-se doados a ...

4.4. ***Fundações***

4.4.1. As fundações – regulamentadas na citada Lei-Quadro, a cujos artigos, sem outra indicação, faremos de seguida referência – são pessoas colectivas, sem fins lucrativos, dotadas de um património suficiente e irrevogavelmente afectado à prossecução de fins de interesse social, que se podem traduzir no benefício de uma ou mais categorias de pessoas distintas do fundador, seus parentes e afins, ou de pessoas ou entidades a ele ligadas por relações de amizade ou de negócios, designadamente os que são expressamente contemplados nas várias alíneas do nº 2 do art. 3º.

4.4.2. Podem assumir um de três tipos: privadas, públicas de direito público e públicas de direito privado, consoante o que se acha previsto no art. 4º.

4.4.3. A sua personalidade jurídica adquire-se pelo reconhecimento, o qual, no que toca às fundações públicas, resulta directamente do acto da sua criação pelo Estado, pelas Regiões Autónomas ou pelos municípios, isolada ou conjuntamente, e, quanto às privadas, é individual e da competência do Primeiro-Ministro, com a faculdade de delegação (art. 6º e nº 2 do art. 158º do CC).

4.4.4. As fundações portuguesas e as fundações estrangeiras que exerçam a sua actividade em território nacional cujos rendimentos anuais não sejam superiores a dois milhões de euros (art. 9º e Portaria nº 75/2013, de 18 de Fevereiro) estão obrigadas a submeter as contas a uma auditoria externa, além de terem de comunicar aos serviços da Presidência do Conselho de Ministros a composição dos respectivos órgãos nos 30 dias seguintes à sua designação, modificação ou substituição, e de remeter aos serviços da Presidência do Conselho de Ministros cópia dos relatórios anuais de contas e de actividades, até 30 dias após a sua aprovação.

De salientar que na determinação daquele rendimento anual é considerado o rendimento global previsto nos termos da alínea *b)* do nº 1 do artigo 3º do CIRC.

4.4.5. As fundações privadas – únicas que nos interessam – podem ser instituídas por acto entre vivos ou por testamento: a instituição por acto entre vivos deve constar de uma doação feita em escritura pública e torna-se irrevogável a partir do reconhecimento ou do início do respectivo processo oficioso; os herdeiros do instituidor não podem revogar a instituição, sem prejuízo do que se dispõe na sucessão legitimaria (art. 17º).

No acto da instituição deve o instituidor especificar os bens que afecta a um determinado fim por ele indicado e pode providenciar ainda sobre a sede, organização e funcionamento da fundação, regular os termos da sua transformação ou extinção e fixar o destino dos respectivos bens (art. 18º e art. 186º do CC).

Em qualquer caso, o acto de instituição, os estatutos e as suas alterações não produzem efeitos em relação a terceiros enquanto não forem publicados nos mesmos termos que as sociedades comerciais (art. 166º do CC).

4.4.6. O reconhecimento das fundações privadas é, como dissemos, individual e da competência do Primeiro-Ministro, com a faculdade de delegação, e pode ser oficiosamente promovido pela entidade competente para o reconhecimento ou requerido pelos instituidores, herdeiros, mandatários, executores testamentários ou pelo notário que tenha lavrado o acto de instituição, no prazo máximo de 180 dias a contar da instituição da fundação (art. 21º).

4.4.7. O pedido de reconhecimento obedece os formalismos constantes do art. 22º, deles constando, entre outros, um comprovativo de uma dotação patrimonial inicial suficiente, presumindo-se que existe dotação patrimonial suficiente quando o património da fundação seja igual ou superior a € 250 000 (duzentos e cinquenta mil euros).

Porém, tratando-se de fundação constituída por prazo determinado, o valor da dotação patrimonial inicial exigível é estabelecido caso a caso, tendo em consideração a sua adequação ao objecto e fim da fundação.

O acervo patrimonial que constitui a dotação inicial de uma fundação deve incluir na sua composição uma parcela em numerário, tendencialmente de, pelo menos, 30% do total da dotação inicial e, em qualquer caso, não inferior a € 100 000 (cem mil euros).

4.4.8. Às fundações privadas pode também ser concedido pelo Primeiro-Ministro, com a faculdade de delegação, o estatuto de utilidade pública, desde que observem os requisitos e as formalidades dos arts. 24º e 25º.

4.4.9. Além do regime geral, atrás assinalado, algumas fundações privadas, dada a sua natureza e objecto, dispõem de regime especial quanto ao reconhecimento, acompanhamento e fiscalização.

São as fundações de solidariedade social, as fundações de cooperação para o desenvolvimento e as fundações para a criação de estabelecimentos de ensino superior privados (arts. 39º a 47º).

4.4.10. ***Minuta***

Instituição de fundação

...

E por eles foi dito:

Que são os instituidores de uma fundação de solidariedade social que sob a denominação de ..., terá a sua sede no lugar do território português em que funcionar normalmente a sua administração, com o fim de ...;

Que a fundação, ora instituída, é dotada inicialmente com o património constituído pelos seguintes bens:

a) prédio rústico, composto de ..., com a área de ..., descrito ... com registo de aquisição a seu favor, conforme inscrição ... e inscrito na respectiva matriz sob o artigo ..., com o valor patrimonial tributário, para efeitos de IMT e de selo, e atribuído de ..., prédio este que transmitem e afectam, neste acto a título gratuito, à fundação; e

b) a quantia de cem mil euros em dinheiro.

Que, tendo em vista a obtenção do reconhecimento da fundação, ora instituída, reduzem a escritura os respectivos estatutos que são os constantes de um docu-

mento complementar, elaborado por eles outorgantes nos termos do nº 2 do artigo 64º do Código do Notariado, que apresentam e cujo conteúdo é do seu perfeito conhecimento.

Adverti os outorgantes da necessidade da inscrição da fundação no Ficheiro Central das Pessoas Colectivas no prazo de validade do certificado de admissibilidade, adiante referido.

O certificado de admissibilidade da denominação adoptada, a que se acedeu via Internet, tem o número ... e foi emitido em ...

Exibiu-se:

a) o NIPC ... (actividade ...)

b) fotocópia-certidão do teor da descrição e inscrições prediais em vigor, passada em ...;

c) caderneta predial rústica obtida hoje via Internet, pela qual verifiquei os indicados elementos matriciais.

Arquiva-se: o aludido documento complementar.

Esta escritura foi lida ...

Artigo 81º
Legislação especial

São praticados nos termos da legislação especial respectiva:

a) Os actos em que intervenham como outorgantes pessoas colectivas de direito público ou qualquer outra entidade pública;

b) Os actos entre as caixas de crédito agrícola mútuo e os seus sócios;

c) Os actos a que se refere o Decreto-Lei nº 32 765, de 29 de Abril de 1943;

d) Os actos a que se refere o Decreto-Lei nº 255/93, de 15 de Julho;

e) Os actos a que se refere o Decreto-Lei nº 267/93, de 31 de Julho;

f) Outros actos regulados na lei.

ANOTAÇÕES

1. A doutrina costuma distinguir as pessoas colectivas de direito público em pessoas colectivas territoriais (Estado, Regiões Autónomas, Autarquias Locais), pessoas colectivas de tipo institucional (Institutos Públicos, Serviços Públicos, Empresas Públicas) e de tipo associativo (Associações Públicas).

O CN de 1967 considerava entidades públicas a Caixa Geral de Depósitos e os estabelecimentos de crédito predial devidamente autorizados.

A Caixa Geral de Depósitos tem competência para lavrar os actos e contratos em que intervenha, de acordo com o art. 45º do DL nº 48 953, de 5 de Abril de 1969, mantido em vigor pela alínea *a*) do nº 2 do art. 9º do DL nº 287/93, de 20 de Agosto.

2. O DL nº 32 765, de 29 de Abril de 1943, permite que os contratos de mútuo ou usura, quando feitos por estabelecimentos bancários autorizados, se possam provar por documento particular.

3. Por outro lado, o DL nº 255/93, de 15 de Julho (que ainda não sofreu alterações), dispensou a realização, através de escritura pública, da compra e venda com mútuo, garantido ou não por hipoteca, referente a prédio urbano ou fracção autónoma destinada a habitação, desde que o documento seja lavrado pela instituição de crédito mutuante, autorizada a conceder crédito à habitação.

4. O DL nº 267/93, de 31 de Julho, criou o regime jurídico do *notário-pivot*, atribuindo aos notários competência para promover e dinamizar a tramitação do processo de constituição de sociedades comerciais e civis sob forma comercial, estabelecimentos individuais de responsabilidade limitada, cooperativas, empresas públicas, agrupamentos complementares de empresas e agrupamentos europeus de interesse económico, sempre que os interessados a queiram formalizar por escritura pública.

Este diploma foi, porém, revogado pelo art. 46º do DL nº 247-B/ /2008, de 30 de Dezembro.

SECÇÃO II
Escrituras especiais

SUBSECÇÃO I
Habilitação notarial

Artigo 82º
Admissibilidade

A habilitação de herdeiros pode ser obtida por via notarial.

ANOTAÇÕES

1. A sucessão consiste no chamamento de uma ou mais pessoas à titularidade das relações jurídicas patrimoniais de uma pessoa falecida e a consequente devolução dos bens que a esta pertenciam (art. 2024º do CC).

A prova de que tais pessoas são os sucessores do defunto é feita por habilitação judicial ou notarial, aquela como incidente processual ou em processo de inventário e esta por escritura pública.

2. No tocante às escrituras de habilitação de herdeiros, o código adequou-as às alterações da lei processual civil em matéria de inventário.

Por um lado, permitiu que todas as habilitações de herdeiros se possam realizar notarialmente, ainda que à herança se habilitem menores ou incapazes.

Por outro lado, permitiu que, em alternativa à presença obrigatória de três declarantes, a declaração inerente ao acto pudesse ser feita pelo cabeça-de-casal à semelhança do disposto em processo civil para o regime do inventário.

3. Como vimos supra, devem especialmente celebrar-se por escritura pública, *salvo disposição legal em contrário*, as habilitações de herdeiros (art. 80º, nº 2, alínea *d*)).

É o caso do DL nº 324/2007, de 28 de Setembro, que veio permitir que se efectuassem nas conservatórias do registo civil, em certos termos, as habilitações de herdeiros (e também a partilha dos bens do falecido, a partilha do património conjugal no âmbito do processo de divórcio e de separação de pessoas e bens e as convenções antenupciais).

Reportando-nos apenas às habilitações de herdeiros da competência das conservatórias, têm elas que ser promovidas pelo cabeça de casal até ao final do 3º mês seguinte ao da morte do autor da sucessão, nas condições a que se reportam os arts. 210º-A e ss. do CRC.

Caso os procedimentos se iniciem após o prazo de três meses seguintes à morte do autor da sucessão, o serviço de registo deve informar desse facto os competentes serviços de finanças para que estes procedam à cobrança das coimas que se mostrem devidas.

4. O artigo em anotação não veda a celebração de escrituras de habilitação em que haja herdeiros incapazes, ausentes em parte incerta ou pessoas colectivas, mas nas relativas a heranças abertas por óbitos ocorridos antes de 7 de Março de 1995 tem que se fazer prova de não ter sido instaurado inventário, ou de que, tendo-o sido, o mesmo foi arquivado (art. único do DL nº 3/95, de 14 de Janeiro).

5. Ver-se-á mais adiante que também é possível o recurso à habilitação nos casos de morte presumida, judicialmente declarada.

6. Fala-se aqui de habilitação de herdeiros, mas, como adiante se verá no art. 88º, pode haver habilitação apenas de legatários.

7. O nº 1 do art. 202º-B do CRC, na redacção do DL nº 324/2007, de 28 de Setembro, impõe aos notários a obrigação de enviar a qualquer conservatória do registo civil, sempre que possível por via electrónica e no prazo de cinco dias a contar da data em que for lavrada escritura pública de habilitação de herdeiros, a certidão do respectivo título, tendo em vista a sua menção no assento de óbito do falecido, por meio de cota de referência que identifique a correspondente habilitação.

Artigo 83º
Definição

1 – A habilitação notarial consiste na declaração, feita em escritura pública, por três pessoas, que o notário considere dignas de crédito, de que os habilitandos são herdeiros do falecido

e não há quem lhes prefira na sucessão ou quem concorra com eles.

2 – A declaração referida no número anterior pode ser feita, em alternativa, por quem desempenhar o cargo de cabeça-de-casal, devendo, nesse caso, ser-lhe feita a advertência prevista no artigo 97º

3 – A declaração deve conter a menção do nome completo, do estado, da naturalidade e da última residência habitual do autor da herança e dos habilitandos e, se algum destes for menor, a indicação dessa circunstância.

ANOTAÇÕES

Ao nº 1

1. Não são admitidos como declarantes os que não podem ser testemunhas instrumentarias, nem os parentes sucessíveis dos habilitandos, nem o cônjuge de qualquer deles – cfr. art. 84º e respectiva nota.

2. Se a prova do óbito e de que os habilitandos são herdeiros do falecido se pode facilmente fazer por documentos, a de que não há quem lhes prefira na sucessão ou quem concorra com eles só por declaração pode ser obtida.

Assumindo esta declaração grande importância, como se compreende, a lei rodeou a sua admissibilidade de particulares cautelas: ou é prestada por três pessoas, que o notário considere dignas de crédito (não sendo, desde logo, admitidos como declarantes os que não podem ser testemunhas instrumentárias, nem os parentes sucessíveis dos habilitandos, nem o cônjuge de qualquer deles, de acordo com o que dispõe o art. 84º); ou então, sendo a declaração prestada pelo cabeça-de-casal, o artigo em anotação manda fazer a advertência prevista no artigo 97º

Acontece que este art. 97º foi declarado inconstitucional, como adiante se dirá em nota a esse dispositivo legal.

3. Sempre que os habilitandos integrem a primeira classe de sucessíveis, é despicienda a afirmação de que não há quem lhes prefira, devendo a declaração limitar-se à indicação de que não há quem com eles concorra à sucessão.

4. A habilitação de herdeiros pode basear-se na sucessão legítima ou ter por fundamento um testamento ou uma escritura de doação por morte.

Coexistindo a sucessão testamentária e a legítima, deve a habilitação fazer referência, em primeiro lugar, à vocação testamentária e depois à vocação legítima, atendendo a que só são chamados à sucessão dos bens do autor da herança os seus herdeiros legítimos, se o falecido não tiver disposto válida e eficazmente, no todo ou em parte, dos bens de que podia dispor para depois da morte (art. 2131º do CC).

Além disso, sendo a habilitação um acto preparatório da partilha, devem nela ser inseridos todos os elementos que se tornem necessários a um correcto cálculo dos quinhões dos interessados, v.g., a pré-morte ou o repúdio; a substituição directa; o direito de acrescer; e a aquisição de quinhões hereditários.

O mesmo cuidado deve existir na sucessão de irmãos, hipótese em que se terá de especificar se são germanos, consanguíneos ou uterinos, pois o quinhão dos primeiros é igual ao dobro do dos segundos, quando com eles concorram.

5. Minuta de habilitação fundada em sucessão legítima e testamentária[102].

Habilitação

...

E por eles foi dito:

Que no dia ..., na freguesia e concelho de ..., onde habitualmente residia no lugar de ..., faleceu F ..., natural da freguesia de ... concelho de ..., no estado de casado em primeiras núpcias de ambos e sob o regime da comunhão de adquiridos com F ..., actualmente dele viúva, natural da dita freguesia de ... e com residência habitual em ...;

Que o autor da herança deixou testamento público, lavrado neste cartório no dia ... no respectivo livro número ... de folhas ... a folhas ..., no qual instituiu a sua dita mulher herdeira da quota disponível da sua herança;

Que lhe sucederam, como herdeiros legitimários:

[102] Na citada obra *MANUAL DE DIREITO NOTARIAL*, pp. 522-528, podem encontrar-se minutas de escrituras de habilitação abarcando vários casos, além deste: sucessão legítima (com declaração feita por cabeça-de-casal ou prestada por 3 pessoas); sucessão fundada em testamento; comoriência; pessoa falecida no domínio do CC de 1867, etc.

a) Sua identificada mulher; e

b) Seu filho F ..., natural da freguesia e concelho de ..., casado sob o regime da comunhão de adquiridos com ... e residente habitualmente em ...;

Que, segundo as normas reguladoras da sucessão legal e voluntária, não há quem possa concorrer com os mencionados herdeiros à sucessão do aludido F ...

Arquiva-se:

a) fotocópia-certidão dos assentos de óbito e de casamento do falecido; e

b) fotocópia-certidão do assento de nascimento do filho.

Esta escritura foi lida ...

Ao nº 2

1. O cargo de cabeça-de-casal defere-se pela ordem indicada no art. 2 080º do CC, mas, se todo o património hereditário tiver sido distribuído em legados, servirá de cabeça-de-casal o legatário mais beneficiado e, em igualdade de circunstâncias, o mais velho.

2. O Tribunal Constitucional, pelo acórdão nº 379/2012, de 12 de Julho, julgou inconstitucional a norma do artigo 97º, por violação do artigo 29º, nº 1, da Constituição da República Portuguesa.

A inconstitucionalidade em causa foi declarada também pelas decisões sumárias nºs 120/2013, 162/2013, 163/2013 e 514/2013, todas transitadas em julgado, assim como pelo acórdão nº 96/2015 do plenário do TC, publicado no Diário da República nº 43 de 03.03.2015.

Assim sendo, a advertência a que se reporta a parte final do nº 2 do artigo ora anotado deixará de ser efectuada também.

Ao nº 3

Da identificação do autor da herança e dos habilitandos, se tiverem sido ou forem casados, deve também constar o nome do cônjuge e o respectivo regime matrimonial de bens à data da abertura da sucessão (art. 47º, nº 2).

Artigo 84º
Incapacidade e inabilidade dos declarantes

Não são admitidos como declarantes, para efeito do nº 1 do artigo anterior, aqueles que não podem ser testemunhas instrumentárias, nem os parentes sucessíveis dos habilitandos, nem o cônjuge de qualquer deles.

ANOTAÇÕES

Ao nº 1

1. Como vimos supra no art. 68º, não podem ser testemunhas instrumentárias:

a) Os que não estiverem no seu perfeito juízo;

b) Os que não entenderem a língua portuguesa;

c) Os menores não emancipados, os surdos, os mudos e os cegos;

d) Os funcionários e o pessoal contratado em qualquer regime em exercício no cartório notarial;

e) O cônjuge, os parentes e afins, na linha recta ou em 2º grau da linha colateral, tanto do notário que intervier no instrumento como de qualquer dos outorgantes, representantes ou representados;

f) O marido e a mulher, conjuntamente;

g) Os que, por efeito do acto, adquiram qualquer vantagem patrimonial;

h) Os que não saibam ou não possam assinar.

2. Tal significa que, além das pessoas indicadas em qualquer das precedentes alíneas, não podem servir como declarantes os parentes sucessíveis dos habilitandos, nem o cônjuge de qualquer deles.

Artigo 85º
Documentos necessários

1 – A escritura de habilitação deve ser instruída com os seguintes documentos:

a) Certidão narrativa de óbito do autor da herança;

b) Certidões do registo civil justificativas da sucessão legítima ou legitimária, quando nestas se fundamente a qualidade de herdeiro de algum dos habilitandos, ou documento equivalente quando deva ser emitido no estrangeiro;

c) Certidão de teor do testamento ou da escritura de doação por morte, mesmo que a sucessão não se funde em algum desses actos.

2 – Quando a lei reguladora da sucessão não for a portuguesa e o notário a não conhecer, a escritura deve ser instruída com documento idóneo comprovativo da referida lei.

HISTÓRICO

Contém as alterações dos seguintes diplomas:
- DL nº 380/98, de 27/11

Consultar versões anteriores deste artigo:
- 1ª versão: DL nº 207/95, de 14/08
- DL nº 125/2013, de 30/08

ANOTAÇÕES

Ao nº 1

1. A prova da menção de que determinada pessoa morreu faz-se pela certidão narrativa de óbito do autor da herança e a de que deixou herdeiros legítimos, por certidões do registo civil.

No tocante às certidões exigidas para prova da sucessão legítima, há que ter em atenção o seguinte:

1.1. Quando o cônjuge do *de cujus* for herdeiro, a escritura deve ser instruída com certidão de casamento.

1.2. Quando os herdeiros forem os descendentes, a instrução faz-se com certidão de nascimento destes.

No caso de os habilitandos serem, por exemplo, um filho e dois netos que sucedem por direito de representação, não é de exigir a certidão de óbito nem a de nascimento do pré-defunto, por um lado, porque não se trata da abertura da herança por sua morte e, por outro lado, porque, o registo de nascimento dos netos prova, além da maternidade e paternidade, também a avoenga.

1.3. Se os herdeiros forem ascendentes, a prova terá de ser feita por certidão de nascimento do próprio *de cujus*, visto ser dela que consta a filiação, sendo desnecessária, obviamente, a certidão de nascimento dos sucessores.

1.4. Se os sucessores forem irmãos, sobrinhos ou primos, terá de se arquivar, além das certidões de nascimento dos herdeiros, também a de nascimento do autor da herança, para, assim, ficar estabelecida a paternidade ou a avoenga comum.

2. É vulgar verificar-se, através da leitura dos documentos que instruem a habilitação, que o autor da herança aparece neles com mais do que um nome, diferente do que consta do registo de óbito.

Quando isso acontecer, deve ficar consignada na escritura a declaração de que o autor da herança também usava ou era conhecido por qualquer desses nomes.

3. De igual modo, as certidões de nascimento que instruem a habilitação aparecem por vezes desactualizadas quanto ao estado civil dos habilitandos, não constituindo isso impedimento à sua aceitação, desde que os declarantes ou o cabeça-de-casal forneçam os elementos de identificação que àqueles respeitam[103].

4. As certidões do registo civil de que vimos falando não têm prazo de validade[104].

5. Por outro lado, as certidões de nascimento, casamento, óbito, declaração de maternidade e de perfilhação podem hoje ser disponibilizadas electronicamente mediante um código de acesso que permite a sua visualização através da internet em *www.civilonline.pt* – cfr. Portaria nº 181/2017, de 31 de Maio.

6. Quando o autor da herança e (ou) os herdeiros forem portugueses, as certidões competentes são emitidas pelos serviços de registo civil nacionais, pois, mesmo que o óbito, o casamento ou o nascimento ocorra no estrangeiro é obrigatório registar esses factos no registo civil português.

Tratando-se, porém, de estrangeiros, as certidões só serão emitidas pelos nossos serviços de registo se aqueles factos ocorrerem em Portugal, pois, de contrário, quando um estrangeiro nasce, casa (com outro estrangeiro – porque se casa com português o registo em Portugal já é obrigatório) ou morre no estrangeiro, não é obrigatório registar esses factos no registo civil português, tendo então de ser provados por certidão passada pelo registo civil estrangeiro, acompanhada da competente tradução, se necessário for.

7. Nas escrituras de habilitação referentes a pessoas naturais das antigas colónias portuguesas levantam-se, por vezes, problemas quanto à averiguação do regime de bens do casamento, quer do *de cujus*, quer dos seus herdeiros.

[103] Recomendação inserta no BRN nº 10/99.

[104] Conclusão da recomendação inserta a pp. 17 e 18 do I caderno do BRN nº 3/2004.

Deve ter-se em atenção que o CC de 1967 entrou em vigor nas ex--províncias ultramarinas em 01.01.1968, por força do disposto no art. 27º da Portaria nº 22 869, de 04.09.1967.

8. Finando-se o autor da herança com testamento ou escritura de doação por morte, não lavrados nos livros do próprio cartório, têm de ser exigidas as certidões desses documentos.

9. A escritura de habilitação notarial encontra-se regulamentada com base no falecimento do *de cujus*, comprovado pela certidão do respectivo registo de óbito, pondo-se, por isso, o problema da possibilidade de recorrer à habilitação de herdeiros no caso de morte presumida, judicialmente declarada.

Dir-se-á que a declaração de morte presumida produz os mesmos efeitos que a morte – cfr. art. 115º do CC –, mas, não obstante, não deixa de ser facto diferente da morte efectivamente verificada.

Em 21.07.1974 foi proferida uma decisão pelo Juiz de Direito da Comarca de Vila Nova de Famalicão, votando por essa possibilidade num recurso interposto da decisão do notário, que recusara a celebração de habilitação notarial em caso de morte presumida.

Parece não haver razões válidas para recusar a feitura desse tipo de actos, porque o inventário em consequência de justificação de ausência para o deferimento da curadoria e entrega dos bens do ausente, a que se reportam os arts. 77º e ss. do Regime Jurídico do Processo de Inventário (RJPI), aprovado pela Lei nº 23/2013, de 5 de Março, não é imposto aos interessados de forma obrigatória.

Assim, não havendo outro modo facultativo de determinação dos herdeiros de ausente presumivelmente morto, não se vê motivação para lhes vedar, no caso de declaração de morte presumida, o recurso à habilitação notarial.

10. ***Minuta de habilitação com base em sentença de morte presumida***

Habilitação

...

E por eles foi dito:

Que, por sentença de ..., transitada em julgado, proferida nos autos que correram termos sob o nº ... no Tribunal Judicial de ..., foi declarada a morte presumida de F..., que também usou F... e ainda F..., com última residência habitual conhecida na Rua ..., freguesia de ...., concelho de ...;

Que a citada F... faleceu no estado de viúva de F...., à data de ..., a partir da qual a declaração judicial da sua morte presumida ficou a produzir os seus efeitos jurídicos, que, nos termos do art. 115º do Código Civil, são os mesmos da morte objectivamente verificada, pelo menos quanto aos aspectos patrimoniais e sucessório;

Que não se conhece qualquer disposição de última vontade feita pela presumida falecida, o que, aliás, consta da sentença supra identificada, tendo-lhe sucedido como única herdeira uma filha, F..., natural da freguesia de ..., concelho de ..., residente na mencionada Rua ..., casada com F... no regime da comunhão geral;

Que, segundo a lei, não existem outras pessoas que possam concorrer com a herdeira indicada à sucessão da mencionada F...

Arquiva-se:

a) Certidão de narrativa de nascimento da autora da sucessão, com o averbamento da morte presumida judicialmente declarada;

b) Certidão judicial comprovativa de ter sido declarada a morte presumida, dela constando que a referida F... não outorgou qualquer testamento; e

c) Fotocópia-certidão do assento de nascimento da filha habilitada.

Esta escritura foi lida ...

Ao nº 2

1. A sucessão por morte é, como se sabe, regulada pela lei pessoal do autor da sucessão ao tempo do falecimento deste, em princípio, a da sua nacionalidade[105].

Quando a lei reguladora da sucessão não for a portuguesa e o notário a não conhecer, o documento idóneo para a comprovar tanto pode ser emitido por agente diplomático ou consular do respectivo país como por

[105] Para apreciação das questões que se podem levantar acerca do tema (*v.g.*: lei aplicável às sucessões internacionais antes de 17 de Agosto de 2015 e a partir dessa data; a possibilidade de escolha da lei aplicável à sucessão e a forma que ela deve revestir; o problema do reenvio no Regulamento Europeu das Sucessões; o reconhecimento de decisões sucessórias estrangeiras; a circulação internacional de documentos autênticos em matéria sucessória; o Certificado Sucessório Europeu), pode ver-se "A determinação da lei aplicável à sucessão legal", apontamentos do Centro de Estudos Notariais e Registais da Faculdade de Direito da Universidade de Coimbra, da autoria de Afonso Patrão – Outubro de 2015, e o nosso "Processo de Inventário", 3ª edição, Almedina, Outubro de 2017, pp. 41 e ss.

outra entidade comprovadamente competente, de acordo com a ordem jurídica respectiva, v.g. notário estrangeiro[106].

2. Os cidadãos da União Europeia têm oportunidade de aceder *on-line* à informação sobre direito sucessório em cada Estado Membro, na língua da sua escolha, designadamente em português, através do site *www.successions-europe.eu.*

3. A regra contida neste número é uma regra especial, relativa exclusivamente à habilitação de herdeiros.

4. No processo de inventário deve ser aplicada *especificamente* a mesma regra que vincula os tribunais: a obrigação de conhecimento oficioso do conteúdo da lei competente, ainda que os interessados não façam tal prova – art. 348º do CC.

5. ***Minuta de habilitação com autor da herança estrangeiro***

Habilitação

...

E por eles foi dito:

Que no dia ..., no lugar de ..., Província de ..., Espanha, donde era natural e onde tinha a sua residência habitual, faleceu, sem testamento ou escritura de doação por morte, F ..., de nacionalidade espanhola, no estado de viúvo;

Que lhe sucedeu, como único herdeiro, o filho F ..., casado sob o regime de gananciales com F ..., natural de ..., Espanha, e habitualmente residente em ...;

Que, de acordo com a lei da nacionalidade do falecido – lei reguladora da sucessão, de harmonia com a norma de conflitos da lei portuguesa –, não há quem possa concorrer com o indicado herdeiro à sucessão do identificado F ...

Arquiva-se:

a) Fotocópia-certidão dos assentos de óbito do falecido e de nascimento do herdeiro e respectivas traduções; e

b) Certificado comprovativo da ordem legal da sucessão estabelecida na lei pessoal do autor da herança.

Esta escritura foi lida ...

[106] Cfr. parecer da DSJ da DGRN in BRN nº 7/97.

Artigo 86º
Efeitos da habilitação

1 – A habilitação notarial tem os mesmos efeitos da habilitação judicial e é título bastante para que se possam fazer em comum, a favor de todos os herdeiros e do cônjuge meeiro, os seguintes actos:

a) Registos nas conservatórias do registo predial;

b) Registos nas conservatórias do registo comercial e da propriedade automóvel;

c) Averbamentos de títulos de crédito;

d) Averbamentos da transmissão de direitos de propriedade literária, científica, artística ou industrial;

e) Levantamentos de dinheiro ou de outros valores.

2 – Os actos referidos nas alíneas *a*) a *d*) do número anterior podem ser requeridos por qualquer dos herdeiros habilitados ou pelo cônjuge meeiro.

ANOTAÇÃO

A habilitação judicial foi substituída pela habilitação efectuada em processo de inventário, o qual decorre hoje no cartório notarial sediado no município do lugar da abertura da sucessão.

Havendo inventário, têm-se por habilitados como herdeiros os que tiverem sido indicados pelo cabeça-de-casal, desde que todos tenham sido citados para o inventário e nenhum tenha impugnado a sua legitimidade ou a dos outros no prazo legalmente fixado, ou se, tendo havido impugnação, esta tiver sido julgada improcedente (nº 5 do art. 24º do mencionado Regime Jurídico do Processo de Inventário).

Neste caso, a habilitação prova-se por certidão, extraída do processo de inventário, da qual constem os referidos elementos de que depende a qualidade de habilitado (nº 6 desse art. 24º).

Artigo 87º
Impugnação da habilitação

O herdeiro preterido que pretenda impugnar a habilitação notarial, além de propor a acção nos termos da lei de processo civil, deve solicitar ao tribunal a imediata comunicação da pendência do processo ao respectivo cartório notarial.

ANOTAÇÃO

A pendência do processo de impugnação da habilitação, bem como a decisão que for proferida na acção são averbadas ao acto notarial com base na comunicação da secretaria judicial (arts. 131º, nº 1, alíneas *c*) e *d*), e 202º, alínea *c*)).

Minutas

a) ***Averbamento de impugnação da habilitação***

Averbamento nº ... – Está pendente no tribunal judicial da comarca de ... acção de impugnação desta habilitação, conforme ofício nº ... do aludido tribunal, que arquivo.

Em ... (rubrica)

Conta registada sob o nº__ (rubrica)[107]

b) ***Averbamento de decisão judicial proferida em acção de impugnação de habilitação***

Averbamento nº ... – A acção de impugnação a que se refere o averbamento nº ... foi julgada procedente (ou improcedente), conforme ofício nº ... do tribunal judicial da comarca de ..., que arquivo.

Em ... (rubrica)

Conta registada sob o nº__ (rubrica)

[107] A tabela de honorários, aplicável apenas aos notários privados, prevê nos arts. 12º, nº 1, e 14º que por qualquer averbamento aposto em acto descrito na tabela possam ser cobrados honorários até ao montante máximo de € 20,25, sendo os demais averbamentos, ou seja, os lavrados em actos não descritos na tabela, de custo livre. Ao custo do averbamento, qualquer que seja, acresce o IVA.

Artigo 88º
Habilitação de legatários

O disposto nos artigos anteriores é aplicável, com as necessárias adaptações, à habilitação de legatários, quando estes forem indeterminados ou instituídos genericamente ou quando a herança for toda distribuída em legados.

ANOTAÇÕES

1. Diz o nº 2 do art. 2030º do CC que o legatário é o que sucede em bens ou valores determinados.

Bens determinados não é a mesma coisa que bens especificados ou designados concretamente, visto que há, por exemplo, legado na deixa do recheio de uma casa, dos prédios existentes em certa freguesia, assim como há legado de coisa genérica e legados alternativos (*vide*, respectivamente, arts. 2263º, 2253º e 2267º do mesmo código).

Daí que a doutrina entenda que legatário é o que sucede apenas em certos bens, com exclusão dos restantes bens do *de cujus*[108].

2. O artigo põe em foco a hipótese de os legatários serem indeterminados ou instituídos genericamente e a de a herança ser toda distribuída em legados.

Fora desta última hipótese, a habilitação dos legatários, indeterminados ou instituídos genericamente, tem de servir também para habilitar os herdeiros.

3. A habilitação de legatários segue a ritologia de uma normal habilitação de herdeiros, com as necessárias adaptações.

4. ***Minuta sendo os legatários indeterminados ou instituídos genericamente***

...

Que no dia ..., no lugar de ..., faleceu, F ... no estado de ...;

Que o autor da herança deixou testamento público, lavrado no dia ... no livro ... deste cartório, no qual nomeou legatários do prédio ... os filhos de seu irmão F ... (ou os empregados do seu lagar de azeite, etc.).

[108] Cfr. *Direito das Sucessões*, 3ª edição das prelecções do Doutor Pereira Coelho, Unitas, Coimbra, 1968, pp. 36 e ss.

Que os filhos do seu dito irmão (ou os empregados do seu lagar de azeite, etc.) e, consequentemente, os beneficiários do legado, são F ..., F ... e F ...

Que lhe sucederam ainda, como únicos herdeiros, por força da lei, seus pais F ... e F ...

Que, segundo as normas reguladoras da sucessão legal e voluntária, não há quem prefira aos indicados herdeiros nem quem possa concorrer com eles ou com os legatários à sucessão do aludido F ...

Arquiva-se: ...

Esta escritura foi lida ...

5. ***Minuta sendo a herança toda distribuída em legados***

...

Que no dia ..., no lugar de ..., faleceu, F ... no estado de ...;

Que o autor da herança deixou testamento público, lavrado no dia ... no livro ... deste cartório, no qual distribuiu toda a sua herança em legados, a favor de F ..., F ... e F ...., aí melhor identificados.

Que, efectivamente, o finado não possuía quaisquer outros bens, além dos legados.

Que não há outras pessoas que possam concorrer com os mencionados legatários à sucessão do aludido F ...

Arquiva-se: ...

Esta escritura foi lida ...

SUBSECÇÃO II
Justificações Notariais

Artigo 89º
Justificação para estabelecimento do trato sucessivo no registo predial

1 – A justificação, para os efeitos do nº 1 do artigo 116º do Código do Registo Predial, consiste na declaração, feita pelo interessado, em que este se afirme, com exclusão de outrem, titular do direito que se arroga, especificando a causa da sua aquisição e referindo as razões que o impossibilitam de a comprovar pelos meios normais.

2 – Quando for alegada a usucapião baseada em posse não titulada, devem mencionar-se expressamente as circunstâncias de facto que determinam o início da posse, bem como as que consubstanciam e caracterizam a posse geradora da usucapião.

ANOTAÇÕES

1. Os actos de que resulte transmissão de direitos ou constituição de encargos sobre prédios não podem ser celebrados sem que os bens estejam definitivamente inscritos a favor da pessoa de quem se adquire o direito ou da pessoa que constitui o encargo, sendo certo que o registo definitivo de constituição de encargos por negócio jurídico ou de aquisição de direitos depende da prévia inscrição dos bens em nome de quem os onera ou os transmite (arts. 9º, nº 1, e 34º, nºs 1 e 2, do CRP).

Com esta medida o legislador procurou legitimar a titulação dos actos e o seu registo, dando mais segurança ao comércio jurídico, na medida em que os bens imóveis só com intervenção do proprietário inscrito podem ser alienados ou onerados.

Acontece, no entanto, que por vezes os interessados encontram dificuldades no registo, derivadas da falta ou insuficiência dos documentos normalmente necessários, ficando, desse modo, impossibilitados de demonstrar o seu direito e, consequentemente, de transmitir ou onerar os seus bens.

Criou, assim, a lei uma providência de natureza excepcional, a justificação, destinada a possibilitar o estabelecimento do princípio do trato sucessivo: inscrição prévia e continuidade das inscrições.

2. Tendo a justificação notarial por função fornecer aos interessados um título para registo, os direitos a ele não sujeitos, v.g., os atinentes à propriedade de jazigos, não são susceptíveis de ser objecto de justificação.

3. "O adquirente que não disponha de documento para a prova do seu direito pode obter a primeira inscrição mediante escritura de justificação notarial" (nº 1 do art. 116º do CRP).

Por sua vez, o artigo em anotação revela-nos em que consiste essa justificação para a primeira inscrição ou, como se escreve na epígrafe desta disposição legal, justificação para estabelecimento do trato sucessivo no registo predial, relativa, naturalmente, a prédios ainda não descritos ou, se descritos, quando sobre eles não incida inscrição de aquisição ou equivalente.

4. Dos serviços da extinta Direcção-Geral dos Registos e do Notariado respigam-se, por interessantes ao caso, as seguintes notas:

a) ***Conclusões do parecer dos Serviços Técnicos publicado no BRN nº 4/96***

"I – A aquisição por acessão industrial imobiliária prevista no artigo 1340º do Código Civil é originária e decorre do exercício de um direito potestativo.

II – A escritura de justificação celebrada pelo construtor da obra para comprovar aquela aquisição – sem intervenção, por conseguinte, do titular do direito de propriedade do solo – , sendo o meio inadequado para esse fim, é nula por contrariar o que dispõem os artigos 116º do Código do Registo Predial e 1340º do Código Civil – cfr. artigos 294º e 295º deste último diploma.

III – O registo lavrado com base nessa escritura é também nulo em face do disposto no artigo 16º, nº 1, alínea *b*) do C.R.P. e, por isso, deve ser rectificado nos termos previstos no artigo 123º, nº 1 do mesmo Código."

b) ***Deliberação do CT de 22.01.1999***

"A justificação destina-se a suprir um título em falta e não a rectificar um título errado.

Neste último caso, haverá que proceder, pelos meios admitidos, à rectificação do título ou, directamente, à do registo.

Todavia, quando se trate de demonstrar que o prédio engloba uma parcela de terreno relativamente à qual não existe título ou que se coloque questão similar já se torna admissível lavrar a justificação, desde que, para tanto, se verifiquem os pressupostos legais.

Assim, quando no caso concreto se conclua que a situação se configura como falta de título a justificação é admissível.

A referida possibilidade existe mesmo no caso de subsistir registo de aquisição do prédio com a composição inicial a favor do justificante".

c) ***Parecer do CT in Pº R.P. nº 41/99 – DSJ-CT***

"No caso dos autos, os interessados invocam a seu favor a aquisição por usucapião da totalidade do prédio. Mas, porque beneficiam já da presunção derivada do registo da aquisição de metade desse imóvel, causada por sucessão hereditária, declararam expressamente no título justificativo daqueloutra aquisição que a sua invocação visa tão somente o registo da restante metade, ainda não inscrita a seu favor.

Portanto, os interessados invocam um facto jurídico – a aquisição por usucapião – que incide sobre a totalidade do prédio, mas limitam os efeitos desse facto a uma quota-parte do objecto.

Donde resulta que não é ao nível do pedido de registo que se verifica a limitação dos efeitos do facto jurídico a quota-parte do prédio. É ao nível da própria titulação do facto a inscrever no registo.

Ou seja, os interessados arrogam-se titulares do direito de propriedade sobre o prédio. Dispõem de título aquisitivo de metade. Mas não dispõem de documento comprovativo da aquisição da outra metade. Invocam, então, a usucapião como causa originária da aquisição. Só que eles não possuíram uma quota-parte do prédio, antes possuíram a totalidade. Não há, portanto, composse (cfr. art. 1291º, C.C.). Logo, eles terão que justificar o direito à totalidade do prédio, mencionando as circunstâncias que materializam e caracterizam a posse tal como foi exercida e que gerou a usucapião, ou seja, a posse sobre a totalidade do prédio, e não a posse sobre quota-parte deste.

Só que a justificação, como meio de suprimento do registo, tem como pressuposto negativo a inexistência de documento comprovativo do direito do adquirente (art. 116º, nº 1, C.R.P.). Ora, em relação a metade do imóvel, os adquirentes têm título. Pelo que, quanto a esta quota-parte, não podem socorrer-se da justificação.

A solução estará, pois, em limitar a titulação do facto jurídico – que, importa reafirmar, incide sobre a totalidade do prédio – à quota-parte do prédio que dela carece".

5. ***Minuta (com alegação da usucapião)***

Justificação

...

Disseram os primeiros outorgantes:

Que são donos e legítimos possuidores, com exclusão de outrem, de um prédio rústico sito em ..., freguesia e concelho de ..., composto de ..., com a área de ..., a confinar ..., não descrito na Conservatória do Registo Predial de ... e inscrito na matriz sob o artigo ... com o valor patrimonial tributário de ..., para efeitos de IMT e de selo, e atribuído de ...;

Que o dito prédio foi por eles adquirido no ano de ... por compra que dele fizeram a F ... e mulher F ..., já falecidos, mas não dispõem de qualquer título formal para o registar na conservatória;

Que, no entanto, entraram desde essa altura na posse e fruição do mencionado prédio, limpando-o, desbastando-o, apanhando lenha, pinhas e caruma e pagando os respectivos impostos;

Que esta posse tem sido exercida sem interrupção, de forma ostensiva, à vista de toda a gente e sem violência ou oposição de quem quer que seja, de forma correspondente ao exercício do direito de propriedade;

Que, assim, a posse pública, pacífica, contínua e em nome próprio do citado imóvel, desde o referido ano de ..., conduziu à aquisição do mencionado prédio por usucapião, que invocam para justificar o seu direito de propriedade para fins de registo.

Disseram os segundos outorgantes:

Que, por serem verdadeiras, confirmam inteiramente as declarações, ora prestadas, pelos primeiros outorgantes.

Arquiva-se:

a) certidão comprovativa da omissão do prédio no registo predial; e

b) certidão de teor da correspondente inscrição matricial.

Esta escritura foi lida ...

Artigo 90º
Justificação para reatamento do trato sucessivo no registo predial

1 – A justificação, para os efeitos do nº 2 do artigo 116º do Código do Registo Predial, tem por objecto a dedução do trato sucessivo a partir do titular da última inscrição, por meio de declarações prestadas pelo justificante.

2 – Na escritura de justificação devem reconstituir-se as sucessivas transmissões, com especificação das suas causas e identificação dos respectivos sujeitos.

3 – Em relação às transmissões a respeito das quais o interessado afirme ser-lhe impossível obter o título, devem indicar-se as razões de que resulte essa impossibilidade.

ANOTAÇÕES

1. O reatamento do trato sucessivo tem lugar quando a sequência das aquisições derivadas – transmissões intermédias – se não inter-

rompe desde o proprietário inscrito até ao actual proprietário (o justificante), acontecendo porém que, relativamente a alguma ou algumas dessas transmissões, o interessado não dispõe do respectivo documento que as permita comprovar, apesar de terem sido tituladas de conformidade com a lei: ou porque o documento se extraviou ou foi destruído num incêndio ou por outro qualquer motivo atendível, designadamente porque não foi possível localizar a repartição onde ele foi lavrado.

2. ***Minuta de reatamento de trato sucessivo***

Justificação

...

Disseram os primeiros outorgantes:

Que são donos e legítimos possuidores, com exclusão de outrem, de um prédio urbano sito em ..., freguesia e concelho de ..., composto de casa de habitação de dois pisos, com a área coberta de ... inscrito na matriz sob o artigo ... com o valor patrimonial tributário de ... e atribuído de ...;

Que o prédio encontra-se descrito na conservatória do registo predial de ... sob o número ... com aquisição registada a favor de José Manuel ..., casado com Josefina ..., residente em ... pela inscrição ...;

Que por volta do ano de ... aqueles José Manuel... e mulher, actualmente falecidos, venderam o prédio em causa a Mário ..., viúvo, residente em ... mas, apesar das buscas efectuadas, eles outorgantes não conseguiram encontrar a escritura que titula esse contrato, ignorando também qual o cartório que a lavrou, não tendo, assim, possibilidade de obter o respectivo título, para fins de registo;

Que, por escritura de ..., lavrada a folhas ... do livro ... do cartório notarial de ... o mencionado Mário... vendeu o imóvel ao primeiro outorgante varão;

Que, assim, eles primeiros outorgantes justificam por este meio o seu direito de propriedade sobre o citado imóvel.

Disseram os segundos outorgantes:

Que, por serem verdadeiras, confirmam inteiramente as declarações ora prestadas pelos primeiros outorgantes.

Notifiquei previamente os herdeiros do titular inscrito, nos termos do artigo 99º do Código do Notariado.

Arquiva-se:

a) certidão de teor da descrição predial e de todas as inscrições em vigor;

b) certidão camarária comprovativa de o prédio ter sido construído antes da entrada em vigor do Decreto-Lei nº 38 382, de 07.08.51; e

c) documentos que integram o processo da referida notificação prévia.

Exibiu-se:

a) caderneta predial urbana obtida hoje via Internet, da qual constam os elementos matriciais citados; e

b) fotocópia-certidão da referida escritura de compra, passada pelo mencionado cartório notarial de ... em ...

Esta escritura foi lida ...

Artigo 91º
Justificação para estabelecimento de novo trato sucessivo no registo predial

1 – A justificação, nos termos do nº 3 do artigo 116º do Código do Registo Predial, consiste na afirmação, feita pelo interessado, das circunstâncias em que se baseia a aquisição originária, com dedução das transmissões que a tenham antecedido e das subsequentes.

2 – A esta justificação é aplicável o disposto no nº 2 do artigo 89º e nos nºs 2 e 3 do artigo anterior.

ANOTAÇÕES

1. O estabelecimento de novo trato sucessivo contempla aquelas situações em que se verifica uma quebra na cadeia das aquisições derivadas por abandono do proprietário (quer o inscrito quer outro subsequente a ele), tornando por isso necessário que o justificante invoque a posse conducente à usucapião, enquanto causa originária da aquisição.

2. ***Minuta de estabelecimento de novo trato sucessivo***

Justificação

...

Disseram os primeiros outorgantes:

Que são donos e legítimos possuidores, com exclusão de outrem, de um prédio rústico sito em ..., composto de vinha, com a área de ..., inscrito na matriz ... sob o artigo ..., com o valor patrimonial tributário de ..., para efeitos de IMT e de selo, e atribuído de ...;

Que o prédio encontra-se descrito na conservatória do registo predial de ... sob o número ... com aquisição registada a favor de Gabriel Matias, viúvo, residente em ... pela inscrição ...;

Que o dito prédio foi por eles adquirido em ... por compra que dele fizeram a Miguel ... e mulher Margarida ..., por escritura lavrada com início a folhas ... do livro ... do cartório notarial de ...;

Que estes Miguel ... e mulher haviam adquirido o prédio a Joaquim ..., solteiro, residente em ... que, por sua vez, o herdara do pai, dito Gabriel Matias, mas estas transmissões foram meramente verbais, inexistindo, portanto, títulos formais que as comprovem;

Que, em consequência da compra que efectuaram, eles outorgantes estão, por si e antecessores que legitimamente representam, na posse e fruição da mencionada vinha, em nome próprio há mais de ... anos, pagando os respectivos impostos, e limpando-a, podando-a, sulfatando-a e colhendo as uvas, tudo isto ininterruptamente, sem violência ou oposição de quem quer que seja e à vista de toda a gente;

Que esta posse titulada, de boa fé, contínua, pacífica e pública conduziu à aquisição do direito de propriedade do mencionado prédio por usucapião.

Disseram os segundos outorgantes:

Que, por serem verdadeiras, confirmam inteiramente as declarações ora prestadas pelos primeiros outorgantes.

Notifiquei previamente os herdeiros do titular inscrito, nos termos do artigo 99º do Código do Notariado.

Arquiva-se:

a) certidão de teor da descrição predial e de todas as inscrições em vigor;

b) certidão de teor da correspondente inscrição matricial; e

c) documentos que integram o processo da referida notificação prévia.

Exibiu-se fotocópia-certidão da escritura de compra efectuada pelos justificantes, passada pelo mencionado cartório notarial de ... em ...

Esta escritura foi lida ...

Artigo 92º
Restrições à admissibilidade da justificação

1 – A justificação de direitos que, nos termos da lei fiscal, devam constar da matriz, só é admissível em relação aos direitos nela inscritos.

2 – Além do pretenso titular do direito, tem legitimidade para outorgar como justificante quem demonstre ter legítimo interesse no registo do respectivo facto aquisitivo, incluindo, designadamente, os credores do titular do direito justificando.

HISTÓRICO

Contém as alterações dos seguintes diplomas:
- DL nº 273/2001, de 13/10

Consultar versões anteriores deste artigo:
- 1ª versão: DL nº 207/95, de 14/08

ANOTAÇÕES

Ao nº 1

1. O DL nº 281/99, de 26 de Julho, ao exigir a licença de utilização para a transmissão da propriedade de prédios urbanos ou de suas fracções autónomas, permitiu, pelo menos aparentemente, que as justificações relativas a prédios urbanos se pudessem realizar, estando os prédios inscritos na matriz ou tendo sido feita apenas a competente participação.

Por outro lado, o DL nº 273/2001, de 13 de Outubro, ao dar nova redacção ao art. 117º-A do CRP, veio admitir, no âmbito do processo de justificação nele previsto, que à data da sua instauração apenas estivesse pedida a inscrição dos prédios na matriz.

2. No entanto, a redacção actual do nº 1 do artigo em anotação, dada pelo mesmo DL 273/2001, declara que a justificação de direitos que devam constar da matriz só é admitida relativamente aos prédios que nela estiverem inscritos!

Entende o CT da DGRN[109] que a inscrição matricial, na medida em que constitui presunção da existência do prédio, é pressuposto essencial da admissibilidade de justificação notarial de direitos que, nos termos da lei fiscal, devam constar da matriz, e isto porque os cartórios notariais não dispõem de serviços externos que lhes permitam comprovar a própria existência dos prédios.

Assim sendo, a norma do nº 1 do art. 92º do CN tem carácter imperativo e, portanto, atendendo ao seu escopo, a sua violação implica a nulidade do acto jurídico (arts. 294º e 295º do CC).

3. Acentua-se ainda no citado parecer que a invocação da usucapião pela via da justificação notarial é um acto jurídico que apenas visa a obtenção de um "título bastante para o registo", não constituindo, portanto, um "título de usucapião".

[109] Cfr. parecer de 28.05.99, publicado no II caderno do BRN nº 9/99 a pp. 23 e ss.

Como acto jurídico que é, aplicam-se-lhe as disposições do CCl sobre o negócio jurídico, designadamente a norma do art. 294º segundo a qual "os negócios jurídicos celebrados contra disposição legal de carácter imperativo são nulos, salvo nos casos em que outra solução resulte da lei".

É, pois, o próprio acto jurídico de invocação da usucapião que a lei quis atingir com a proibição, considerando-o nulo.

4. De acordo com a deliberação do CT de 16 de Dezembro de 2010, tomada no Procº nº R.P. 112/2010, a violação do disposto no nº 1 do artigo em anotação implica a nulidade do acto jurídico *ainda que tenha havido participação do prédio à matriz e lhe tenha sido atribuído um número provisório.*

Ao nº 2

1. O nº 2 do artigo em anotação, na primitiva redacção, conferia legitimidade para intervir na escritura apenas ao pretenso titular do direito, mas exigia que o direito justificando estivesse inscrito na matriz em seu nome ou que o titular da inscrição matricial fosse alguém de quem ele tivesse adquirido, por sucessão ou por acto entre vivos, o direito a que a justificação respeitava.

Esta doutrina não foi reproduzida na actual formulação deste nº 2, verificando-se pelo confronto das duas redacções:

a) Que se mantém o pressuposto da inscrição matricial do direito que se pretende justificar, sempre que o mesmo, nos termos da lei fiscal, deva constar da matriz.

b) Que deixou de ser requisito para a outorga da escritura de justificação que o direito a justificar esteja inscrito na matriz em nome do justificante.

c) Que tem agora legitimidade para a outorga da escritura aquele que se arroga titular do direito (pretenso titular do direito) e aquele que demonstre ter no registo do facto aquisitivo legítimo interesse, designadamente os credores do titular do direito[110].

2. Como acaba de ser dito, o justificante é normalmente o pretenso titular do direito, mas a lei também confere legitimidade para outorgar a

[110] Cfr. parecer do CT de 30.11.2004, publicado no II caderno do BRN nº 10/2004 com início a p. 47.

escritura a quem demonstre ter legítimo interesse no registo do respectivo facto aquisitivo, incluindo, designadamente, os credores do titular do direito justificando.

Esta norma, estabelecendo um requisito (ou condição) de legitimidade na outorga da escritura de justificação, é imperativa, pelo que o notário deve recusar-se a lavrá-la sempre que o pretenso justificante não disponha desse requisito.

Artigo 93º
Justificação simultânea

A justificação pode ser feita no próprio título pelo qual se adquire o direito, competindo ao alienante fazer previamente as declarações previstas nos artigos anteriores, se o negócio jurídico for de alienação.

ANOTAÇÃO

São vulgares as escrituras de justificação e doação ou de justificação e compra e venda.

Em tais casos, a que a lei chama justificação simultânea, só podem ser extraídas certidões da escritura depois de observados o prazo e as condições supra mencionados para a passagem das certidões das escrituras de justificação (nº 5 do art. 101º).

Artigo 94º
Justificação para fins do registo comercial

1 – A justificação, para os efeitos de registo da transmissão da propriedade ou do usufruto de quotas ou de partes do capital social ou da divisão ou unificação de quotas de sociedades comerciais, ou civis sob forma comercial, tem por objecto a dedução do trato sucessivo a partir da última inscrição, ou o estabelecimento de novo trato sucessivo, por meio de declarações prestadas pelos respectivos gerentes ou administradores da sociedade ou pelos titulares dos respectivos direitos.

2 – A justificação a que se refere o nº 2 do artigo 141º do Código das Sociedades Comerciais tem por objecto a declaração de dissolução da sociedade.

3 – À justificação a que se refere o nº 1 é aplicável o disposto nos nºs 2 e 3 do artigo 90º, bem como o disposto no nº 2 do artigo 89º, quando for caso disso.

ANOTAÇÕES

Ao nº 1

1. É preciso ter em atenção que o DL nº 76-A/2006, de 29 de Março, introduziu uma alteração profunda no regime do registo das quotas, eliminando o art. 31º do CRCom, que consagrava o princípio do trato sucessivo em sede de registo comercial.

Daí, a necessidade de harmonizar a disposição do nº 1 do artigo em anotação com a disciplina própria do novo regime instituído pelo registo.

2. A titulação dos factos relativos à transmissão de quotas estava sujeita a escritura pública, competindo ao conservador do registo comercial a verificação da regularidade formal desses actos.

De acordo com o novo regime, para além de ser suficiente o escrito particular para a sua titulação, o nº 5 do art. 53º-A do referido diploma sujeita a registo por depósito – que não é objecto de qualificação pelo conservador – a transmissão da propriedade ou do usufruto de quotas ou de partes do capital social e a divisão e unificação de quotas.

À sociedade incumbe o dever de promover o registo e de verificar a prioridade dessa promoção, verificando também a sucessão dos registos e a regularidade da titulação dos factos jurídicos praticados sobre as participações sociais[111].

Para salvaguardar a inacção da sociedade na promoção do registo, o art. 29º-A do mesmo diploma permitiu a intervenção de outros interessados na promoção do registo, como, por exemplo, os adquirentes das quotas e os credores destes.

Note-se que a obrigação da sociedade em promover o registo de actos modificativos da titularidade de quotas e de direitos sobre elas

[111] Cfr. arts. 242º-B a 242º-E do CSC.

só existe se neles tiver tido intervenção o titular registado – diz o art. 242º-D do CSC –, sendo certo que o facto registado em primeiro lugar prevalece sobre os que se lhe seguirem, relativamente às mesmas quotas ou partes sociais, segundo a ordem do respectivo pedido[112].

Esta obrigação da sociedade em promover o registo pretenderá substituir o revogado princípio do trato sucessivo, de cuja observância dependia a inscrição definitiva daqueles actos.

3. Em registo comercial o que origina o primeiro registo é a escritura (ou o escrito particular com as assinaturas dos subscritores presencialmente reconhecidas) de constituição da sociedade e, por isso, a justificação não pode ser aqui utilizada para uma primeira inscrição, como se compreende.

4. A justificação notarial para o registo de aquisição da propriedade ou do usufruto de quotas ou de partes do capital social ou da divisão ou da unificação de quotas de sociedades comerciais, ou civis sob forma comercial pode ocorrer em dois casos (por meio de declarações prestadas pelos gerentes ou administradores da sociedade ou pelos titulares dos respectivos direitos): quando tiver por objecto a dedução do trato sucessivo a partir da última inscrição ou quando o seu objecto for o estabelecimento de novo trato sucessivo.

a) ***Dedução do trato sucessivo***

A dedução do trato sucessivo tem lugar sempre que se torne necessário reconstituir documentos que desapareceram, mas que foram celebrados de acordo com o condicionalismo legal próprio do seu tempo, caso em que a sequência dos actos modificativos da titularidade de quotas ou de partes sociais e de direitos sobre elas (transmissões intermédias) se não interrompe desde o titular inscrito até ao actual titular, mas, relativamente a algum ou alguns desses actos, os interessados não dispõem de documento que os comprove, v.g., porque o documento se extraviou ou foi destruído num incêndio ou por outro qualquer motivo atendível, designadamente porque não foi possível localizar a repartição onde ele foi lavrado.

Há, então, que proceder ao registo das participações sociais ou dos direitos sobre elas em nome dos sucessivos titulares, a partir do titular da última inscrição, devendo na escritura reconstituir-se os sucessivos

[112] *Vide* art. 12º do CRCom.

actos modificativos da titularidade dos correspondentes direitos, com especificação das suas causas e identificação dos respectivos sujeitos, e indicar-se ainda, relativamente aos actos a respeito dos quais se afirme a impossibilidade de obter o título, as razões de que resulte essa impossibilidade.

Minuta

Justificação

...

Disseram os primeiros outorgantes:

Que o outorgante varão é titular de uma quota no valor nominal de ... na sociedade comercial por quotas que gira sob a firma ..., com sede em ..., com o capital social de ..., matriculada na conservatória de ... sob o número ..., correspondente ao número de identificação de pessoa colectiva;

Que a mencionada quota foi-lhe adjudicada no inventário que correu termos no tribunal judicial da comarca de ... por óbito de seu pai F ..., viúvo, residente em ...;

Que o seu pai havia arrematado essa quota em hasta pública no processo de execução, que correu termos no tribunal judicial de ... no ano de ..., contra F ..., titular inscrito;

Que este processo de execução desapareceu no incêndio ocorrido no citado tribunal em ..., não havendo, consequentemente, possibilidade de obter o título que comprova a correspondente transmissão;

Que, assim, justificam o seu direito à mencionada quota, que faz parte integrante do património comum do casal deles outorgantes.

Disseram os segundos outorgantes:

Que, por serem verdadeiras, confirmam inteiramente as declarações ora prestadas pelos primeiros outorgantes.

Notifiquei previamente o titular inscrito, nos termos do artigo 99º do Código do Notariado.

Arquiva-se:

a) certidão de teor da matrícula da sociedade e dos registos em vigor;

b) documentos que integram o processo da referida notificação prévia;e

c) declaração comprovativa de que o mencionado processo de execução foi destruído por um incêndio ocorrido no tribunal judicial de ...

Exibiu-se: fotocópia-certidão da partilha, passada pela secretaria do tribunal judicial de ... em ...

Esta escritura foi lida ...

b) ***Estabelecimento de novo trato sucessivo***

O estabelecimento de novo trato sucessivo ocorre sempre que se verifique uma quebra na cadeia das aquisições derivadas, por falta ou insuficiência dos respectivos documentos, tornando-se, por isso, necessário que o justificante invoque a posse conducente à usucapião, enquanto causa originária da aquisição, indicando as circunstâncias em que se baseia a aquisição originária da propriedade ou do usufruto das participações sociais, com dedução dos actos modificativos da sua titularidade que a tenham antecedido e dos subsequentes, devendo na escritura reconstituir-se as sucessivas transmissões, com especificação das suas causas e identificação dos respectivos sujeitos, e indicar-se ainda, relativamente àquelas a respeito das quais se afirme a impossibilidade de obter o título, as razões de que resulte essa impossibilidade e as circunstâncias de facto que determinam o início da posse, bem como as que consubstanciam e caracterizam a posse geradora da usucapião.

Não basta afirmar, por exemplo, que alguém possui (ou possuiu) determinada participação social por certo período de tempo, com exclusão de outrem, de forma pública, pacífica, contínua e de boa fé. Torna-se necessário descrever os factos que revelam o início da invocada posse (participação activa na assembleia geral, com exercício efectivo do direito de voto, recebimento de dividendos, etc.) e aqueles que integram os seus caracteres (a forma continuada, o conhecimento de toda a gente, a falta de oposição de quem quer que seja, o convencimento de exercer um direito próprio correspondente ao direito de propriedade ou de usufruto, etc.).

Minuta

Justificação

...

Disseram os primeiros outorgantes:

Que o outorgante varão é titular de uma quota no valor nominal de ... na sociedade comercial por quotas que gira sob a firma ..., com sede em ..., com o capital social de ..., matriculada na conservatória de ... sob o número ..., correspondente ao número de identificação de pessoa colectiva;

Que a mencionada quota foi por ele adquirida a Joaquim da Silva, viúvo, ..., actualmente falecido, por compra titulada por escritura lavrada no dia vinte e oito de Março de mil novecentos e setenta e cinco no cartório de ... no livro ...;

Que, não obstante o mencionado Joaquim da Silva ter figurado como titular dessa quota nas actas das assembleias gerais da sociedade – durante anos e até à realização desta venda –, intervindo nelas e votando as decisões aí tomadas e se verificar que da escrituração social consta que anualmente lhe eram entregues os lucros dos exercícios sociais, a quota referida encontra-se ainda registada na citada conservatória do registo comercial a favor de Manuel da Costa, solteiro, residente em ...;

Que o citado Joaquim sempre afirmou que adquiriu a quota em causa ao dito Manuel, também já falecido, desconhecendo-se, porém, qual a espécie do título aquisitivo, sendo certo que no processo de imposto sucessório por óbito do referido Joaquim foram relacionadas diversas participações sociais, não existindo qualquer alusão a esta quota;

Que ele outorgante varão, desde a data da aquisição da dita quota, sempre actuou como seu dono e legítimo possuidor, sendo por todos considerado como tal, intervindo nas assembleias gerais e recebendo os lucros correspondentes, sem oposição de ninguém;

Que, assim, por si e antecessores que legitimamente representa, está há mais de vinte anos na posse titulada da quota, de boa fé e por forma pública, contínua e pacífica, tendo-a, portanto, adquirido por usucapião;

Que, deste modo, eles outorgantes justificam o seu direito à mencionada quota, que faz parte integrante do património comum do casal.

Disseram os segundos outorgantes:

Que, por serem verdadeiras, confirmam inteiramente as declarações ora prestadas pelos primeiros outorgantes.

Notifiquei previamente os herdeiros do titular inscrito, nos termos do artigo 99º do Código do Notariado.

Arquiva-se:

a) certidão de teor da matrícula da sociedade e dos registos em vigor; e

b) documentos que integram o processo da referida notificação prévia.

Exibiu-se: fotocópia-certidão da aquisição feita pelo primeiro outorgante varão, passada ... em ... por ...

Esta escritura foi lida ...

Ao nº 2

1. A justificação pode ainda ter por objecto a dissolução da sociedade nos casos de dissolução imediata pelo decurso do prazo do contrato, pela realização completa ou pela ilicitude superveniente do objecto social.

1.1. O *prazo de duração da sociedade*, quando fixado inicialmente ou mediante posterior alteração, pode ser certo (até determinado dia ou por tempo determinado a partir de certa data) ou incerto (até ao dia em que ocorrer um certo evento, que se sabe irá verificar-se, mas cuja data exacta não está fixada) ou ficar a duração subordinada a condição resolutiva, isto é, à verificação de um acontecimento futuro e incerto.

As mais das vezes a constatação da ocorrência do termo certo ou a verificação da condição resolutiva não suscitarão dúvidas ao notário.

Quando se levantarem problemas, deverão os interessados ser aconselhados a recorrer a outra via para a consecução dos seus intentos, uma vez que ao notário compete decidir se as razões invocadas por eles impossibilitam a comprovação, pelos meios extrajudiciais normais, dos factos que se pretendem justificar (ou seja, compete-lhe apreciar se decorreu ou não o prazo fixado no contrato ou se se verificou ou não a condição resolutiva, decidindo depois pela feitura ou pela recusa da escritura pretendida).

1.2. Para se poder falar em *realização completa do objecto contratual* – quer se trate do objecto inicialmente contratado, quer do introduzido no contrato por alteração posterior –, é igualmente indispensável que a actividade que os sócios se propõem exercer em comum seja uma actividade específica, pois, de contrário, não é materialmente possível a sua realização completa.

É, além disso, necessário que essa actividade tenha sido efectivamente exercida e se tenha materialmente esgotado, que tenha chegado ao fim, ainda que a verificação desse facto fique dependente de laudo pericial ou de vistoria de terceiros: por exemplo, a constituição de uma sociedade para a construção de um edifício só realiza completamente o seu objecto quando termina a actividade principal – a construção – e obtém da entidade administrativa a competente licença (ou autorização) de utilização, que é uma actividade complementar daquela, mas indispensável para a realização completa do objecto.

O objecto da sociedade, como elemento essencial do contrato, deixa então de existir por já estar realizado ou, o que vale o mesmo, por já estar concluída determinada actividade que os sócios entre si contrataram realizar, podendo então ser dissolvida.

O caso mais vulgar ocorre com os agrupamentos complementares de empresas constituídos para a construção de estradas, barragens, etc.

1.3. A *ilicitude do objecto contratual* como causa da dissolução é, evidentemente, a ilicitude superveniente, pois a ocorrida quando é celebrado o contrato constitui um vício que acarreta a sua nulidade.

A ilicitude relevante para o efeito da dissolução é a que afecta a actividade incluída no objecto contratual e não a que esteja a ser exercida de facto sem estar nele incluída e deve abranger tanto os casos em que a actividade é declarada ilícita como aqueles em que o seu exercício é ilícito para sociedades privadas ou proibida a actividade a sociedades de certo tipo.

1.4. Na escritura de justificação da dissolução, o justificante começará por declarar que ocorreu determinada causa legal ou contratual de dissolução imediata da sociedade (que constará ou não de documentos a instruir a escritura), concluindo depois pela declaração de que, como consequência, a sociedade fica dissolvida.

1.5. Este tipo de escritura pode ser promovido por qualquer sócio, sucessor de sócio, credor da sociedade ou credor de sócio de responsabilidade ilimitada.

"Manifestamente, o acesso à justificação notarial não está aberto simultaneamente a todas essas pessoas, em todos os casos; para a generalidade dos casos cumula-se a legitimidade de qualquer sócio e de qualquer credor social; o credor de sócio de responsabilidade ilimitada só terá essa faculdade em tipos de sociedades onde seja admitida a responsabilidade ilimitada do sócio devedor; o sucessor *mortis causa* do sócio só tem interesse na justificação notarial, quando a causa da dissolução tenha sido a morte do sócio"[113].

É claro que, se o contrato de sociedade não impedir a transmissão das participações sociais por morte, o sucessor *mortis causa* do sócio assume na sociedade a posição jurídica que ele detinha, passando a ser sócio também. Nessa hipótese, segundo parece, já pode, na qualidade de sócio, ter acesso à justificação, ainda que a causa da dissolução imediata seja outra, diferente da morte do sócio.

Minuta

Justificação

...

Disse o primeiro outorgante:

Que é um dos sócios da sociedade comercial por quotas que gira sob a firma ..., com sede em ..., com o capital social de ..., matriculada na conservatória de ... sob o número ..., correspondente ao número de identificação de pessoa colectiva;

Que é titular, na dita sociedade, de uma quota no valor nominal de ..., registada a seu favor na dita conservatória;

Que, segundo o contrato social, o objecto da sociedade é o exercício da actividade de ..., a qual foi sempre exercida com carácter de exclusividade;

Que, posteriormente, esta actividade veio a ser proibida pelo Decreto-Lei nº ..., de ...;

[113] *Dissolução e liquidação de sociedades*. Livraria Almedina. Coimbra, 1987, p. 44.

Que, desde a entrada em vigor deste diploma legal, a sociedade não voltou a exercer qualquer tipo de actividade;

Que, tratando-se de ilicitude superveniente do objecto contratual, ele outorgante, na qualidade invocada e nos termos do artigo 141º, nºs 1, alínea d), e 2 do Código das Sociedades Comerciais, vem por esta escritura justificar a dissolução da sociedade.

Disseram os segundos outorgantes:

Que, por serem verdadeiras, confirmam inteiramente as declarações ora prestadas pelos primeiros outorgantes.

Adverti o primeiro outorgante de que deve registar este acto na conservatória competente no prazo de dois meses.

Arquiva-se certidão de teor da matrícula da sociedade e dos registos em vigor.

Esta escritura foi lida ...

Artigo 95º
Apreciação das razões invocadas

Compete ao notário decidir se as razões invocadas pelos interessados os impossibilitam de comprovar, pelos meios extrajudiciais normais, os factos que pretendem justificar.

ANOTAÇÃO

Tratando-se de providência excepcional, os notários não devem vulgarizar a feitura deste tipo de escrituras, tomando a decisão de as celebrar só depois de apreciar escrupulosamente as razões invocadas pelos interessados nos termos do artigo anotado.

Artigo 96º
Declarantes

1 – As declarações prestadas pelo justificante são confirmadas por três declarantes.

2 – É aplicável aos declarantes o disposto no artigo 84º

ANOTAÇÕES

Ao nº 1

1. A doutrina oficial considera que a justificação não é mero acto de administração e, por isso, quando ela seja da iniciativa do pretenso titular do direito, devem intervir ambos os cônjuges, tratando-se de direitos pertencentes a marido e mulher.

Apesar deste entendimento, segundo o qual a justificação não é mero acto de administração, o tribunal de círculo do Funchal, vara mista, proferiu em 16.02.2004 uma sentença em que se afirma que, sendo a justificação uma forma de titular direitos suprindo a falta ou insuficiência de títulos normais, o cabeça-de-casal tem legitimidade e pode, por si só, justificar a favor e em benefício de todos os demais titulares, a propriedade de bens a integrar a massa patrimonial hereditária[114].

2. A segurança do comércio jurídico imobiliário que se pretende atingir com a publicidade da situação jurídica dos prédios demanda que na escritura de justificação notarial em que seja invocada a usucapião de direitos reais sobre bens do casal intervenham ambos os cônjuges casados sob o regime de comunhão de adquiridos, quer se trate de bens comuns, quer se trate de bens próprios de cada um deles, devendo no título ficar assente a qual das massas patrimoniais esses bens pertencem[115].

3. Acerca do início da posse por um dos cônjuges na constância do casamento celebrado no regime da comunhão de adquiridos e da declaração prestada por ambos os cônjuges de que o bem é próprio do cônjuge justificante, foi proferido em 08.06.2005 pelo CT um parecer[116] no qual, depois de se definir o que é a justificação notarial para estabelecimento do trato sucessivo, se extraíram as seguintes conclusões:

a) No regime da comunhão de adquiridos, são considerados bens próprios de cada um dos cônjuges, entre outros, os adquiridos na constância do matrimónio por virtude de direito próprio anterior, incluindo-se, nesta espécie, a título exemplificativo, os bens adquiridos por usuca-

[114] Cfr. BRN nº 4/2004 – I caderno – pp. 14 e 15.

[115] Parecer do CT de 28.09.2000, publicado no II caderno do BRN nº 10/2001 (Proc. Nº R.P. 28/2001).

[116] Publicado no BRN nº 4/2005 – II caderno – a pp. 23 e ss.

pião fundada em posse que tenha o seu início antes do casamento (art. 1722º, nº 1, alínea *c*), e nº 2, alínea *b*), do CC).

b) A posse, como pressuposto decisivo do funcionamento da usucapião, faculta ao seu titular – demandando, assim, para ser eficaz, a respectiva invocação judicial ou extrajudicial por aquele a quem aproveita, pelo seu representante ou, tratando-se de incapaz, pelo Ministério Público – a aquisição do direito a cujo exercício corresponde a sua actuação, desde que revista outras características fixadas na lei civil, às quais não é indiferente a determinação da data do seu início, já que por ela se afere o momento de aquisição do direito de propriedade (art. 1317º, alínea *c*), do CC).

c) Para o efeito previsto na parte final da anterior conclusão, não é irrelevante – antes pelo contrário – a circunstância da origem da posse do justificante residir na sucessão hereditária, cujo título é, não a invocada partilha verbal, mas a aceitação da herança, porquanto, nos termos do disposto no art. 2050º do CC, o domínio e a posse dos bens que a integram se adquirem pela aceitação – cujos efeitos retroagem ao momento da abertura da sucessão –, independentemente da sua apreensão material. E, pela aceitação da herança, o herdeiro não só adquire a posse dos bens da herança, como continua a posse do "*de cujus*".

d) Mas à posse adquirida por sucessão – que se transmite a todos os herdeiros e recai sobre todos os bens que integram a herança – une-se automaticamente a do próprio herdeiro. Não obstante, é apenas esta posse própria sobre um dos prédios do acervo hereditário que o sucessor poderá invocar com vista à aquisição por usucapião do respectivo direito de propriedade exclusiva, já que só o seu comportamento sucessório, exercitado com o ânimo de único proprietário do prédio, posteriormente à aceitação da herança e mantido pelo tempo necessário à usucapião pode consubstanciar uma inversão do título da posse ou uma oposição aos demais herdeiros, assim afastados da sucessão de tal prédio. É à data do início dessa posse exercida com ânimo de proprietário exclusivo da coisa que a usucapião invocada retrotrai os seus efeitos, nos termos do disposto no art. 1288º do CC.

e) É nula (arts. 294º e 295º do CC) a justificação notarial contida em escritura na qual tenha sido estipulado, por declaração prestada por ambos os cônjuges, casados em comunhão de adquiridos, que é bem próprio do justificante o bem adquirido por usucapião fundada em posse iniciada na constância do casamento, por violação do disposto nos arts. 1714º, nºs 1 e 2, 1722º, nº 1, alínea *c*), e nº 2, alínea *b*), e 1724º, alínea *b*), do mesmo código.

4. Acerca de um registo de aquisição de um prédio, titulado por escritura pública de justificação em que se invoca a posse exercida pelo justificante, com início em 1990, no estado de viúvo, e que foi qualificado como provisório por dúvidas, pelo facto de o justificante só ter enviuvado em 2009 – altura em que relacionou o prédio para efeito de liquidação do Imposto do Selo por morte do cônjuge –, o CT proferiu em 21 de Março de 2013 a seguinte deliberação[117]:

I – O princípio da legalidade consagrado no artigo 68º do Código do Registo Predial determina que a viabilidade do pedido de registo seja apreciada tendo em consideração as disposições legais aplicáveis, os documentos apresentados (artigo 43º do citado Código) e os registos anteriores, verificando-se em especial a identidade do prédio, a legitimidade dos interessados e a regularidade formal dos títulos bem como a validade dos actos neles contidos.

II – Por conseguinte, na qualificação do pedido, a análise do conservador deve, em regra, circunscrever-se aos documentos apresentados ou oferecidos com o pedido, só podendo ser alargada a informação externa ao processo registal mediante recurso ao suprimento de deficiências previsto no artigo 73º do Código do Registo Predial, encetado com vista a obviar à qualificação desfavorável do correspondente pedido de registo.

III – Consequentemente, em face da literalidade do preceito e da sua *ratio legis*, afigura-se-nos que o aludido procedimento não pode ser desencadeado para fundamentar eventuais dúvidas do qualificador que não se encontrem patenteadas nos títulos apresentados para instruir o acto de registo peticionado, nem mesmo para averiguar da veracidade das declarações proferidas na escritura pública de justificação, posto que não se trata de matéria por si sindicável.

IV – Infere-se, assim, do que precede, que tendo, por um lado, sido desadequado o modo de obtenção da informação subjacente à motivação das dúvidas suscitadas pela recorrida, e por outro, a sua falta de competência para aquilatar da veracidade das declarações prestadas, confinada que está no seu poder de qualificação, aquelas dúvidas não

[117] Pº R.P. nº 5/2013 SJC-CC (texto extraído do site do IRN).

são de acolher, pelo que o registo de aquisição em causa deve ser convertido em definitivo.

Ao nº 2

1. Como vimos supra no art. 68º, não podem ser testemunhas instrumentárias:

a) Os que não estiverem no seu perfeito juízo;

b) Os que não entenderem a língua portuguesa;

c) Os menores não emancipados, os surdos, os mudos e os cegos;

d) Os funcionários e o pessoal contratado em qualquer regime em exercício no cartório notarial;

e) O cônjuge, os parentes e afins, na linha recta ou em 2º grau da linha colateral, tanto do notário que intervier no instrumento como de qualquer dos outorgantes, representantes ou representados;

f) O marido e a mulher, conjuntamente;

g) Os que, por efeito do acto, adquiram qualquer vantagem patrimonial;

h) Os que não saibam ou não possam assinar.

2. Tal significa que, além das pessoas indicadas em qualquer das precedentes alíneas, não podem servir como declarantes os parentes sucessíveis dos justificantes, nem o cônjuge de qualquer deles.

Artigo 97º
Advertência

Os outorgantes são advertidos de que incorrem nas penas aplicáveis ao crime de falsas declarações perante oficial público se, dolosamente e em prejuízo de outrem, prestarem ou confirmarem declarações falsas, devendo a advertência constar da escritura.

ANOTAÇÕES

1. Esta forma de titular direitos, baseada em declarações dos próprios interessados, confirmadas por três declarantes, pode permitir a execução de fraudes, com prejuízo de terceiros.

Daí, que o artigo em anotação determine que os outorgantes (justificante e declarantes) sejam advertidos de que incorrem nas penas aplicáveis ao crime de falsas declarações, se, dolosamente e em prejuízo de outrem, prestarem ou confirmarem declarações falsas.

2. O Tribunal Constitucional, pelo acórdão nº 379/2012, de 12 de Julho, julgou inconstitucional a norma deste artigo, por violação do artigo 29º, nº 1, da Constituição da República Portuguesa[118].

A inconstitucionalidade em causa foi declarada também pelas decisões sumárias nºs 120/2013, 162/2013, 163/2013 e 514/2013, todas transitadas em julgado, assim como pelo acórdão nº 96/2015 do plenário do TC, publicado no Diário da República nº 43 de 03.03.2015.

Artigo 98º
Documentos

1 – A escritura de justificação para fins do registo predial é instruída com os seguintes documentos:

a) Certidão comprovativa da omissão dos prédios no registo predial ou, estando descritos, certidão de teor da respectiva descrição e de todas as inscrições em vigor;

b) Certidão de teor da correspondente inscrição matricial.

2 – As certidões previstas no número anterior são passadas com antecedência não superior a três meses e, sendo de teor, podem ser substituídas pela exibição do título de registo e caderneta predial, desde que tais documentos se mostrem conferidos dentro do prazo fixado para a validade das certidões.

3 – Se a justificação se destinar ao reatamento ou estabelecimento de novo trato sucessivo são ainda exibidos os documentos comprovativos das transmissões anteriores e subsequentes ao facto justificado, se não se afirmar a impossibilidade de os obter.

4 – A escritura de justificação para fins do registo comercial é instruída com certidão de teor da matrícula da sociedade e das

[118] Acórdão publicado no DR, 2ª série, nº 184 de 21 de Setembro de 2012.

respectivas inscrições em vigor, devendo, ainda, ser exibidos os documentos referenciados no número anterior.

ANOTAÇÕES

No tocante à instrução das escrituras de justificação, é conveniente distinguir entre os documentos que devem ser arquivados ou exibidos nas justificações para fins de registo predial dos que devem ser arquivados ou exibidos nas justificações para fins de registo comercial.

Assim:

I – ***Registo predial***

1. Tem-se colocado a questão de saber se a lei exige ou não a apresentação da licença (ou autorização) de utilização na justificação alusiva a prédios urbanos, em face do estatuído no art. 4º do DL 281/99, de 26 de Julho.

O assunto foi submetido em 23-05-2002 à apreciação do CT, tendo este deliberado que a citada norma quis condicionar a justificação de direitos sobre prédios urbanos à comprovação da existência da correspondente licença de utilização, criando, assim, um novo requisito de admissibilidade, pelo que teria de se fazer prova documental da existência da correspondente licença de utilização ou de que o imóvel estava dela dispensado, por ter sido construído ou inscrito na matriz antes de 07.08.951 ou em data em que no respectivo concelho ainda não tivesse entrado em vigor o Regulamento Geral das Edificações Urbanas, aprovado pelo DL nº 38 382, de 7 de Agosto de 1951[119].

A questão tem sido debatida nos tribunais, sem se ter chegado ainda a uma solução definitiva.

De todo o modo, a apresentação de licença (ou autorização) de utilização é dispensada se a existência desta estiver anotada na descrição e o prédio não tiver sofrido alterações[120].

2. Ficam arquivados:

a) As certidões mencionadas nas alíneas *a*) e *b*) do nº 1 do artigo em anotação.

[119] Cfr. p. 6 do II caderno do BRN nº 6/2002.

[120] *Vide* nº 4 do art. 1º do citado DL nº 281/99 e alínea *a*) do nº 1 do art. 90º-A do CRP, na redacção do DL nº 116/2008, de 4 de Julho.

b) O documento comprovativo da dispensa da licença de utilização dos prédios urbanos.

c) O documento comprovativo da notificação prévia a que alude o art. 99º.

3. São exibidos:

a) A caderneta predial, quando substituir a certidão de teor da inscrição matricial.

b) Os documentos comprovativos das transmissões anteriores e subsequentes ao facto justificado, relativamente às quais se não afirme a impossibilidade de os obter, na justificação para reatamento ou estabelecimento de novo trato sucessivo.

c) A licença (ou autorização) de utilização de prédios urbanos, a menos que a sua existência esteja anotada na descrição e o prédio não tenha sofrido alterações.

II – ***Registo comercial***

1. Ficam arquivados:

a) Certidão de teor da matrícula da sociedade e dos registos em vigor.

Esta certidão pode ser disponibilizada em suporte electrónico, fazendo prova para todos os efeitos legais e perante qualquer autoridade pública ou entidade privada, nos mesmos termos da correspondente versão em suporte de papel[121].

b) O documento comprovativo da notificação prévia a que alude o art. 99º.

2. São exibidos:

Os documentos comprovativos das transmissões anteriores e subsequentes ao facto justificado, relativamente às quais se não afirme a impossibilidade de os obter, tratando-se de justificação tendente ao registo de aquisição da propriedade ou do usufruto de quotas ou de partes do capital social ou da divisão ou da unificação de quotas de sociedades comerciais ou civis sob a forma comercial, quando se verificar falta de título em que tenha intervindo o titular inscrito.

[121] Cfr. art. 75º do CRCom.

Artigo 99º
Notificação prévia

1 – No caso de reatamento do trato sucessivo ou de estabelecimento de novo trato, quando se verificar a falta de título em que tenha intervindo o titular inscrito, a escritura não pode ser lavrada sem a sua prévia notificação, efectuada pelo notário, a requerimento, escrito ou verbal, do interessado na escritura.

2 – Quando o pedido referido no número anterior seja formulado verbalmente é reduzido a auto.

3 – O requerimento e os documentos que o instruam são apresentados em duplicado e, tendo de ser notificada mais de uma pessoa, apresentam-se tantos duplicados quantas sejam as pessoas que vivam em economia separada; no caso de ser lavrado auto-requerimento, os documentos que o instruam são igualmente apresentados em duplicado, nos termos referidos, cabendo ao notário extrair cópia daquele.

4 – Verificada a regularidade do requerimento e da respectiva prova documental, o notário profere despacho a ordenar a notificação do titular inscrito, devendo, desde logo, ordenar igualmente a notificação edital daquele ou dos seus herdeiros, independentemente de habilitação, para o caso de se verificar a sua ausência em parte incerta ou o seu falecimento.

5 – As notificações são feitas nos termos gerais da lei processual civil, aplicada com as necessárias adaptações.

6 – Nas situações em que a notificação deva ser efectuada de forma pessoal e o notificando residir fora da área do cartório, a diligência pode ser requisitada por meio de ofício precatório dirigido ao notário competente.

7 – A notificação edital é feita pela simples afixação de editais, pelo prazo de 30 dias, na conservatória competente para o registo, na sede da junta de freguesia da situação do prédio ou da sede da sociedade e, quando se justifique, na sede da junta de freguesia da última residência conhecida do ausente ou falecido.

8 – A notificação prevista no presente artigo não admite qualquer oposição.

9 – O despacho que indeferir a notificação pode ser impugnado nos termos previstos neste Código para a impugnação de recusa do notário em praticar qualquer acto que lhe seja requisitado.

10 – Da escritura deve constar a menção de que a notificação foi efectuada.

HISTÓRICO

Contém as alterações dos seguintes diplomas:

- DL nº 273/2001, de 13/10

Consultar versões anteriores deste artigo:

- 1ª versão: DL nº 207/95, de 14/08

ANOTAÇÕES

Aos nºs 1 e 2

1. A notificação visa dar conhecimento ao titular inscrito do acto que se pretende realizar, com o fim de se lhe poder opor.

Daí que, havendo título através do qual o titular inscrito tenha transmitido o seu direito, já este não tenha de ser notificado.

Pode suceder ainda que não seja possível localizar o título, através do qual o titular inscrito transmitiu o seu direito, mas esse titular se prontifique a, como declarante, vir à escritura confirmar a transmissão, hipótese em que, como é evidente, não é necessária a sua notificação prévia.

2. Quando houver de se proceder à notificação prévia do titular inscrito, o interessado requerê-la-á ao notário, por escrito ou verbalmente, embora neste último caso o pedido deva ser reduzido a auto.

Minuta

Auto-requerimento

No dia ... de ... de ..., no meu cartório sito em ..., perante mim, F..., notário, compareceu F..., NIF..., natural e residente habitualmente em ..., pessoa cuja identidade verifiquei por ..., o qual declarou que pretende realizar uma escritura de justificação para estabelecimento de novo trato sucessivo relativamente ao prédio abaixo identificado e, por isso, requer previamente, nos termos do art. 99º do Código do Notariado, a notificação pessoal de ..., residente habitualmente em

... (ou a notificação edital de ..., ausente em parte incerta, mas com última residência conhecida em ... ou a notificação edital dos herdeiros de ... falecido em ... com última residência conhecida em ...), nos termos e com os seguintes fundamentos:

a) O requerente e sua mulher F... são donos e possuidores legítimos de um prédio rústico, sito em ..., composto por ..., inscrito na respectiva matriz, em nome do requerente, sob o artigo ... com o valor patrimonial tributário de ..., descrito na competente conservatória sob o número ..., com aquisição registada desde ... a favor do dito F... pela inscrição G – ...;

b) Este prédio foi por eles adquirido em ... por compra que dele fizeram a ... e mulher ... por escritura lavrada com início a fls. ... do livro ... do cartório notarial de ...;

c) Estes F... e mulher ... haviam adquirido o prédio a ..., residente em ..., que, por sua vez, o herdara do pai, dito ..., mas estas transmissões foram meramente verbais, inexistindo, portanto, títulos formais que as comprovem;

d) Que, em consequência da compra que efectuaram, o requerente e sua mulher estão na posse e fruição do mencionado prédio, em nome próprio há mais de ... anos, pagando os respectivos impostos, limpando-o e cultivando-o, tudo isto ininterruptamente, sem violência ou oposição de quem quer que seja e à vista de toda a gente;

e) Esta posse titulada, de boa fé, contínua, pacífica e pública conduziu à aquisição do direito de propriedade do mencionado prédio por usucapião.

Lido e achado conforme.

Junta: certidões de teor da inscrição matricial e da descrição predial e inscrições em vigor; fotocópia-certidão da assinalada escritura de compra e os duplicados legais.

O declarante,

...

O Notário,

...

Conta registada sob o nº ...

Ao nº 3

O requerimento e os documentos que o instruam serão apresentados em duplicado, seguindo-se o despacho do notário a ordenar a notificação requerida.

Havendo mais de uma pessoa a notificar, serão apresentados tantos duplicados quantas as pessoas que vivam em economia separada.

Ao nº 4
Minuta

Despacho

Tendo verificado a regularidade do requerimento e da prova documental junta, ordeno a notificação pessoal do titular inscrito [ou a notificação de ..., ausente em parte incerta, mas com última residência conhecida em ..., ou a notificação dos herdeiros de ... falecido em ... com última residência conhecida em ..., por meio de editais a remeter para a conservatória competente para o registo, para a sede da junta de freguesia da situação do prédio (ou da sede da sociedade) e, (quando se justifique), para a sede da junta de freguesia da última residência conhecida do ausente ou falecido].

Em ...

O Notário,

...

Ao nº 6

Quando a notificação tiver de ser pessoalmente feita e o notificando residir fora da área do cartório, a diligência poderá ser requisitada por ofício precatório dirigido ao competente notário.

No entanto, o facto de a lei determinar que as notificações são feitas nos termos gerais da lei processual civil, aplicada com as necessárias adaptações, leva-nos a concluir que, em vez de se requisitar a diligência por ofício precatório dirigido ao competente notário, se pode optar por efectuar essa notificação por carta registada dirigida directamente ao notificando, qualquer que seja a residência deste, no país ou no estrangeiro.

Minutas
a) **Notificação pessoal**

Cartório notarial do notário F..., sito em ...

Notificação pessoal

Certifico que hoje, neste cartório (ou no lugar de ...), notifiquei pessoalmente ..., residente habitualmente em ..., informando-o de que F... solicitou a realização de uma escritura de justificação para estabelecimento de novo trato sucessivo, com base na usucapião, declarando-se, juntamente com sua mulher F..., dono e possuidor legítimo de um prédio ... inscrito na matriz em seu nome sob o artigo ..., descrito na conservatória competente sob o número ... e aí registado em nome do notificado pela inscrição G – ...

De como foi notificado (tendo recebido cópia do requerimento formulado para o citado fim por aquele F... e dos documentos que o instruem), ficando de tudo ciente, vai assinar comigo F..., expressamente autorizado pelo dito notário para a prática deste acto.

Em ...

O Notificado,

...

O Oficial (ou colaborador do notário)

...

b) ***Carta registada com aviso de recepção***

Cartório notarial do notário F..., sito em ...

Data: ... / ... / ... *Exmo. Senhor*

....

....

....

Fica V.Exª, por este meio, notificado, nos termos do art. 99º do Código do Notariado, de que F... solicitou a realização de uma escritura de justificação para estabelecimento de novo trato sucessivo, com base na usucapião, declarando-se, juntamente com sua mulher F..., dono e possuidor legítimo de um prédio ... inscrito na matriz em seu nome sob o artigo ..., descrito na conservatória competente sob o número ... e aí registado em nome de V.Exª pela inscrição G – ...

Junto cópia do requerimento formulado por aquele F... e dos documentos que o acompanham.

O Notário,

...

Ao nº 7

A notificação edital é feita pela afixação de editais, pelo prazo de 30 dias, na conservatória competente para o registo, na sede da junta de freguesia da situação do prédio ou da sede da sociedade e, quando se justifique, na sede da junta de freguesia da última residência conhecida do ausente ou falecido.

Minuta

Cartório notarial do notário F..., sito em ...

Edital

Faço saber que F... e mulher F..., residentes habitualmente em ..., pretendem realizar uma escritura de justificação para estabelecimento de novo trato sucessivo, com base na usucapião, declarando-se donos e possuidores legítimos de um prédio ... inscrito na matriz respectiva, em nome do interessado varão, no artigo ..., descrito na conser-

vatória competente sob o número ... e aí registado pela inscrição G – ... em nome de ..., ausente em parte incerta, mas com última residência conhecida em ... (ou em nome de Francisco Lourenço, já falecido, com última residência conhecida em ...)

Fica, por este meio, notificado o dito ... (ou ficam, por este meio, notificados os seus herdeiros), nos termos do art. 99º do Código do Notariado, da pretensão daqueles F... e mulher F...

Para constar, se mandou passar este edital que será afixado, pelo prazo de 30 dias, na conservatória do registo predial de ..., na sede da junta de freguesia de ... (e, quando se justifique, na sede da junta de freguesia da última residência conhecida do ausente ou falecido).

Em anexo: fotocópia do auto-requerimento e dos documentos que o instruem.

Em ...

O Notário,

...

Ao nº 8

A notificação não admite oposição, mas do despacho que a indeferir cabe impugnação, processada do mesmo modo que a impugnação da recusa em lavrar qualquer acto que ao notário seja solicitado.

Artigo 100º
Publicidade

1 – A escritura de justificação é publicada por meio de extracto do seu conteúdo, a passar no prazo de cinco dias a contar da sua celebração.

2 – A publicação é feita num dos jornais mais lidos do concelho da situação do prédio ou da sede da sociedade, ou, se aí não houver jornal, num dos jornais mais lidos da região.

ANOTAÇÕES

Ao nº 2

1. A publicação é feita num dos jornais mais lidos do concelho da situação do prédio ou da sede da sociedade (sendo a justificação para fins de registo automóvel, parece-nos que a publicação deverá ser feita num dos jornais mais lidos no concelho da residência do justificante), ou, se aí não houver jornal, num dos jornais mais lidos da região.

Não importa que, havendo jornal do concelho, a sua periodicidade máxima seja ou não semanal, embora se reconheça que uma periodicidade longa possa brigar com legítimos interesses na celeridade do acto.

Destinando-se a publicação a dar a conhecer os elementos essenciais da justificação, para que os interessados a possam impugnar, é no jornal do concelho que os titulares de interesses sobre prédios nele situados (ou sobre sociedades nele sediadas, ou, acrescentamos nós, sobre automóveis pertencentes a pessoas aí residentes) vão procurar as publicações e, por isso, é nele que as publicações deverão ser feitas[122].

2. A publicação do extracto é averbada à escritura de justificação (art. 131º, nº 1, alínea *c*)).

Minuta

Averbamento nº ... – Esta escritura foi publicada por extracto no dia ... a fls. ... do nº ... do jornal ...

Em ... (rubrica)

Conta registada sob o nº__ (rubrica)

3. Em virtude de só poderem ser passadas certidões de escritura de justificação decorridos 30 dias sobre a data em que o extracto for publicado, se dentro desse prazo não for recebida comunicação da pendência da impugnação, do averbamento a que se refere a nota anterior deve constar a data da publicação.

Artigo 101º
Impugnação

1 – Se algum interessado impugnar em juízo o facto justificado deve requerer simultaneamente ao tribunal a imediata comunicação ao notário da pendência da acção.

2 – Só podem ser passadas certidões de escritura de justificação decorridos 30 dias sobre a data em que o extracto for publicado, se dentro desse prazo não for recebida comunicação da pendência da impugnação.

[122] Entendimento expresso no parecer proferido no processo nº R.P. 28/2001 DSJ-CT, publicado no II caderno do BRN nº 10/2001.

3 – O disposto no número anterior não prejudica a passagem de certidão para efeito de impugnação, menção que da mesma deve constar expressamente.

4 – Em caso de impugnação, as certidões só podem ser passadas depois de averbada a decisão definitiva da acção.

5 – No caso de justificação simultânea, nos termos do artigo 93º, não podem ser extraídas quaisquer certidões da escritura sem observância do prazo e das condições referidos nos números anteriores.

ANOTAÇÕES

Ao nº 1

1. O notário terá de averbar à escritura não só a pendência da acção mas também a decisão final, como decorre do estatuído no art. 202º, alínea *c*).

Minutas

a) ***Impugnação do facto justificado***

Averbamento nº ... – Está pendente no tribunal judicial da comarca de ... acção de impugnação do facto justificado por esta escritura, conforme ofício nº ... do aludido tribunal, que arquivo.

Em ... (rubrica)

Conta registada sob o nº__ (rubrica)

b) ***Decisão judicial proferida em acção de impugnação do facto justificado***

Averbamento nº ... – A acção de impugnação a que se refere o averbamento nº ... foi julgada procedente (ou improcedente), conforme ofício nº ... do tribunal judicial da comarca de ..., que arquivo.

Em ... (rubrica)

Conta registada sob o nº__ (rubrica)

2. Questão que pode levantar-se é a de saber se a escritura de justificação pode ser distratada depois de efectuada, com base nela, a inscrição de aquisição da propriedade.

Duvidamos dessa possibilidade, dado que o registo confere publicidade ao acto perante terceiros cujos interesses podem ser afectados pelo seu cancelamento, e negamo-la mesmo se houver terceiros inscritos, como, aliás, se decidiu na deliberação do CT proferida no Pº RP nº 241/2004, com acesso através do *site* do IRN.

Aí se diz: "O distrate de justificação notarial titulado por escritura pública em que os justificantes, com a confirmação de três declarantes, declararam destruir os efeitos do acto jurídico de invocação da usucapião da propriedade dos imóveis dela objecto, por não ser verdadeira a declaração de ciência sobre os factos passados integradores desta forma de aquisição originária, é título suficiente para o cancelamento do registo de aquisição a favor dos justificantes entretanto efectuado com base naquela escritura de justificação, desde que, naturalmente, não figurem nas tábuas terceiros inscritos".

Ao nº 2

1. Como foi anteriormente assinalado, do averbamento da publicação do extracto deve constar a data da publicação, em virtude de só poderem ser passadas certidões de escritura de justificação decorridos 30 dias sobre essa data, se dentro desse prazo não for recebida comunicação da pendência da impugnação.

Tendo havido impugnação, as certidões só poderão ser passadas depois de averbada a decisão definitiva da acção.

2. É evidente que antes de decorrido o prazo de 30 dias sobre a data em que o extracto for publicado podem ser passadas certidões desde que se destinem a impugnar o facto justificado ou hajam sido requisitadas por tribunal para instrução de processo judicial (parecer da DSJ in BRN nº 4/98).

Destas certidões deve constar expressamente o fim a que se destinam.

SUBSECÇÃO III
Escrituras diversas

Artigo 102º
Extinção da responsabilidade da emissão de títulos

1 – A extinção total ou parcial da responsabilidade proveniente da emissão de acções, obrigações, cédulas ou escritos de obrigação geral das sociedades pode ser objecto de escritura pública, mediante declaração feita pelos interessados e confirmada pelo notário, perante o qual são exibidos os títulos com as

notas de amortização ou de pagamento, bem como a escrituração ou outros documentos donde conste terem sido realizados os pagamentos ou feitas as amortizações.

2 – O notário deve lavrar a escritura, mencionando nela os factos comprovativos da extinção da responsabilidade, podendo o registo da emissão ser cancelado, no todo ou em parte, à vista do documento lavrado.

ANOTAÇÕES

1. O disposto neste artigo caiu em desuso.

2. Sobre acções, *vide* arts. 298º e ss. do CSC.

3. Sobre obrigações, *vide* arts. 348º e ss. do indicado CSC.

SECÇÃO III
Instrumentos públicos avulsos

SUBSECÇÃO I
Disposições gerais

Artigo 103º
Número de exemplares a lavrar

1 – Os instrumentos avulsos são lavrados num só exemplar.

2 – Exceptuam-se os instrumentos de depósito de testamentos cerrados e de testamentos internacionais, que devem ser sempre lavrados em duplicado, fazendo-se no texto menção desta circunstância.

ANOTAÇÕES

Ao nº 1

1. A lei não fornece a definição de instrumentos avulsos.

Pela leitura dos arts. 35º e 36º, fica-se com a ideia de que, como tal, devem ser considerados todos os instrumentos exarados fora dos livros de notas, exceptuados os certificados, certidões e outros documentos análogos.

2. Os instrumentos avulsos são documentos autênticos, como decorre do nº 2 do art. 35º, tendo, por tal, a força probatória que o art. 371º do CC lhes confere.

3. Os instrumentos avulsos podem ser redigidos em papel modelo A4, excepto os instrumentos de protesto de títulos de crédito (que são lavrados em impressos de modelo superiormente aprovado) e os instrumentos de aprovação dos testamentos internacionais (que se fazem através do certificado a que se refere o art. 10º da Lei Uniforme sobre a Forma de Um Testamento Internacional, aprovada pela Convenção de Washington de 26 de Outubro de 1973).

4. Na confecção dos instrumentos avulsos é permitido o recurso a qualquer processo gráfico – à mão ou à máquina –, desde que os caracteres sejam nítidos, mas os instrumentos de aprovação de testamentos cerrados devem ser manuscritos com grafia de fácil leitura (art. 38º do código).

Os materiais utilizados na composição dos actos notariais devem ser de cor preta, conferindo inalterabilidade e duração à escrita (nº 1 do art. 39º).

5. Os instrumentos avulsos devem ser escritos em língua portuguesa e redigidos com correcção, em termos claros e precisos, evitando-se, desse modo, as expressões e as frases inúteis.

6. Devem também ser escritos por extenso e sem espaços em branco.

O uso de algarismos e abreviaturas é permitido nos casos a que se reporta o nº 3 do art. 40º.

7. As folhas dos instrumentos avulsos, com excepção das que contiverem as assinaturas, são rubricadas por quem presidir à sua celebração e também pelos outorgantes que saibam e possam assinar e pelos demais intervenientes, devendo apor-se junto da assinatura e da rubrica daquele o selo branco do cartório (arts. 52º e 205º).

Ao nº 2

Sobre instrumentos de depósito de testamentos cerrados e de testamentos internacionais, *vide* art. 109º e respectivas notas.

Artigo 104º
Destino dos exemplares

1 – Os instrumentos lavrados são entregues aos outorgantes ou aos interessados.

2 – Exceptuam-se os instrumentos de abertura de testamentos cerrados e de testamentos internacionais, os de actas de reuniões de órgãos sociais e os de procuração conferida também no interesse do procurador ou de terceiro, bem como os instrumentos de ratificação de actos notariais, que ficam sempre arquivados.

3 – Dos instrumentos de depósito de testamentos cerrados e de testamentos internacionais, um dos exemplares, considerado o original, fica arquivado, sendo o outro entregue ao depositante.

ANOTAÇÕES

1. Como vimos no artigo anterior, a regra sobre os instrumentos avulsos é serem exarados num só exemplar, explicitando o artigo em anotação que o exemplar único deverá ser entregue aos outorgantes ou interessados.

Há, no entanto, que ter em atenção o seguinte:

1.1. Os instrumentos de depósito de testamentos cerrados e de testamentos internacionais constituem, de acordo com o ditame do nº 2 do art. 103º, excepção à regra do exemplar único, uma vez que devem ser lavrados em duplicado.

Em face disso, o nº 3 do artigo ora em análise determinou que o original deste tipo de instrumentos ficasse arquivado, entregando-se ao depositante o outro exemplar.

1.2. Os instrumentos de abertura de testamentos cerrados e de testamentos internacionais, os de actas de reuniões de órgãos sociais e os de procuração conferida também no interesse do procurador ou de terceiro, bem como os instrumentos de ratificação de actos notariais, não obstante serem exarados num só exemplar, ficam sempre arquivados no cartório em maço próprio e aí registados também em livro próprio (alíneas *c*), *f*) e *g*) do nº 2 do art. 28º e art. 16º)[123].

2. O nº 2 do art. 194º preceitua que a conta dos actos lavrados em instrumentos avulsos e em outros documentos entregues às partes é lançada nesses instrumentos ou documentos, bem como nos seus duplicados, quando os houver, sendo hoje vulgar emitir-se recibo próprio.

Assim sendo, a conta dos instrumentos de abertura de testamentos cerrados e de testamentos internacionais, dos de actas de reuniões de órgãos sociais e dos de procuração conferida também no interesse do procurador ou de terceiro, bem como dos instrumentos de ratificação de actos notariais é feita em impresso ou recibo próprio.

3. A organização das fichas ou verbetes onomásticos, a que alude o art. 25º, é também extensiva às actas de reuniões de órgãos sociais, aos instrumentos de procuração conferidos também no interesse do procurador ou de terceiro e aos instrumentos de ratificação de actos notariais, por força do nº 5 do art. 25º.

Artigo 105º
Documentos complementares

Os documentos necessários para integrar ou instruir o acto tem o mesmo destino do original do instrumento.

ANOTAÇÕES

1. A lei distingue entre documentos necessários para integrar ou para instruir os actos notariais, a todos rotulando de documentos complementares.

No entanto, no rigor dos conceitos apenas os documentos complementares a que alude o art. 64º (cujo normativo se utiliza frequente-

[123] No citado *MANUAL DE DIREITO NOTARIAL* a pp. 997-999 e 1044 poderão consultar-se duas minutas de acta de reunião de assembleia geral (uma, de sociedade por quotas; e outra, de sociedade anónima) e uma minuta de ratificação de negócios jurídicos.

mente para descrever os bens que constituem o objecto do instrumento ou os estatutos das associações, fundações e sociedades e as cláusulas contratuais em que sejam interessadas instituições de crédito ou em que a extensão do clausulado o justifique) é que integram os actos, tanto que as fotocópias ou certidões de teor integral dos actos notariais devem reproduzir o conteúdo não só do instrumento mas também do próprio documento complementar, como determina o nº 1 do art. 168º.

Os documentos que os instruem são os que se destinam a provar determinados factos de que se faz menção no instrumento, v. g., as certidões fiscais ou de registo ou as cópias dos testamentos nas escrituras de habilitação.

2. É evidente que todos os documentos que integram um dado acto notarial têm de constar do arquivo do cartório onde o acto for celebrado, pois, como a palavra diz, fazem parte dele, formam com ele uma unidade.

Logo, não há dúvidas quanto à imperatividade do seu arquivamento.

Porém, no que concerne aos documentos apresentados para o instruir, a lei fala umas vezes em "apresentação" e noutras em "exibição".

Ora, se no primeiro caso, na dúvida o documento deve ser arquivado, já no segundo é manifesto que a lei não quis que fosse arquivado, mandando-o exibir.

Daí, que nem todos os documentos necessários para instruir os actos notariais tenham o mesmo destino do original do instrumento, como se diz no artigo em anotação.

SUBSECÇÃO II
Aprovação de testamentos cerrados

Artigo 106º
Composição do testamento cerrado

1 – O testamento cerrado deve ser manuscrito pelo próprio testador ou por outrem a seu rogo.

2 – No testamento cerrado, a ressalva de emendas, rasuras, traços, entrelinhas, borrões ou notas marginais é feita exclusivamente por quem o tiver escrito ou pelo próprio testador.

3 – A ressalva faz-se antes da assinatura ou em aditamento seguido e novamente assinado.

ANOTAÇÕES

1. Os testamentos podem revestir, como é sabido, formas comuns e especiais: as comuns são o testamento público, o cerrado e o internacional; as especiais são os testamentos de militares e pessoas equiparadas, feitos nas condições contempladas no art. 2210º do CC, os feitos a bordo de navio e de aeronave e os lavrados em caso de calamidade pública por quem estiver inibido de se socorrer das formas comuns de testamento.

O testamento cerrado é escrito e assinado pelo testador ou por outra pessoa a seu rogo, ou escrito por outra pessoa a rogo do testador e por este assinado, desde que, como tal, seja aprovado por notário.

O testador só pode deixar de assinar o testamento cerrado quando não saiba ou não possa fazê-lo, ficando consignada no instrumento de aprovação a razão por que o não assina.

O que, portanto, caracteriza o testamento cerrado é ser um acto manuscrito pessoalmente pelo testador ou por outra pessoa a seu pedido, intervindo o notário em momento posterior para o aprovar, ou seja, para lhe dar autenticidade e para que ele possa produzir os seus efeitos, visto que os testamentos hológrafos – ou seja, contidos em simples documentos particulares (ainda que datados e assinados, mas sem observância de qualquer outra formalidade) – não são admitidos pela lei.

2. Os notários devem prestar a maior atenção ao facto de não poderem dispor em testamento cerrado as pessoas que não sabem ou não podem ler (v.g. analfabetos e cegos) – art. 2208º do CC –, pois só assim se pode ter a certeza de que as disposições contidas no testamento cerrado correspondem à vontade do seu autor.

O testador terá, em casos tais, de recorrer ao testamento público.

O nº 2 do art. 2206º do CC, ao preceituar que o testador só pode deixar de assinar o testamento cerrado quando não saiba ou não possa fazê-lo, admite que uma pessoa saiba ler (sem o que, como se viu, seria inábil para dispor em testamento cerrado), mas não saiba assinar, o que configura uma situação praticamente impossível de ocorrer, razão pela qual se imporá uma interpretação parcialmente derrogante daquele nº 2 do art. 2206º.

3. O testamento cerrado deve ser manuscrito, o que vale por dizer que não é possível aprová-lo se ele se encontrar dactilografado ou elaborado noutro sistema gráfico.

Artigo 107º
Leitura do testamento

1 – Só a pedido do testador o testamento cerrado pode ser lido pelo notário que lavrar o instrumento de aprovação.

2 – A leitura pode ser feita em voz alta, na presença de algum dos intervenientes, alem do próprio testador se este o autorizar.

ANOTAÇÃO

O pedido feito ao notário pelo testador para ser efectuada a leitura do testamento cerrado na sua presença e, eventualmente, na presença de algum dos intervenientes no instrumento de aprovação, se o testador o autorizar, deve ser mencionado no instrumento.

Essa menção pode constar do final do instrumento por forma igual ou semelhante a esta:

Este instrumento foi lido e explicado o seu conteúdo, tendo sido também lido o testamento cerrado, a pedido do testador (ou lido o testamento cerrado, a pedido do testador, e, com autorização sua, em voz alta, na sua presença e na do(s) interveniente(s) ...

Artigo 108º
Formalidades

1 – Apresentado pelo testador o seu testamento cerrado, para fins de aprovação, o notário deve lavrar o respectivo instrumento, que principia logo em seguida à assinatura aposta no testamento.

2 – O instrumento de aprovação deve conter, em especial, as seguintes declarações, prestadas pelo testador:

a) Que o escrito apresentado contém as suas disposições de última vontade;

b) Que está escrito e assinado por ele, ou escrito por outrem, a seu rogo, e somente assinado por si, ou que está escrito e assinado por outrem, a seu rogo, visto ele não poder ou não saber assinar;

c) Que o testamento não contém palavras emendadas, truncadas, escritas sobre rasuras ou entrelinhas, borrões ou notas marginais, ou, no caso de as ter, que estão devidamente ressalvadas;

d) Que todas as folhas, à excepção da assinada, estão rubricadas por quem assinou o testamento.

3 – O instrumento de aprovação deve ainda conter, no caso de o testamento não ter sido escrito pelo testador, a declaração, feita por este, de que conhece o seu conteúdo por o haver já lido.

4 – O notário também faz constar do instrumento o número de páginas completas, e de linhas de alguma página incompleta, ocupadas pelo testamento.

5 – As folhas do testamento são rubricadas pelo notário e, se o testador o solicitar, o testamento, com o instrumento de aprovação, é ainda cosido e lacrado pelo notário, que apõe sobre o lacre o seu sinete.

6 – Na face exterior da folha que servir de invólucro é lançada uma nota com a indicação da pessoa a quem o testamento pertence.

ANOTAÇÕES

Aos nºs 1, 2 e 3

1. Os instrumentos de aprovação de testamentos cerrados, principiam logo em seguida à assinatura aposta no testamento, no mesmo papel em que o testamento foi escrito ou, se ele estiver completo, na primeira linha de uma folha que terá de ser anexada.

Deve, porém, ter-se presente que a aprovação dos testamentos internacionais se faz através do certificado a que se refere o art. 10º da Lei Uniforme sobre a Forma de Um Testamento Internacional, aprovada pela Convenção de Washington de 26 de Outubro de 1973.

2. O nº 2 do art. 38º permite que os instrumentos de aprovação dos testamentos cerrados possam ser dactilografados ou processados informaticamente quando o notário estiver em exercício, devendo o suporte informático ser destruído após terem sido lavrados.

Esta permissão parece-nos de difícil execução relativamente aos instrumentos de aprovação porque começam a ser escritos logo a seguir à assinatura aposta no testamento.

Daí, que se deva tomar como boa a doutrina contida no nº 1 desse art. 38º, segundo a qual os instrumentos de aprovação de testamentos cerrados devem ser manuscritos com grafia de fácil leitura.

3. Os materiais utilizados na sua composição devem ser de cor preta, conferindo inalterabilidade e duração à escrita (nº 1 do art. 39º).

4. Os instrumentos de aprovação de testamento cerrado devem conter a menção da data, já que o art. 2207º do CC a considera para todos os efeitos como a data do próprio testamento.

5. Os instrumentos de que vimos falando devem conter ainda, como menção especial, a data do nascimento do testador e os nomes completos dos pais (art. 47º, nº 4).

Quando no registo de nascimento do testador estiver estabelecida a filiação apenas quanto a um dos progenitores, só esta deve ser referida, não se mencionando que o testador é filho de pai ou mãe incógnitos.

Do mesmo passo se dirá que a filiação não está estabelecida, se tal se verificar.

6. Nos instrumentos de aprovação de testamentos cerrados há lugar à intervenção de duas testemunhas instrumentárias.

As testemunhas só podem ser dispensadas pelo notário no caso de haver urgência e muita dificuldade em as conseguir, para evitar que o testador fique privado de fazer o seu testamento, devendo fazer-se menção expressa desta circunstância no texto do acto.

A identidade das testemunhas deve ser verificada por uma das formas previstas nas alíneas *a*), *b*) e *c*) do nº 1 do art. 48º, consignando-se no instrumento o processo de identificação utilizado (art. 67º, nºs 1, alínea *a*), 2 e 3).

7. O instrumento deve conter, em especial, as declarações, prestadas pelo testador, a que se referem as várias alíneas do nº 2 do artigo em anotação, e no caso de o testamento não ter sido escrito por ele a declaração de que conhece o seu conteúdo por o haver já lido.

8. ***Minuta***

Aprovação de testamento cerrado

...

... compareceu F... (nome completo, estado, data de nascimento, filiação, naturalidade e residência habitual), pessoa cuja identidade verifiquei por ....

E por ele me foi apresentado, para fins de aprovação, o escrito que antecede, declarando:

– *que o mesmo contém as suas disposições de última vontade;*

– *que se encontra escrito e assinado por si, tendo rubricado todas as folhas, com excepção da assinada;*

(ou que se encontra escrito por outrem, a seu rogo, e somente assinado por si, que rubricou todas as folhas, com excepção da assinada; ou que se encontra escrito e assinado por outrem, a seu rogo, visto ele não poder assinar, tendo as folhas, à excepção da assinada, sido rubricadas por quem assinou o testamento)

– *que conhece o seu conteúdo, por o haver já lido (no caso de o testamento não ter sido por si escrito);*

– *que o testamento não contém palavras emendadas, truncadas, escritas sobre rasura ou entrelinhas, borrões ou notas marginais;*

(ou que não contém palavras truncadas e escritas sobre rasura, borrões ou notas marginais, mas contém uma palavra emendada e uma entrelinha, todas devidamente ressalvadas)

Eu, notário, verifiquei que o testamento ocupa... páginas completas e... linhas da última página, nestas se incluindo a data e a assinatura.

São testemunhas ...

Este instrumento foi lido ...

Ao nº 4

1. O notário deve mencionar o número de páginas completas, e de linhas de alguma página incompleta, ocupadas pelo testamento, sendo todas as folhas do testamento rubricadas pelo notário.

É evidente que, se, por hipótese, o instrumento de aprovação foi lavrado e assinado pelo notário na última folha do testamento, esta não terá de ser rubricada por ele, já que contém a sua assinatura, sendo igualmente evidente que se o instrumento de aprovação se prolongar para além dela, esta terá igualmente de ser rubricada pelas testemunhas.

2. Junto da assinatura e da rubrica do notário deve ser aposto o selo branco – art. 205º –, que o mesmo é dizer que todas as folhas do testamento e do instrumento devem ser autenticadas com ele.

Porém, se o instrumento de aprovação for lavrado fora do cartório, o notário não poderá apor, aquando da respectiva assinatura, o selo branco. É, então, recomendável que o testamento, com o instrumento de aprovação, não seja cosido nem lacrado, devendo o testador ficar com o testamento e respectivo instrumento de aprovação abertos, a fim de, logo que possível, os apresentar no cartório para aí lhes ser aposto o selo branco nos termos legais.

Ao nº 5

Se o testador o solicitar, o testamento é cosido juntamente com o instrumento e lacrado pelo notário, que apõe sobre o lacre o seu sinete.

Em tal caso, isto é, quando o testamento é cosido e lacrado, deve lançar-se na face exterior da folha que servir de invólucro uma nota com a indicação da pessoa a quem o testamento pertence e a data da aprovação ou o número do registo no respectivo livro.

SUBSECÇÃO III
Depósito de testamentos e sua restituição

Artigo 109º
Instrumento de depósito

1 – Se o testador quiser depositar no cartório notarial o seu testamento cerrado ou o seu testamento internacional, deve entregá-lo ao notário, para que seja lavrado o instrumento de depósito.

2 – O testamento entregue para depósito é sempre cosido e lacrado pelo notário, caso ainda o não esteja.

ANOTAÇÕES

Ao nº 1

1. De acordo com o art. 2209º do CC, o testador pode conservar o testamento cerrado em seu poder, cometê-lo à guarda de terceiro ou depositá-lo em qualquer repartição notarial.

O acto de depósito do testamento cerrado é titulado pelo instrumento a que se refere o artigo em anotação.

2. Os instrumentos de depósito de testamentos cerrados ou internacionais obedecem ao formalismo dos instrumentos em geral, consignando-se apenas o facto "depósito".

3. A única especialidade que estes instrumentos têm é o facto de serem lavrados em duplicado, sendo tal menção levada ao texto do instrumento, como se diz no nº 2 do art. 103º.

O original fica arquivado no cartório no maço a que se refere a alínea *b*) do nº 2 do art. 28º, sendo o duplicado entregue ao interessado para servir de recibo (nº 3 do art. 104º).

4. ***Minuta***

Depósito de testamento cerrado

...

... *compareceu F... (nome completo, estado, naturalidade e residência habitual), pessoa cuja identidade verifiquei por ...*

E por ele me foi apresentado, para ficar depositado neste cartório, o seu testamento cerrado, que se encontrava cosido e lacrado (ou que foi por mim cosido e lacrado).

Este instrumento, lavrado em duplicado, foi lido ...

Ao nº 2

Como claramente se deduz do preceituado no nº 2 do artigo em anotação, o instrumento de depósito não pode ser lavrado sem o testamento ser previamente cosido e lacrado.

Como já referimos, quando o testamento é cosido e lacrado, deve lançar-se na face exterior da folha que servir de invólucro uma nota com a indicação da pessoa a quem o testamento pertence.

Feito o depósito no cartório, convém também inserir nessa nota a data do depósito e a referência ao registo do instrumento de depósito, a qual pode vir a ser da maior utilidade para identificar o testamento, se ele vier a ser levantado.

Artigo 110º
Restituição do testamento

1 – O testador pode retirar o testamento que haja depositado.

2 – A restituição só pode ser feita ao testador ou a procurador com poderes especiais.

ANOTAÇÕES

Ao nº 1

1. A restituição de testamento depositado deve ser averbada ao original do instrumento de depósito arquivado no cartório (alínea *f*) do nº 1 do art. 131º).

O averbamento pode ser feito nestes termos:

Averbamento nº 1: o testamento a que se refere este instrumento foi hoje restituído ao testador (ou ao seu procurador, ficando a procuração arquivada no competente maço como doc. nº...).

Se for caso disso, acrescentar-se-á:

Por o testador não saber (ou não poder) assinar, foram testemunhas F.......... e F............ (nomes completos, estado e residência habitual).

Seguem-se a data, as assinaturas do testador (ou do procurador ou das testemunhas) e a rubrica do notário.

2. No averbamento de restituição de testamento cerrado ou de testamento internacional deve ser aposta a assinatura da pessoa a quem a restituição é feita, devendo, se esta não souber ou não puder assinar, intervir duas testemunhas (art. 136º).

3. Pode dar-se a circunstância de já haver no cartório outro testamento depositado referente à mesma pessoa.

Se, como se recomendou, tiver havido o cuidado de lançar na face exterior da folha que servir de invólucro ao testamento a nota com a indicação da pessoa a quem o testamento pertence e de deixar exarada também nessa nota uma referência à data do depósito e ao registo do instrumento respectivo, é fácil identificar o testamento que se pretende restituir, uma vez apresentado o duplicado do instrumento de depósito.

Ao nº 2

Quando a restituição é feita a procurador com poderes especiais, a procuração fica arquivada no maço a que refere a alínea *b*) do nº 2 do art. 28º.

SUBSECÇÃO IV
Abertura de testamentos cerrados e de testamentos internacionais

Artigo 111º
Cartório competente

1 – Qualquer cartório notarial tem competência para a abertura de testamentos cerrados e de testamentos internacionais.

2 – Se o testamento estiver depositado, a abertura deve ser feita no cartório notarial onde o documento se encontra depositado.

ANOTAÇÕES

1. Depois da morte dos testadores, os testamentos cerrados e internacionais (tanto os que se encontram cosidos e lacrados ou encerrados em invólucro fechado, como os outros) têm de ser "abertos" num cartório notarial: em qualquer um, se não estiverem depositados; de contrário, a abertura terá de ser efectuada no cartório onde o documento se encontrar depositado.

Não pode, no entanto, perder-se de vista o que dispõe o nº 2 do art. 2209º do CC: quem tiver em seu poder um testamento cerrado é obrigado a apresentá-lo ao notário em cuja área o documento se encontre (para se proceder, evidentemente, à sua abertura), dentro de três dias contados desde o conhecimento do falecimento do testador, sob pena de incorrer em responsabilidade pelos danos a que der causa e de se tornar indigno para suceder ao testador.

2. O facto de a lei aludir à abertura de testamentos cerrados não significa que o correspondente instrumento só pode ser lavrado quando o testamento se apresente fechado, tendo antes o significado de acto pelo qual se dá publicidade às disposições contidas no testamento cerrado.

A "abertura" a que se refere este artigo não é a abertura material do testamento (que só se dá se ele estiver cosido, lacrado ou encerrado em qualquer invólucro) mas a lavração do instrumento em que tem de se consignar, entre outras menções, a leitura do testamento feita pelo notário em voz alta na presença do apresentante e das testemunhas, pois só o instrumento torna o testamento do conhecimento geral, fazendo-o perder o seu carácter confidencial.

Artigo 112º
Documentos necessários

O instrumento de abertura do testamento deve ser lavrado mediante a exibição da certidão de narrativa do registo de óbito, no caso de falecimento do testador, ou da certidão da decisão judicial que tenha ordenado a abertura, no caso de esta ser consequência de justificação de ausência do testador.

ANOTAÇÕES

1. A certidão de óbito tem, evidentemente, de respeitar ao testador, mas não se exige uma absoluta coincidência de todos os elementos de identidade, desde que não haja dúvidas de que a certidão se refere efectivamente ao testador cuja morte se pretende averbar.

Havendo, porém, desconformidade entre o nome do testador que consta do testamento e o mencionado na certidão comprovativa do falecimento, temos de indagar se o erro provém ou não do assento de óbito: se o erro é do assento, os interessados devem promover na conservatória a sua rectificação; se, ao invés, o que está errado é o nome usado pelo testador no seu testamento, os interessados terão de comprovar que o testador e o falecido são a mesma pessoa, designadamente por meio certificado de identidade – cfr. art. 161º – ou termo de identidade passado pela Junta de Freguesia.

2. A certidão de óbito do testador é exibida, mas no caso de abertura oficiosa do testamento, a certidão requisitada pelo notário à conservatória do registo civil fica arquivada juntamente com o instrumento de abertura (art. 28º, nº 2, *c*)).

Artigo 113º
Formalidades do acto

1 – A abertura compreende os seguintes actos:

a) A abertura material do testamento, se estiver cosido, lacrado ou encerrado em qualquer invólucro;

b) A verificação do estado em que o testamento se encontra, nomeadamente da existência de alguma viciação, emenda, rasura, entrelinha, borrão ou nota marginal não ressalvada;

c) A leitura do testamento pelo notário, em voz alta e na presença simultânea do apresentante ou interessado e das testemunhas.

2 – O testamento, depois de aberto, é rubricado em todas as folhas pelo apresentante ou interessado, pelas testemunhas e pelo notário, sendo arquivado em seguida.

ANOTAÇÃO

O testamento (depois de aberto, de se verificar o estado em que se encontra e de ser lido e rubricado, como se indica no artigo em anotação), fica arquivado juntamente com o competente instrumento de abertura em maço próprio, o da alínea *c*) do nº 2 do art. 28º.

Artigo 114º
Instrumento de abertura

Da abertura é lavrado um instrumento, no qual se consignarão, em especial, o cumprimento das formalidades previstas no artigo anterior e a data do óbito do testador ou a data da decisão judicial que mandou proceder à abertura.

ANOTAÇÕES

1. Como vimos do antecedente, o instrumento não é entregue ao interessado, ficando arquivado no cartório (nº 2 do art. 104º).

2. Merece a nossa concordância o despacho de 13 de Abril de 1954 (supostamente do ex-director geral)[124], que aqui se deixa transcrito:

"Se forem apresentados, em vez de um, dois ou três testamentos cerrados do mesmo autor e todos eles válidos, nada obsta a que seja lavrado um só auto (hoje instrumento) de abertura, considerando que esses testamentos, no seu conjunto, exprimem apenas a última vontade do *de cujus*".

3. Nos instrumentos de abertura de testamentos cerrados e internacionais há lugar à intervenção de duas testemunhas instrumentárias (art. 67º, nº 1, *a*) e nº 3).

4. ***Fórmula***

Abertura de testamento cerrado

...

... compareceu F... (nome completo, estado, naturalidade e residência habitual), pessoa cuja identidade verifiquei por ...

E por ele me foi apresentado, para ser aberto, o testamento cerrado (ou me foi solicitado que fosse aberto o testamento cerrado, que se encontra depositado neste cartório) com que no dia ... do corrente mês de... faleceu no lugar de ..., freguesia de ..., concelho de ..., F... (nome completo, estado, naturalidade e residência habitual).

O testamento encontrava-se cosido e lacrado.

(ou encontrava-se encerrado em invólucro fechado, sem estar cosido nem lacrado.)

(ou não se encontrava cosido nem lacrado.)

Retirado o fio e o lacre (se estiver cosido e lacrado) ou aberto o invólucro (se nele estiver encerrado), verifiquei que não contem sinais de viciação, emenda, rasura, entrelinha, borrão ou nota marginal não ressalvados.

(ou verifiquei que não contem sinais de viciação, mas tem emendada a palavra "..." na penúltima linha da segunda página, que não está ressalvada ou verifiquei que parece ter sido viciado, pois as palavras "..." e "..." na segunda linha da terceira página encontram-se manchadas e escritas com caligrafia diferente da usada no texto, não estando ressalvadas essas emendas).

[124] CN, anotado pela Direcção-Geral dos Registos e do Notariado , 1973, pp. 162.

Foi exibida uma certidão de óbito do testador passada em... pela conservatória do registo civil de...

São testemunhas ...

Procedi à leitura do testamento e do presente instrumento, bem como à explicação do conteúdo deste, tendo o apresentante e as testemunhas rubricado comigo, notário, todas as folhas do testamento que vai ficar arquivado no maço competente como documento nº...

Artigo 115º
Abertura oficiosa

1 – Quando tiver conhecimento do falecimento de alguma pessoa cujo testamento cerrado ou internacional esteja depositado no respectivo cartório notarial, desde que nenhum interessado se apresente a solicitar a sua abertura, nos termos do nº 2 do artigo 2209º do Código Civil, o notário deve requisitar à conservatória do registo civil certidão de óbito do testador, a qual é passada com urgência e sem dependência do pagamento do emolumento devido.

2 – Recebida a certidão de óbito, o notário procede à abertura do testamento, lavrando o respectivo instrumento, comunicando em seguida a existência do testamento, por carta registada, aos herdeiros e aos testamenteiros nele mencionados e aos parentes sucessíveis mais próximos, quando conhecidos.

3 – O notário não pode fornecer qualquer informação ou certidão do conteúdo do testamento enquanto não estiver satisfeita a conta do instrumento, na qual são incluídos o selo do testamento e o emolumento correspondente à certidão de óbito requisitada.

ANOTAÇÕES

1. O artigo em anotação indica-nos o procedimento a seguir quando o notário tiver conhecimento do falecimento de alguma pessoa cujo testamento cerrado esteja depositado no seu cartório, desde que nenhum interessado se apresente a solicitar a sua abertura, no prazo de 3 dias contados desde esse conhecimento.

Porém, nos grandes centros populacionais é difícil ao notário saber, sem busca, se alguém tem ou não testamento cerrado depositado no arquivo à sua guarda.

Para se poder dar cumprimento em tempo útil ao dever estabelecido neste artigo, o ideal seria que a Conservatória dos Registos Centrais – que detém o índice geral dos testamentos – comunicasse o falecimento do testador ao cartório notarial onde está depositado o respectivo testamento cerrado.

Havemos de reconhecer, no entanto, que isso seria pouco praticável, dado que tal implicaria, por seu turno, que as conservatórias do registo civil, ao lavrarem os registos de óbito ou os averbamentos de óbito aos registos de nascimento, informassem prontamente a Conservatória dos Registos Centrais, sempre que o acto de registo se reportasse a alguém falecido com testamento cerrado.

2. Como deixámos dito, a certidão de óbito não é, neste caso, exibida, mas sim arquivada (art. 28º, nº 2, *c*)).

SUBSECÇÃO V
Procurações, substabelecimentos e consentimento conjugal

Artigo 116º
Procurações e substabelecimentos

1 – As procurações que exijam intervenção notarial podem ser lavradas por instrumento público, por documento escrito e assinado pelo representado com reconhecimento presencial da letra e assinatura ou por documento autenticado.

2 – As procurações conferidas também no interesse de procurador ou de terceiro devem ser lavradas por instrumento público cujo original é arquivado no cartório notarial.

3 – Os substabelecimentos revestem a forma exigida para as procurações.

HISTÓRICO

Contém as alterações dos seguintes diplomas:

- DL nº 250/96, de 24/12

Consultar versões anteriores deste artigo:

- 1ª versão: DL nº 207/95, de 14/08

ANOTAÇÕES

Ao nº 1

1. Procuração é o acto pelo qual alguém atribui a outrem, voluntariamente, poderes representativos (nº 1 do art. 262º do CC).

2. Sobre mandato, *vide* arts. 1157º e ss. do mesmo código.

3. A procuração deve revestir a forma exigida para o negócio que o procurador deva realizar, salvo disposição legal em contrário – nº 2 do citado art. 262º –, ou seja, com respeito pelo conteúdo desta norma do CN.

4. A lei, ao falar em instrumento público, admite que a procuração seja lavrada não só por instrumento avulso – como é o caso normal – mas também que seja consignada em escritura, juntamente com outro acto sujeito por força da lei a esta forma mais solene, como acontece por vezes.

5. Nas procurações escritas e assinadas pelo representado com reconhecimento presencial da letra e da assinatura não existe verificação da capacidade do outorgante.

A única coisa que neste caso se certifica é que aquela pessoa escreveu e assinou o documento. Porém, sempre que se verifiquem dúvidas sobre a integridade das faculdades mentais do autor do documento, o notário deverá sobrestar na prática do acto requerido, de acordo com o comando do artigo 173º, nº 1, alínea *c*).

6. Foi o DL nº 67/90, de 1 de Março, na redacção dada ao artigo 127º do CN – correspondente ao actual art. 116º – que criou a nova forma de procuração: a escrita por qualquer processo gráfico com um termo de autenticação, ou seja, por documento particular que é confirmado pelas partes perante o notário por meio de termo de autenticação com os elementos constantes do art. 151º.

A confirmação pode hoje ser feita por câmaras de comércio e indústria, advogados, solicitadores, conservadores e oficiais de registo (*vide* art. 38º do DL nº 76-A/2006, de 29 de Março) nos termos previstos na lei notarial, com a mesma força probatória que teriam se tivessem sido realizados com intervenção dos notários.

7. Os menores não estão impossibilitados, em absoluto, de constituir procurador.

O que acontece é que, face à incapacidade geral dos menores – que abrange, em regra, qualquer negócio jurídico –, só em cada caso concreto é possível determinar se é ou não admissível a outorga da procuração por parte deles.

8. O procurador não necessita de ter mais do que a capacidade de entender e querer exigida pela natureza do negócio que haja de efectuar (art. 263º do CC).

9. São do seguinte teor as conclusões extraídas do parecer proferido no processo nº CN 38/98 DSJ:

"I – O art. 263º do Código Civil, ao dispor sobre a capacidade do procurador, não exclui a possibilidade de serem atribuídos voluntariamente poderes de representação a pessoas colectivas.

II – Conferidos voluntariamente a uma pessoa colectiva poderes de representação, a determinação das pessoas físicas que, de facto, os exercerão, dependerá – observadas as disposições legais aplicáveis – do disposto nos respectivos estatutos e, sendo o caso, da deliberação dos órgãos competentes."[125]

10. Quando são as próprias pessoas colectivas a passar procuração por intermédio dos seus representantes, torna-se necessário verificar pelos meios adequados a qualidade que os outorgantes se arrogam e os poderes para esse acto.

11. Os poderes conferidos pela procuração são os relativos aos negócios que o representante fica habilitado a praticar em nome do representado, bastando normalmente uma referência genérica ao tipo ou espécie desses negócios, v. g. para comprar, dar de arrendamento, etc..

[125] Conclusões publicadas a p. 15 do 1º caderno do BRN nº 10/98.

Há, no entanto, casos em que a representação não pode ser conferida com carácter geral. Citem-se, como exemplos, as procurações passadas para a celebração de negócio consigo mesmo, para fazer doações, para a celebração do casamento, para os negócios entre cônjuges e para perfilhar (arts. 261º, 949º, 1620º, 1684º e 1849º do CC e notas *infra* ao artigo 117º e, para a restituição de testamentos cerrados, art. 110º, nº 2).

Interessante e merecedor de especial cuidado e atenção será, por exemplo, o caso de o marido constituir a esposa como procuradora para vender os seus prédios sitos em determinada localidade e de à data da procuração ele não ser possuidor do prédio que, mais tarde, a procuradora pretende alienar.

12. *Fórmula*

...

Que, com a faculdade de substabelecer, constituem procurador F ..., a quem concedem os poderes necessários para:[126]

A) GERIR E ADMINISTRAR

Receber quaisquer quantias, sejam rendimentos ou capitais, nomeadamente dividendos, juros e rendas ou outros valores;

Receber títulos de crédito, indemnizações ou amortizações que lhe devam ser entregues ou pagas pela Junta de Crédito Público ou por qualquer outra pessoa ou entidade, dar as respectivas quitações e renunciar mediante pagamento a todas as garantias, quaisquer que elas sejam;

Abrir e gerir contas em qualquer instituição bancária, obtendo informações sobre os seus saldos; depositar e levantar quaisquer quantias; requisitar, emitir, sacar e endossar cheques; depositar e levantar títulos e valores; assinar e endossar letras, livranças e outros títulos de crédito, promover averbamentos, conversões e reformas;

Comprar, subscrever e vender títulos de rendas, acções, obrigações e quaisquer títulos cotados na bolsa;

Alugar e arrendar quaisquer bens; tomar de arrendamento quaisquer imóveis, nas condições e com os encargos que o procurador entender;

Assistir e intervir em assembleias de sociedades, associações ou sindicatos, desempenhar quaisquer funções, votar e assinar quaisquer declarações;

Representar o mandante junto de companhias de seguros e, nomeadamente, subscrever quaisquer apólices e anulá-las;

[126] Uma vez que os poderes conferidos nas procurações poderão ser gerais de administração e ou especiais de disposição, deverão ser enumerados, como consta da minuta.

Intervir em nome do representado junto de quaisquer serviços públicos e designadamente junto dos serviços postais e fiscais; prestar para este efeito quaisquer declarações, pagar impostos e taxas, fazer reclamações e promover processos graciosos e contenciosos, receber os títulos de anulação e a importância destes, requerer avaliações e interpor recursos;

Obter prorrogações de pagamento, constituir garantias e permitir quaisquer inscrições, anotações e cancelamentos no registo predial e comercial;

Tomar parte nas assembleias de credores em caso de falência, concordata forçada ou liquidação judicial e aí representar o outorgante.

B) INVESTIR E DISPOR

Comprar, vender e trocar imóveis, navios, estabelecimentos comerciais, acções, obrigações – mesmo sem cotação na bolsa – bens móveis corpóreos e incorpóreos, créditos e, de uma maneira geral, bens de qualquer espécie, pelo preço, com os encargos e nas condições que o procurador entender;

Promover a propriedade horizontal;

Exercer, oferecer ou renunciar preferências;

Constituir servidões, modificá-las e renunciar a elas;

Renunciar a hipotecas, penhores e, em geral, a quaisquer garantias, mesmo sem pagamento; autorizar sub-rogações, renunciar a quaisquer direitos reais, privilégios e acções resolutórias.

C) CONTRAIR EMPRÉSTIMOS

Contrair e conceder empréstimos, com os juros e nas condições que o procurador entender, e à segurança de tais empréstimos constituir hipotecas, penhores e outras garantias; receber o montante do empréstimo na totalidade ou apenas em parte, e dar a respectiva quitação;

Estipular cláusulas de solidariedade e de indivisibilidade, quer entre os devedores, quer entre os demais interessados;

Estipular garantias acessórias a favor do credor e qualquer procedimento simplificado de execução, nomeadamente por meio de venda voluntária;

Submeter o mandante à execução imediata.

D) CAUCIONAR

Caucionar e avalizar dívidas de terceiros e, à segurança das cauções e avales, constituir hipotecas, penhores e outras garantias;

Conferir às garantias constituídas natureza solidária, renunciar a quaisquer benefícios de excussão e de divisão.

E) AGIR EM TRIBUNAL

Representar o constituinte em tribunais, quer como autor, quer como réu, constituir advogados como procuradores, efectuar ou requerer actos processuais e tomar quaisquer medidas conservatórias e de execução;

Comprometer-se e transigir;
Nomear árbitros.
F) RECEBER HERANÇAS E ACEITAR LIBERALIDADES
Receber quaisquer heranças, haja ou não testamento, a que o mandante tenha ou venha a ter direito;
Exercer ou renunciar a quaisquer direitos, incluindo a aceitação, renúncia ou repúdio de heranças ou legados;
Tomar medidas cautelares;
Proceder à partilha de quaisquer indivisões sucessórias ou outras, provenientes ou não de sucessões, quer extrajudicial, quer judicialmente, receber e pagar tornas;
Pagar taxas, impostos ou verbas de qualquer outra natureza e para o efeito prestar declarações, pedir prorrogações e constituir quaisquer garantias a favor da Fazenda Pública;
Usar dos poderes da presente procuração na regulação de quaisquer sucessões;
Aceitar doações entre vivos, a favor do constituinte, com ou sem encargos.
Esta procuração foi lida ...

13. A procuração para venda não inclui poderes para a promessa de venda.

Os dois negócios são juridicamente distintos, produzindo efeitos diversos: obrigacionais, na promessa; e reais, na venda.

Assim, a outorga de poderes para vender só serviria para prometer vender se a lei o determinasse.

O mesmo se diga no caso de a procuração conter poderes para negociar e vender, uma vez que as negociações preliminares da venda não se identificam com o contrato-promessa, porque, podendo embora importar um dever de indemnizar nos termos gerais de direito, não vinculam juridicamente como o contrato-promessa[127].

14. A procuração extingue-se por renúncia do procurador, por revogação do representado e pela cessação da relação jurídica que lhe serve de base (art. 265º do CC).

15. A *renúncia* é um acto unilateral, não carecendo, consequentemente, de aceitação por parte do representado.

Fórmula

[127] *Vide* Acórdão da Relação de Lisboa de 20 de Outubro de 1970, *in* Boletim do Ministério da Justiça, nº 200, p. 289.

Renúncia a procuração

... outorgante F ...

Verifiquei a identidade do outorgante ...

E por ele foi dito:

Que, pelo presente instrumento, renuncia à procuração que a seu favor foi outorgada por F ... no dia ... no cartório notarial de ...

Este instrumento foi lido ...

16. A *revogação* é o acto pelo qual o representado a declara sem efeito e que, ressalvado o caso adiante referido de procuração conferida também no interesse do procurador ou de terceiro, é livremente revogável, não obstante convenção em contrário ou renúncia ao direito de revogação (nº 2 do dito art. 265º).

Fórmula

Revogação de procuração

... outorgante F ... e mulher F ...

Verifiquei a identidade dos outorgantes ...

E por eles foi dito:

Que, por este instrumento, revogam a procuração que outorgaram no dia ... no cartório notarial de ... a favor de F ...

Este instrumento foi lido ...

17. A renúncia e a revogação são negócios jurídicos unilaterais, não necessitando, por isso, de aceitação da contraparte, mas devem ser levadas ao seu conhecimento e, no caso de revogação, também ao conhecimento da pessoa com quem o representante devia contratar, tendo em vista os efeitos a que alude o art. 266º do CC.

Para a revogação produzir efeitos para com terceiros, é aconselhável que seja anunciada num jornal da localidade onde reside o procurador ou, não o havendo, num dos jornais mais lidos dessa localidade[128].

A renúncia e a revogação são averbadas ao instrumento a que respeitam, de acordo com a alínea *b*) do nº 1 do art. 131º.

Minutas de averbamentos

a) **Renúncia à procuração**

Averbamento nº ... – O procurador renunciou esta procuração, por instrumento lavrado hoje neste cartório, que arquivo.

[128] Cfr. p. 169 do CN anotado pela Direcção-Geral dos Registos e do Notariado, 1973.

Em ... (rubrica)
Conta registada sob o nº__ (rubrica)
b) ***Revogação de procuração***
Averbamento nº ... – O representado revogou esta procuração, por instrumento lavrado hoje neste cartório, que arquivo.
Em ... (rubrica)
Conta registada sob o nº__ (rubrica)

18. A Lei nº 25/2012, de 16 de Julho, veio regular as directivas antecipadas de vontade (DAV) em matéria de cuidados de saúde, em documento apelidado de testamento vital (TV), regulando também a nomeação de *procurador de cuidados de saúde* e criando o Registo Nacional do Testamento Vital (RENTEV).

As directivas antecipadas de vontade podem assumir duas modalidades (que não se excluem entre si): "ou se manifesta a vontade que se pretende fazer valer no futuro num documento escrito (testamento vital) ou se delega a manifestação dessa vontade num procurador especificamente instituído para esse efeito (o Procurador de Cuidados de Saúde)"[129].

18.1. Nos termos da lei, qualquer pessoa de maioridade, que não esteja interdita ou inabilitada por anomalia psíquica e se encontre capaz de dar o seu consentimento, livre e esclarecido, pode nomear um procurador (que se ache nas mesmas condições, acabadas de enunciar, do representado), atribuindo-lhe poderes representativos para decidir sobre os cuidados de saúde a receber, ou a não receber, pelo outorgante, se este se encontrar incapaz de expressar a sua vontade pessoal e autonomamente.

Não podem, porém, ser nomeados procuradores de cuidados de saúde os funcionários do RENTEV ou do cartório notarial, bem como os proprietários ou gestores de entidades que administram ou prestam cuidados de saúde (art. 11º).

18.2. A "nomeação de um representante permite que este interprete a suposta vontade do representado de acordo com os seus valores e objectivos, juízo este que o procurador deverá estar apto a fazer dada

[129] Vera Lúcia Raposo: Directivas antecipadas de vontade: em busca da lei perdida, *in* Revista do Ministério Público, Jan-Mar 2011, nº 125, p. 173.

a relação de proximidade existencial que mantém com a pessoa que representa"[130].

Este ponto é merecedor de reflexão.

Poderá a procuração assumir carácter genérico, atribuindo-se ao representante poderes para decidir sobre os cuidados de saúde a receber ou a não receber pelo doente, mas sem os especificar – como, aliás, a lei parece sugerir no nº 1 do art. 11º – ou terá de mencionar *em concreto* os poderes representativos que envolvem a capacidade do procurador relativamente àqueles cuidados de saúde, dado que o procurador só pode tomar decisões dentro dos limites dos poderes concedidos, como se diz no nº 1 do art. 13º ?

Dito de outro modo: poderá o procurador decidir sobre os cuidados de saúde, a receber ou não pelo representado, com base num simples juízo que faça sobre a suposta vontade deste – presumível em face da grande "proximidade" existente entre ambos – ou caber-lhe-á apenas a decisão, quando surgirem dúvidas, sobre a interpretação a dar à aplicação de certo e determinado cuidado de saúde desejado ou rejeitado pelo doente no momento da outorga da procuração?

A concessão de poderes para decidir sobre os cuidados de saúde a receber ou a rejeitar, sem os especificar, é, em matéria de tamanho melindre, no mínimo, duvidosa, até porque estamos em presença de um direito indisponível.

A doutrina e a jurisprudência ainda não tiveram tempo para se pronunciar sobre o dilema.

Parece-nos que seria mais avisado a procuração começar por descrever os cuidados de saúde que o outorgante gostaria de receber ou não receber, na hipótese de se encontrar incapaz de expressar a sua vontade pessoal e autonomamente, e concluir por nomear a pessoa que, em caso de dúvida, decida sobre as medidas a tomar, perante determinada situação clínica. Isto porque, nos termos do nº 2 do art. 13º, em caso de conflito entre as disposições formuladas no documento de directivas antecipadas de vontade e a vontade do procurador de cuidados de saúde, prevalece a vontade do outorgante expressa naquele documento, o que significa que deve sempre ser respeitada a vontade do paciente.

18.3. A lei não exige forma especial para a procuração, mas, se para o testamento vital é, no mínimo, indispensável que ele conste de documento escrito, assinado presencialmente perante funcionário devida-

[130] Idem, ibidem, p. 175.

mente habilitado do RENTEV ou perante notário, é de crer que a intervenção do notário na procuração tenha de revestir esse mínimo de forma, reconhecimento presencial da assinatura do representado.

Isso não exclui, obviamente, a possibilidade de a procuração, à semelhança do que acontece com o "testamento vital", ser lavrada por instrumento público, ou por documento autenticado, ou por documento escrito e assinado com reconhecimento presencial da letra e assinatura, como adiante se dirá em notas ao art. 153º.

18.4. ***Minuta de procuração de cuidados de saúde***[131]

...

E por ele foi dito:

(1ª hipótese)

Que constitui seu bastante procurador F ..., a quem concede poderes representativos para decidir sobre os cuidados de saúde a receber, ou a não receber, pelo outorgante, no caso de vir a sofrer de doença que o impossibilite de manifestar a sua vontade pessoal e autonomamente.

(2ª hipótese)

Que, no caso de vir a sofrer de doença que o impossibilite de manifestar a sua vontade pessoal e autonomamente, declara o seguinte, quanto aos cuidados de saúde que deseja ou não receber: (*vide* minuta apresentada em nota ao art. 153º)

Que, para essa eventualidade, constitui seu bastante procurador F ..., a quem concede poderes representativos para, na dúvida, decidir sobre os cuidados de saúde que lhe devem ser prestados, em face de determinada situação clínica.

Esta procuração foi lida ...

18.5. Atente-se ainda em que:

a) A procuração é livremente revogável pelo representado (nº 1 do art. 14º).

b) O procurador pode também renunciar à procuração, informando disso, por escrito, o representado (nº 2 do art. 14º).

c) O representado pode nomear um segundo procurador para o caso de impedimento do indicado em primeiro lugar (nº 5 do art. 11º)[132].

18.5.1. A revogação, a renúncia e a nomeação de um segundo procurador devem obedecer à forma prescrita para a procuração.

[131] A minuta apresenta duas hipóteses: a primeira, com atribuição de poderes gerais; a segunda, com poderes especiais.

[132] A nomeação de um segundo procurador implica a substituição do primeiramente indicado.

18.5.2. Entendemos que não é apenas a renúncia da procuração que deve ser levada ao conhecimento do representado.

O outorgante da procuração deverá também dar conhecimento ao procurador da sua revogação ou da nomeação de um segundo procurador.

18.5.3. No caso de a procuração se encontrar arquivada no cartório, a revogação, a renúncia e a substituição do procurador devem ser-lhe averbadas, em função do que dispõem as alíneas *b*) e *g*) do nº 1 do art. 131º.

18.5.4. ***Minuta de nomeação de um segundo procurador***[133]

...

E por ele foi dito:

Que no dia ... constituiu seu bastante procurador F ..., a quem concedeu poderes representativos para decidir sobre os cuidados de saúde que lhe devem ser prestados, no caso de vir a sofrer de doença que o impossibilite de manifestar a sua vontade pessoal e autonomamente.

Que, por este instrumento, nomeia, como segundo procurador, F ..., para o caso de impedimento do indicado F ...

Este instrumento foi lido ...

18.6. A lei, como se disse, criou no ministério com a tutela da área da saúde o RENTEV para registar e manter actualizada a informação não só relativa ao testamento vital mas também à procuração de cuidados de saúde[134], podendo, para tanto, estes documentos ser aí apresentados e assinados presencialmente pelo outorgante ou enviados por correio registado com aviso de recepção com a assinatura do outorgante reconhecida por notário (arts. 15º e 16º da citada Lei nº 25/2012 e art. 2º da Portaria nº 96/2014, de 5 de Maio).

O mesmo efeito se atingirá se representado autorizar o procurador, no caso de impedimento, a substabelecer a procuração em determinada pessoa, expressamente designada pelo representado.
A diferença está em que, no primeiro caso, é o representado que indica o substituto na procuração, enquanto que, no segundo caso, é o procurador que o indica no substabelecimento.

[133] Mais acima, foram apresentadas minutas de revogação, renúncia e substabelecimento de procurações.

[134] As procurações de cuidados de saúde não registadas no RENTEV são igualmente eficazes, desde que tenham sido formalizadas de acordo com a lei – cfr. nº 4 do art. 1º da Portaria nº 96/2014, de 5 de Maio.

O registo da procuração de cuidados de saúde é *solicitado* aos serviços de cuidados de saúde primários da respectiva área de residência (Agrupamento de Centros de Saúde ou Unidade Local de Saúde), a fim de serem validados os respectivos dados.

Após validação dos dados apresentados e verificação da sua conformidade com os requisitos legais, o processo de registo é concluído, sendo disso informado o procurador de cuidados de saúde e o RENTEV – cfr. arts. 3º e 4º da dita portaria.

Os profissionais de saúde, designadamente médicos e enfermeiros, que integram a equipa de saúde responsável pela prestação de cuidados de saúde a pessoa incapaz de expressar de forma livre e autónoma a sua vontade, devem consultar o Portal do Profissional da Plataforma de Dados da Saúde, de forma a confirmar se existe um documento de directivas antecipadas de vontade e ou procuração de cuidados de saúde registados no RENTEV – nº 1 do art. 5º da portaria, na redacção da Portaria nº 141/2018, de 18 de Maio.

O RENTEV disponibiliza a informação constante das directivas antecipadas de vontade na Plataforma de Dados de Saúde, mediante acesso reservado, aos profissionais de saúde e aos utentes, através do Portal do Profissional e do Portal do Utente, sendo que o acesso ao RENTEV por profissionais de instituições de saúde não pertencentes ao Serviço Nacional de Saúde é efectuado mediante a introdução da palavra-passe individual do profissional de saúde e leitura do número do cartão do cidadão do utente – nºs 6 e 7 do art. 8º da referida portaria, na redacção daquela Portaria nº 141/2018.

O registo no RENTEV é válido por 5 anos, correspondente ao prazo de eficácia das procurações de cuidados de saúde – cfr. nº 1 do art. 7º da portaria.

Ao nº 2

1. Não é forçoso que os poderes representativos sejam conferidos no interesse exclusivo do representado, podendo sê-lo também no interesse do representante (por exemplo, a procuração passada por devedor a favor de credor para este, pela venda de bens daquele, obter a satisfação do seu crédito sobre o preço, nos termos do art. 840º do CC; a passada por vendedor a favor do comprador, sempre que a alienação se faça sem celebração de escritura pública, conferindo-lhe poderes para venda dos mesmos bens, quando já receberam o preço mas por qualquer razão não se possa fazer a escritura; a passada por particulares a bancos para estes poderem hipotecar a seu favor bens dos representados, se estes entra-

rem em mora, etc.) ou de terceiro (*v.g.*, aquela em que o representado confere poderes a alguém para formalizar e executar um contrato que ele previamente celebrara com esse terceiro).

Quando a procuração tenha sido passada também no interesse do procurador ou de terceiro, é exigido para a sua revogação o acordo do interessado, salvo se ocorrer justa causa – cfr. art. 265º do CC –, razão pela qual este tipo de instrumentos é muitas vezes designado, embora impropriamente, por procuração "irrevogável".

2. As procurações irrevogáveis ficam arquivadas no cartório notarial no maço privativo a que alude a alínea *f*) do nº 2 do art. 28º (art. 104º, nº 2).

A emissão destas procurações impõe aos notários o dever de enviar até ao dia 15 de cada mês, à Direcção-Geral dos Impostos, em suporte informático, uma relação das procurações que confiram poderes de alienação de bens imóveis em que por renúncia ao direito de revogação ou cláusula de natureza semelhante o representado deixe de poder revogar a procuração, bem como dos respectivos substabelecimentos, referentes ao mês anterior (art. 186º, nº 1, alínea *a*)).

No entanto, dada a redacção da alínea *b*) do nº 4 do art. 49º do CIMT, julgamos que o envio da relação das assinaladas procurações pode e deve ser substituído pelo envio de cópias dos respectivos instrumentos avulsos, para evitar duplicação de serviço.

3. O CIMT considera que há lugar a transmissão onerosa, para efeitos de incidência do IMT, na outorga de procuração ou de substabelecimento de procuração que confira poderes de alienação de bens imóveis ou de partes sociais (quando as sociedades em nome colectivo, em comandita simples ou por quotas possuam bens imóveis e pela correspondente aquisição algum dos sócios fique a dispor de, pelo menos, 75% do capital social, ou o número de sócios se reduza a dois, sendo marido e mulher, casados no regime de comunhão de bens ou de adquiridos), em que, por renúncia ao direito de revogação ou cláusula de natureza semelhante, o representado deixe de poder revogar a procuração (art. 2º, nº 3, *c*) e *d*) do referido código).

4. A organização dos índices dos outorgantes é extensiva às procurações a que se refere o nº 2 do artigo em anotação (nº 5 do art. 25º).

5. Na sequência da Lei nº 19/2008, de 21 de Abril (alterada pela Lei nº 30/2015, de 22 de Abril), o Decreto Regulamentar nº 3/2009, de 3

de Fevereiro (alterado pelo DL nº 209/2012, de 19 de Setembro), criou uma base de dados de procurações destinada a organizar e manter actualizada a informação respeitante às procurações, em especial a relativa às procurações irrevogáveis que contenham poderes de transferência da titularidade de imóveis.

Para tanto, as entidades e profissionais perante os quais sejam outorgadas procurações irrevogáveis (e a respectiva extinção) que contenham poderes de transferência da titularidade de imóveis (ou outras procurações irrevogáveis cuja obrigatoriedade de registo venha a ser estabelecida na lei) passam a ter que promover, obrigatoriamente, o respectivo registo.

Estas procurações apenas produzem efeitos depois de registadas.

A Portaria nº 307/2009, de 25 de Março (alterada pela Portaria nº 286/2012, de 20 de Setembro), estabelece os termos em que se processa a transmissão electrónica de dados e de documentos relativos ao:

– registo obrigatório de procurações irrevogáveis que contenham poderes de transferência da titularidade de imóveis e das demais procurações irrevogáveis cuja obrigatoriedade de registo venha a ser estabelecida na lei e respectiva extinção;

– registo facultativo de outras procurações celebradas por escrito, independentemente da forma por que sejam outorgadas e respectiva extinção.

Os referidos registos electrónicos fazem-se através do sítio na Internet com o endereço *www.procuracoesonline.mj.pt*, mantido pelo IRN.

O assinalado sítio da Internet permite as seguintes funções:

a) A autenticação dos utilizadores através do certificado digital do Cartão de Cidadão ou mediante certificado digital que comprove a qualidade profissional do utilizador: advogados, notários e solicitadores (quando o registo for efectuado por conservadores, oficiais de registo e notários afectos ou integrados em serviços dependentes do IRN, I.P., o reconhecimento da qualidade do utilizador é feito mediante autenticação no Sistema Integrado de Registo Predial – SIRP);

b) A indicação da data da outorga da procuração ou da sua extinção;

c) O preenchimento electrónico dos dados relativos aos mandantes e aos mandatários que sejam pessoas singulares (nome, estado civil – sendo casado, o nome do cônjuge e o regime de bens –, residência habitual ou domicílio profissional, número de identificação fiscal e número de identificação civil) ou colectivas (firma, sede, número de pessoa colectiva) e, no caso de procuração outorgada para celebração de negócio jurídico sobre bem imóvel, os dados relativos à identificação desse bem (número da descrição predial, freguesia e concelho, se estiver descrito, e artigo matricial, freguesia e concelho, no caso contrário);

d) O envio electrónico dos documentos necessários para promover o respectivo registo;

e) A certificação da data e da hora em que o pedido de registo foi concluído;

f) O envio automático do comprovativo electrónico do pedido de registo ao requerente do registo, com menção do código de identificação atribuído ao respectivo registo; e

g) A realização do registo da procuração de forma automática e por meios electrónicos, sem necessidade de validação ou confirmação do mesmo por meios humanos.

Por cada registo de procuração é disponibilizado um comprovativo com menção do código de identificação atribuído ao documento, o qual é enviado por correio electrónico à entidade que procedeu ao registo e aos sujeitos que constam da procuração, *após confirmação do pagamento da quantia devida*.

O código de identificação é disponibilizado pelo prazo de 3 meses, sendo devido o montante de € 10,00 por essa disponibilização, expirando 3 meses após 1 de Outubro de 2012 a validade dos códigos de identificação que foram atribuídos às procurações registadas electronicamente ao abrigo do citado Decreto Regulamentar nº 3/2009.

O acesso directo e gratuito à base de dados é garantido aos magistrados judiciais e do Ministério Público no âmbito da prossecução das suas funções, aos órgãos de polícia criminal competentes para a investigação criminal e a outras entidades públicas a quem a lei atribua competências em matéria de prevenção e combate à corrupção e à criminalidade económico-financeira, evitando-se, assim, pedidos de informação, consultas ou deslocações dessas entidades a serviços públicos ou privados.

5.1. Finalmente, a Portaria nº 696/2009, de 30 de Junho (alterada pela Portaria nº 286/2012, de 20 de Setembro), veio estabelecer os termos e condições da disponibilização de acessos electrónicos com valor de certidão às procurações registadas através da Internet.

Designa-se por *certidão permanente de registo de procurações* a disponibilização do acesso à informação, em suporte electrónico e permanentemente actualizada, da reprodução dos registos em vigor (respeitantes ao tipo de procuração, data de outorga e data e hora do registo da mesma, identificação da entidade que procedeu ao registo, dos mandantes, dos mandatários e dos prédios) e dos documentos arquivados para os quais os registos remetam, respeitantes a uma procuração registada electronicamente.

O acesso à informação, *durante o prazo de validade da certidão permanente*, efectua-se mediante a introdução do código de identificação disponibilizado aos mandantes e mandatários no sítio da Internet com o endereço *www.procuracoesonline.mj.pt*, mantido pelo IRN, como se disse supra.

A certidão permanente é disponibilizada pelo prazo de um, três ou cinco anos, podendo ser renovada por iguais períodos de tempo.

O pedido de subscrição ou de renovação do acesso à certidão permanente está sujeito ao pagamento das taxas previstas no art. 4º-B da citada Portaria nº 696/2009, na redacção da dita Portaria nº 286/2012.

Deste jeito, os cidadãos e as empresas deixam de ter de pedir e pagar cópias certificadas de procurações sempre que os seus procuradores necessitam de comprovar os seus poderes ao abrigo de uma procuração.

Os poderes de representação voluntária passam a poder ser comprovados perante qualquer entidade pública ou privada, através do código de acesso à certidão da procuração registada.

Ao nº 3

1. O procurador pode fazer-se substituir por outrem, substabelecendo os poderes que lhe foram conferidos, desde que a faculdade de substituição resulte do conteúdo da procuração ou seja autorizada, de forma expressa ou tácita, pelo representado (art. 264º do CC).

Fórmula

Substabelecimento

... outorgante F ...

Verifiquei a identidade do outorgante ...

E por ele foi dito:

Que substabelece, com (ou sem) reserva, em F ... todos os poderes que lhe foram conferidos por F ... na procuração outorgada no dia ... neste cartório, onde se encontra arquivada no competente maço de documentos respeitantes à escritura iniciada a folhas ... do livro de notas para escrituras diversas número ... (ou os seguintes poderes: ...)

Este instrumento foi lido ...

2. As procurações com poderes forenses que não sejam directamente outorgadas aos advogados devem conter a declaração da obrigatoriedade do substabelecimento.

3. Salvo declaração em contrário, os substabelecimentos devem entender-se como feitos com reserva de iguais poderes, ou seja, em princípio, a substituição não envolve exclusão do primitivo procurador; para haver exclusão, é preciso declarar que o substabelecimento se faz sem reserva.

4. Como todos os actos que importem alteração do conteúdo de outro devem ser averbados, na medida em que implicam sempre revogação parcial e aditamento do acto alterado, os substabelecimentos devem ser averbados às respectivas procurações (alínea *g*) do nº 1 do art. 131º).

Artigo 117º
Consentimento conjugal

São aplicáveis à forma do consentimento conjugal as regras estabelecidas para as procurações.

ANOTAÇÕES

1. Diz o nº 1 do art. 1684º do CC que o consentimento conjugal deve ser especial para cada um dos actos (cfr. casos dos arts. 1682º, 1682º-A, 1682º-B e 1683º do mesmo código e de outras disposições análogas).

Vale isto por dizer que uma declaração genérica de consentimento não é bastante, sendo preciso concretizar os negócios a realizar, embora se admita que não é necessário indicar todos os seus elementos.

Assim, por exemplo, não basta dizer-se que se consente na venda de bens imóveis, é necessário identificar o ou os imóveis a vender, ainda que de forma indirecta, pela indicação da freguesia em que se situam, e mesmo que se não mencione o preço ou a pessoa do comprador. Ponto essencial é que o cônjuge saiba qual é a coisa a que a alienação ou a locação se refere.

2. O consentimento tanto pode ser prestado antes da prática do acto, como no próprio acto; depois, só a confirmação é que pode sanar a anulabilidade decorrente da falta de consentimento.

Efectivamente, a falta do consentimento conjugal nos casos em que é legalmente exigível acarreta a anulabilidade dos respectivos actos, nos termos e condições previstos no art. 1687º do CC.

A pessoa a quem pertence o direito de anulação e que, consequentemente, tem legitimidade para propor a correspondente acção, pode, no entanto, sanar a anulabilidade do acto mediante confirmação.

3. ***Fórmulas***

a) ***Do consentimento***

Instrumento de consentimento

... outorgante F ...

Verifiquei a identidade da outorgante ...

E por ela foi dito:

Que, pretendendo seu marido F ... vender um terreno para construção, sito em ..., que faz parte dos seus bens próprios, pelo presente instrumento, presta o seu consentimento à realização desse acto.

Este instrumento foi lido ...

b) ***Da confirmação***

Instrumento de confirmação

... outorgante F ...

Verifiquei a identidade da outorgante ...

E por ela foi dito:

Que, por escritura pública lavrada no dia ... com início a folhas ... do livro de notas para escrituras diversas número ... do cartório notarial de ... seu marido F ... vendeu a F ..., sem consentimento da ora outorgante, um prédio urbano, aí identificado, que faz parte dos bens comuns do casal;

Que, pelo presente instrumento, com o fim de sanar a correspondente anulabilidade, declara que confirma o aludido acto.

Este instrumento foi lido ...

Artigo 118º
Procurações telegráficas e por telecópia

1 – É permitida a representação por meio de procurações e de substabelecimentos que, obedecendo a algumas das formas prescritas no artigo 116º, sejam transmitidos por via telegráfica ou por telecópia, nos termos legais.

2 – As procurações ou substabelecimentos devem estar devidamente selados.

ANOTAÇÕES

Ao nº 1

1. As procurações telegráficas vindas do estrangeiro devem ir ao Ministério dos Negócios Estrangeiros, a fim de se obter certificado da sua legalidade e veracidade[135].

2. A transmissão por telecópia, sob forma certificada, do teor dos instrumentos públicos, registos e outros documentos que se achem arquivados no cartório, a outros serviços públicos perante os quais tenham de fazer fé e receber os que lhe forem transmitidos, por esses serviços, nas mesmas condições, é um acto da competência dos notários públicos, nos termos da alínea *j*) do nº 2 do art. 4º.

2.1. Nos documentos transmitidos por telecópia devem incluir-se as menções a que aludem os nºs 1 e 2 do art. 160º, concretamente a designação do serviço emitente, a numeração das folhas, a menção da data e do lugar em que foram passados, a rubrica e assinatura do funcionário competente, e ainda uma nota de encerramento contendo as menções exigidas para a emissão de certidões de teor.

2.2. Os documentos recebidos por telecópia, bem como as respectivas requisições, as notas de remessa e os suportes da transmissão por telecópia são arquivados em maço privativo, como determina a alínea *l*) do nº 2 do art. 28º, após terem sido cumpridas as formalidades previstas no nº 3 do art. 160º, ou seja, a numeração e rubrica de todas as folhas e a lavração da nota de recebimento com indicação do número de folhas efectivamente recebidas, local, data, categoria e assinatura do funcionário competente do serviço receptor.

3. O DL nº 66/2005, de 15 de Março, veio regular a *transmissão e recepção por telecópia e por via electrónica* pelos serviços registrais, cartórios notariais e outros serviços, bem como a recepção pelas mesmas vias por advogados e solicitadores, de documentos com valor de certidão respeitantes aos arquivos dos serviços registrais e cartórios notariais ou destinados à instrução de actos ou processos dos registos e do notariado ou a arquivo nos respectivos serviços.

De acordo com esse diploma, os serviços registrais e os cartórios notariais podem transmitir entre si documentos constantes dos respec-

135 Parecer da Procuradoria-Geral da República, *in* o Direito, ano 78º, pp. 89.

tivos arquivos por meio de telecópia ou por via electrónica nos mesmos termos em que deles podem extrair certidões, sendo reconhecida aos documentos emitidos a força probatória dos originais.

O diploma alargou o âmbito da intermediação no pedido de certidões pelas vias indicadas a outras entidades que não apenas os serviços registrais e notariais, designadamente aos advogados e solicitadores, com restrições no tocante a certidões emitidas para efeitos de obtenção ou renovação de bilhete de identidade e para a comprovação da nacionalidade.

Entre o IRN e a Ordem dos Notários foi celebrado um protocolo de regulamentação daquele DL nº 66/2005, do qual constam as regras relativas à requisição, por telecópia, por intermédio dos notários, de documentos com valor de certidão, a transmitir pelos serviços de registo e cartórios notariais e, bem assim, os procedimentos contabilísticos a observar.

O IRN disponibiliza esse protocolo na Internet no sítio que lhe está reservado.

4. O serviço de telecópia está sujeito ao pagamento de encargos (emolumentos ou honorários) previstos nas respectivas tabelas.

Ao nº 2

As procurações e os substabelecimentos não estão hoje sujeitos a imposto de selo.

SUBSECÇÃO VI
Protestos

Artigo 119º
Letras não admitidas a protesto

1 – Não são admitidas a protesto:

a) As letras a que falte algum dos requisitos do artigo 1º da Lei Uniforme Relativa às Letras e Livranças, quando a falta não possa ser suprida nos termos do artigo 2º do mesmo diploma;

b) As letras escritas em língua que o notário não domine, quando o apresentante não as fizer acompanhar de tradução.

2 – A tradução das letras deve ser devolvida ao apresentante, não se aplicando à mesma o disposto no nº 3 do artigo 44º.

ANOTAÇÕES

Ao nº 1, alínea *a*)

1. A lei não diz em que consiste o protesto.

O CN editado em 1973 pela ex-DGRN, em nota ao art. 131º do código aprovado pelo DL nº 47 619, de 31 de Março de 1967, define-o como "o acto cambiário pelo qual se comprova, sob forma autêntica, a negativa de pagar ou aceitar uma letra".

2. As letras – e bem assim as livranças e os cheques – eram considerados títulos executivos desde que a assinatura do devedor estivesse reconhecida, em certos termos, por notário (arts. 46º, alínea *c*), e 51º do CPCiv de 1962)[136].

A alínea *c*) do art. 703º do actual código considera que à execução apenas podem servir de base "os títulos de crédito, ainda que meros quirógrafos, desde que, neste caso, os factos constitutivos da relação subjacente constem do próprio documento ou sejam alegados no requerimento executivo".

Por seu turno o art. 708º prescreve:" Qualquer documento assinado a rogo só goza de força executiva se a assinatura estiver reconhecida por notário ou por outras entidades ou profissionais com competência para tal".

A mudança de regime, com a inerente simplificação, e a frequência do uso da cláusula "*sem protesto*", "*sem despesas*" ou equivalente, dispensando o portador de fazer o protesto por falta de aceite ou de pagamento para poder exercer os seus direitos de regresso, justificam, a nosso ver, que o volume de serviço de protesto das letras tenha decaído de forma abrupta na generalidade dos cartórios notariais.

3. Sobre o conceito de letra de câmbio, escreveu Abel Pereira Delgado: "A letra de câmbio é um título de crédito à ordem, sujeito a

[136] Castro Mendes, *Manual de Processo Civil*, Lisboa, depositária Coimbra Editora, Lda, 1963, p. 74 – definia título executivo como "o documento que, por oferecer demonstração legalmente bastante da existência de um direito a uma prestação, pode segundo a lei servir de base à respectiva execução".

determinadas formalidades, pelo qual uma pessoa (sacador) ordena a outra (sacado) que lhe pague a si ou a terceiro (tomador) determinada importância"[137].

Mais adiante, citando Lopes Cardoso *in* Manual da Acção Executiva escreve: "As letras são documentos comerciais que, mais que todos os outros, realizam a função titular. Constituem não só a prova do direito, mas o próprio fundamento deste, ou seja, o título na acepção rigorosamente jurídica; comportam-se como coisas móveis, susceptíveis de posse; podem ser penhorados e dados em penhor, transmitem-se por simples endosso, não sujeito às regras de direito civil que comandam a cessão de créditos"[138].

4. Diz a alínea *a*) do artigo em anotação que não são admitidas a protesto as letras a que falte algum dos requisitos do artigo 1º da Lei Uniforme relativa às Letras e Livranças, quando a falta não possa ser suprida nos termos do artigo 2º do mesmo diploma.

Esses requisitos são os seguintes:

- a inserção da palavra "letra" no texto do título;
- o mandato de pagar uma determinada quantia[139];
- a indicação do nome do sacado[140];
- a indicação da época do pagamento[141];
- a indicação do lugar do pagamento[142];

[137] *Lei Uniforme sobre Letras e Livranças*, Livraria Almedina, Coimbra, 1965, p. 12.

[138] Idem, ibidem.

[139] Isto não obsta a que o sacador possa incluir a cláusula de juros, mas apenas nas letras pagáveis à vista ou a um certo termo de vista. Em qualquer outra espécie de letras, pagáveis no dia fixado ou a certo termo de data, a estipulação de juros será considerada como não escrita – cfr. art. 5º da Lei Uniforme.

[140] Nome e cognome, tratando-se de pessoas singulares; firma ou denominação, no caso de sociedades ou de outro tipo de pessoas colectivas.

[141] Uma letra só pode ser sacada à vista; a um certo termo de vista; a um certo termo de data; pagável no dia fixado (Lei Uniforme, art. 33º).

[142] Podem indicar-se vários lugares de pagamento? A indicação de vários lugares para pagamento é válida quando pertença ao portador a escolha; se, pelo contrário, o portador tiver de apresentar a letra em todos os lugares indicados, para ir verificando em cada um a recusa do sacado, e só no fim puder lavrar o protesto, então deve considerar-se a letra nula (Ferrer Correia, *Lições de Direito Comercial*, Vol. III, Universidade de Coimbra, 1966, p. 107).

– a indicação do nome do tomador[143];
– a indicação da data e do lugar do saque[144];
– a assinatura do sacador[145].

O título a que falte algum destes requisitos não produz efeito como letra, a não ser que:

– falte a indicação da época do pagamento, em que se entende que a letra é pagável à vista;
– falte a indicação do lugar do pagamento, considerando-se, então, como tal e como lugar do domicílio do sacado o lugar designado ao lado do seu nome;
– falte a indicação do lugar onde foi passada, considerando-se como tendo-o sido no lugar designado ao lado do nome do sacador.

O facto de o título não valer como letra por falta de um dos seus requisitos essenciais não significa que não possa valer como documento probatório da obrigação que deu origem à emissão da letra.

5. "A obrigação cambiária só se torna efectiva através da conjugação de dois elementos: a declaração cartular e a emissão da letra (isto é, a sua entrega ao portador imediato)"[146].

Há quem considere que a obrigação cambiária só nasce no momento do preenchimento da letra.

Outros, porém, entendem que a letra, antes de preenchida, já é um título de crédito endossável, podendo circular com sujeição ao regime cambiário[147].

6. Os negócios jurídicos cambiários são o saque, o aceite, o endosso e o aval.

[143] Tomador é, como se sabe, o primeiro portador da letra.
Sobre a possibilidade de se indicarem vários tomadores, conjunta ou alternativamente, ou de forma sucessiva, idem, ibidem, pp. 109 e ss.

[144] A data destina-se a determinar a capacidade do subscritor no momento da emissão; nas letras que se vencem a certo termo de data, esta serve para determinar o seu vencimento.
Se faltar a data a letra é nula.

[145] Sobre a assinatura nas letras a rogo e em representação, idem, ibidem, pp. 115 e ss.

[146] Abel Pereira Delgado, ibidem, p. 12.

[147] Idem, ibidem, pp. 58 e ss. e Ferrer Correia, ibidem, pp. 124 e ss.

"O saque é uma declaração que enuncia uma ordem de pagamento a um terceiro (o sacado) e que, concomitantemente, se apresenta como promessa do sacador, dirigida ao tomador e aos sucessivos portadores da letra, promessa de que o sacado assumirá a responsabilidade cambiária do pagamento (aceite) e de que efectivamente pagará a dívida. Em virtude da promessa feita, o sacador fica obrigado, ele próprio, a pagar a letra se o sacado a não aceitar ou se, aceitando-a, não a saldar"[148].

Sendo um título de crédito à ordem, é por via do endosso que a letra normalmente circula.

A pessoa a favor de quem a ordem de pagamento foi dada (o tomador) pode revestir a qualidade de endossante, se transmitir a letra a um terceiro (endossado), o qual pode, evidentemente, conservar o título em seu poder ou endossá-lo a outrem.

O endosso pode ser translativo, transmitindo-se para o endossado todos os direitos emergentes da letra, ou consistir apenas na entrega do título para que a pessoa ou entidade que o recebe proceda à sua cobrança.

As cláusulas "*valor em conta*" ou "*valor recebido*", apostas no endosso de uma letra, traduzem um endosso translativo e, por isso, o protesto do título que contiver essa cláusula deverá ser feito também contra o endossante, por ele ser também um obrigado cambiário.

Não assim no endosso "*por procuração*" ou de "*valor à cobrança*", porque não se transmitem ao endossado os direitos inerentes à letra, ficando ele apenas com o direito de a cobrar.

O sacador, quando dá a ordem de pagamento, está a prometer ao tomador da letra que fará com que o sacado assuma a responsabilidade cambiária respectiva, obrigando-se, por isso, a pagá-la no caso de o sacado o não fazer.

Esta obrigação do sacador é uma simples obrigação de garantia, tal como a que é assumida pelo tomador que endossa a letra a um terceiro, com a diferença de que o sacador, por se encontrar numa posição inicial, se obriga perante todos os posteriores signatários da letra, enquanto que cada endossante só assume a obrigação relativamente aos posteriores endossados.

[148] Sobre a definição de saque e as suas várias modalidades (à ordem do próprio sacador, sobre o próprio sacador, por ordem e conta de um terceiro, *vide* Ferrer Correia, *ibidem*, pp. 135 e ss.

Outra obrigação cambiária de garantia é a constituída pelo aval, hipótese em que um terceiro ou um signatário da letra aparece a garantir o seu pagamento por parte de um dos seus subscritores.

Ao nº 1, alínea *b*)

Em princípio, os documentos escritos em língua estrangeira só podem ser utilizados depois de traduzidos (art. 44º).

Em conformidade com este princípio, é natural que não sejam admitidas a protesto as letras escritas em língua estrangeira, quando o apresentante as não fizer acompanhar de tradução.

Ressalva-se, no entanto, o caso de o notário dominar a língua em questão, hipótese em que a tradução se torna desnecessária.

Ao nº 2

1. Havendo lugar à tradução, deve esta ser devolvida ao apresentante e que não lhe é aplicável o disposto no nº 3 do art. 44º.

Tal significa que a tradução das letras escritas em língua que o notário não domine não carece de ser feita por ele, pelo consulado português no país onde o documento foi passado, pelo consulado desse país em Portugal ou por tradutor idóneo.

2. No entanto, a tradução não pode ser feita verbalmente (semelhantemente ao que acontece com o reconhecimento de assinatura em documento escrito em língua estrangeira que o notário não domine, nos termos do nº 2 do art. 157º), na medida em que a lei exige que o apresentante da letra a faça acompanhar de tradução, o que pressupõe documento escrito.

Assim sendo, a tradução terá de ser feita por perito da escolha do notário.

Artigo 120º
Lugar de protesto

1 – A letra deve ser protestada no cartório notarial da área do domicílio nela indicado para o aceite ou pagamento ou, na falta dessa indicação, no cartório notarial do domicílio da pessoa que a deve aceitar ou pagar, incluindo a que for indicada para aceitar em caso de necessidade.

2 – Se for desconhecido o sacado ou o seu domicílio, a letra deve ser protestada no cartório a cuja área pertença o lugar onde se encontre o apresentante ou portador no momento em que devia ser efectuado o aceite ou o pagamento.

3 – Nos casos previstos nos artigos 66º e 68º da Lei Uniforme Relativa às Letras e Livranças, a letra deve ser protestada no cartório do domicílio da pessoa que for indicada como detentora do original.

ANOTAÇÕES

1. A capacidade funcional dos notários é, em princípio, plena, no sentido de que lhes é permitido praticar todos os actos da sua competência nos limites da área do concelho em que se encontra sediado o cartório, ainda que respeitem a pessoas domiciliadas ou a bens situados fora dessa área.

Porém, no que concerne ao serviço de protestos, o código contem uma regra que permite determinar qual o cartório que, em cada caso, é competente:

a) A letra deve ser protestada no cartório notarial da área do domicílio nela indicado para o aceite ou pagamento ou, na falta dessa indicação, no cartório notarial do domicílio da pessoa que a deve aceitar ou pagar.

b) Se for desconhecido o sacado ou o seu domicílio, a letra deve ser protestada no cartório a cuja área pertença o lugar onde se encontre o apresentante ou portador no momento em que devia ser efectuado o aceite ou o pagamento.

c) Se forem sacadas letras por várias vias ou delas se extraírem cópias, a letra deve ser protestada no cartório do domicílio da pessoa que for indicada como detentora do original.

2. Em regra, há apenas um exemplar de cada letra.

No entanto, o art. 64º da Lei Uniforme permite que a letra seja sacada por várias vias, ou seja, que do mesmo título sejam emitidos vários exemplares, devendo cada via ser numerada no próprio texto, sob pena de cada uma delas ser considerada uma letra distinta.

Os vários exemplares da letra facilitam a negociação do título, na medida em que se pode enviar uma das vias ao sacado, para aceite, e outra ao tomador, ou a um avalista ou a desconto[149].

[149] Ferrer Correia, obra citada, pp. 141 e ss.

3. O portador da letra tem também o direito de tirar cópias dela (art. 67º da mesma lei).

A cópia não é um exemplar da letra; é apenas uma simples reprodução (manual, mecânica ou fotográfica) do original, com os endossos e todas as menções que nele figurem.

Diferentemente do que acontece com a pluralidade de vias, o portador de uma cópia não pode reclamar o pagamento do aceitante mediante a simples exibição da cópia. De contrário, poderia o aceitante ter de pagar outra vez a quem lhe apresentasse o original[150].

4. Importa conhecer as seguintes orientações oficiais sobre esta matéria:

"I – O convénio estabelecido entre diversas instituições de crédito, sob a égide do Banco de Portugal, com o objectivo de apenas procederem ao desconto das letras que tenham indicado como local de pagamento a sede ou estabelecimento principal do banco tomador, assume a natureza de cláusula contratual geral aposta no contrato de desconto bancário.

II – A domiciliação da letra no sobredito local, após a sua emissão, é ofensiva do princípio da literalidade dos títulos de crédito, conferindo, por esse motivo, ao obrigado principal o direito de se opor ao pagamento no lugar onde a letra foi domiciliada.

III – Além disso, a cláusula é proibida pelos artigos 19º, alínea *g*), e 22º, nº 1, *n*) do Decreto-Lei nº 446/85, de 25 de Outubro, com a redacção que o Decreto-Lei nº 220/95, de 31 de Agosto, lhe deu, na medida em que vem estabelecer, embora de forma indirecta, um foro competente que envolve ou pode envolver graves inconvenientes para uma das partes, sem que os interesses da outra o justifiquem, e vem fixar, nas relações com os consumidores finais, um local de cumprimento despropositado ou inconveniente.

IV – As cláusulas contratuais gerais são nulas, nos termos do artigo 12º do citado diploma.

V – A nulidade das cláusulas contratuais gerais é invocável nos termos gerais de direito, podendo as elaboradas para utilização futura, quando contrariem o disposto naqueles artigos 19º e 22º, ser proibidas por decisão judicial, independentemente da sua inclusão efectiva em

[150] Idem, ibidem.

contratos singulares, de acordo com os ditames dos artigos 24º e 25º do mesmo diploma"[151].

5. "Por ter chegado ao conhecimento desta Direcção-Geral que alguns cartórios notariais, quando confrontados com pedidos de apresentação de letras a protesto, aconselham os interessados a dirigirem-se a cartório privativo do protesto de letras – cfr. nº 4 do art. 13º do Dec.-Lei nº 519-F2/79, de 29 de Dezembro –, recorda-se que o artigo 120º do Código do Notariado fixa as regras que permitem determinar qual o cartório que, em cada caso, é competente para o protesto de letras"[152].

Artigo 121º
Prazo

1 – A apresentação para protesto deve ser feita até uma hora antes do termo do último período regulamentar de serviço, nos prazos seguintes:

a) Por falta de aceite de letras pagáveis em dia fixo ou a certo termo da data, ou de letras sacadas a certo termo de vista, até ao dia em que podem ser apresentadas ao aceite;

b) Por falta de data no aceite de letras pagáveis a certo termo de vista ou que, por estipulação especial, devam ser apresentadas ao aceite no prazo determinado, até ao fim do prazo para a apresentação a protesto por falta de aceite;

c) Por falta de pagamento de letras nas condições da alínea *a*), num dos dois dias úteis seguintes àquele ou ao último daqueles em que a letra é pagável;

d) Por falta de pagamento de letras pagáveis à vista, dentro do prazo em que podem ser apresentadas a pagamento;

e) Nos casos dos artigos 66º e 68º da Lei Uniforme Relativa às Letras e Livranças, quando o portador quiser;

[151] Parecer do CT in BRN nº 2/96 a pp. 7 e ss. do II caderno.

[152] Informação constante do BRN nº 8/99 a p. 3 do I caderno.

2 – Os protestos produzem efeitos desde a data da apresentação.

ANOTAÇÕES

1. O vencimento da letra é a época do pagamento, ou seja, a data em que o pagamento deve ser efectuado.

As espécies de vencimento das letras são: à vista; a certo termo de vista; a certo termo de data; em dia fixo (arts. 33º e ss. da Lei Uniforme).

A letra com a cláusula à vista (ou "depois da vista", ou "na data da apresentação", ou "em qualquer dia", ou "quando o portador quiser", ou outra fórmula não ambígua) vence-se no momento da sua apresentação a pagamento, a qual pode ser feita dentro do prazo de um ano, a contar da sua data, podendo o sacador reduzir esse prazo ou estipular outro mais longo e os endossantes apenas encurtá-lo (art. 34º).

Como a apresentação a pagamento é que determina o vencimento deste tipo de letras, independentemente de aceite, as letras pagáveis à vista devem ser sempre protestadas por falta de pagamento e não por falta de aceite.

A letra a certo termo de vista é aquela que é pagável em certo prazo a contar da apresentação ao aceite (se o aceite não tiver sido datado será tirado o protesto por falta de data no aceite) ou, na falta de aceite, da data do protesto por falta de aceite (art. 35º).

A apresentação para efeito de aceite deve ser feita dentro do prazo de um ano da sua data, podendo este prazo ser aumentado ou reduzido pelo sacador e somente reduzido pelos endossantes (art. 23º da citada Lei Uniforme).

A letra a certo termo de data é a que se vence decorrido o prazo nela estabelecido, que se calcula a partir da data do saque.

Na prática tudo se passa como se estas letras fossem pagáveis em dia fixo.

A letra pagável em dia fixo é aquela que se vence no dia nela estipulado.

2. Acerca da legitimidade para requerer o protesto existe a seguinte orientação oficial:

"I – Tem legitimidade para requerer o protesto por falta de aceite ou de pagamento quem podia apresentar a letra a qualquer destes actos.

II – A letra pode ser apresentada ao aceite do sacado pelo portador ou até por um simples detentor.

III – A letra deve ser apresentada a pagamento pelo portador.

IV – É portador legítimo a pessoa que for titular do crédito cambiário, podendo ser o último endossado ou outro subscritor que àquele tenha pago"[153].

3. "Se uma letra, sacada por A e aceite por B, vier a ser posteriormente endossada pelo sacador, ao próprio endossante, passará a haver um só obrigado cambiário, que é o sacador. É, portanto, contra este que deve ser lavrado o protesto por falta de pagamento"[154].

4. "O protesto de uma letra onde se verifica que do endosso feito a um banco consta a declaração "valor recebido" tem de ser feito não só contra o aceitante como contra o sacador endossante"[155].

5. "No protesto de uma letra em que o sacador designa terceira pessoa como beneficiária da ordem do pagamento (tomador), deve o mesmo sacador ser notificado e contra ele deve ser dirigido o protesto, visto também ser responsável pelo pagamento da letra"[156].

Artigo 122º
Diferimento do prazo

1 – Nos casos previstos na primeira alínea do artigo 24º e na parte final da terceira alínea do artigo 44º da Lei Uniforme Relativa às Letras e Livranças, se a apresentação da letra para aceite ou pagamento tiver sido feita no último dia do prazo, a apresentação a protesto pode fazer-se ainda no dia imediato.

2 – O fim do prazo para apresentação e protesto é transferido para o dia útil imediato, sempre que coincida com dia em que estejam encerrados os cartórios notariais ou as instituições de crédito.

[153] Conclusões do Parecer do CT in BRN nº 8/2003 a pp. 30 e ss. do II caderno.

[154] Idem, ibidem.

[155] Idem, ibidem.

[156] Idem, ibidem.

3 – O fim de todos os prazos a que se reportam o presente artigo e o artigo anterior é diferido, para os estabelecimentos bancários e respectivos correspondentes nacionais, até ao dia imediato.

Artigo 123º
Recusa de protesto

A apresentação de letras depois de expirado o prazo legal não é fundamento de recusa de protesto.

Artigo 124º
Apresentação de letras

1 – O apresentante deve entregar a letra acompanhada das cartas-aviso necessárias às notificações a efectuar, devidamente preenchidas e estampilhadas.

2 – As cartas-aviso a que se refere o número anterior obedecem a modelo aprovado.

3 – A apresentação das letras é registada no livro próprio, segundo a ordem da sua entrega no cartório notarial.

4 – Apresentada a letra, nela devem ser anotados o número e a data da apresentação e aposta a rubrica do notário.

ANOTAÇÕES

1. A apresentação para protesto é registada no livro a que se refere a alínea *c*) do nº 1 do art. 7º, mediante a indicação dos seus número e data, do nome e residência ou sede do apresentante ou do portador, dos nomes do aceitante ou sacado e do sacador e ainda a espécie do título e o montante da obrigação nele contida (arts. 37º, nº 1, e 142º).

2. Na letra são anotados o número e a data da apresentação e aposta a competente rubrica, de forma igual ou semelhante a esta:
Apresentada a protesto no cartório notarial de ... em ... / ... / ..., sob o nº ...
O notário,... (rubrica)

3. Das letras apresentadas é entregue ao apresentante um recibo, em impresso de modelo aprovado, por ele preenchido.

Artigo 125º
Notificações

1 – No dia da apresentação ou no 1º dia útil imediato, o notário deve notificar o facto a quem deva aceitar ou pagar a letra, incluindo todos os responsáveis perante o portador.

2 – As notificações são feitas mediante a expedição, sob registo do correio, das cartas-aviso que tiverem sido entregues juntamente com a letra, sendo arquivados no maço próprio os talões dos registos.

ANOTAÇÕES

1. "Sendo apresentadas várias letras a protesto na mesma data e contra o mesmo indivíduo, não pode fazer-se apenas uma notificação englobando a totalidade das letras.

Na hipótese figurada, existem tantas apresentações quantas as letras apresentadas a protesto, não podendo deixar de concluir-se que as notificações a fazer terão de ser em igual número"[157].

2. "As instituições bancárias que sejam endossantes, desde que o seu endosso não seja para cobrança, são responsáveis para com o portador da letra apresentada a protesto e contra elas deve, pois, também ser lavrado o protesto"[158], o que vale por dizer que devem também ser notificadas.

3. Os talões dos registos são arquivados no maço de documentos a que se refere a alínea *d*) do nº 2 do art. 28º.

[157] Despacho de 26 de Novembro de 1960 (presumivelmente do então Director-Geral dos Registos e do Notariado), publicado em anotação ao artigo 137º do CN editado em 1973 pela ex-DGRN.

[158] Idem, ibidem.

Artigo 126º
Prazo e ordem dos protestos

1 – Decorridos cinco dias sobre a expedição da carta para notificação, e até ao 10º dia a contar da apresentação, devem ser lavrados, pela ordem da apresentação, os instrumentos de protesto das letras que não tenham sido retiradas pelos apresentantes.

2 – O notário deve lavrar o protesto contra todos os obrigados cambiários.

ANOTAÇÃO

Os instrumentos de protesto podem não ser lavrados pela ordem da apresentação, em caso de urgência fundamentada, como determina o art. 129º-C do CN, aditado pelo DL nº 380/98, de 27 de Novembro.

Artigo 127º
Instrumento de protesto

1 – O instrumento de protesto deve conter os seguintes elementos:

a) Identificação da letra mediante a menção da data de emissão, nome do sacador e montante;

b) Anotação das notificações a que se refere o artigo 125º ou a menção das que não foram efectuadas por falta de cumprimento do disposto no nº 1 do artigo 124º;

c) Menção da presença ou da falta das pessoas notificadas e, bem assim, das razões que tenham dado para não aceitar ou não pagar;

d) Declaração do notário, relativamente ao fundamento do protesto, e indicação das pessoas a requerimento de quem e contra quem ele é feito;

e) Data da apresentação da letra;

f) Assinatura das pessoas notificadas que tenham comparecido, ou declaração de que não assinam por não saberem, não poderem ou não quererem fazê-lo.

2 – As razões da falta de aceite ou de pagamento podem ser indicadas em declaração escrita, que os notificados devem remeter ao notário, ficando arquivada.

3 – Os declarantes podem requerer pública-forma do instrumento de protesto, sendo igual faculdade conferida aos notificados que tenham declarado verbalmente as razões da falta de aceite ou de pagamento.

4 – O instrumento de protesto deve ser expedido mediante o preenchimento de impresso de modelo aprovado por despacho do director-geral dos Registos e do Notariado, podendo ser submetido a tratamento informático, mediante despacho da mesma entidade.

HISTÓRICO

Contém as alterações dos seguintes diplomas:

- DL nº 380/98, de 27/11

Consultar versões anteriores deste artigo:

- 1ª versão: DL nº 207/95, de 14/08

ANOTAÇÕES

1. Feito o protesto, é anotado no livro de registo, junto ao registo da apresentação, o fundamento (falta de aceite ou de pagamento ou de data no aceite, conforme o caso[159]) e a data do protesto (nº 2 do art. 142º).

2. Chegado o dia do vencimento, o fundamento do protesto de uma letra pagável em dia fixo é a falta de pagamento e não a falta de aceite, embora a letra não tenha sido aceite pelo sacado.

3. As letras pagáveis a certo termo de vista, desde que não aceites pelo sacado, devem ser protestadas por falta de aceite.

4. Se o aceite não estiver datado será tirado o protesto por falta da data e não por falta de pagamento.

[159] Cfr. CN anotado pela ex-DGRN, edição de 1973, a pp. 180.

5. As letras pagáveis à vista devem ser sempre protestadas por falta de pagamento e não por falta de aceite.

6. A conta do instrumento de protesto é lançada no próprio instrumento (cfr. 2ª parte do nº 3 do art. 194º do CN).

7. O instrumento é expedido em modelo superiormente aprovado, o qual contém espaços em branco e notas de rodapé para facilitar o seu preenchimento.

Minuta

Conta: ......

Conferida e registada sob o nº__ (rubrica)

Instrumento de protesto de títulos de crédito

F ... notário do cartório notarial de ... (ou, tratando-se de cartório privado, F..., expressamente autorizado por F ..., notário do cartório notarial de... sito ...)

Faço saber que no dia ... de ... de dois mil e ..., F ... residente em ... (ou a agência nesta vila do Banco ...) apresentou neste cartório notarial, para protesto por falta de (aceite ou pagamento) o título do montante de ... a que coube a apresentação número ...

A requerimento do apresentante e com o fundamento na falta de (aceite ou pagamento), lavro o presente instrumento de protesto contra o (sacado ou aceitante) e demais obrigados cambiários.

Sendo o sacador F ...

A presente letra (ou livrança, extracto de factura ou outro) foi emitida em ... de ... de ...

Os responsáveis para com o portador foram notificados (ou ...notificados, salvo o avalista F ... por o apresentante não ter entregado a carta-aviso a ele destinada), nada tendo respondido em forma legal nem tendo comparecido neste cartório.

O aceitante F ... fez declaração das razões pelas quais não pagou o título, consignada em documento que arquivei e do qual junto certidão.

______________________ , ______ de __________________ de dois mil e ____________________

Verbete nº____(rubrica)

8. Muitas vezes torna-se difícil resumir no instrumento de protesto de forma explícita as razões apresentadas, por escrito, pelos interessados para a falta de aceite ou de pagamento.

Com o objectivo de contribuir para um melhor funcionamento dos serviços, tendo sempre presente a simplificação das respectivas tarefas, foi superiormente determinado que nesses casos o instrumento de protesto faça apenas menção daquela apresentação, mas com a indicação expressa de que as mencionadas razões constam de documento arquivado no cartório.

O instrumento de protesto lavrado nestes termos deverá, contudo, ser sempre acompanhado de certidão gratuita do mesmo documento, dando assim a conhecer de forma clara o conteúdo das razões apresentadas"[160].

9. "Devem os serviços ter em reserva impressos para protestos que fornecerão gratuitamente aos interessados"[161].

Artigo 128º
Letras retiradas

Se a letra for retirada pelo apresentante antes de protestada deve mencionar-se o levantamento e a respectiva data, ao lado do registo da apresentação.

ANOTAÇÃO

Se a letra for retirada antes de lavrado o protesto, lançar-se-á na própria letra – normalmente no verso – a conta respectiva (art. 194º, nº 3).

Artigo 129º
Recibo de entrega e devolução de letras

1 – Da entrega das letras apresentadas a protesto deve ser entregue um recibo ao apresentante, em impresso de modelo aprovado, por ele preenchido.

[160] Despacho nº 28/95 do Director-Geral publicado no BRN nº 10/95 – I caderno – a pp. 4.

[161] Ofício-circular Pº 5 DIV.90 STE de 28.02.1990 da ex-DGRN.

2 – A restituição das letras é feita contra a devolução do recibo de entrega, que é inutilizado.

3 – No caso de extravio do recibo entregue, a devolução da letra deve fazer-se contra recibo do apresentante, que fica arquivado.

ANOTAÇÃO

O recibo passado pelo apresentante, a que alude o nº 3 deste artigo, deve ficar arquivado no maço de documentos a que se refere a alínea *d*) do nº 2 do art. 28º.

Artigo 129º-A
Estabelecimento bancário

1 – Quando a apresentação para protesto seja efectuada por estabelecimento bancário em cartório privativo do protesto de letras, deve ser entregue uma relação dos títulos a protestar, elaborada em duplicado, da qual conste o nome e a residência ou sede do apresentante, do aceitante ou sacado e do sacador, bem como a indicação da espécie do título, do respectivo montante e do fundamento do protesto.

2 – A relação referida no número anterior pode ser elaborada por processo informático e deve conter espaços reservados para a anotação do número de ordem e da data da apresentação, da data do protesto ou do levantamento da letra e da respectiva data.

3 – O original da relação, que se destina a ser arquivado no cartório privativo, substitui, para todos os efeitos, o registo da apresentação dos títulos a protesto.

4 – O duplicado da relação é devolvido ao apresentante, após nele ter sido aposta nota do recebimento do original, e substitui o recibo referido no nº 1 do artigo 129º

HISTÓRICO

(Aditado pelo Decreto-Lei nº 380/98, de 27-11)

ANOTAÇÃO

Este artigo foi acrescentado ao código do notariado por causa do volume de títulos de crédito que, na altura, eram diariamente apresentados pelos estabelecimentos bancários nos cartórios privativos do protesto de letras de Lisboa e do Porto.

Artigo 129º-B
Notificações a efectuar pelos estabelecimentos bancários

1 – Incumbe ao estabelecimento bancário promover a notificação de quem deva aceitar ou pagar a letra, incluindo todos os responsáveis perante o portador, no dia em que a letra foi apresentada ou no 1º dia útil imediato.

2 – As notificações são efectuadas mediante expedição, sob registo do correio, de cartas-aviso contendo os elementos essenciais do modelo referido no nº 2 do artigo 124º

3 – No prazo de três dias a contar da expedição das cartas-aviso, o estabelecimento bancário deve apresentar no cartório privativo cópias das mesmas, acompanhadas dos respectivos talões de registo.

4 – Sempre que tal se justifique, pode ser efectuado registo colectivo das cartas-aviso referidas no nº 2.

HISTÓRICO

(Aditado pelo Decreto-Lei nº 380/98, de 27-11)

ANOTAÇÃO

Este artigo foi acrescentado ao CN pela razão explicitada na nota ao art. 129º-A.

Artigo 129º-C
Urgência

Em caso de urgência fundamentada, o instrumento de protesto pode ser lavrado sem subordinação à ordem referida no nº 1 do artigo 126º

HISTÓRICO
(Aditado pelo Decreto-Lei nº 380/98, de 27-11)

Artigo 130º
Protesto de outros títulos

Ao protesto de livranças, cheques, extractos de factura, ou de outros títulos que a lei sujeite a protesto, é aplicável o disposto nos artigos anteriores, em tudo o que não seja contrário à natureza desses títulos e à disciplina especial a que estão sujeitos.

ANOTAÇÕES

1. Fala-se aqui em livranças, cheques, extractos de factura e noutros títulos que a lei sujeite a protesto.

A letra de câmbio é, como se sabe e já foi dito, um título de crédito à ordem pelo qual uma pessoa ordena a outra que lhe pague a si ou a terceiro determinada importância.

A livrança também é um título de crédito à ordem, mas não enuncia uma ordem de pagamento de uma pessoa a outra e a favor de uma terceira, mas apenas uma promessa de pagamento.

O cheque enuncia, como a letra, uma ordem de pagamento, mas dirigida a um banco onde o emitente do título tem uma provisão[162].

O extracto de factura é um título de crédito obrigatoriamente emitido, sempre que o preço não seja representado por letras, nas vendas a prazo entre comerciantes domiciliados no continente e ilhas.

Os outros títulos sujeitos a protesto são os "*Documentos de Depósito*" e os "*Warrant*" (títulos emitidos sobre as mercadorias ou géneros agrícolas depositadas nos Armazéns Gerais criados pelo Governo para rece-

[162] *Vide* Ferrer Correia, obra citada, pp. 22 e 23.

ber em depósito mercantil os artefactos produzidos pela indústria ou os géneros agrícolas – art. 13º do Decreto nº 766, de 18 de Agosto de 1914; art. 32º do Decreto nº 783 de 21 de Agosto de 1914; art. 449º do Decreto nº 5 219 de 8 de Janeiro de 1919; e art. 50º do Decreto nº 24 949, de 10 de Janeiro de 1935), as "Cautelas de Penhor" (espécie de livranças garantidas com o penhor das mercadorias depositadas nos Armazéns Gerais e das aguardentes puras e vinhos beneficiados depositados nos Armazéns Gerais da Casa do Douro – art. 417º do Código Comercial e art. 15º do DL nº 24 298, de 3 de Agosto de 1934)[163].

2. Diferentes dos *extractos de factura – vide* Decreto nº 19 490 de 21 de Março de 1931 – são as facturas, as quais, configurando embora títulos de crédito, não estão sujeitas a protesto.

3. Os protestos são hoje muito raros e, mesmo assim, limitados às letras e livranças: os cheques não pagos vão á Câmara de Compensação do Banco de Portugal; os outros títulos caíram em desuso.

4. Sem embargo de convenção em contrário, há direito de regresso entre os avalistas do mesmo avalizado numa livrança, o qual segue o regime previsto para as obrigações solidárias[164].

SECÇÃO IV
Averbamentos

Artigo 131º
Factos a averbar

1 – São averbados aos instrumentos a que respeitam:

a) O falecimento do testador e do doador;

b) Os instrumentos de revogação e de renúncia de procuração;

[163] Ver anotação ao artigo 141º do CN 1967, edição da ex-DGRN, 1973, pp. 180.

[164] Acórdão do Supremo Tribunal de Justiça nº 7/2012 (D. R. nº 137, I série, de 17/07).

c) As comunicações e publicações previstas nos artigos 87º, 100º e 101º;

d) As decisões judiciais de declaração de nulidade e de anulação de actos notariais, as decisões notariais de revalidação dos mesmos actos e ainda as decisões judiciais proferidas nas acções a que se referem os artigos 87º e 101º, bem como a menção de ter sido sanado qualquer vício de que o acto enferma;

e) As decisões dos recursos interpostos nos processos de revalidação notarial;

f) A restituição de testamento depositado;

g) Os actos notariais que envolvam aceitação, ratificação, rectificação, aditamento ou revogação de acto anterior.

2 – O averbamento do falecimento do doador só se realiza no caso de a doação haver sido feita com encargos a favor da alma ou de interesse público, que devam ser cumpridos após a morte do doador.

HISTÓRICO

Contém as alterações dos seguintes diplomas:

- DL nº 273/2001, de 13/10

Consultar versões anteriores deste artigo:

- 1ª versão: DL nº 207/95, de 14/08

ANOTAÇÕES

Normalmente, os averbamentos são oficiosamente realizados, podendo, no entanto, ser pedidos ou requeridos verbalmente pelos interessados.

Ao nº 1, *a*)

1. Não constitui impedimento à feitura deste averbamento a divergência de nomes constantes do testamento ou da escritura de doação e da certidão de óbito que não ponha em causa a identidade do testador ou doador.

2. Suscitando-se dúvidas quanto à identidade do testador ou doador, as mesmas podem ser supridas, em caso de erro do registo de óbito, com

recurso a processo de justificação administrativa, previsto no Código do Registo Civil; nos outros casos incumbe aos interessados comprovar perante o notário, do modo que este considere conveniente, serem o falecido e o testador ou doador a mesma pessoa (certificado de identidade – art. 161º do CN – ou termo de identidade passado pela Junta de Freguesia – alínea *qq*) do nº 1 do art. 16º da Lei nº 75/2013, de 12 de Setembro).

3. Sobre averbamentos de falecimento do testador ou doador, ver notas ao art. 135º.

4. ***Minuta de averbamento de falecimento do testador (ou do doador)***

Averbamento nº ... – O testador (ou o doador) faleceu no dia ..., conforme registo de óbito nº ... da conservatória do registo civil de ...

Exibiu-se certidão passada em ...

Ao nº 1, *b*)

1. Os averbamentos de instrumentos de revogação e de renúncia de procuração só podem efectuar-se se a procuração estiver arquivada no cartório (ou obrigatoriamente, por força da lei, ou a pedido dos interessados ou ainda porque instruiu qualquer acto lavrado nos livros de notas ou fora deles).

2. ***Minuta de averbamento de revogação ou renúncia de procuração***

Averbamento nº ... – O representado revogou esta procuração (ou o procurador renunciou à procuração), por instrumento lavrado no cartório notarial de ... em ...

Arquiva-se um ofício.

Ou, sendo o instrumento lavrado no próprio cartório,

Averbamento nº ... – O representado revogou esta procuração (ou o procurador renunciou à procuração), por instrumento lavrado hoje neste cartório, que arquivo.

Ao nº 1, *c*)

Minutas de averbamentos

a) ***Impugnação da habilitação***

Averbamento nº ... – Está pendente no tribunal judicial da comarca de ... acção de impugnação desta habilitação, conforme ofício nº ... do aludido tribunal, que arquivo.

b) ***Publicação de justificação***

Averbamento nº ... – Esta escritura foi publicada por extracto no dia ... a fls. ... do nº ... do jornal ...

c) ***Impugnação do facto justificado***

Averbamento nº ... – Está pendente no tribunal judicial da comarca de ... acção de impugnação do facto justificado, conforme ofício nº ... do aludido tribunal, que arquivo.

Ao nº 1, *d*)

Minutas de averbamentos

a) **Decisão notarial de revalidação de acto notarial**

Averbamento nº ... Esta escritura, nula por falta da assinatura do abonador F ..., foi, a pedido do outorgante F ..., revalidada por minha decisão de hoje, nos termos da alínea d) do art. 73º do Código do Notariado.

Em ...

O Notário,

b) ***Decisão judicial proferida na acção de impugnação da habilitação***

Averbamento nº ... – A acção de impugnação a que se refere o averbamento nº ... foi julgada procedente (ou improcedente), conforme ofício nº ... do tribunal judicial da comarca de ..., que arquivo.

c) ***Decisão judicial proferida na acção de impugnação do facto justificado***

Averbamento nº ... – A acção de impugnação a que se refere o averbamento nº ... foi julgada procedente (ou improcedente), conforme ofício nº ... do tribunal judicial da comarca de ..., que arquivo.

Ao nº 1, *g*)

1. O legislador, ao preceituar na alínea *g*) do nº 1 do art. 131º que são averbados ao instrumento a que respeitam os actos notariais que envolvam aceitação, ratificação, rectificação, aditamento ou revogação de acto anterior, teve em vista que todas as ocorrências relevantes, quanto ao conteúdo e efeitos dos actos, ficassem patentes nos instrumentos públicos, de modo a oferecer um quadro completo das várias alterações entretanto verificadas.

Assim, *v. g.*, sendo a habilitação um acto preparatório da partilha, julgamos que esta deve ser averbada àquela (quando, evidentemente, não constem do mesmo acto) e que a partilha e a habilitação fundadas em sucessão testamentária devem ser averbadas ao testamento em que se baseiam.

2. ***Minutas de averbamentos***

a) ***Aceitação de doação***

Averbamento nº ... – Por escritura lavrada no cartório notarial de ... em ..., com início a fls... do livro de notas para escrituras diversas nº ..., o donatário (ou o donatário F ..., quando a doação tiver sido feita a mais do que um interessado que a não tenha aceitado) aceitou a proposta de doação que nesta escritura lhe foi feita.

Arquiva-se um ofício.

b) ***Ratificação de negócio jurídico***

Averbamento nº ... – Por instrumento, que arquivo, lavrado hoje neste cartório, F ... ratificou a compra e venda constante desta escritura na qual F ... interveio em seu nome sem para tanto dispor dos necessários poderes de representação.

c) ***Rectificação de inexactidão***

Averbamento nº ... – Fica esta escritura rectificada no sentido de que o prédio descrito sob a verba nº ... está inscrito na matriz da freguesia de ... e não na de ..., como se comprova por certidão fiscal, que arquivo.

d) ***Aditamento***

Averbamento nº ... – Por escritura lavrada hoje neste cartório a fls. ... do livro ..., foi feito um aditamento a esta escritura consistente em ...

e) ***Revogação***

Averbamento nº ... – Por escritura lavrada hoje neste cartório a fls. ... do livro ..., foi revogado este testamento.

3. O CT da ex-DGRN proferiu em 30.11.2004 um parecer no Proc. nº CN 29/2001 (a propósito da viabilidade da celebração de *escrituras de aditamento* às escrituras de aquisição onerosa em que os adquirentes, casados sob o regime da comunhão de adquiridos, omitam a proveniência do dinheiro utilizado na aquisição de um prédio, tendo em vista a produção dos efeitos consignados na alínea *c*) do art. 1723º do Código Civil) – escrituras estas, a nosso ver, designadas impropriamente como *escrituras de rectificação* –, onde se concluiu:

"Devem ser consideradas como válidas as escrituras de rectificação, atinentes à falta da expressa qualificação da natureza própria de bens imóveis ou móveis sujeitos a registo adquiridos na constância de casamento celebrado no regime da comunhão de adquiridos, desde que se verifique a intervenção conjunta de ambos os cônjuges sobre a proveniência do dinheiro ou valores investidos, nos termos da lei e não estejam em causa interesses de terceiros, susceptíveis de protecção legal.

Se se revelar a afectação de interesses de terceiros, tais escrituras devem ter-se igualmente por inteiramente válidas, desde que nelas, ou noutro documento autêntico, seja manifestada a intervenção favorável dos terceiros com direito a verem protegidos os seus interesses.

Porém, se inexistir tal intervenção, essas escrituras – apesar de válidas e eficazes nas relações internas e recíprocas entre cônjuges – são inoponíveis relativamente a quaisquer terceiros, designadamente quanto àqueles cujos créditos hipotecários tenham sido constituídos por inscrição registral, em data anterior à da rectificação".

Estas escrituras – quer se chamem de aditamento ou de rectificação –, se forem válidas, devem ser averbadas ao acto primeiramente lavrado.

Note-se, no entanto, que o citado parecer, apesar de ter sido aprovado por maioria, foi submetido à apreciação do Conselho Consultivo da Procuradoria-Geral da República, que, tanto quanto sabemos, não sufragou a doutrina aí contida por entender que as "ditas escrituras de rectificação" em que intervêm os dois cônjuges afirmando, em momento ulterior, que estão a fazer a declaração conjunta prevista no art. 1723º, alínea *c*), do CC, omitida no momento da aquisição, são *nulas*, por violação das disposições conjugadas dos arts. 1722º, 1723º, alínea *c*), 1724º, alínea *b*), 1714º e 294º todos do mesmo código.

Artigo 132º
Suprimento e rectificação de omissões e inexactidões

1 – As omissões e inexactidões verificadas em actos lavrados nos livros de notas, devidas a erro comprovado documentalmente, podem ser supridas ou rectificadas, a todo o tempo, por meio de averbamento, desde que da rectificação não resultem dúvidas sobre o objecto a que o acto se reporta ou sobre a identidade dos intervenientes.

2 – O averbamento a que se refere o número anterior só pode ser lavrado quando as omissões ou inexactidões respeitem:

a) À menção de documentos anteriores;

b) À indicação dos números das descrições e inscrições prediais e matrículas de entidades sujeitas a registo comercial, bem como das conservatórias a que se refiram;

c) À menção da freguesia, rua e número de polícia da situação dos prédios;

d) À menção das inscrições matriciais e valores patrimoniais;

e) À identificação e regime matrimonial de bens dos intervenientes nos actos, ou habilitados;

f) Aos simples erros de cálculo ou de escrita revelados pelo contexto do acto.

3 – Os interessados devem comprovar que foi paga a diferença do imposto municipal de sisa, se este for devido e, tratando-se de rectificação que envolva aumento de valor do acto, é feita nova conta, para pagamento dos emolumentos e do selo correspondentes ao acréscimo verificado.

4 – Os averbamentos a que se refere o nº 2, tratando-se de actos exarados em livros transferidos para o Arquivo Nacional e para as bibliotecas do Estado e arquivos distritais, podem ser exarados em certidão de teor da escritura arquivada, a pedido dos interessados.

5 – As omissões ou inexactidões verificadas em actos lavrados em livros de notas, relativas ao cumprimento de normas fiscais cuja verificação caiba ao notário, face ao conteúdo do acto, podem por este ser corrigidas oficiosamente mediante averbamento.

6 – Nos actos lavrados em livros de notas em que tenha sido omitida a menção de documentos arquivados pode a falta ser oficiosamente suprida pela referida menção, feita por averbamento.

7 – A omissão do dia, mês e ano ou do lugar em que o acto foi lavrado ou a inexactidão da sua data podem ser oficiosamente supridas ou rectificadas por averbamento se, pelo texto do instrumento ou pelos elementos existentes no cartório, for possível determinar a data ou o lugar da sua celebração.

8 – Os averbamentos previstos neste artigo devem ser rubricados pelo próprio notário.

HISTÓRICO

Contém as alterações dos seguintes diplomas:

- Rect. nº 130/95, de 31/10

Consultar versões anteriores deste artigo:

- 1ª versão: DL nº 207/95, de 14/08

ANOTAÇÕES

Ao nº 1

1. A área do prédio, quando inexactamente consignada no texto do acto, só pode ser rectificada por escritura pública, por se tratar de elemento caracterizador da identidade do objecto[165].

2. Os averbamentos a que se reporta este artigo não são oficiosos, mas podem ser pedidos verbalmente pelos interessados ou só por um deles, mesmo que o acto respeite a vários.

3. As omissões e inexactidões verificadas em actos lavrados em livros de notas podem dizer respeito a enganos ocorridos não só nas escrituras mas também nos seus documentos complementares e ser supridas ou rectificadas a todo o tempo e, portanto, mesmo depois de já terem falecido os outorgantes do respectivo acto.

4. É possível rectificar por averbamento a identificação dos intervenientes, arquivando-se fotocópia conferida do B.I., do C.C. ou do passaporte ou certidão de nascimento.

Ao nº 2

Os averbamentos previstos neste número têm carácter excepcional e não podem pôr em causa a identidade do objecto e dos intervenientes.

Por isso, não pode rectificar-se por averbamento o preço ou o valor declarado pelos interessados no acto ou no contrato, ainda que tenham sido fixados em correspondência com o valor patrimonial e este se mostre errado.

Ao nº 2 *b*) e *d*)

1. As menções dos números das descrições e inscrições prediais e das inscrições matriciais e valores patrimoniais, ou de um só desses elemen-

[165] Parecer proferido no proc. nº 29-Not.96.

tos, são rectificáveis por averbamento, quer haja simples troca nos números ou nos elementos por que são individualizados, quer ocorra a indicação incompleta de qualquer deles (quer se tenha declarado erradamente que o prédio estava omisso no registo ou na matriz ou que estava descrito ou inscrito, quando na realidade estava omisso).

2. O sentido e alcance da expressão "inscrições matriciais", prevista na alínea *d*) terá de ser coincidente com o que se encontra plasmado no nº 1 do art. 57º do CN.

Em consequência, a área do prédio, quando inexactamente consignada no texto do acto lavrado no livro de notas, só pode ser rectificada por escritura pública, por se tratar de elemento caracterizador da identidade do objecto.

3. Se numa partilha for indicado um prédio como inscrito na matriz num só artigo, quando na realidade o estava em dois, o erro só pode ser rectificado por averbamento se daí não resultar alteração da composição dos quinhões dos interessados e do montante das tornas devidas por algum deles.

Ao nº 2 *e*)

1. O CT da ex-DGRN, em parecer de 30.11.2004 publicado no II caderno do BRN nº 10/2004 a pp. 49 e ss., concluiu, a propósito da rectificação das inexactidões, que respeitem ao regime matrimonial de bens, que "o averbamento rectificativo previsto no nº 2, alínea *e*), do art. 132º do Código do Notariado visa apenas conformar a escritura com a verdade material e será de efectuar quando respeite à identificação e regime de bens dos intervenientes no acto, estando incluídos nessa previsão quaisquer dos regimes de bens do casamento".

O mesmo CT, em deliberação anterior de 26.01.96, tinha, porém, entendido que, quando a rectificação determine uma alteração no conteúdo do acto notarial, designadamente por provocar uma mudança da titularidade do bem objecto do mesmo – repercutindo-se na esfera patrimonial dos intervenientes e seus cônjuges –, só poderá ser efectuada com recurso às formalidades e à solenidade do acto rectificando.

Este último é o caminho que julgamos acertado.

É nossa opinião que a rectificação por averbamento do regime de bens dos intervenientes no acto só é legalmente possível quando não haja mudança da titularidade do bem, como acontece, por exemplo, na compra feita por quem foi identificado como casado em comunhão de adquiridos e era-o em comunhão geral, ou vice versa, ou na venda de bem comum feita por marido e mulher, que se disse estarem consorciados sob o regime de comunhão de adquiridos, quando o regime era o de comunhão geral, ou o inverso.

Para este averbamento é exigível certidão de casamento dos interessados, a qual fica arquivada.

Artigo 133º
Forma

1 – O averbamento é a anotação sucinta do último acto ao primeiro, nela se compreendendo a menção do acto averbado e a identificação do respectivo título.

2 – O averbamento, devidamente datado e rubricado, é aposto no alto das páginas ou à margem do acto.

3 – Tratando-se de livros de notas, não são exarados averbamentos na margem interior das páginas, devendo utilizar-se em primeiro lugar o alto das mesmas, depois, a parte reservada ao texto dos actos que porventura não se encontre ocupada e, seguidamente, a sua margem exterior.

4 – Esgotado o espaço reservado aos averbamentos, é o averbamento lavrado na primeira página disponível de um dos livros de notas, fazendo-se as necessárias remissões.

5 – O averbamento é feito oficiosamente quando o acto a averbar identifique devidamente o anterior.

6 – Quando não seja oficiosamente efectuado, o averbamento pode realizar-se a pedido de qualquer interessado, depois de se verificar que os dois actos estão nas condições previstas nos artigos 131º e 132º

HISTÓRICO

Contém as alterações dos seguintes diplomas:

- DL nº 40/96, de 07/05

Consultar versões anteriores deste artigo:
- 1ª versão: DL nº 207/95, de 14/08

ANOTAÇÕES

1. O averbamento não tem de ser assinado pelo interessado que o haja pedido, devendo apenas ser datado e rubricado.

Os averbamentos de suprimento e rectificação de omissões e inexactidões devem ser *rubricados pelo punho do próprio notário* (nº 8 do art. 132º). Para se saber neste caso que a rubrica é do notário (ou do ajudante em exercício) convém que o cargo do autor da rubrica seja expressamente referido.

2. O segundo acto deve ser averbado ao primeiro e não também este àquele, visto que já consta do seu contexto.

3. Na composição dos averbamentos é possível o uso de algarismos e abreviaturas [alínea *a*) do nº 3 do art. 40º].

4. Os averbamentos são numerados segundo a ordem por que forem realizados, sendo a numeração seguida e privativa do acto correspondente (art. 37º, nºs 1 e 2).

5. O disposto no art. 41º é aplicável à ressalva nos averbamentos de palavras emendadas, escritas sobre rasura ou entrelinhadas.

Artigo 134º
Comunicação dos factos a averbar

1 – Quando o averbamento deva ser feito oficiosamente em cartório notarial diferente daquele onde foi lavrado o acto a averbar, o notário que lavrou este último deve facultar ao cartório notarial competente os elementos necessários ao averbamento.

2 – A remessa dos elementos destinados a averbamento, se não puder ser feita pessoalmente, deve ser feita por ofício, expedido sob registo, ou por telecópia, sujeita a confirmação de recepção.

ANOTAÇÃO

O talão do registo comprovativo da expedição do ofício deve juntar-se ao seu duplicado, que fica arquivado.

Artigo 135º
Falecimento de testadores e doadores

1 – O averbamento do falecimento do testador, quer ao testamento quer à escritura de revogação deste, pode ser lavrado, a pedido de qualquer pessoa, mediante a exibição da certidão de narrativa do registo de óbito.

2 – Se o notário receber de alguma repartição pública a comunicação oficial de falecimento ainda não averbado, deve requerer a certidão de óbito do testador à conservatória competente, a qual deve passá-la gratuitamente, e, recebida a certidão, o averbamento é lavrado oficiosamente.

3 – O averbamento deve conter a menção da data do falecimento do testador, do número do respectivo registo de óbito e da conservatória onde foi lavrado.

4 – O disposto neste artigo é aplicável, com as necessárias adaptações, ao averbamento do falecimento do doador.

ANOTAÇÕES

1. A certidão de óbito tem, evidentemente, de respeitar ao testador (ou doador, como se infere do nº 2 do artigo em anotação), mas não se exige uma absoluta coincidência de todos os elementos de identidade, desde que não haja dúvidas de que a certidão se refere efectivamente à pessoa cuja morte se pretende averbar.

Havendo, porém, desconformidade entre o nome da pessoa que consta do testamento (ou da doação) e o mencionado na certidão comprovativa do falecimento, temos de indagar se o erro provém ou não do assento de óbito: se o erro é do assento, os interessados devem promover na conservatória a sua rectificação; se, ao invés, o que está errado é o nome usado pelo testador (ou doador), os interessados terão de comprovar, designadamente por certificado de identidade – cfr. art. 161º – ou termo de identidade passado pela Junta de Freguesia, que ele – testador ou doador – e o falecido são a mesma pessoa.

Nos cartórios públicos, este serviço cabe na alçada da competência dos ajudantes.

Afigura-se-nos conveniente, no entanto, que os casos de divergência entre o nome constante do testamento (ou da doação) e o da certidão de óbito sejam sempre levados ao conhecimento do notário, devendo ser este a decidir se existe ou não impedimento à realização imediata do averbamento.

Nos cartórios privados, o nº 2 do art. 8º do EN proíbe aos notários autorizarem os seus colaboradores, ainda que tenham formação adequada, a praticar este tipo de averbamentos.

2. Como prescreve o nº 2 do art. 131º, aplicável por força do nº 4 do artigo em anotação, o averbamento do falecimento do doador não é lavrado às doações com encargos, mas somente às que tiverem sido feitas com *encargos a favor da alma ou de interesse público, a cumprir após a morte do doador.*

3. Exceptuando as certidões de óbito do testador ou do doador não requisitadas oficiosamente – as quais são apenas exibidas –, ficam sempre arquivados os documentos que se destinem a instruir os averbamentos (art. 138º).

O arquivamento é então feito no maço privativo aludido na alínea *e)* do nº 2 do art. 28º.

Artigo 136º
Restituição de testamentos depositados

No averbamento de restituição de testamento cerrado ou de testamento internacional, que se encontre depositado, deve ser aposta a assinatura da pessoa a quem a restituição é feita ou, se esta não souber ou não puder assinar, devem intervir duas testemunhas.

ANOTAÇÃO

Ver notas ao art. 110º.

Artigo 137º
Prazos

Os deveres fixados nos artigos anteriores devem ser cumpridos pelo cartório notarial, no prazo de três dias.

Artigo 138º
Arquivamento dos documentos

Os documentos que instruam averbamentos ficam sempre arquivados, com excepção das certidões de óbito do testador ou do doador, quando não requisitadas oficiosamente.

ANOTAÇÃO

O arquivamento é feito:

a) No maço privativo a que se refere a alínea *c*) do nº 2 do art. 28º, quanto às certidões de óbito a que se referem o nº 1 do art. 115º e nº 2 do art. 135º; e

b) No maço privativo aludido na alínea *e*) do nº 2 do art. 28º, quanto aos demais documentos.

SECÇÃO V
Registos

Artigo 139º
Objecto

1 – Estão sujeitos a registo, nos livros a esse fim destinados:

a) Os instrumentos lavrados nos livros indicados nas alíneas *a*) e *b*) do nº 1 do artigo 7º;

b) Os instrumentos de aprovação, depósito e abertura de testamentos cerrados e internacionais;

c) A apresentação e o levantamento de títulos a protesto e os respectivos instrumentos de protesto;

d) As actas das reuniões dos órgãos sociais, os instrumentos de procuração lavrados nos termos do nº 3 do artigo 116º, e os de ratificação de actos notariais;

e) Os documentos que as partes pretendem arquivar nos cartórios notariais.

2 – Os registos referentes a cada dia devem ser encerrados, com um traço horizontal, no início do primeiro período de trabalho do dia útil imediato.

ANOTAÇÕES

1. Os actos e documentos aludidos nesta disposição são registados nos livros previstos nas seguintes alíneas do nº 1 do art. 7º:

– No da alínea *c*), a apresentação e o levantamento de títulos a protesto, bem como os respectivos instrumentos de protesto.

– No da alínea *d*), os testamentos públicos, as escrituras de revogação de testamentos e os instrumentos de aprovação ou depósito de testamentos cerrados e de testamentos internacionais.

– No da alínea *e*), as escrituras diversas, com excepção, evidentemente, das escrituras de revogação de testamentos.

– No da alínea *f*), os instrumentos de abertura de testamentos cerrados e de testamentos internacionais, os de actas das reuniões dos órgãos sociais, os de procuração lavrados nos termos do nº 2 do artigo 116º, e os de ratificação de actos notariais.

2. O registo não é mais do que uma anotação dos actos correspondentes, com as menções contidas nos arts. 140º a 143º, na parte aplicável a cada um deles.

3. É permitido o uso de algarismos e abreviaturas na redacção dos registos [art. 40º, nº 3, *a*)].

4. Os registos referentes a cada dia devem ser encerrados, com um traço horizontal, no início do primeiro período de trabalho do dia útil imediato e não no final do dia, porque pode haver actos celebrados fora de horas.

Artigo 140º
Registo de testamentos públicos e escrituras

1 – O registo de testamentos públicos e de escrituras de revogação de testamentos deve conter os seguintes elementos:

a) O número do livro e da primeira folha onde o acto foi lavrado;

b) A denominação do acto e a sua data;

c) O nome completo do testador ou do outorgante.

2 – O registo de escrituras diversas, além dos elementos a que se referem as alíneas *a*) e *b*) do número anterior, deve conter os seguintes elementos:

a) O objecto do acto e o seu valor;

b) A firma ou a denominação de estabelecimento individual de responsabilidade limitada ou de pessoa colectiva a que o acto respeita, a sede e o respectivo número de identificação fiscal;

c) O nome completo e a residência dos sujeitos activos e passivos, respectivos números fiscais se a natureza do acto o exigir, podendo, relativamente a todos os que sejam casados, ser indicados apenas os elementos de um dos cônjuges com a menção dessa qualidade;

d) As indicações necessárias à fiscalização do pagamento de contribuições ou impostos devidos pelo acto.

ANOTAÇÕES

1. Não se insere a menção do valor do acto no registo das escrituras donde não conste esse elemento, como, por exemplo, nas habilitações.

2. É usual substituir a menção do valor pela expressão "preço" no registo das compras e vendas.

3. Os sujeitos activos e passivos são normalmente designados por "comprador" e "vendedor", no registo das compras e vendas; "credor" e "devedor", no dos mútuos e das quitações; "doador" e "donatário", no das doações; "sócios", no dos contratos de sociedade e suas alterações; "condóminos", no da constituição da propriedade horizontal e altera-

ções do seu título constitutivo; "justificantes", no das justificações; "permutantes", no das permutas; "partilhantes", no das partilhas, etc.

4. No registo das escrituras de habilitação, afigura-se--nos não existir qualquer interesse na anotação do nome dos declarantes, devendo antes mencionar-se o nome do autor da herança (e, a nosso ver, dos habilitandos, menção que pode tornar-se útil no caso de eventual reforma da escritura).

5. Nas indicações necessárias à fiscalização do pagamento de contribuições ou impostos devidos pelo acto, deve mencionar-se o número, data e importância dos documentos de cobrança ou os motivos da isenção, quer do imposto municipal sobre as transmissões onerosas de imóveis, quer do imposto do selo.

6. *Vide*, ainda com algum interesse, o modelo anexo ao ofício-circular de 20.06.969 da ex-2ª repartição da DGRN e também o ofício-circular de 02.10.974.

7. Alguns cartórios privados adquiriram programas para o registo electrónico de escrituras e outros actos, cujas menções não respeitam com rigor os elementos que a lei manda inserir no registo dos diversos actos. Isto deve-se, as mais das vezes, ao facto de os dados previamente preenchidos durante a elaboração da factura/recibo e ou da estatística serem depois automaticamente assumidos no registo dos actos notariais. Esses programas deviam, por isso, ser devidamente actualizados ou então substituídos.

Artigo 141º
Registo dos instrumentos relativos aos testamentos cerrados e internacionais

1 – O registo dos instrumentos de aprovação de testamentos cerrados e de testamentos internacionais é feito antes da restituição destes e dele devem constar os seguintes elementos:

a) A designação do acto e a sua data;

b) O nome completo, a filiação, a data de nascimento, a naturalidade, o estado e a residência do testador;

c) A indicação de o testamento haver ou não sido cosido e lacrado.

2 – O registo de instrumentos de depósito ou de abertura de testamentos cerrados e internacionais deve conter os elementos exigidos na alínea *a*) do número anterior, o nome completo do testador e o número de ordem do instrumento dentro do maço.

Artigo 142º
Registo relativo ao protesto de títulos

1 – Do registo de apresentação de títulos a protesto devem constar a data da apresentação, os nomes e a residência ou sede do apresentante, do aceitante ou sacado e do sacador e, ainda, a espécie do título e o montante da obrigação nele contida.

2 – O registo dos instrumentos de protesto consiste na anotação, junto ao registo da apresentação, do fundamento e da data de protesto.

ANOTAÇÃO

O fundamento do protesto pode ser a falta de pagamento, a falta de aceite e a falta da data no aceite.

Sobre essas modalidades, *vide* notas ao art. 127º.

Artigo 143º
Registo de outros actos

1 – O registo de documentos ou de instrumentos avulsos diversos daqueles a que se referem os artigos anteriores consiste na indicação da data em que foi apresentado o documento ou lavrado o instrumento e na sua identificação, mediante a menção da sua espécie ou natureza, do nome completo dos interessados e do número de ordem dentro do respectivo maço.

2 – Os documentos registados não podem ser restituídos.

ANOTAÇÃO

Os outros actos a que se refere o artigo em anotação são os instrumentos de abertura de testamentos cerrados e de testamentos internacionais, os instrumentos de actas de reunião de órgãos sociais, os de procurações lavradas nos termos do nº 2 do artigo 116º, os de ratificação de actos notariais, e os documentos que forem entregues no cartório para ficarem arquivados (art. 16º).

Artigo 144º
Ordem dos registos

Os registos são efectuados diariamente, segundo a ordem por que tenham sido lavrados os instrumentos ou apresentados os documentos.

ANOTAÇÃO

A numeração é seguida, podendo adoptar-se a numeração anual, mensal ou diária (art. 37º, nº 3).

SECÇÃO VI
Abertura de sinal

Artigos 145º a 149º

HISTÓRICO

(Revogado pelo DL nº 250/96, de 24 de Dezembro)
Contém as alterações dos seguintes diplomas:
- DL nº 250/96, de 24/12

Consultar versões anteriores deste artigo:
- 1ª versão: DL nº 207/95, de 14/08

SECÇÃO VII
Autenticação de documentos particulares

Artigo 150º
Documentos autenticados

1 – Os documentos particulares adquirem a natureza de documentos autenticados desde que as partes confirmem o seu conteúdo perante o notário.

2 – Apresentado o documento para fins de autenticação, o notário deve reduzir esta a termo.

ANOTAÇÕES

Ao nº 1

1. Os documentos escritos podem ser autênticos ou particulares.

São autênticos os documentos exarados, com as formalidades legais, pelas autoridades públicas, nos limites da sua competência ou, dentro do círculo de actividade que lhe é atribuído, pelo notário ou outro oficial público provido de fé pública.

São particulares todos os outros documentos.

Os documentos particulares são havidos por autenticados, quando confirmados pelas partes, perante notário, nos termos prescritos na lei notarial (art. 363º do CC e nºs 2 e 3 do art. 35º).

2. Os documentos particulares devem ser assinados pelo seu autor, ou por outrem a seu rogo, se o rogante não souber ou não puder assinar.

3. A confirmação do conteúdo dos documentos particulares tem de ser feita simultaneamente por todos os declarantes quando se trate de contrato ou quando os declarantes sejam representantes de pessoa colectiva.

4. Têm competência para autenticar documentos particulares, nos termos previstos na lei notarial, com a mesma força probatória que teriam se tivessem sido realizados com intervenção notarial, além dos notários, as câmaras de comércio e indústria, os advogados, os solicitadores, os conservadores e os oficiais de registo.

A validade destes actos, quando efectuados por câmaras de comércio e indústria, advogados e solicitadores, depende de registo em sistema informático.

A regulamentação do registo informático dos actos praticados por estas entidades (designadamente o seu funcionamento, os seus termos e os custos que lhes estão associados) consta da Portaria nº 657-B/2006, de 29 de Junho.

5. Como os impedimentos dos notários atingem todas as pessoas ou entidades a quem, excepcionalmente, a lei atribuiu o desempenho de certas funções que àqueles estavam tradicionalmente reservadas, um advogado ou solicitador ou outra entidade competente não podem autenticar documentos em que eles, o seu cônjuge, parente ou afim na linha recta ou no 2º grau da linha colateral sejam interessados.

6. Se o documento a autenticar disser respeito a negócios jurídicos que, embora anteriores ou mesmo laterais à formalização de contratos translativos de imóveis, tiverem um resultado económico equivalente à transmissão desse tipo de bens (caso do contrato-promessa de aquisição, em que seja clausulado que o promitente adquirente pode ceder a sua posição contratual a terceiro, ou do contrato de cessão dessa posição), o art. 49º do CIMT obriga os notários (e as demais entidades competentes) a arquivar em maço próprio a declaração para a liquidação do IMT e o correspondente comprovativo da cobrança.

Em tal hipótese, deve o termo de autenticação incluir a referência à liquidação e ao pagamento prévios do imposto e a menção do arquivamento do correspondente documento.

7. O Decreto-Lei nº 116/2008, de 4 de Julho, criou condições para que os advogados (e outras entidades) passem a prestar serviços relacionados com negócios relativos a bens imóveis, vindo, em consequência, a permitir que tais negócios possam ser realizados também por documento particular autenticado.

O nº 2 do art. 23º daquele Decreto-Lei nº 116/2008 estatuiu que todas as disposições legais, regulamentares ou outras que pressuponham ou exijam a celebração de escritura pública para a prática de actos que importem reconhecimento, constituição, aquisição, modificação, divisão ou extinção dos direitos de propriedade, usufruto, uso e habitação, superfície ou servidão sobre coisas imóveis ou outros equivalentes àqueles em relação aos quais se torna esta forma facultativa são entendidas como pressupondo ou exigindo a celebração de escritura pública ou a *autenticação do documento particular* que formaliza o acto.

Diz a lei que estes documentos particulares autenticados devem conter os requisitos legais a que estão sujeitos os negócios jurídicos sobre imóveis, aplicando-se subsidiariamente o Código do Notariado – cfr. nºs 1 a 3 do art. 24º.

Assim sendo, há que ter presente que, nestes casos, estamos em presença de documentos que, embora sujeitos a autenticação para sua inteira validade, têm de obedecer – os próprios documentos, repete-se – aos requisitos gerais e especiais de que o Código do Notariado faz depender a sua elaboração.

Ao nº 2

O leitor pode encontrar abaixo minutas de termos de autenticação nas notas aos arts. 151º e 152º.

Artigo 151º
Requisitos comuns

1 – O termo de autenticação, além de satisfazer, na parte aplicável e com as necessárias adaptações, o disposto nas alíneas *a*) a *n*) do nº 1 do artigo 46º, deve conter ainda os seguintes elementos:

a) A declaração das partes de que já leram o documento ou estão perfeitamente inteiradas do seu conteúdo e que este exprime a sua vontade;

b) A ressalva das emendas, entrelinhas, rasuras ou traços contidos no documento e que neste não estejam devidamente ressalvados.

2 – É aplicável à verificação da identidade das partes, bem como à intervenção de abonadores, intérpretes, peritos, leitores ou testemunhas, o disposto para os instrumentos públicos.

ANOTAÇÕES

Ao nº 1

1. Nos termos de autenticação é permitido o uso de qualquer processo gráfico, desde que os respectivos caracteres sejam nítidos,

devendo ser escritos por extenso e sem espaços em branco, que devem ser inutilizados por meio de um traço horizontal (nº 4 do art. 38º e nºs 1 e 4 do art. 40º).

2. O termo de autenticação deve ser lavrado no próprio documento a que respeita ou em folha anexa (nº 4 do art. 36º).

Quando for lavrado em folha anexa, será esta agrafada ao documento, de molde a não permitir a sua separação, numerando-se e rubricando-se todas as folhas e apondo-se a rubrica do notário e o selo branco do cartório de maneira a abranger todas as folhas.

3. ***Minutas***

a) ***Documento assinado pelos interessados***

Termo de autenticação

No dia ... no cartório notarial de ..., perante mim, F... (ou, tratando-se de cartório privado, no cartório notarial do notário F ... sito ..., perante mim, F ..., expressamente autorizado pelo referido notário a praticar este acto), compareceram F ... e mulher F ... naturais de ... e residentes habitualmente em ..., pessoas cuja identidade verifiquei por ..., os quais me apresentaram, para fins de autenticação, a procuração (ou o contrato-promessa de compra e venda ou outro documento de natureza diversa, etc.) supra (ou retro ou em anexo), declarando que já a leram e assinaram e que ela exprime a sua vontade.

Este termo foi lido aos interessados e aos mesmos explicado o seu conteúdo.

b) ***Documento assinado por representante de pessoa colectiva***

Termo de autenticação

... compareceram F ..., F ... e F ..., casados, naturais de ... e residentes habitualmente em ..., os quais outorgam na qualidade de directores e em representação da associação ..., com sede em ..., NIPC...

Verifiquei a identidade dos outorgantes, a qualidade em que outorgam e os poderes necessários para este acto por ...

E por eles me foi apresentado, para fins de autenticação, o documento supra, declarando que já o leram e assinaram e que ele exprime a vontade da sua representada.

Este termo foi lido aos interessados e aos mesmos explicado o seu conteúdo.

Ao nº 2

Sobre verificação de identidade das partes, abonadores, intérpretes, peritos, leitores ou testemunhas, *vide supra* art. 48º e respectivas notas.

Artigo 152º
Requisitos especiais

Se o documento que se pretende autenticar estiver assinado a rogo, devem constar, ainda, do termo o nome completo, a naturalidade, o estado e a residência do rogado e a menção de que o rogante confirmou o rogo no acto da autenticação.

ANOTAÇÕES

1. O rogo deve ser dado ou confirmado perante o notário (ou outra entidade competente), depois de lido o documento ao rogante (nº 4 do art. 373º do CC).

2. Os termos de autenticação deviam conter a impressão digital do rogante, por indicação expressa do art. 164º do CN, aprovado pelo DL nº 47 619, de 31 de Março de 1967, na redacção do DL nº 67/90, de 1 de Março.

O artigo em anotação não faz referência a essa exigência.

Apesar de a lei não o obrigar, a prática que vem sendo seguida na generalidade dos cartórios continua a incluir a impressão digital dos rogantes nos termos de autenticação, prática que se nos afigura merecer aprovação.

3. ***Minuta***

Termo de autenticação

... compareceu F ..., casado, natural de ... e residente habitualmente em ..., pessoa cuja identidade verifiquei por ..., o qual me apresentou, para fins de autenticação, o contrato-promessa de compra e venda em anexo, declarando, depois de lho ter lido, que está perfeitamente inteirado do seu conteúdo, que ele exprime a sua vontade e que não o assina por ...(não saber ou não poder), mas que está a seu rogo assinado por F ..., casado, natural de ... e residente habitualmente em ..., pessoa cuja identidade verifiquei por ..., rogo que o interessado confirmou neste acto.

Este termo foi lido....

SECÇÃO VIII
Reconhecimentos

Artigo 153º
Espécies

1 – Os reconhecimentos notariais podem ser simples ou com menções especiais.

2 – O reconhecimento simples respeita à letra e assinatura, ou só à assinatura, do signatário de documento.

3 – O reconhecimento com menções especiais é o que inclui, por exigência da lei ou a pedido dos interessados, a menção de qualquer circunstância especial que se refira a estes, aos signatários ou aos rogantes e que seja conhecida do notário ou por ele verificada em face de documentos exibidos e referenciados no termo.

4 – Os reconhecimentos simples são sempre presenciais; os reconhecimentos com menções especiais podem ser presenciais ou por semelhança.

5 – Designa-se presencial o reconhecimento da letra e assinatura, ou só da assinatura, em documentos escritos e assinados ou apenas assinados, na presença dos notários, ou o reconhecimento que é realizado estando o signatário presente ao acto.

6 – Designa-se por semelhança o reconhecimento com a menção especial relativa à qualidade de representante do signatário feito por simples confronto da assinatura deste com a assinatura aposta no bilhete de identidade ou documento equivalente emitidos pela autoridade competente de um dos países da União Europeia ou no passaporte ou com a respectiva reprodução constante de pública-forma extraída por fotocópia.

HISTÓRICO

Contém as alterações dos seguintes diplomas: Consultar versões anteriores deste artigo:

– DL nº 40/96, de 34 07/05 – 1ª versão: DL nº 207/95, de 14/08

- Rect. nº 10-A/96, de 31/05 – 2ª versão: DL nº 40/96, de 07/05
- DL nº 250/96, de 24/12 – 3ª versão: Rect. nº 10-A/96, de 51/05
- Rect. nº 4-A/97, de 31/01 – 4ª versão: DL nº 250/96, de 24/12

ANOTAÇÕES

Ao nº 1

1. Os documentos particulares podem ser autenticados, quando confirmados pelas partes perante notário – como vimos acima –, ou ter reconhecimento notarial, se a sua letra e assinatura ou só a assinatura se encontrarem reconhecidas por notário (nº 4 do art. 35º).

2. Têm competência para fazer reconhecimentos simples e com menções especiais, presenciais e por semelhança, nos termos previstos na lei notarial, com a mesma força probatória que teriam se tivessem sido realizados com intervenção notarial, além dos notários, as câmaras de comércio e indústria, os advogados, os solicitadores, os conservadores e os oficiais de registo.

A validade destes actos depende de registo em sistema informático, como se disse na nota 4 ao nº 1 do art. 150º.

3. Também aqui, à semelhança do que dissemos a propósito dos termos de autenticação, torna-se necessário chamar a atenção para o facto dos impedimentos dos notários atingirem todas as pessoas ou entidades a quem, excepcionalmente, a lei atribuiu o desempenho de certas funções que àqueles estavam tradicionalmente reservadas.

Vide a propósito o parecer nº E-10/07 do Conselho Fiscal da Ordem dos Advogados, com data de 20 de Outubro de 2007, no qual se concluiu que "O advogado não pode realizar acto notarial de que seja beneficiário, designadamente, não pode efectuar reconhecimentos de assinaturas em procuração passada a seu favor".

Aos nºs 2 a 6

1. O artigo em anotação define o que são reconhecimentos simples (no nº 2) ou com menções especiais (no nº 3) e também o que deve entender-se por reconhecimentos presenciais e por semelhança (nºs 4 a 6).

2. Os *reconhecimentos de assinatura, sem menções especiais e* ***por semelhança***, deixaram de poder ser exigidos, a partir da entrada em vigor do

DL nº 232/82, de 17 de Junho, desde que fosse exibido o bilhete de identidade do signatário (art. 6º desse diploma).

O artigo único do DL nº 21/87, de 12 de Janeiro, na redacção do art. 2º do DL nº 207/95, de 14 de Agosto, retomou a mesma doutrina, acrescentando o passaporte do signatário ou as públicas-formas, quer dele quer do bilhete de identidade, como documentos que podiam ser exibidos para o efeito.

Os arts. 1º e 2º do DL nº 250/96, de 24 de Dezembro, vieram abolir os reconhecimentos notariais de letra e assinatura, ou só de assinatura, feitos por semelhança e sem menções especiais relativas aos signatários e substituir a exigência de reconhecimento por semelhança ou sem determinação de espécie, estabelecida em qualquer disposição legal, pela indicação feita pelo signatário do número, data e entidade emitente do bilhete de identidade ou documento equivalente emitido pela autoridade competente de um dos países da União Europeia ou do passaporte.

Igual doutrina consta do art. 31º do DL nº 135/99, de 22 de Abril, diploma que procurou reunir as normas vigentes no contexto da modernização administrativa.

3. A Lei nº 25/2012, de 16 de Julho, veio regular as directivas antecipadas de vontade, em matéria de cuidados de saúde, as quais devem ser formalizadas através de documento escrito – apelidado de "*testamento vital*" –, assinado **presencialmente** perante funcionário devidamente habilitado do RENTEV ou do notário.

3.1. O testamento vital é, na definição do art. 2º da citada lei, um documento unilateral e livremente revogável a qualquer momento pelo próprio, no qual uma pessoa maior de idade e capaz, que não se encontre interdita ou inabilitada por anomalia psíquica, manifesta antecipadamente a sua vontade consciente, livre e esclarecida, no que concerne aos cuidados de saúde que deseja receber, ou não deseja receber (v.g., tratamentos de suporte artificial das funções vitais, tratamentos fúteis, inúteis ou desproporcionados ao quadro clínico do paciente, cuidados paliativos, tratamentos que se encontrem em fase experimental, participação em programas de investigação científica ou ensaios clínicos, melhor descritos nas várias alíneas do nº 2 desse artigo 2º), no caso de, por qualquer razão, se encontrar incapaz de expressar a sua vontade pessoal e autonomamente.

3.2. De acordo com o seu art. 3º, o documento (que pode, facultativamente, constar do modelo aprovado pela Portaria nº 104/2014, de 15 de Maio, adiante reproduzido) é escrito, *assinado presencialmente* perante funcionário devidamente habilitado do RENTEV ou, no caso que nos interessa, *perante o notário*, do qual conste:

a) A identificação completa do outorgante;

b) O lugar, a data e a hora da sua assinatura;

c) As situações clínicas em que as directivas antecipadas de vontade produzem efeitos;

d) As opções e instruções relativas a cuidados de saúde que o outorgante deseja ou não receber, no caso de se encontrar em alguma das situações referidas na alínea anterior;

e) As declarações de renovação, alteração ou revogação das directivas antecipadas de vontade, caso existam.

No caso de o outorgante recorrer à colaboração de um médico para a elaboração das directivas antecipadas de vontade, a identificação e a assinatura do médico podem constar no documento, se for essa a opção do outorgante e do médico[166].

3.3. Compete ao cidadão (ou ao seu familiar ou amigo ou procurador de cuidados de saúde) entregar o documento à equipa responsável pelos cuidados de saúde, dado o carácter não vinculativo do seu registo nacional.

3.4. As directivas antecipadas de vontade não devem ser respeitadas nos casos previstos nos nºs 2 e 4 do art. 6º, os quais, quando ocorrerem, devem ser registados no processo clínico pelo responsável pelos cuidados de saúde e comunicados ao procurador de cuidados de saúde, quando exista, bem como ao RENTEV.

3.5. A lei, ao preceituar que o "testamento vital" tem de ser assinado presencialmente perante notário, considerou bastante o *reconhecimento presencial da assinatura* do interessado para dar valor ao documento, mas, por outro lado, segundo nos parece, ao individualizar as pessoas perante

[166] A intervenção de peritos médicos nos actos notariais está prevista no nº 4 do art. 67º do CN para abonarem a sanidade mental dos outorgantes.
A identificação dos peritos, a referência ao seu juramento ou compromisso de honra e, bem assim, a sua assinatura são exigíveis, respectivamente, pelas alíneas *h*), *i*) e *n*) do nº 1 do art. 46º.
Optando o outorgante e o médico pela colaboração deste na elaboração das directivas antecipadas de vontade, parece-nos que – seja por aplicação analógica ou por interpretação extensiva das citadas normas –, além da identificação e da assinatura do médico, o documento deve conter também a referência ao seu juramento ou compromisso de honra.

as quais a assinatura tem de ser efectuada – funcionário do RENTEV ou notário – quis excluir outras pessoas ou entidades a quem a lei confere competência para reconhecer assinaturas, tais como as câmaras de comércio e indústria, os advogados, os solicitadores, os conservadores e os oficiais de registo.

3.6. As pessoas que não podem ou não sabem assinar não estão, como é evidente, impedidas, por esse motivo, de intervirem na autoria dum "testamento vital" e, por isso, tem de se admitir o reconhecimento presencial da assinatura a rogo.

3.7. Admissível deve ser também o reconhecimento da letra e assinatura (se, além de assinado, o "testamento vital" tiver sido escrito à mão pelo próprio subscritor) e bem assim a autenticação do documento, uma vez que para o autenticar as partes têm de confirmar o seu conteúdo perante o notário (nº 1 do art. 150º).

4. O documento pode também ser lavrado pelo próprio notário num instrumento público, se o interessado assim o solicitar[167].

A intervenção do notário na elaboração do documento é, a nosso ver, aconselhável, sempre com recurso à colaboração de um médico – na hipótese de o outorgante não ter a necessária preparação técnica em ciências da saúde –, a fim de ficarem convenientemente clarificadas as directivas antecipadas de vontade do interessado, quanto aos cuidados de saúde que deseja ou não receber, tendo em conta que – sobretudo no que concerne aos cuidados de saúde que deseja receber – só um médico estará em condições de se pronunciar sobre a sua exequibilidade.

Minuta[168]

...

[167] O instrumento público será um instrumento fora de notas, mas nada impede que, se a parte o solicitar, seja lavrado no livro de notas de notas para escrituras diversas.

[168] Convém lembrar que, de acordo com o art. 3º da Lei nº 25/2012, o documento deve conter a identificação completa do outorgante (com verificação da sua identidade, como se faz em qualquer instrumento público, mas sem necessidade de indicação do NIF); o lugar, a data e a *hora da sua assinatura*; as situações clínicas em que as directivas antecipadas de vontade produzem efeitos; as opções e instruções relativas a cuidados de saúde que o outorgante deseja ou não receber, no caso de, por qualquer razão, se encontrar incapaz de expressar a sua vontade pessoal e autonomamente; e as declarações de renovação, alteração ou revogação das directivas antecipadas de vontade, caso existam.

E por ele foi dito:

Que, no caso de vir a sofrer de doença que o impossibilite de manifestar a sua vontade pessoal e autonomamente, declara o seguinte, quanto aos cuidados de saúde que deseja ou não receber:

(Exemplos de situações clínicas em que as directivas antecipadas de vontade devem produzir efeitos)

1ª *Deseja que lhe sejam proporcionados os tratamentos necessários para atenuar ou, se possível, eliminar a dor, o sofrimento ou a angústia, mesmo que tais procedimentos possam encurtar a sua expectativa de vida.*

2ª *Deseja doar o seu corpo para fins de investigação ou didácticos, segundo o que estiver disposto na legislação vigente.*

3ª *Não deseja que lhe seja aplicada qualquer técnica de suporte vital, que apenas seja destinada a prolongar a sua sobrevivência, como a reanimação cardiorrespiratória, a ventilação mecânica, a diálise, a administração de fluidos intravenosos, medicamentos ou alimentação e hidratação artificiais.*

4ª *Não deseja ser submetido a amputação de membros, ainda que necessária para a sua sobrevivência.*

5ª *Não deseja receber qualquer tratamento ou terapia que ainda não tenha demonstrado claramente a sua eficácia.*

etc.

(Exemplos de opções e instruções relativas a cuidados de saúde que o outorgante deseja ou não receber)

1ª *Deseja permanecer no seu domicílio habitual durante os últimos dias da sua vida, se for possível administrar-lhe aí os cuidados indispensáveis a uma morte sem dor e pacífica.*

Caso contrário, ou seja, se tiver de ser hospitalizado, deseja ser atendido num quarto individual, na hipótese de tal se tornar viável.

2ª *Deseja que seja respeitada a vontade do seu procurador F ...* (ou do procurador que vier a nomear), *no caso de surgirem dúvidas na interpretação de alguma das enunciadas situações clínicas.*

etc.

O outorgante recorreu, para a elaboração destas directivas antecipadas de vontade, à colaboração do médico Dr. F ... (nome completo, estado e residência habitual, titular da cédula profissional nº ... emitida por ... em ...), *cuja identidade verifiquei por..., o qual prestou o compromisso de honra de bem desempenhar as suas funções.*

Este instrumento foi lido ao outorgante e ao mesmo explicado o seu conteúdo, tendo sido assinado por ele e pelo mencionado médico às ... horas.

5. Como acima dissemos, a Portaria nº 104/2014, de 15 de Maio, aprovou um modelo de directiva antecipada de vontade, de utilização facultativa pelo outorgante, com reconhecimento presencial da assinatura do interessado ou a rogo deste, não sendo de excluir a hipótese de o documento ser autenticado.

O referido modelo é do seguinte teor:

DIRETIVA ANTECIPADA DE VONTADE (DAV)

Ao abrigo e para os efeitos previstos no nº 3 do artigo 3º da Lei nº 25/2012, de 16 de Julho, o presente documento traduz a minha manifestação antecipada da vontade consciente, livre e esclarecida, no que concerne aos cuidados de saúde que desejo receber, ou que não desejo receber, no caso de, por qualquer razão, me encontrar incapaz de expressar a minha vontade pessoal e autonomamente.

Este documento, que subscrevo sendo maior de idade e capaz e não me encontrando interdito ou inabilitado por anomalia psíquica, é livremente revogável, no todo ou em parte, a qualquer momento.

IDENTIFICAÇÃO DO OUTORGANTE

Nome ...
Doc. Identificação ... Nº ... Val. ... /... /...
Nacionalidade/Naturalidade
Nº Utente ... Data de nascimento ... / ... / ...
Morada ...
C. Postal ...
País Tel. ...
Correio electrónico (opcional) ...

SITUAÇÃO CLÍNICA EM QUE A DAV PRODUZ EFEITOS

Quando me encontrar incapaz para expressar a minha vontade autonomamente, em consequência do meu estado de saúde física e/ou mental, e se verificarem uma ou mais das seguintes hipóteses:

(preencher as hipóteses aplicáveis)

☐ *Me ter sido diagnosticada doença incurável em fase terminal*

☐ *Não existirem expectativas de recuperação na avaliação clínica feita pelo médico responsável pelos cuidados, de acordo com o estado da arte*

☐ *Inconsciência por doença neurológica ou psiquiátrica irreversível, complicada por intercorrência respiratória, renal ou cardíaca*

☐ *Outras: ... (cuidados de saúde a receber/não receber)*

Assim, manifesto a minha vontade clara e inequívoca de:

(preencher as hipóteses aplicáveis)

☐ *Não ser submetido a reanimação cardiorrespiratória*

☐ *Não ser submetido a meios invasivos de suporte artificial de funções vitais*

☐ *Não ser submetido a medidas de alimentação e hidratação artificiais que apenas visem retardar o processo natural de morte*

☐ *Participar em estudos de fase experimental, investigação científica ou ensaios clínicos*

☐ *Não ser submetido a tratamentos que se encontrem em fase experimental*

☐ *Recusar a participação em programas de investigação científica ou ensaios clínicos*

☐ *Interromper tratamentos que se encontrem em fase experimental ou a participação em programas de investigação científica ou ensaios clínicos, para os quais tenha dado prévio consentimento*

☐ *Não autorizar administração de sangue ou derivados*

☐ *Receber medidas paliativas, hidratação oral mínima ou subcutânea*

☐ *Serem administrados os fármacos necessários para controlar, com efectividade, dores e outros sintomas que possam causar-me padecimento, angústia ou mal-estar*

☐ *Receber assistência religiosa quando se decida interromper meios artificiais de vida (crença:___________________)*

☐ *Ter junto de mim, por tempo adequado e quando se decida interromper meios artificiais de vida, a pessoa que aqui designo:*

_______________________________(nome), _______________ (contacto).

☐ *Outras: ...*

☐ *Outras considerações pessoais ou eventuais motivações das minhas decisões: ...*

VALIDADE

1. Esta declaração é eficaz durante 5 anos a contar da data da sua assinatura, podendo ser renovada nos termos da Lei nº 25/2012, de 16 de Julho.

2. Caso seja solicitado o registo no RENTEV, o mesmo só produz efeitos após recepção pelo outorgante da informação de conclusão do processo.

DECLARAÇÃO DO OUTORGANTE

Tomei conhecimento de todas as informações necessárias ao preenchimento do presente documento. Declaro que são exactas e completas as declarações por mim aqui prestadas, no que concerne aos cuidados de saúde que desejo receber, ou que não desejo receber, no caso de, por qualquer razão, me encontrar incapaz de expressar a minha vontade pessoal e autonomamente.

OUTORGANTE

Local ...

Data ... / ... / ...
Hora: ... h ... m
....
(assinatura conforme documento de identificação civil)

MÉDICO (opcional)

Declaro que prestei as explicações que me foram solicitadas pelo outorgante relativas a este documento e ao seu estado de saúde.
Nome ...
Cédula ...
(assinatura conforme documento de identificação civil)

NOTÁRIO / FUNCIONÁRIO DO RENTEV
(perante o qual a DAV foi assinada)

Nome ...
Id. Civil ...
(assinatura conforme documento de identificação civil – carimbar/selar)
Notas:
1. Antes de subscrever este documento, recomenda-se que debata previamente o assunto com um profissional de saúde da sua confiança, ou com a equipa de saúde que o cuida.
2. Pode optar pela subscrição da Declaração Antecipada de Vontade, pela designação de um procurador de cuidados de saúde, ou por ambos.

6. O documento de directivas antecipadas de vontade é eficaz pelo prazo de 5 anos a contar da sua assinatura, embora possa ser sucessivamente renovável, mediante *declaração de confirmação do seu conteúdo*[169], sendo também renovado sempre que nele seja introduzida uma modificação (arts. 7º, nºs 1 e 2, e 8º, nº 3).

Os serviços do RENTEV devem informar o outorgante de DAV e, caso exista, o seu procurador, da data de caducidade do documento, até 60 dias antes do final do prazo da sua eficácia (art. 7º, nº 4).

Minuta de declaração de confirmação do disposto no documento de DAV

...

E por ele foi dito:

[169] A declaração de confirmação das directivas antecipadas de vontade deve constar de documento escrito, assinado presencialmente perante notário, se não quiser utilizar-se forma mais solene (arts. 3º, nº 1, alínea *e*), e 7º, nº 2), como acontece na minuta apresentada de seguida.

Que, por instrumento de ..., manifestou a sua vontade no que concerne aos cuidados de saúde que deseja ou não receber, no caso de, por qualquer razão, se encontrar incapaz de expressar a sua vontade pessoal e autonomamente.

Que, tendo em vista que esse documento é eficaz por um prazo de cinco anos a contar da data da sua assinatura, pelo presente instrumento declara que confirma o que nele se contém.

Este instrumento foi lido ...

7. O documento é também revogável ou modificável, no todo ou em parte, em qualquer momento, pelo seu autor, pela mesma forma da declaração de renovação ou através de simples declaração oral ao responsável pela prestação de cuidados de saúde (art. 8º).

8. A lei criou no ministério com a tutela da área da saúde o RENTEV para registar e manter actualizada a informação relativa ao testamento vital [170], podendo o documento, para tanto, ser aí apresentado e assinado presencialmente pelo outorgante ou enviado por correio registado com aviso de recepção com a assinatura do outorgante reconhecida por notário (arts. 15º e 16º da citada Lei nº 25/2012 e art. 2º da Portaria nº 96/2014, de 5 de Maio).

O registo do testamento vital, feito mediante preenchimento de modelo disponibilizado no sítio da Internet das Administrações Regionais de Saúde, IP, no Portal do Utente e no Portal da Saúde, ou mediante a apresentação de documento com as formalidades do art. 3º da referida Lei, é *solicitado* aos serviços de cuidados de saúde primários da respectiva área de residência (Agrupamento de Centros de Saúde ou Unidade Local de Saúde), a fim de serem validados os respectivos dados.

Após validação dos dados apresentados e verificação da sua conformidade com os requisitos legais, o processo de registo é concluído, sendo disso informado o outorgante do testamento vital e o RENTEV – cfr. arts. 3º e 4º da dita portaria.

O médico responsável pela prestação de cuidados de saúde a pessoa incapaz de expressar de forma livre e autónoma a sua vontade verifica a existência de documento de directivas antecipadas de vontade registado no RENTEV, mediante consulta no Portal do Profissional da Plataforma de Dados da Saúde – nº 1 do art. 5º da portaria.

[170] As directivas antecipadas de vontade não registadas no RENTEV são igualmente eficazes, desde que tenham sido formalizadas de acordo com a lei – cfr. nº 4 do art. 1º da Portaria nº 96/2014, de 5 de Maio.

O RENTEV disponibiliza a informação constante das directivas antecipadas de vontade na Plataforma de Dados de Saúde, mediante acesso reservado, aos profissionais de saúde e aos utentes, através do Portal do Profissional e do Portal do Utente, sendo que o acesso ao RENTEV por profissionais de instituições de saúde não pertencentes ao Serviço Nacional de Saúde é efectuado mediante a introdução da palavra-passe individual do médico, validada através do sistema de requisição de vinhetas pessoais, e leitura do número do cartão do cidadão do utente – nºs 5 e 6 do art. 8º da referida portaria.

O registo no RENTEV é válido por 5 anos, correspondente ao prazo de eficácia das directivas antecipadas de vontade – cfr. nº 1 do art. 7º da portaria.

Artigo 154º
Assinatura a rogo

1 – A assinatura feita a rogo só pode ser reconhecida como tal por via de reconhecimento presencial e desde que o rogante não saiba ou não possa assinar.

2 – O rogo deve ser dado ou confirmado perante o notário, no próprio acto do reconhecimento da assinatura e depois de lido o documento ao rogante.

ANOTAÇÕES

1. Nada obsta a que uma só pessoa assine um documento a pedido de diversas outras, se tal lhe for rogado.

2. Não obstante, os reconhecimentos não serem propriamente "instrumentos públicos", entendemos que deve apor-se a impressão digital do rogante (art. 51º).

3. ***Minuta de reconhecimento simples a rogo***[171]

Reconheço a assinatura retro de F ..., feita na minha presença e na do rogante

[171] O reconhecimento com menções especiais pode também ser a rogo, quando o rogante não saiba ou não possa assinar, desde que o reconhecimento seja presencial e o rogo dado ou confirmado perante o notário no próprio acto, depois de lido o documento ao rogante.

F ..., o qual não assina por não saber (ou não poder), sendo o rogo dado perante mim neste acto, depois de lido o documento ao rogante.

Verifiquei a identidade do rogado e do rogante por ...

ou

Reconheço a assinatura retro de F ..., feita a rogo de F ..., o qual não assina por não saber (ou não poder), sendo o rogo confirmado perante mim neste acto, depois de lido o documento ao rogante.

Verifiquei a identidade do rogado e do rogante por ...

Artigo 155º
Requisitos

1 – O reconhecimento deve obedecer aos requisitos constantes da alínea *a*) do nº 1 do artigo 46º e ser assinado pelo notário.

2 – Os reconhecimentos simples devem mencionar o nome completo do signatário e referir a forma por que se verificou a sua identidade, com indicação de esta ser do conhecimento pessoal do notário, ou do número, data e serviço emitente do documento que lhe serviu de base.

3 – Os reconhecimentos com menções especiais devem conter, além dos requisitos exigidos no número anterior, a menção dos documentos exibidos e referenciados no termo.

4 – O reconhecimento da assinatura a rogo deve fazer expressa menção das circunstâncias que legitimam o reconhecimento e da forma como foi verificada a identidade do rogante.

5 – É aplicável à verificação da identidade do signatário ou rogante o disposto no artigo 48º.

6 – Os abonadores que intervierem em reconhecimentos presenciais devem assiná-los antes do notário.

HISTÓRICO

Contém as alterações dos seguintes diplomas:

- DL nº 250/96, de 24/12
- DL nº 380/98, de 27/11

Consultar versões anteriores deste artigo:
- 1ª versão: DL nº 207/95, de 14/08
- 2ª versão: DL nº 250/96, de 24/12

ANOTAÇÕES

1. Os reconhecimentos são lavrados no próprio documento a que respeitam ou em folha anexa (nº 4 do art. 36º).

Quando forem lavrados em folha anexa, será esta agrafada ao documento, por forma a evitar a possibilidade da sua separação, numerando-se e rubricando-se todas as folhas.

2. ***Minutas***

a) ***Reconhecimento simples***

Eu, abaixo assinado, F ..., reconheço a assinatura (ou a letra e a assinatura) supra (ou retro, ou infra, ou ao lado, ou no documento anexo) de F ... feita (ou feitas) na minha presença pelo próprio, pessoa cuja identidade verifiquei por ...

ou

Reconheço a assinatura (ou a letra e a assinatura) supra (ou retro, ou infra, ou ao lado, ou no documento anexo) de F ..., pessoa cuja identidade verifiquei por ..., o qual, estando presente neste acto, confirmou como sendo da sua autoria a referida assinatura (ou as referidas letra e assinatura).

b) ***Reconhecimento com menções especiais presencial***

Reconheço a assinatura supra de F ..., feita na minha presença pelo próprio, pessoa cuja identidade verifiquei por ... na qualidade de presidente da direcção e em representação da Associação ... NIPC..., com sede em ..., com poderes para o acto como verifiquei por exibição das fotocópias, já conferidas por este cartório em ..., extraídas dos estatutos da referida pessoa colectiva, da acta da eleição dos órgãos sociais para o biénio de... a ... e da respectiva tomada de posse.

c) ***Reconhecimento com menções especiais por semelhança***

Reconheço a assinatura supra de F ..., por confronto com a assinatura aposta no bilhete de identidade (ou passaporte) nº ... emitido em ... por ... – que serviu também para verificar a sua identidade –, na qualidade de gerente e em representação da sociedade ..., com sede em ..., com o capital social de..., matriculada na conservatória de ... sob o número ..., correspondente ao número de identificação de pessoa colectiva, com poderes para o acto, como verifiquei por exibição de uma certidão emitida em ... pela dita conservatória (ou pela informação constante da certidão permanente disponibilizada em sítio da Internet).

Artigo 156º
Menções especiais

HISTÓRICO

(Revogado pelo DL nº 250/96, de 24 de Dezembro)

Contém as alterações dos seguintes diplomas:

- DL nº 250/96, de 24/12

Consultar versões anteriores deste artigo:

- 1ª versão: DL nº 207/95, de 14/08

Artigo 157º
Assinaturas que não podem ser reconhecidas

1 – É insusceptível de reconhecimento a assinatura aposta em documento cuja leitura não seja facultada ao notário, ou em papel sem nenhuns dizeres, em documento escrito em língua estrangeira que o notário não domine, ou em documento escrito ou assinado a lápis.

2 – Tratando-se de documento escrito em língua estrangeira que o notário não domine, o reconhecimento pode ser feito desde que o documento seja traduzido, ainda que verbalmente, por perito da sua escolha.

3 – O notário deve recusar o reconhecimento da letra ou assinatura em cuja feitura tenham sido utilizados materiais que não ofereçam garantias de fixidez e, bem assim, da letra ou assinatura apostas em documentos que contenham linhas ou espaços em branco não inutilizados.

4 – Não é permitido o reconhecimento de assinaturas em documentos não selados que titulem actos ou contratos abrangidos pela Tabela Geral do Imposto do Selo, mas que beneficiem de isenção ou redução do imposto, se no documento não estiver mencionada a disposição legal que confere o benefício.

ANOTAÇÕES

Ao nº 1

1. Os notários devem recusar-se a reconhecer a assinatura, ou a letra e a assinatura, com fundamento nos mesmos motivos por que devem, legitimamente, recusar a prática de qualquer acto notarial que lhes seja solicitado, ou seja, nos casos a que se reporta o art. 173º.

2. O reconhecimento de assinaturas a inserir no contrato-promessa de aquisição e alienação de bens imóveis em que seja clausulado, inicial ou posteriormente, que o promitente adquirente pode ceder a sua posição contratual a terceiro ou lavrado no próprio acto de cessão da posição contratual está sempre dependente da apresentação da declaração para a liquidação do IMT, acompanhada do correspondente comprovativo da cobrança, como se pode ler no art. 49º, nº 1, *in fine*, do CIMT.

Ao nº 4

1. Quando o documento titular acto ou contrato que beneficie de isenção do imposto do selo, se não estiver mencionada a disposição legal que confere o benefício, a proibição só deverá prevalecer se o notário não tiver conhecimento do preceito legal que isente o documento do pagamento do imposto, pois, de contrário, nada justifica que o acto solicitado seja recusado, embora tenha de ser averbada ao documento, por exigência do art. 8º do CIS, a disposição legal que concede a isenção.

2. Se a proibição de efectuar o reconhecimento existir só pelo facto de o documento não conter o averbamento da disposição legal que o isenta do imposto, por maioria de razão o reconhecimento ficará vedado quando não se mostrar pago o imposto devido, se a sua liquidação e pagamento não competirem ao notário.

SECÇÃO IX
Certificados, certidões e documentos análogos

SUBSECÇÃO I
Disposições gerais

Artigo 158º
Requisições

1 – A requisição, feita por autoridade ou serviço público, de certificados, certidões ou documentos análogos que devam ser passados pelo notário, deve ser endereçada ao cartório notarial competente, com referência expressa ao fim a que se destina o documento requisitado.

2 – Os documentos requisitados são expedidos, sem dependência do pagamento da conta, neles se mencionando o fim a que se destinam.

3 – Fora dos casos previstos nos números anteriores, por cada requisição de certificado, certidão, telecópia ou documento análogo, deve ser preenchida, com o correspondente número de ordem, uma ficha do modelo aprovado, cujo original fica arquivado, entregando-se o duplicado ao requisitante.

ANOTAÇÕES

1. O nº 2 do art. 4º preceitua nas alíneas *d*) a *g*) e *j*) que compete, em especial, ao notário:

a) Passar certificados de vida e identidade e, bem assim, do desempenho de cargos públicos, de gerência ou de administração de pessoas colectivas.

b) Passar certificados de outros factos que tenha verificado.

c) Certificar, ou fazer e certificar, traduções de documentos.

d) Passar certidões de instrumentos públicos, de registos e de outros documentos arquivados, extrair públicas-formas de documentos que, para esse fim, lhe sejam presentes ou conferir com os respectivos originais e certificar as fotocópias extraídas pelos interessados.

e) Transmitir por telecópia, sob forma certificada, o teor dos instrumentos públicos, registos e outros documentos que se achem arquivados no cartório, a outros serviços públicos perante os quais tenham de fazer fé e receber os que lhe forem transmitidos, por esses serviços, nas mesmas condições.

2. Os certificados, certidões e documentos análogos expedidos pelo notário são considerados como documentos autênticos (nº 2 do art. 35º).

3. O DL nº 66/2005, de 15 de Março, veio regular a transmissão e recepção por telecópia e por via electrónica pelos serviços registrais, cartórios notariais e outros serviços, bem como a recepção, pelas mesmas vias, por advogados e solicitadores, de documentos com valor de certidão respeitantes aos arquivos dos serviços registrais e cartórios notariais ou destinados à instrução de actos ou processos dos registos e do notariado ou a arquivo nos respectivos serviços.

De acordo com esse diploma, os serviços registrais e os cartórios notariais podem transmitir entre si documentos constantes dos respectivos arquivos por meio de telecópia ou por via electrónica nos mesmos termos em que deles podem extrair certidões, sendo reconhecida aos documentos emitidos a força probatória dos originais.

O diploma alargou o âmbito da intermediação no pedido de certidões pelas vias indicadas a outras entidades que não apenas os serviços registrais e notariais, designadamente aos advogados e solicitadores, com restrições no tocante a certidões emitidas para efeitos de obtenção ou renovação de bilhete de identidade e para a comprovação da nacionalidade.

Entre o IRN e a Ordem dos Notários foi celebrado um protocolo de regulamentação daquele DL nº 66/2005, do qual constam as regras relativas à requisição, por telecópia, por intermédio dos notários, de documentos com valor de certidão, a transmitir pelos serviços de registo e cartórios notariais e, bem assim, os procedimentos contabilísticos a observar.

O IRN disponibiliza esse protocolo na Internet no sítio que lhe está reservado.

4. Os certificados, certidões e documentos análogos podem ser requisitados por autoridade ou serviço público (oficiosamente, com referência expressa ao fim a que se destinam, ou a solicitação dos interessados) ou pedidos directamente pelos próprios interessados.

5. As certidões de testamentos públicos, escrituras de revogação de testamentos, instrumentos de depósito de testamentos cerrados e internacionais e dos respectivos registos só podem ser extraídas, se forem vivos os testadores, quando estes ou procuradores com poderes especiais as requeiram e só a eles próprios – testadores ou procuradores com poderes especiais – podem ser entregues e, depois de falecidos, quando esteja averbado o falecimento deles (art. 164º, nº 1, alínea *a*)).

6. As certidões dos termos de abertura de sinal que, porventura, se encontrem ainda arquivados no cartório só podem ser extraídas a pedido das pessoas a quem respeitam ou por requisição das autoridades judiciais ou policiais e só a essas pessoas ou autoridades podem ser entregues (art. 164º, nº 1, alínea *b*)).

7. Para a passagem destes documentos é permitido o uso de qualquer processo gráfico, devendo os respectivos caracteres ser bem nítidos (art. 38º, nº 4).

8. Sobre as regras a observar na escrita destes actos, *vide* art. 40º.

Artigo 159º
Prazos

1 – Os certificados, certidões e documentos análogos devem ser passados dentro do prazo de três dias úteis, a contar da data em que forem pedidos ou requisitados.

2 – Os documentos pedidos ou requisitados com urgência são passados com preferência sobre o restante serviço, dentro do prazo máximo de vinte e quatro horas.

3 – No caso de a passagem do documento ser pedida com urgência, deve advertir-se o interessado de que o emolumento correspondente é elevado ao dobro.

Artigo 160º
Requisitos comuns

1 – Os certificados, as certidões e os documentos análogos devem conter a designação do serviço emitente, a numeração das folhas, a menção da data e do lugar em que foram passados e, ainda, a rubrica e assinatura do funcionário competente.

2 – Nos documentos transmitidos por telecópia, nos termos da alínea *l*) do nº 2 do artigo 4º, além dos requisitos referidos no número anterior, deve incluir-se uma nota de encerramento contendo as menções exigidas para a emissão de certidões de teor.

3 – Os documentos recebidos por telecópia nos cartórios devem ser imediatamente arquivados no maço próprio, após terem sido numeradas e rubricadas todas as folhas e lavrada a nota de recebimento com indicação do número de folhas efectivamente recebidas, local, data, categoria e assinatura do funcionário competente do serviço receptor.

ANOTAÇÕES

1. *Vide* notas ao art. 4º, sobre a recepção e a transmissão de documentos por telecópia.

2. Nos certificados, certidões e documentos análogos deve ser aposto o selo branco do cartório, junto da assinatura e da rubrica do notário, do oficial ou do colaborador (art. 205º).

3. Deve organizar-se um maço privativo para arquivar os documentos recebidos por telecópia, as respectivas requisições, as notas de remessa e os suportes da transmissão por telecópia (art. 28º, nº 2, alínea *l*)).

SUBSECÇÃO II
Certificados

Artigo 161º
Certificados de vida e de identidade

1 – O certificado de vida e de identidade deve conter, em especial, os elementos de identificação do interessado, a forma como a sua identidade foi verificada, a sua assinatura ou a declaração de que não sabe ou não pode assinar e a respectiva impressão digital.

2 – No certificado pode ser colada a fotografia do interessado, devendo o notário apor sobre ela o selo branco do cartório.

ANOTAÇÕES

Ao nº 1

1. Os elementos de identificação do interessado que o certificado deve conter são o nome, estado, naturalidade e residência habitual.

2. A verificação da sua identidade faz-se por alguma das formas previstas no art. 48º.

3. O certificado deve conter também a sua assinatura ou a declaração de que não sabe ou não pode assinar e a respectiva impressão digital.

Manteve-se neste acto, excepcionalmente, a aposição da impressão digital, mesmo que o interessado assine o documento.

Ao nº 2

1. A fotografia do interessado deve mesmo ser colada, se ele o solicitar, apondo-se sobre ela o selo branco do cartório.

2. ***Minuta***

Eu, abaixo assinado, F ..., certifico que hoje compareceu neste cartório F ..., cuja identidade verifiquei por ..., o qual me requereu este certificado de vida e de identidade (no caso de o interessado não saber ou não poder assinar, deve mencionar-se a correspondente declaração).

Em ...

...

...

(assinaturas do interessado e de quem presidiu ao acto e, quando intervierem, dos abonadores).

Artigo 162º
Certificado de desempenho de cargos

No certificado de desempenho de cargos públicos e de administração ou gerência de pessoas colectivas ou de sociedades deve declarar-se se o facto certificado é do conhecimento pessoal do notário ou se apenas foi provado por documento, devendo fazer-se, neste caso, a identificação do documento exibido.

ANOTAÇÕES

1. Este certificado perdeu praticamente utilidade, porque há outros meios de prova desses factos: documentos de tomada de posse, actas das reuniões dos órgãos sociais, certidões do registo comercial, etc.

2. ***Minuta***

Certifico que F ... é gerente da sociedade comercial por quotas com a firma "...", com sede em ..., matriculada ... sob o número ..., correspondente ao número de identificação de pessoa colectiva, com o capital social de ..., como verifiquei por ...

Em ...

...

Artigo 162º-A
Certificados relativos a sociedades anónimas europeias

Os certificados a que se referem o nº 8 do artigo 8º e o nº 2 do artigo 25º do Regulamento (CE) nº 2157/2001, do Conselho, de 8 de Outubro, devem, em especial, fazer referência à verificação do cumprimento de cada um dos actos e formalidades prévios, respectivamente, à transferência da sede de sociedade anónima europeia para outro Estado membro da União Europeia ou à constituição de sociedade anónima europeia por fusão, exigidos por aquele regulamento, pela legislação nacional adoptada em sua execução ou ainda pela legislação nacional aplicável às sociedades anónimas de direito interno, identificando os documentos que comprovem tal verificação.

HISTÓRICO

(Aditado pelo Decreto-Lei nº 2/2005, de 04-01)

ANOTAÇÕES

1. Os certificados relativos a sociedades anónimas europeias devem, em especial, fazer referência à verificação do cumprimento de cada um dos actos e formalidades prévios, respectivamente, à transferência da sede de sociedade anónima europeia para outro Estado membro da União Europeia ou à constituição de sociedade anónima europeia por fusão, exigidos por aquele regulamento, pela legislação nacional adoptada em sua execução ou ainda pela legislação nacional aplicável às sociedades anónimas de direito interno, identificando os documentos que comprovem tal verificação.

2. O artigo em anotação corresponde ao art. 36º-A do CRCom, na versão republicada em anexo pelo DL nº 76-A/2006, de 29 de Março.

O facto de o dito art. 36º-A ter concedido às conservatórias a possibilidade de controlar a legalidade do cumprimento, pelas sociedades portuguesas participantes, dos actos e formalidades prévios à fusão e o processo na parte que respeita à fusão e à constituição da sociedade anónima europeia com sede em Portugal, leva-nos a concluir que esta disposição do CN passará a perder grande parte da sua utilidade.

Artigo 162º-B
Regras especiais relativas ao certificado para transferência de sede de sociedade anónima europeia

1 – Nos casos em que, para efeitos de emissão do certificado previsto no nº 8 do artigo 8º do Regulamento (CE) nº 2157/

/2001, do Conselho, de 8 de Outubro, a sociedade solicite ao notário a notificação do sócio exonerando para a celebração de escritura pública de aquisição da sua participação social, aplicam-se ao procedimento de notificação as disposições constantes dos números seguintes.

2 – A solicitação referida no número anterior pode ser formulada através de requerimento escrito ou verbal da sociedade, sendo neste último caso reduzido a auto, do qual deve, em especial, constar:

a) A identificação do sócio exonerando a notificar;

b) A intenção da sociedade de adquirir ou fazer adquirir por terceiro a participação social do sócio, em virtude do exercício por este último do seu direito à exoneração da sociedade;

c) O pedido de fixação da data da realização da escritura pública para formalização do acto previsto na alínea anterior e de notificação do sócio exonerando quanto a tal data.

3 – No prazo de três dias, o notário procede à notificação do sócio exonerando, através de carta registada, nos termos da lei processual civil, da qual, para além das menções resultantes do disposto no número anterior, deve constar a cominação de que a não comparência do sócio na outorga da escritura na data fixada sem motivo justificado determina a perda do seu direito à exoneração da sociedade.

4 – A justificação da não comparência do sócio na outorga da escritura com base em motivo devidamente comprovado deve ser apresentada no prazo máximo de cinco dias a contar da data fixada para a realização daquela.

5 – Se o sócio exonerando não comparecer na outorga da escritura e apresentar a justificação a que se refere o número anterior, nos termos e prazo nele indicados, o notário, no prazo indicado no nº 3, procede à fixação de nova data para a realização da escritura e notifica-a ao sócio exonerando e à sociedade.

6 – Se na data inicialmente fixada ou, caso se verifique a circunstância prevista no número anterior, na nova data fixada o

sócio exonerando não comparecer na outorga da escritura e não apresentar justificação do facto, nos termos e prazo previstos no nº 4, o notário faz constar do certificado referido no nº 1 a verificação da perda do direito à exoneração por parte do sócio, por motivo que lhe é imputável.

HISTÓRICO

(Aditado pelo Decreto-Lei nº 2/2005, de 04-01)

ANOTAÇÃO

Este artigo corresponde aos art. 36º-B do CRCom, na versão republicada em anexo pelo DL nº 76-A/2006, de 29 de Março.

O facto de este art. 36º-B ter permitido que se solicitasse às conservatórias a realização das notificações que o art. 162º-A do CN determinava que fossem efectuadas pelos notários, leva-nos a concluir que o artigo em anotação passará a perder grande parte da sua utilidade.

Artigo 163º
Certificados de outros factos

Nos restantes certificados deve consignar-se com precisão o facto certificado e, em especial, a forma como ele veio ao conhecimento do notário.

ANOTAÇÕES

1. Se uma letra for apresentada a protesto e for depois retirada antes dele se efectuar, o notário pode passar certidão desses factos porque constam do livro de protestos.

Porém, para se provar que a letra não foi protestada, o meio idóneo é a passagem de um certificado.

2. O facto a certificar pode chegar ao conhecimento do notário por conhecimento pessoal ou através de um documento legalmente emitido por quem de direito.

3. ***Minuta***

Certifico, por conhecimento pessoal, que no livro de registo de ... se encontra registado no dia ..., sob o nº ..., o nome de F ..., na qualidade de ...

ou

Certifico que hoje, a pedido de F ..., me desloquei, pelas ... horas, ao nº ... da Rua ..., desta cidade, em cujo rés do chão se encontra instalado um estabelecimento comercial de ..., tendo verificado que na respectiva montra se encontram expostos os seguintes bens aos preços que infra se indicam.

ou

Certifico que hoje, das ... às ... horas estive presente na Embaixada da República de ... na Rua ... freguesia de ... em Lisboa, junto da Mesa onde se encontrava uma urna selada para depósito dos votos dos cidadãos com direito a voto na eleição do Presidente da República daquele país, tendo-se iniciado a votação às ... horas e terminado às ... horas.

Mais certifico que a votação decorreu sem qualquer incidente.

Em ...

...

SUBSECÇÃO III
Certidões e públicas-formas

Artigo 164º
Certidões

1 – O conteúdo dos instrumentos, registos e documentos arquivados nos cartórios prova-se por meio de certidões, as quais podem ser requeridas por qualquer pessoa, com excepção das que se refiram aos seguintes actos:

a) Testamentos públicos, escrituras de revogação de testamentos, instrumentos de depósito de testamentos cerrados e internacionais e dos respectivos registos, dos quais só podem ser extraídas certidões, sendo vivos os testadores, quando estes ou procuradores com poderes especiais as requeiram e, depois de falecidos os testadores, quando esteja averbado o falecimento deles;

b) Termos de abertura de sinal, dos quais só podem ser extraídas certidões a pedido das pessoas a quem respeitam ou por requisição das autoridades judiciais ou policiais.

2 – As certidões referidas na primeira parte da alínea *a*) e na alínea *b*) do número anterior só podem ser entregues ao próprio requisitante ou a quem se mostrar autorizado por este a recebê-las.

3 – (*Revogado.*)

4 – Os documentos recebidos por telecópia, nos termos da alínea *l*) do nº 2 do artigo 4º, tem o valor probatório das certidões, desde que obedeçam ao disposto no artigo 160º.

HISTÓRICO

Contém as alterações dos seguintes diplomas:

- DL nº 194/2003, de 23/08

Consultar versões anteriores deste artigo:

- 1ª versão: DL nº 207/95, de 14/08

ANOTAÇÕES

Ao nº 1

1. O artigo em anotação refere-se apenas às certidões, enquanto que as públicas-formas e as conferências de fotocópias vêm caracterizadas, respectivamente, nos arts. 171º e 171º-A.

2. As certidões e as públicas-formas são ambas cópias expedidas pelo notário ou pelo seu colaborador, mas, enquanto as certidões são extraídas de documentos arquivados no cartório, podendo revestir duas espécies (de teor ou de narrativa, integral ou parcial, quer num caso quer no outro), como se diz no art. 165º, as públicas-formas são extraídas de documentos estranhos ao arquivo do notário e são sempre de teor, embora este possa ser também total ou parcial.

3. Se o documento estranho ao arquivo do notário for fotocopiado fora do cartório notarial pode, ainda assim, o notário ou o seu colaborador proceder à conferência da fotocópia, desde que tanto a fotocópia como o documento lhes sejam apresentados para esse fim, embora

o notário possa exigir que a fotocópia seja extraída no próprio cartório, quando a natureza ou a extensão desses documentos implique uma conferência excessivamente demorada (art. 171º-A).

4. Além dos notários, têm competência para extrair fotocópias dos originais que lhes sejam presentes para certificação e para certificar a conformidade de fotocópias com os documentos originais que lhes sejam apresentados para esse fim, as juntas de freguesia, o operador de serviço público de correios, CTT – Correios de Portugal, S.A., as câmaras de comércio e indústria, os advogados, os solicitadores, os conservadores e os oficiais de registo, atribuindo a lei a essas fotocópias o valor probatório dos originais (valor de pública-forma, necessariamente).

5. As câmaras de comércio e indústria, os advogados, os solicitadores, os conservadores e os oficiais de registo podem também certificar a conformidade de documentos electrónicos com os documentos originais, em suporte de papel, e proceder à digitalização dos originais que lhes sejam apresentados para certificação.

A validade destes actos, quando efectuados por câmaras de comércio e indústria, advogados e solicitadores, depende de registo em sistema informático, regulado pela Portaria nº 657-B/2006, de 29 de Junho.

6. Dado que os impedimentos dos notários abrangem igualmente as pessoas ou entidades a quem, excepcionalmente, a lei atribuiu o desempenho de certas funções que estavam àqueles tradicionalmente reservadas, um advogado ou um solicitador, por exemplo, não podem extrair ou certificar fotocópias de documentos em que ele, o seu cônjuge, parente ou afim na linha recta ou no 2º grau da linha colateral sejam interessados.

Ao nº 2

1. A par do segredo profissional, relativo aos casos a que alude o nº 1 do art. 32º, o nº 2 do artigo acabado de citar estatui um regime mais apertado, de verdadeira confidencialidade, em matéria de testamentos e de tudo o que com eles se relacione, em virtude de se tratar de actos que apenas produzem efeitos por morte do testador e de este, na maioria dos casos, pretender ocultar a sua existência e o seu conteúdo das pessoas beneficiadas.

Por isso é que, salvo em relação ao próprio autor ou seu procurador com poderes especiais, não pode, enquanto não for exibida ao notário certidão de óbito do testador, dar-se qualquer informação a respeito dos testamentos, quer quanto ao seu conteúdo, quer mesmo quanto à sua própria existência.

Na mesma linha de pensamento se inserem a alínea *a*) do nº 1 e o nº 2 do artigo, ora anotado, ao determinarem que só podem ser extraídas certidões dos testamentos públicos, das escrituras de revogação de testamentos, dos instrumentos de depósito de testamentos cerrados e internacionais e dos respectivos registos, sendo vivos os testadores, quando estes ou procuradores com poderes especiais as requeiram, só a eles podendo ser entregues.

2. As disposições dos arts. 145º a 149º, relativas à abertura de sinal, foram revogadas pelo DL nº 250/96, de 24 de Dezembro, como vimos.

Os livros de sinais foram transferidos para a Torre do Tombo e para as bibliotecas do Estado e arquivos distritais e com eles as respectivas fichas, caso estas ainda não tenham sido destruídas, de acordo com o previsto no art. 4º do dito DL nº 250/96.

Artigo 165º
Espécies

1 – As certidões extraídas dos instrumentos e dos documentos existentes nos cartórios devem ser de teor e reproduzir literalmente o original.

2 – As certidões de registos e as destinadas a publicação ou comunicação dos actos notariais podem ser de narrativa e reproduzem, por extracto, o conteúdo destes.

3 – A certidão de teor ou de narrativa pode ser integral ou parcial, conforme se reporte a todo o conteúdo do original ou apenas a parte dele.

ANOTAÇÕES

1. *Vide*, com interesse, os arts. 168º e 169º.

2. ***Minutas***

a) ***De certidão de teor integral extraída por meio de fotocópia (fotocópia-certidão)***

Eu, abaixo assinado, F ..., certifico que esta fotocópia, composta de ... folhas, está conforme o original da escritura lavrada de fls. ... a fls. ... do livro de notas para escrituras diversas nº ... deste cartório.

Em ...

...

b) ***De certidão de narrativa (extracto para publicação de justificação)***

Certifico narrativamente, para efeito de publicação, que foi lavrada neste cartório no dia ... de fls. ... a fls. ... do livro de notas para escrituras diversas nº ... uma escritura de justificação na qual F ... e mulher F ... (identificados como consta da escritura) declararam ser donos do prédio ... (identificado como consta do acto).

Mais declararam que ... (indicar as razões invocadas para a aquisição da propriedade) e que não dispõem de qualquer título formal para proceder ao seu registo na conservatória, tendo-o adquirido por usucapião.

Está conforme o original, na parte a que me reporto.

Em ...

...

Artigo 166º
Forma das certidões

1 – As certidões de teor são extraídas por meio de fotocópia ou outro modo autorizado de reprodução fotográfica e, se tal não for possível, podem ser dactilografadas ou manuscritas.

2 – Devem ser dactilografadas as certidões de narrativa e as certidões de instrumentos e documentos arquivados que se achem manuscritos quando se destinem a fazer fé no estrangeiro ou quando a sua leitura não seja facilmente revelada pelo contexto.

ANOTAÇÕES

1. O meio normal de extrair as certidões é a fotocópia e, por isso, o art. 387º do CC considera que as cópias fotográficas de documentos arquivados nas repartições notariais têm a força probatória das certidões de teor, se a conformidade delas com o original for atestada pela entidade competente para expedir estas últimas, que é o notário ou o oficial (*fotocópia-certidão*).

2. A lei permite, nos *cartórios públicos*, que se extraiam *fotocópias não certificadas.*

Este tipo de fotocópias tem apenas valor informativo, precisamente porque não fica nelas atestada a sua conformidade com o original.

3. A única espécie fotográfica que a lei autoriza a extrair pelos serviços notariais é a fotocópia.

Assim, não pode, por falta de base legal, atender-se ao pedido de extracção de fotografia, a menos que se consiga obter autorização do IRN[172].

Artigo 167º
Requisitos

A certidão deve conter, em especial:

a) A identificação do livro ou do maço de documentos do qual é extraída, segundo o seu número de ordem e a sua denominação;

b) A indicação dos números da primeira e da última folha que o original ocupa no livro ou no maço;

c) A declaração de conformidade com o original;

d) A menção da sua gratuitidade, se for extraída nos termos do nº 3 do artigo 164º

ANOTAÇÕES

1. Sempre que os livros e instrumentos avulsos estejam arquivados fora do cartório e sejam transmitidas cópias deles por e-mail, o notário não deve apor-lhes a declaração de conformidade com o original.

2. Quando as certidões não tiverem sido extraídas pelo sistema de fotocópia ou outro meio autorizado de reprodução fotográfica, convém lembrar que elas devem revelar ou fazer menção dos selos e demais legalizações, estampilhas e verbas de pagamento do imposto do selo cons-

[172] *Vide* nota a p. 213 do CN, edição oficial da ex-Direcção-Geral dos Registos e do Notariado, 1973.

tantes dos originais, e assinalar, de forma bem visível, todas as irregularidades ou deficiências constantes do texto e que viciem o acto ou o documento, incluindo, a pedido dos interessados, as ressalvas feitas nos originais (art. 170º).

Artigo 168º
Certidões de teor integral

1 – Na certidão de teor integral deve ser reproduzido, além do conteúdo do instrumento, o texto dos testamentos, incluindo a aprovação e a abertura dos testamentos cerrados e internacionais, bem como o texto das escrituras de doação por morte e os documentos complementares referidos no artigo 64º, salvo os indicados no seu nº 5, que hajam integrado ou instruído o acto.

2 – Da certidão de teor integral devem constar os averbamentos, as cotas de referência e as contas dos instrumentos e documentos a que respeitem.

3 – A pedido dos interessados, podem ainda ser reproduzidos na certidão outros documentos que serviram de base ao acto certificado.

Artigo 169º
Certidões de teor parcial

1 – Quando o instrumento notarial contiver diversos actos jurídicos, ou um só acto de que resultem direitos e obrigações respeitantes a diferentes pessoas ou entidades, se for apenas requisitada certidão da parte relativa a algum dos actos ou a algum dos interessados deve observar-se o disposto nos números seguintes.

2 – A certidão deve incluir a parte do instrumento que se reporte ao acto ou ao interessado indicado pelo requisitante e, ainda, tudo o que se refira ao contexto e requisitos gerais do instrumento e aos documentos que o instruíram.

3 – A certidão deve, ainda, incluir outras referências, feitas por forma narrativa, quando sejam essenciais à boa compreensão do seu conteúdo e, bem assim, todas as estipulações que ampliem, restrinjam, modifiquem ou condicionem a parte certificada.

4 – O disposto no artigo anterior é aplicável aos documentos que serviram de base à parte certificada do instrumento.

Artigo 170º
Elementos compreendidos nas certidões de teor

1 – As certidões devem revelar ou fazer menção dos selos e demais legalizações, estampilhas e verbas de pagamento do imposto do selo constantes dos originais, devendo também nelas ser assinaladas, de forma bem visível, todas as irregularidades ou deficiências reveladas pelo texto e que viciem o acto ou o documento.

2 – Os originais são certificados em conformidade com as ressalvas que neles foram feitas, podendo estas ser incluídas a pedido dos interessados.

ANOTAÇÃO

As certidões devem conter as menções a que alude o número um deste artigo quando, evidentemente, não tiverem sido extraídas pelo sistema de fotocópia ou outro meio autorizado de reprodução fotográfica.

Artigo 171º
Públicas-formas

1 – A pública-forma é uma cópia de teor, total ou parcial, extraída pelo notário, nos termos do nº 1 do artigo 166º, de documentos estranhos ao seu arquivo, que lhe sejam presentes para esse efeito.

2 – A pública-forma deve conter a declaração de conformidade com o original, sendo-lhe, ainda, aplicável o disposto no nº 1 do artigo anterior.

3 – A pública-forma de bilhete de identidade e de passaporte só pode ser extraída por meio de fotocópia e deve conter, ainda, a menção do número, data de emissão e entidade emitente do original do documento.

4 – A pública-forma de bilhete de identidade e de passaporte não pode ser extraída de documento cujo prazo de validade se mostre ultrapassado ou se encontre em mau estado de conservação, salvo se for requerida pelo tribunal.

5 – É permitida a reprodução, por meio de pública-forma, de documento escrito em língua estrangeira que o notário domine, se o interessado alegar que não é exigível a sua tradução, nos termos do nº 3 do artigo 44º, pela entidade perante a qual vai fazer fé.

ANOTAÇÕES

1. Verifica-se pelo cotejo dos arts. 166º, nº 1, e do nº 1 do artigo em anotação, que as públicas-formas são extraídas por meio de fotocópia ou outro meio autorizado de reprodução fotográfica, podendo, se tal não for possível, ser dactilografadas ou manuscritas, excepto as públicas-formas de bilhete de identidade ou de passaporte que só podem ser extraídas por meio de fotocópia.

2. O meio normal de extrair as públicas-formas é, no entanto, a fotocópia e, por isso, o art. 387º do CC considera que as cópias fotográficas de documentos estranhos aos arquivos notariais têm o valor da pública-forma, se a sua conformidade com o original for atestada por notário ou o oficial (*fotocópia-pública-forma*).

A fotocópia-pública-forma é, na prática, substituída pela *fotocópia-conferida*, a menos que a natureza ou a extensão dos documentos fotocopiados implique uma conferência excessivamente demorada, hipótese em que a conferência de fotocópia dá lugar à fotocópia-pública-forma.

3. ***Minuta de pública-forma extraída no cartório por meio de fotocópia (fotocópia-pública-forma)***

Certifico que esta fotocópia, composta de ... folhas, está conforme o original e foi extraída por este cartório da procuração lavrada em ... no cartório notarial de ..., a qual me foi presente para este efeito.

Em ...

...

Artigo 171º-A
Conferência de fotocópias

1 – O notário pode conferir fotocópias que tenham sido extraídas de documentos não arquivados no cartório, desde que tanto a fotocópia como o documento lhe sejam apresentados para esse fim.

2 – Quando a natureza ou a extensão desses documentos implique uma conferência excessivamente demorada, pode o notário exigir que a fotocópia seja extraída no próprio cartório.

3 – É aplicável às fotocópias de documentos não arquivados o disposto nos nºs 2 e 4 do artigo 171º

HISTÓRICO

(Aditado pelo Decreto-Lei nº 40/96, de 07-05)

ANOTAÇÕES

1. As *conferências de fotocópia* devem conter, em especial, a declaração de conformidade com o original (nº 2 do art. 171º).

2. O serviço de conferência de fotocópias de bilhete de identidade ou de passaporte não é permitido, quando o prazo de validade destes documentos se mostrar ultrapassado ou se eles se encontrarem em mau estado de conservação (nº 4 do art. 171º).

3. ***Minuta de conferência de fotocópia (fotocópia-conferida)***

Certifico que esta fotocópia, composta de ... folhas, está conforme o original de ... (identificar o documento).

Mais certifico que tanto o original como esta fotocópia me foram apresentados para fins desta conferência.

Em ...

...

SUBSECÇÃO IV
Traduções

Artigo 172º
Em que consistem e como se fazem

1 – A tradução de documentos compreende:

a) A versão para a língua portuguesa do seu conteúdo integral, quando escritos numa língua estrangeira;

b) A versão para uma língua estrangeira do seu conteúdo integral, quando escritos em língua portuguesa.

2 – A tradução deve conter a indicação da língua em que está escrito o original e a declaração de que o texto foi fielmente traduzido.

3 – Se a tradução for feita por tradutor ajuramentado em certificado aposto na própria tradução ou em folha anexa, deve mencionar-se a forma pela qual foi feita a tradução e o cumprimento das formalidades previstas no nº 3 do artigo 44º

4 – É aplicável às traduções o disposto na alínea *c*) do artigo 167º, no nº 2 do artigo 168º e no artigo 170º

ANOTAÇÕES

1. O documento escrito em língua estrangeira, apresentado ao notário para instruir actos notariais, deve, regra geral, ser acompanhado da correspondente tradução, a qual pode ser feita por notário português, pelo consulado português no país onde o documento foi passado, pelo consulado desse país em Portugal ou, ainda, por tradutor idóneo (nº 3 do art. 44º).

Fogem a esta regra:

a) A tradução das letras apresentadas a protesto, quando escritas em língua que o notário não domine, a qual não tem que ser feita por qualquer um dos assinalados modos, embora nos pareça que devem revestir a forma escrita e ser feitas por perito da escolha do notário (nº 2 do art. 119º).

b) A tradução dos documentos, igualmente escritos em língua estrangeira que o notário não domine, apresentados para fins de reconhecimento de assinatura neles aposta, as quais podem ser verbalmente feitas por perito da escolha do notário, como estabelece o nº 2 do art. 157º.

2. A tradução de documentos, solicitada aos cartórios notariais, apresenta as seguintes modalidades: pode ser feita e certificada por notário ou feita por tradutor ajuramentado e certificada por notário.

No entanto, além dos notários, têm hoje competência para certificar (ou fazer e certificar) traduções de documentos, nos termos previstos na lei notarial, com a mesma força probatória que teriam se tivessem sido realizados com intervenção notarial, as câmaras de comércio e indústria, os advogados, os solicitadores, os conservadores e os oficiais de registo, muito embora a validade destes actos, quando efectuados por câmaras de comércio e indústria, advogados e solicitadores, dependa de registo em sistema informático regulamentado pela Portaria nº 657-B/2006, de 29 de Junho.

Recorde-se que os impedimentos dos notários atingem todas as pessoas ou entidades a quem, excepcionalmente, a lei atribuiu o desempenho de certas funções que àqueles estavam tradicionalmente reservadas.

Nesta conformidade, um advogado ou solicitador não pode fazer ou certificar traduções em que ele próprio, o seu cônjuge, parente ou afim na linha recta ou no 2º grau da linha colateral sejam interessados (Acórdão da Relação de Évora de 07.07.2005).

3. Na tradução feita por tradutor idóneo em certificado aposto na própria tradução ou em folha anexa (certificado de exactidão da tradução), o tradutor deve afirmar perante o notário, sob juramento ou compromisso de honra, ser fiel a tradução (nº 3 do artigo em anotação).

4. Os tradutores não são tradutores oficiais, sendo normalmente nomeados por indicação dos interessados.

De contrário, não se justificava o juramento ou o compromisso de honra que lhes é exigido.

5. Não podem, nos termos do art. 68º, ser tradutores:

a) Os que não estiverem no seu perfeito juízo.

b) Os que não entenderem a língua portuguesa.

c) Os menores não emancipados, os surdos, os mudos e os cegos.

d) Os funcionários e o pessoal contratado em qualquer regime em exercício no cartório notarial.

e) O cônjuge, os parentes e afins, na linha recta ou em 2º grau da linha colateral, tanto do notário que intervier no instrumento como de qualquer dos outorgantes, representantes ou representados.

f) O marido e a mulher, conjuntamente.

e) Os que, por efeito do acto, adquiram qualquer vantagem patrimonial.

h) Os que não saibam ou não possam assinar.

6. Ao notário compete verificar a idoneidade dos intervenientes acidentais e pode recusar a intervenção do tradutor que não considere digno de crédito, ainda que ele não esteja abrangido pelas referidas proibições.

7. O documento traduzido e a tradução devem ser ligados um ao outro, por forma a estabelecer a sua interdependência, sendo de aconselhar a agrafagem e a colocação, sobre os agrafes, de lacre com a aposição do respectivo sinete.

8. Além dos requisitos a que se reporta o art. 160º, a tradução deve conter em especial:

a) A indicação da língua em que o documento está escrito.

b) A declaração de que o texto foi fielmente traduzido e a declaração de conformidade com o original.

c) A referência aos averbamentos, cotas de referência e contas que estiverem lançados no documento.

e) A transcrição das abreviaturas e algarismos existentes nos originais.

e) A menção dos selos e demais legalizações, estampilhas e verbas de pagamento do imposto do selo constantes dos originais e das irregularidades ou deficiências constantes do texto que viciem o acto ou o documento, incluindo, a pedido dos interessados, as ressalvas feitas nos originais (nºs 2 e 4 do art. 172º e nº 2 do art. 40º).

Minutas

a) ***Tradução feita por notário***

Certifico que para tradução me foi apresentado um documento escrito em língua ... cuja versão para a língua portuguesa tem o seguinte teor integral: "......................".

Tem aposto no final uma estampilha no valor de ..., com os seguintes dizeres: "......" e à margem um averbamento que diz textualmente o seguinte: ".........".

Está conforme o original.

Em ...

O Notário,

...

b) ***Tradução feita por tradutor ajuramentado em certificado aposto na própria tradução ou em folha anexa***

Certifico que hoje compareceu neste cartório F ..., pessoa cuja identidade verifiquei por ..., o qual me afirmou, sob compromisso de honra de bem desempenhar as suas funções, que o texto do documento anexo de ... (indicar a sua espécie), outorgado no dia ... por F ... e F ... (identificação como consta do documento), escrito em língua ..., foi por ele fiel e integralmente traduzido para a língua portuguesa, como consta do teor da tradução supra (ou da tradução também em anexo).

Em ...

O Notário,

...

TÍTULO III
Das recusas e recursos

CAPÍTULO I
Recusas

Artigo 173º
Casos de recusa

1 – O notário deve recusar a prática do acto que lhe seja requisitado, nos casos seguintes:

a) Se o acto for nulo;

b) Se o acto não couber na sua competência ou ele estiver pessoalmente impedido de o praticar;

c) Se tiver dúvidas sobre a integridade das faculdades mentais dos intervenientes;

d) Se as partes não fizerem os preparos devidos;

e) Se as partes não tiverem cumprido as obrigações declarativas e de rectificação para efeitos do Registo Central do Beneficiário Efectivo.

2 – As dúvidas sobre a integridade das faculdades mentais dos intervenientes deixam de constituir fundamento de recusa, se no acto intervierem dois peritos médicos que garantam a sanidade mental daqueles.

3 – Quando se trate de testamento público ou de instrumento de aprovação de testamento cerrado ou internacional, a falta de preparo não constitui fundamento de recusa.

HISTÓRICO

Contém as alterações do seguinte diploma:

– Lei nº 89/2017, de 21/08

ANOTAÇÕES

1. A mesma doutrina está consagrada no nº 2 do art. 11º e no nº 3 do art. 19º, ambos do EN.

2. O nº 1 do art. 11º desse Estatuto contém, aliás, uma directriz que merece estar sempre presente na actuação dos notários e que, pela sua importância, se transcreve:

"O notário deve apreciar a viabilidade de todos os actos cuja prática lhe é requerida, em face das disposições legais aplicáveis e dos documentos apresentados ou exibidos, verificando especialmente a legitimidade dos interessados, a regularidade formal e substancial dos referidos documentos e a legalidade substancial do acto solicitado".

À alínea *a*) do nº 1

1. A nulidade que fundamenta a recusa da prática do acto é a nulidade substantiva, ou seja, aquela que afecta o próprio negócio jurídico a que se pretende dar forma.

Citamos alguns exemplos de negócios que o CC e diversa legislação avulsa consideram nulos:

a) Os que careçam da forma legalmente prescrita.

b) Os simulados.

c) Os subordinados a condição contrária à lei ou à ordem pública ou ofensiva dos bons costumes ou sujeitos a condição suspensiva que seja física ou legalmente impossível.

d) Os que tenham um objecto física ou legalmente impossível, contrário à lei ou indeterminável ou os que sejam contrários à ordem pública ou ofensivos dos bons costumes.

e) Os celebrados contra disposição legal de carácter imperativo, salvo nos casos em que outra solução resulte da lei (lembra-se aqui a observância do princípio da legitimidade na transmissão e oneração de bens imóveis; a obrigatoriedade de inscrever esses bens na matriz para que possam ser descritos nos instrumentos notariais; a necessidade da obtenção de licença ou autorização administrativa nas operações de loteamento e da licença de utilização para a transmissão da propriedade de prédios urbanos ou de suas fracções autónomas).

f) As vendas de bens alheios.

g) As alienações ou onerações de parte especificada de coisa comum sem consentimento dos consortes.

h) As constituições de propriedade horizontal a que faltem os requisitos legalmente exigidos, etc.

2. O CT da DGRN deliberou em 12.07.96, no Procº 12/96 Not 3, que os actos de alienação do património das sociedades por quotas, ainda que estejam pendentes execuções em tribunal contra os seus sócios e requeridas ou efectuadas penhoras das respectivas quotas, não são nulos, pelo que não há fundamento legal para o notário recusar a sua prática, mesmo que tenha recebido uma notificação judicial avulsa para se abster de os realizar.

À alínea *b*) do nº 1

1. Sobre a competência dos notários, *vide* art. 4º, quer do CN, quer do EN.

2. Sobre os impedimentos dos notários, consulte art. 5º do CN e art. 13º do EN.

À alínea *c*) do nº 1

Se no acto intervierem dois peritos médicos, que garantam a sanidade mental dos intervenientes, deverá ser feita no texto do acto referência ao juramento ou compromisso de honra dos peritos, com indicação dos motivos que determinaram a sua intervenção (alínea *i*) do nº 1 do art. 46º).

Porém, a intervenção dos peritos médicos só tem lugar quando o notário tiver dúvidas sobre a integridade das faculdades mentais dos intervenientes.

Se as não tiver, mas concluir pela falta de capacidade da parte, nem a intervenção dos médicos o pode compelir a lavrar o acto.

À alínea *d*) do nº 1

Os notários públicos não podem agora recusar a prática do acto por falta de pagamento do preparo, visto que o art. 8º do RERN – que lhes concedia a faculdade de o exigir – foi revogado pelo DL nº 99/2010, de 2 de Setembro.

O mesmo não acontece com os notários privados que, com excepção dos testamentos, podem exigir, a título de provisão, quantias por conta dos honorários ou de despesas, sob pena de recusa da prática do acto (nº 3 do art. 19º do EN).

À alínea *e*) do nº 1

O Registo Central de Beneficiário Efectivo (RCBE), gerido pelo IRN, é constituído por uma base de dados, com informação sobre a pessoa ou as pessoas singulares que, ainda que de forma indirecta ou através de terceiro, detêm a propriedade ou o controlo efectivo das entidades a ele sujeitas.

As entidades sujeitas ao RCBE – constantes do art. 3º do RCBE, aprovado em anexo à Lei nº 89/2017, de 21 de Agosto –, tais como associações, cooperativas, fundações, sociedades civis e comerciais, têm o dever de prestar informação sobre os seus beneficiários efectivos e sobre o interesse económico nelas detido.

No que, em particular, diz respeito às sociedades comerciais, a informação compreende a identificação dos titulares do capital social, com discriminação das respectivas participações sociais, a identificação dos gerentes e administradores ou de quem exerça a sua gestão ou a administração – cfr. art. 8º.

A comprovação do registo e das respectivas actualizações de beneficiário efectivo deve ser exigida em todas as circunstâncias em que a lei obrigue à comprovação da situação tributária regularizada, comprovação essa que é concretizada mediante consulta electrónica ao RCBE – art. 36º.

Enquanto não se verificar o cumprimento das obrigações declarativas e de rectificação previstas neste regime, é vedado às respectivas entidades, por exemplo, distribuir lucros do exercício ou fazer adiantamentos sobre lucros no decurso do exercício, celebrar contratos de fornecimentos, empreitadas de obras públicas ou aquisição de serviços e bens com o Estado – art. 37º.

Artigo 174º
Actos anuláveis e ineficazes

1 – A intervenção do notário não pode ser recusada com fundamento de o acto ser anulável ou ineficaz.

2 – Nos casos previstos no número anterior, o notário deve advertir as partes da existência do vicio e consignar no instrumento a advertência que tenha feito.

ANOTAÇÕES

Ao nº 1

1. Os mesmos princípios constam do nº 3 do art. 11º do EN.

2. Alguns exemplos de negócios anuláveis:

a) Os celebrados por menores, interditos e inabilitados.

b) Os celebrados pelo representante consigo mesmo, seja em nome próprio, seja em representação de terceiro, a não ser que o representado tenha especificadamente consentido na celebração, ou que o negócio realizado exclua, por sua natureza, a possibilidade de conflito de interesses.

c) A venda realizada pelos pais e avós a filhos e netos, sem consentimento dos outros filhos ou netos ou o seu suprimento judicial.

d) Os actos que envolvam fraccionamento ou troca de prédios rústicos, com violação do disposto nos arts. 1376º e 1378º do CC.

e) Os actos praticados por um dos cônjuges sem o consentimento do outro, nos casos em que esse consentimento é exigido pela lei.

f) A alienação de bens de menores, e os demais actos previstos no artigo 1889º do CC, realizados pelos pais, como representantes daqueles, com violação do que dispõem os arts. 1889º e 1893º do mesmo diploma.

g) Os actos praticados pelo tutor em contravenção do disposto nas alíneas *a*) a *d*) do nº 1 do artigo 1938º do dito código.

h) O testamento feito por quem se encontrava incapacitado de entender o sentido da sua declaração ou não tinha o livre exercício da sua vontade por qualquer causa, ainda que transitória.

i) A disposição testamentária feita aparentemente a favor de pessoa designada no testamento, mas que, na realidade, e por acordo com essa pessoa, vise a beneficiar outra, etc.

3. Exemplo de negócio ineficaz é aquele que uma pessoa, sem poderes de representação, celebre em nome de outrem, se não for por ele ratificado, como acontece na gestão de negócios.

Ao nº 2

Minuta

Adverti os outorgantes de que este acto é anulável, por ... (indicar o motivo).

ou

Adverti os outorgantes de que este acto é ineficaz em relação ao dono do negócio, enquanto por ele não for ratificado.

CAPÍTULO II
Recursos

Artigo 175º
Admissibilidade de recurso

Quando o notário se recusar a praticar o acto, pode o interessado interpor recurso para o tribunal de 1ª instância da sede do cartório notarial, sem prejuízo do recurso hierárquico para o director-geral dos Registos e do Notariado, nos termos da lei orgânica dos serviços.

ANOTAÇÕES

1. Se, por uma questão de urgência, o interessado anuiu em que o acto fosse celebrado de forma diversa da por si pretendida, nem por isso lhe fica vedado o direito de interpor reclamação hierárquica, se não se conformar com a recusa em ser lavrado o acto da forma que pretendia[173].

2. Como decorre do nº 1 do art. 69º da Lei Orgânica – DL nº 519-F2/79, de 29 de Dezembro – e do nº 1 do art. 138º do Regulamento dos Serviços dos Registos e do Notariado, aprovado pelo Decreto Regulamentar nº 55/80, de 8 de Outubro, o recurso hierárquico tem a denominação de reclamação hierárquica e é actualmente dirigida ao presidente do IRN, no caso de cartório notarial público.

3. No caso de o interessado querer reclamar para o presidente do IRN da recusa da prática do acto, os arts. 69º da citada Lei Orgânica e 138º e 140º do mencionado Regulamento estabelecem o percurso a seguir: o reclamante começa por requerer ao notário, por escrito, o acto que pretende ver realizado; no prazo de 3 dias o notário comunica ao interessado, por notificação ou carta registada, a nota da recusa e dos seus fundamentos; o interessado, no prazo de 60 dias a contar do recebimento da notificação, apresenta ao notário uma exposição dirigida ao presidente do IRN – eventualmente acompanhada dos documentos que entender úteis –, na qual conclui por pedir a realização do acto recusado; o notário pode reparar a sua decisão dentro do prazo de 48 horas e, se o não fizer, enviará a reclamação e os documentos IRN, acompanhados de uma informação na qual especificará e esclarecerá os motivos que o levaram a recusar a prática do acto.

Se a decisão do IRN for desfavorável ao interessado, este pode ainda, no prazo de 8 dias a contar do recebimento da comunicação do despacho proferido por aquela entidade, interpor recurso para o tribunal de 1ª instância da sede do cartório, observando-se então a tramitação própria.

[173] *Vide* nota a p. 237 do CN, edição oficial da ex-DGRN, 1973.

Artigo 176º
Especificação dos motivos da recusa

Se o interessado declarar, verbalmente ou por escrito, que pretende recorrer, o notário deve entregar-lhe, dentro de quarenta e oito horas, uma exposição datada, na qual se especifiquem os motivos da recusa.

ANOTAÇÃO
Seguem-se os trâmites constantes dos arts. 177º a 182º.

Artigo 177º
Petição de recurso

1 – Dentro dos 15 dias subsequentes à entrega da exposição deve o recorrente apresentar na repartição notarial a petição do recurso, dirigida ao juiz de direito e acompanhada da exposição do notário e dos documentos que o interessado pretende oferecer.

2 – Na petição, o recorrente deve procurar demonstrar a improcedência dos motivos da recusa, concluindo por pedir que seja determinada a realização do acto.

Artigo 178º
Sustentação da recusa e remessa do processo a juízo

1 – Autuada a petição e os respectivos documentos, o notário recorrido lavra despacho, dentro de quarenta e oito horas, a sustentar ou a reparar a recusa.

2 – Se o notário mantiver a recusa, deve remeter o processo a juízo, completando a sua instrução com os documentos que julgue necessários.

Artigo 179º
Decisão de recurso

Independentemente de despacho, o processo vai, logo que seja recebido em juízo, com vista ao Ministério Público, a fim de este emitir parecer, sendo em seguida julgado por sentença, no prazo de oito dias.

ANOTAÇÃO

O notário deve obediência à decisão do tribunal, mas só nos precisos termos em que ela foi proferida.

Isto significa que o acto cuja realização foi determinada no julgamento do recurso pode vir a ser posteriormente recusado por um motivo legal não apreciado nem decidido.

Artigo 180º
Recorribilidade da decisão

1 – Da sentença podem interpor recurso para a Relação, com efeito suspensivo, a parte prejudicada pela decisão, o notário ou o Ministério Público, sendo o recurso processado e julgado como o de agravo em matéria cível.

2 – Do acórdão da Relação não cabe recurso para o Supremo Tribunal de Justiça, sem prejuízo dos casos em que o recurso é sempre admissível.

HISTÓRICO

Contém as alterações dos seguintes diplomas:
- Rect. nº 130/95, de 31/10
- DL nº 375-A/99, de 20/09

Consultar versões anteriores deste artigo:
- 1ª versão: DL nº 207/95, de 14/08
- 2ª versão: Rect. nº 130/95, de 31/10

Artigo 181º
Termos posteriores à decisão do recurso

1 – Julgado procedente o recurso por decisão definitiva, deve o chefe da secretaria judicial remeter oficiosamente ao notário recorrido a certidão da decisão proferida.

2 – Da decisão deve enviar-se cópia à Direcção-Geral dos Registos e do Notariado, sempre que o tribunal o julgue conveniente.

Artigo 182º
Cumprimento do julgado

O acto recusado cuja realização for determinada no julgamento do recurso deve ser efectuado pelo notário recorrido, logo que as partes o solicitem, com referência à decisão transitada.

Artigo 183º
Isenção de custas

HISTÓRICO

(Revogado pelo Decreto-Lei nº 34/2008, de 26 de Fevereiro.)

Contém as alterações dos seguintes diplomas:

- DL nº 34/2008, de 26/02

Consultar versões anteriores deste artigo:

- 1ª versão: DL nº 207/95, de 14/08

TÍTULO IV
Disposições diversas

CAPÍTULO I
Responsabilidade dos funcionários notariais

Artigo 184º
Responsabilidade em casos de revalidação e sanação

A revalidação ou sanação dos actos notariais não exime os funcionários da responsabilidade pelos danos que hajam causado.

ANOTAÇÕES

1. Acerca da revalidação ou sanação dos actos notariais, *vide* arts. 70º a 73º e respectivas notas.

2. Os notários estão obrigados a possuir e aperfeiçoar os seus conhecimentos técnicos de modo a desempenhar as suas funções com eficiência e correcção.

Ao praticar um acto nulo, o notário está a violar algum dos deveres gerais a que está adstrito no exercício da sua profissão, o que o faz incorrer, desde logo, em responsabilidade disciplinar[174].

[174] *Vide* sobre responsabilidade disciplinar: *a*) dos notários públicos, Lei Geral do Trabalho em Funções Públicas, abreviadamente designada por LTPF, publicada em anexo à Lei nº 35/2014, de 20 de Junho; *b*) dos notários privados, arts. 60º e ss. do EN, aprovado pelo DL nº 26/2004, de 4 de Fevereiro, alterado pela Lei nº 155/2015, de 15 de Setembro, que o republicou.

3. A responsabilidade do notário no exercício das suas funções não se circunscreve à responsabilidade disciplinar, podendo também ser criminal[175] ou civil[176].

4. Os notários privados estão por lei obrigados a contratar e manter seguro de responsabilidade civil profissional de montante não inferior a € 100.000,00 [art. 23º, nº 1, *m*) do E.N].

5. No que toca aos notários públicos, a responsabilidade por facto ilícito está desenhada no Regime da Responsabilidade Civil Extracontratual do Estado e Demais Entidades Públicas, aprovado pela Lei nº 67/2007, de 31 de Dezembro.

Consideram-se ilícitas as acções ou omissões dos funcionários que violem disposições ou princípios constitucionais, legais ou regulamentares ou infrinjam regras de ordem técnica ou deveres objectivos de cuidado e de que resulte a ofensa de direitos ou interesses legalmente protegidos, considerando-se que existe também ilicitude quando a ofensa resulte de funcionamento anormal do serviço (art. 9º).

A culpa dos funcionários deve ser apreciada pela diligência e aptidão que seja razoável exigir, em função das circunstâncias de cada caso, de um funcionário zeloso e cumpridor, presumindo-se a existência de culpa leve na prática de actos jurídicos ilícitos, sem prejuízo da demonstração de dolo ou culpa grave (art. 10º).

5.1. ***Responsabilidade exclusiva do Estado***

Há responsabilidade exclusiva do Estado pelos danos que resultem de acções ou omissões ilícitas, cometidas com culpa leve pelos funcionários no exercício da função administrativa e por causa desse exercício (art. 7º).

5.2. ***Responsabilidade solidária em caso de dolo ou culpa grave***

Os funcionários são, porém, responsáveis pelos danos que resultem de acções ou omissões ilícitas por eles cometidas com dolo ou com

[175] Prevendo a hipótese de os factos praticados por notário público poderem ser considerados infracção penal, o nº 4 do art. 174º da dit LTPF obriga a dar-se notícia deles ao Ministério Público competente para promover o procedimento criminal.

[176] Sobre responsabilidade civil por facto ilícito, *vide Regime da Responsabilidade Civil Extracontratual do Estado e Demais Entidades Públicas*, publicado em anexo à Lei nº 67/2007, de 31 de Dezembro.

diligência e zelo manifestamente inferiores àqueles a que se encontravam obrigados em razão do cargo, embora o Estado seja responsável de forma solidária com os respectivos funcionários, se essas acções ou omissões tiverem sido por eles cometidas no exercício das suas funções e por causa desse exercício.

Sempre que, nestes casos, o Estado satisfaça qualquer indemnização goza do direito de regresso contra os funcionários, sem prejuízo do eventual procedimento disciplinar (art. 8º).

CAPÍTULO II
Estatística e participação de actos

Artigo 185º
Verbetes estatísticos

1 – O notário deve preencher e assinar os verbetes estatísticos a remeter à entidade competente, até ao dia 10 do mês seguinte àquele a que se reportam.

2 – Em cada instrumento do qual deva ser extraído verbete estatístico lança-se, por algarismos, a indicação do verbete ou dos verbetes que lhe correspondam, rubricando-se tal nota.

HISTÓRICO

Contém as alterações dos seguintes diplomas:

- DL nº 40/96, de 07/05

Consultar versões anteriores deste artigo:

- 1ª versão: DL nº 207/95, de 14/08

ANOTAÇÕES

Ao nº 1

1. O Gabinete de Política Legislativa e Planeamento do Ministério da Justiça é a entidade responsável pela recolha e divulgação da informação estatística oficial na área da Justiça, incluindo a que respeita à actividade e caracterização dos principais actos do notariado, mais concretamente

as escrituras de constituição e dissolução de sociedades, de mútuo e de compra e os instrumentos de protesto de títulos de crédito.

2. Os mapas e verbetes estatísticos deverão ser remetidos ao referido Gabinete – através do sítio da Internet *www.siej.gplp.mj.pt/siej*, a que se acede pela introdução dos elementos identificativos de cada cartório – até ao dia 10 do mês seguinte àquele a que respeita a informação.

Ao nº 2
Na prática notarial o lançamento da indicação dos verbetes estatísticos é feito após as assinaturas.

Artigo 186º
Participação de actos

1 – Os notários devem enviar até ao dia 15 de cada mês:

a) À Direcção-Geral dos Impostos, em suporte informático, uma relação dos registos de escrituras diversas, uma relação das procurações que confiram poderes de alienação de bens imóveis em que por renúncia ao direito de revogação ou cláusula de natureza semelhante o representado deixe de poder revogar a procuração, bem como dos respectivos substabelecimentos, referentes ao mês anterior, documentos estes que substituem, para todos os efeitos, as relações e participações dos actos exarados que, por lei, devam ser enviados a repartições dependentes da Direcção-Geral dos Impostos;

b) Às conservatórias competentes, relações de todos os instrumentos lavrados no mês anterior, para prova dos factos sujeitos a registo comercial obrigatório;

c) Ao Registo Nacional de Pessoas Colectivas, fotocópias dos títulos de constituição, modificação ou extinção de pessoas colectivas não sujeitas a registo comercial, lavrados no mês anterior.

2 – A obrigatoriedade, não emergente deste Código, de remessa a quaisquer entidades de relações, participações, notas,

mapas ou informações só pode reportar-se a elementos do arquivo dos cartórios e ser imposta aos notários por portaria do Ministro da Justiça.

HISTÓRICO

Contém as alterações dos seguintes diplomas:
- DL nº 287/2003, de 12/11

Consultar versões anteriores deste artigo:
- 1ª versão: DL nº 207/95, de 14/08

ANOTAÇÕES

Ao nº 1, alínea *a*)

1. O nº 2 do art. 12º do DL nº 287/2003, de 12 de Novembro (diploma este que deu à alínea *a*) do nº 1 do artigo em anotação a actual redacção), deu aos notários que não pudessem enviar, em suporte informático, a relação das escrituras diversas, a possibilidade de a enviarem, por cópia, até ao dia 15 de cada mês, à direcção de finanças da área do cartório.

2. Exceptuado esse caso, os elementos constantes do registo de escrituras diversas são enviados, em suporte informático, através da declaração modelo nº 11, aprovado pela Portaria nº 975/2004, de 3 de Agosto, a qual indica também as instruções para o preenchimento da referida declaração, de acordo com as tabelas anexas, bem como os procedimentos a observar para a correspondente transmissão electrónica.

3. Na esteira da alínea *a*) do nº 1 do artigo em anotação, as alíneas *a*), *b*) e *c*) do nº 4 do art. 49º do CIMT determinaram que os notários devem submeter até ao dia 15 de cada mês, à Direcção-Geral dos Impostos, em suporte informático:

3.1. Relação dos actos ou contratos sujeitos a IMT, ou dele isentos, exarados no mês antecedente (contendo, relativamente a cada um desses actos, o número, data e importância dos documentos de cobrança ou os motivos da isenção, nomes dos contratantes, artigos matriciais e respectivas freguesias, ou menção dos prédios omissos).

3.2. Cópia das procurações que confiram poderes de alienação de bens imóveis em que por renúncia ao direito de revogação ou cláusula de natureza semelhante o representado deixe de poder revogar a procuração, bem como dos respectivos substabelecimentos (julgamos que, para evitar duplicação de serviço, o envio destas cópias dispensa o envio das relações dos respectivos instrumentos avulsos).

3.3. Cópia das escrituras de divisão de coisa comum e de partilhas de que façam parte bens imóveis.

4. São aplicáveis ao imposto do selo, na parte referente às transmissões gratuitas, com as necessárias adaptações, as disposições contidas nos art.s 48º a 54º do CIMT (art. 63º do CIS).

Isto impõe também aos notários uma obrigação de fiscalização e de cooperação com o fisco no tocante às escrituras de doação e de justificação com invocação da usucapião.

Essa obrigação ficará cumprida com o registo dessas escrituras e a subsequente remessa da respectiva relação.

5. Assim, resumindo: a obrigação a que se reporta a alínea *a*) em anotação fica cumprida pelo envio da relação do registo das escrituras diversas e de cópia das "procurações irrevogáveis" e das escrituras de divisão de coisa comum e de partilha de que façam parte bens imóveis.

Ao nº 1, alínea *b*)

Até ao dia 15 de cada mês, os notários devem remeter à conservatória situada no concelho da sede da entidade sujeita a registo a relação dos documentos lavrados no mês anterior, para prova dos factos sujeitos a registo comercial obrigatório – nº 1 do art. 16º do CRComercial.

Ao nº 1, alínea *c*)

A alínea *c*) do nº 1 do artigo de que vimos falando está tacitamente revogada pelo nº 4 do art. 11º do Regime do RNPC, na redacção do DL nº 247-B/2008, de 30 de Dezembro.

Aí se diz que, quando intervenham na formalização dos actos constitutivos das pessoas colectivas ou em alterações estatutárias posteriores, os notários devem promover a inscrição no Ficheiro Central das Pessoas Colectivas ou advertir para a necessidade de esta ser efectuada no prazo legal.

A inscrição pode ser requerida presencialmente (por forma verbal ou por escrito em formulário próprio), ou através de sítio na Internet (se essa funcionalidade estiver disponibilizada), ou pelo correio em formulário próprio.

O prazo legal é o da validade do certificado de admissibilidade da denominação, quando exista, ou o de um mês a contar do acto constitutivo ou da alteração estatutária posterior.

Ao nº 2

Há outras participações avulsas que os notários devem cumprir.

1. Comunicar aos serviços de finanças da área da situação do prédio os contratos de arrendamento, subarrendamento e respectivas promessas, bem como as suas alterações, que tenham titulado nos seus cartórios e aqueles que, consubstanciados em documento particular, lhes tenham sido apresentados para qualquer efeito legal, e enviar uma fotocópia do contrato, a qual não carece de qualquer legalização[177].

2. Enviar a qualquer conservatória do registo civil, sempre que possível por via electrónica e no prazo de cinco dias a contar da data em que for lavrada escritura pública de habilitação de herdeiros, a certidão do respectivo título, tendo em vista a sua menção no assento de óbito do falecido, por meio de cota de referência que identifique a correspondente habilitação (nº 1 do art. 202º-B do CRC, na redacção do DL nº 324/2007, de 28 de Setembro).

Tendo em vista que a certidão do respectivo título não está isenta de encargos, os notários utilizam o procedimento de comunicar apenas a existência da habilitação, identificando-a pelo livro e folhas onde foi lavrada, e informando a conservatória do custo da certidão, no caso de pretenderem o seu envio.

3. Comunicar a qualquer conservatória do registo civil, preferencialmente por via electrónica, a instauração do processo de inventário, a fim de ser mencionado o facto no assento de óbito do autor da herança, por meio de cota de referência que identifique o cartório notarial onde o processo foi instaurado e o seu número (nº 2 do art. 202º-B do CRC, na redacção da Lei nº 23/2013, de 5 de Março).

4. Enviar ao Instituto dos Mercados de Obras Públicas e Particulares e do Imobiliário (IMOPPI) cópia das escrituras que titulem negócios sobre bens imóveis, para efeito de averiguação da prática de con-

[177] Art. 60º do CIS e recomendação publicada no BRN nº 10/2004 – I caderno – p. 12.

tra-ordenação, quando haja indícios da intervenção, na mediação desses negócios, de pessoa singular ou colectiva que não seja titular de licença para o exercício da actividade de mediação imobiliária.

Para além das participações acabadas de enunciar, os notários privados estão ainda obrigados a:

5. Apresentar anualmente declaração discriminativa do imposto do selo liquidado.

Essa declaração é de modelo oficial e constitui o anexo Q da declaração anual de informação contabilística e fiscal prevista no art. 113º do CIRS, a qual deve ser enviada, por transmissão electrónica de dados, até 15 de Julho, independentemente de esse dia ser útil ou não (nºs 1 e 2 do art. 52º do CIS).

6. Entregar aos seus colaboradores (e senhorios, quando as instalações dos cartório tenham sido tomadas de arrendamento), até 20 de Janeiro de cada ano, documento comprovativo das importâncias devidas no ano anterior, do imposto retido na fonte e das deduções a que eventualmente haja lugar (alínea *b*) do nº 1 do art. 119º do CIRS).

7. Entregar à Direcção-Geral dos Impostos, até ao final do mês de Fevereiro de cada ano, uma declaração modelo 10 referente aos rendimentos obtidos e retenções de imposto, de contribuições obrigatórias para regimes de protecção social e subsistemas legais de saúde, bem como de quotizações sindicais, relativas ao ano anterior (alínea *c*) do nº 1 do art. 119º do CIRS).

Artigo 186º-A
Requisição do registo

1 – Incumbe ao notário, a pedido dos interessados, preencher a requisição de registo em impresso de modelo aprovado e remetê-la à competente conservatória do registo predial ou comercial, acompanhada dos respectivos documentos e preparo.

2 – A requisição é preenchida imediatamente após a outorga da escritura pública e assinada pelos interessados e pelo notário.

3 – A remessa à conservatória é efectuada por carta registada, no prazo estabelecido para a emissão da certidão do acto, podendo ser substituída pela apresentação directamente na própria conservatória, sempre que não resulte prejuízo para os serviços.

4 – A fotocópia da requisição é devolvida ao notário, após ser nela lançada nota de recebimento na conservatória.

5 – Pela requisição a que se refere o presente artigo é devido o emolumento constante do nº 1 do artigo 24º da tabela.

6 – O regime previsto nos números anteriores é apenas aplicável aos actos a indicar em portaria do Ministro da Justiça.

HISTÓRICO

(Aditado pelo Decreto-Lei nº 410/99, de 15-10)

ANOTAÇÕES

1. No que diz respeito aos *factos sujeitos a registo predial obrigatório*, as entidades que celebrem a escritura pública, autentiquem os documentos particulares ou reconheçam as assinaturas neles apostas *devem promover o registo* desses factos no prazo de 2 meses a contar da data em que os factos tiverem sido titulados – art. 8º-C, nº 1 do CRP.

1.1. Há, como se sabe, obrigações fiscais cujo pagamento é posterior à titulação: é o que acontece na doação, divisão e partilha.

Em relação a estes tipos de actos, se a liquidação das obrigações fiscais que lhes correspondem não ocorrer no aludido prazo de 2 meses, os notários poderão pedir aos serviços fiscais uma declaração comprovativa de terem atempadamente feito a comunicação da titulação desses actos para efeitos da liquidação dos impostos que forem devidos, servindo essa declaração para instruir o pedido de registo.

1.2. Caso não cumpram a obrigação de pedirem o registo nos prazos assinalados, as mencionadas entidades sujeitam-se a ter de entregar o emolumento em dobro, isto é, o faltoso terá de satisfazer o dobro do emolumento a que está sujeito o acto praticado nos serviços, nos termos fixados na tabela anexa ao RERN, com a redução nele prevista, se for o caso, nos arts. 1º, 21º e 28º[178].

[178] Decisão singular do Tribunal da Relação de Coimbra proferida em 03.07.2012 no processo 1275/11.5TBGRD.

A responsabilidade pelo agravamento do emolumento recai sobre o notário e não sobre o responsável pelo pagamento do emolumento, sujeito activo do facto

2. No que concerne aos *factos sujeitos a registo comercial obrigatório*, os instrumentos destinados a titular actos sujeitos a registo comercial obrigatório devem conter, como menção especial, a *advertência de que o registo deve ser requerido no prazo de dois meses*, se respeitarem a *actos sujeitos a registo comercial obrigatório* (designadamente os alusivos a sociedades comerciais e civis sob forma comercial, a sociedades anónimas europeias, a cooperativas, a empresas públicas, a agrupamentos complementares de empresas, a agrupamentos europeus de interesse económico e a estabelecimentos individuais de responsabilidade limitada) – cfr. art. 15º, nº 2, do CRCom.

2.1. As excepções a esta regra – quer quanto ao prazo, quer quanto à data a partir da qual o registo deve ser pedido –, constam dos nºs 3 a 8 daquele art. 15º do CRCom.

2.2. O incumprimento da obrigação de registar dentro do prazo fixado constitui contra-ordenação punida através da aplicação de coima, mediante instauração de processo contra-ordenacional.

2.3. Para poder ser fiscalizado o cumprimento da obrigação de registar, os notários, como antes se disse a propósito da alínea *b*) do nº 1 do art. 186º, devem enviar às conservatórias competentes, até ao dia 15 de cada mês, relação dos actos lavrados no mês anterior para prova dos factos sujeitos a registo comercial obrigatório

2.4. Os notários podem, a pedido dos interessados, solicitar, em papel ou *online*, através do sítio na Internet com o endereço *www.empresaonline.pt*, o registo de quaisquer actos sujeitos a registo comercial obrigatório.

A promoção *on-line* de actos de registo comercial – os quais podem ser solicitados por qualquer pessoa que tenha um meio de certificação electrónica adequado, incluindo, portanto, além dos notários, os advogados e os solicitadores – encontra-se regulada na Portaria nº 1416-A/2006, de 19 de Dezembro.

Os interessados na promoção dos actos de registo comercial *online* formulam o seu pedido e enviam, através da Internet, os documentos necessários ao registo, designadamente os que legalmente comprovem os factos constantes do pedido de registo e os comprovativos da sua capacidade e dos seus poderes de representação para o acto.

O pedido (cuja existência depende de confirmação do pagamento dos encargos devidos) só é considerado validamente submetido após a emissão de um comprovativo electrónico, através da Internet, que indique a data e a hora em que o pedido foi concluído.

Esse comprovativo do pedido de registo deve ser enviado aos interessados através de mensagem de correio electrónico e a realização do registo deve ser comunicada por igual meio ou, sempre que possível, por *sms*.

Artigo 187º
Participação de actos à Conservatória dos Registos Centrais

1 – Os notários remetem à Conservatória dos Registos Centrais, por via electrónica, nos termos a fixar por portaria do membro do Governo responsável pela área da justiça:

a) Informação com a identificação dos testamentos públicos, instrumentos de aprovação, depósito ou abertura de testamentos cerrados e de testamentos internacionais, escrituras de revogação de testamentos e escrituras de renúncia ou repúdio de herança ou legado que hajam sido lavrados no mês anterior, bem como a identificação dos respectivos testadores ou outorgantes;

b) Cópia do registo das escrituras diversas celebradas no mês anterior.

2 – No caso das escrituras de doação em que os doadores tenham instituído encargos a favor da alma ou de interesse público que devam ser cumpridos depois da sua morte, a informação desse circunstancialismo deve acompanhar o envio do documento previsto na alínea *b*) do número anterior, com respeito às escrituras respectivas.

HISTÓRICO

Contém as alterações dos seguintes diplomas:

- DL nº 40/96, de 07/05
- DL nº 324/2007, de 28/09

Consultar versões anteriores deste artigo:
- 1ª versão: DL nº 207/95, de 14/08
- 2ª versão: DL nº 40/96, de 07/05

Artigo 188º
Índice e relação organizados pela Conservatória dos Registos Centrais

1 – Na Conservatória dos Registos Centrais deve existir:

a) Índice geral de testamentos, escrituras de revogação destes e de renúncia e repúdio de herança ou legado, organizado por ordem alfabética dos nomes dos testadores e outorgantes, com base nas comunicações dos notários;

b) Relação anual das escrituras diversas lavradas por cada notário, segundo a sua ordem cronológica.

2 – O índice e a relação referidos no número anterior devem ser organizados em suporte informático, nos termos a fixar por despacho do presidente do Instituto dos Registos e do Notariado, I. P.

HISTÓRICO

Contém as alterações dos seguintes diplomas:
- DL nº 324/2007, de 28/09

Consultar versões anteriores deste artigo:
- 1ª versão: DL nº 207/95, de 14/08

ANOTAÇÃO

Com a publicação da Portaria nº 182/2017, de 31 de Maio, a qual entrou m vigor no dia imediato, criou-se a possibilidade do pedido de informação de (in)existência de testamentos públicos, de instrumentos de aprovação, de depósito e de abertura de testamentos cerrados e internacionais, de escrituras de revogação de testamentos e de renúncia ou repúdio de herança ou legado, ser feito através da Internet, na página Existência de testamento, escritura de renúncia ou repúdio de herança ou legado.

Ver sobre o tema, com mais desenvolvimento, a nota ao art. 207º.

CAPÍTULO III
Encargos dos actos notariais

Artigo 189º
Emolumentos, taxas e despesas

1 – Pelos actos praticados nos cartórios são cobrados os emolumentos constantes da respectiva tabela, salvo os casos de gratuitidade, redução ou isenção previstos na lei.

2 – Aos encargos previstos no número anterior acrescem, quanto aos actos realizados fora dos cartórios notariais, as despesas efectuadas com o transporte dos funcionários.

3 – A gratuitidade dos actos notariais e, bem assim, a redução ou isenção dos respectivos encargos não abrangem os emolumentos devidos pela saída do notário e pela celebração de actos fora das horas regulamentares.

4 – Pelo acto de transformação ou de modificação de um estabelecimento individual de responsabilidade limitada em sociedade unipessoal por quotas, a todo o tempo, ou de uma sociedade por quotas em sociedade unipessoal por quotas no caso previsto no nº 2 do artigo 270º-A do Código das Sociedades Comerciais, neste caso, durante os 12 meses seguintes à data da concentração das quotas, os emolumentos a cobrar nos termos do nº 1 deste artigo são reduzidos a um quinto.

HISTÓRICO

Contém as alterações dos seguintes diplomas:
- DL nº 257/96, de 31/12

Consultar versões anteriores deste artigo:
- 1ª versão: DL nº 207/95, de 14/08

ANOTAÇÕES

I – ***Actos praticados pelos notários públicos***

1. Pelos actos praticados pelos notários públicos, enquanto existirem, são cobrados os emolumentos constantes da tabela respectiva, salvo os casos de gratuitidade, redução ou isenção.

2. A Tabela de Emolumentos faz parte do capítulo III do Regulamento Emolumentar dos Registos e Notariado (RERN), aprovado pelo DL nº 322-A/2001, de 14 de Dezembro, com as alterações introduzidas pelo DL nº 315/2002, de 27 de Dezembro, pela Lei nº 32-B/2002, de 30 de Dezembro, pelos DLs nºs 194/2003, de 23 de Agosto, 53/2004, de 18 de Março, 199/2004, de 18 de Agosto, 111/2005, de 8 de Julho, 178-A/2005, de 28 de Outubro (rectificado pela Declaração de Rectificação nº 89/2005, de 27 de Dezembro), 76-A/2006, de 29 de Março, 85/2006, de 23 de Maio, 125/2006, de 29 de Junho, 237-A/2006, de 14 de Dezembro, 8/2007, de 17 de Janeiro, e 263-A/2007, de 23 de Julho, pela Lei nº 40/2007, de 24 de Agosto, e pelos DLs nºs 324/2007, de 28 de Setembro, 20/2008, de 31 de Janeiro, 73/2008, de 16 de Abril, 116/2008, de 4 de Julho, 247-B/2008, de 30 de Dezembro, 122/2009, de 21 de Maio, 185/2009, de 12 de Agosto, 99/2010, de 2 de Setembro, e 209/2012, de 19 de Setembro, Lei nº 63/2012, de 10 de Dezembro, DLs nºs 19/2015, de 3 de Fevereiro, 201/2015, de 17 de Setembro e 54/2017, de 2 de Junho, e Lei nº 89/2017, de 21 de Agosto.

3. Exceptuados os casos de gratuitidade, isenção ou redução previstos no citado Regulamento, todos os actos praticados nos serviços do notariado público estão sujeitos a tributação emolumentar, nos termos fixados na respectiva tabela, incluindo aqueles em que intervenham todas as pessoas singulares, bem como todas as pessoas colectivas, independentemente da natureza ou forma jurídica que revistam, designadamente o Estado, as Regiões Autónomas, as autarquias locais, os fundos e serviços autónomos e as entidades que integrem o sector empresarial do Estado, das Regiões Autónomas e das autarquias locais (art. 2º do RERN).

3.1. O citado DL nº 209/2012 introduziu recentemente diversas alterações ao RERN, ajustando o valor dos emolumentos nos registos e no notariado.

No que ao notariado diz respeito, chama-se a atenção para a subida do custo dos reconhecimentos, termos de autenticação, traduções e certificados de exactidão de tradução, fotocópias, públicas-formas e documentos afins (art. 27º, nºs 7, 8 e 9).

4. São gratuitos os seguintes actos:

4.1. Rectificação resultante de erro imputável ao notário ou de inexactidão proveniente de deficiência de título emitido pelos serviços dos registos e notariado.

4.2. Sanação e revalidação de actos notariais.

4.3. Conferência de fotocópias extraídas de documentos autênticos ou autenticados para instruir actos notariais, nos termos do DL nº 30/2000, de 13 de Março.

4.4. Certidões, fotocópias e comunicações que decorram do cumprimento de obrigações legais e que não devam entrar em regra de custas.

4.5. As certidões, fotocópias, informações e outros documentos de carácter probatório, bem como o acesso e consultas a bases de dados, desde que solicitados pela Direcção-Geral dos Impostos, por entidades judiciais e entidades que prossigam fins de investigação criminal.

4.6. Os actos de reconhecimento presencial de assinatura efectuados em declarações ou requerimentos para fins de atribuição da nacionalidade portuguesa.

(cfr. art. 12º do RERN e art. 8º, nºs 1 e 5, do citado Decreto-Lei nº 322-A/2001, na redacção dos ditos Decretos-Leis nºs 194/2003, 237-A/2006 e 209/2012)

5. Estão isentos de emolumentos diversos actos, dos quais salientamos:

5.1. Os de cooperação e de concentração de empresas, levados a efeito nos termos do DL nº 404/90, de 21 de Dezembro (parte final do nº 2 do art. 2º do citado DL nº 322-A/2001).

5.2. Os respeitantes às entidades que operem exclusivamente no âmbito institucional da Zona Franca da Madeira e de Santa Maria (art. 8º do DL nº 234/88, de 5 de Julho).

5.3. Os necessários à realização das operações de emparcelamento rural (art. 52º do DL nº 103/90, de 22 de Março).

5.4. Os exigidos para execução de providências integradoras ou decorrentes de plano de insolvência judicialmente homologado que visem o saneamento da empresa, através da recuperação do seu titular ou da sua transmissão, total ou parcial, a outra ou outras entidades.

6. São reduzidos os emolumentos, nas proporções abaixo indicadas, diversos actos, de que destacamos, de acordo com os pontos 1.3 e 7.1 do art. 20º e os nºs 1 e 4 a 8 do art. 28º, ambos do citado RERN:

6.1. Nos de distrate, resolução ou revogação de actos notariais, em 20%.

6.2. Nos requisitados que não sejam outorgados por motivos imputáveis às partes, em 20%.

6.3. Nos decorrentes da celebração da escritura pública de compra e venda, doação e partilha *mortis causa* de imóveis rústicos e aquisição por compra e venda de imóvel para habitação própria e permanente, em três quartos, até € 5 000; em dois terços, acima de € 5 000 e até € 10 000; em metade, acima de € 10 000 até € 15 000; em um terço, acima de € 15 000 até € 25 000; em um quarto, acima de € 25 000 até € 35 000; e em um oitavo, acima de € 35 000 até € 80 000.

6.4. Há ainda que ter presente o disposto no nº 4 do artigo em anotação, segundo o qual, pelo acto de transformação ou de modificação de um estabelecimento individual de responsabilidade limitada em sociedade unipessoal por quotas, a todo o tempo, ou de uma sociedade por quotas em sociedade unipessoal por quotas no caso previsto no nº 2 do artigo 270º-A do Código das Sociedades Comerciais, neste caso, durante os 12 meses seguintes à data da concentração das quotas, os emolumentos a cobrar nos termos do nº 1 deste artigo são reduzidos a um quinto.

II – ***Actos praticados pelos notários privados***

1. Pelos actos praticados pelos notários privados são cobrados os honorários constantes da respectiva tabela.

2. A Tabela de Honorários e Encargos, aprovada pela Portaria nº 385/2004, de 16 de Abril, alterada pelas Portarias nºs 1416-A/2006, de 19 de Dezembro, e 574/2008, de 4 de Julho.

3. Para dissipar dúvidas que, eventualmente, pudessem existir, o art. 2º dessa tabela determina que estão sujeitos a honorários o Estado, as Regiões Autónomas, as autarquias locais, os fundos e serviços autónomos e as entidades que integrem o sector empresarial do Estado, das Regiões Autónomas e das autarquias locais, bem como as pessoas singulares ou colectivas de direito privado, independentemente da forma jurídica de que se revistam.

4. A tabela não prevê actos isentos de honorários, considerando gratuitas apenas as rectificações resultantes de erros imputáveis ao notário, bem como a sanação e a revalidação de actos notariais (art. 9º, nº 2).

5. Os actos com redução de honorários estão contemplados no nº 3 do art. 12º.

Ressalta da sua leitura que pela revogação ou rectificação de actos por motivos imputáveis às partes e pelos actos requisitados e elaborados que não sejam outorgados por motivos também imputáveis às partes podem ser cobrados honorários correspondentes a 80% do valor máximo do respectivo acto descrito na tabela (havendo, portanto, uma redução de 20%), embora aos honorários assim calculados possam acrescer até € 10 por cada um dos bens descritos.

6. Aos honorários acresce o imposto sobre o valor acrescentado (IVA), a pagar até ao dia 10 do 2º mês seguinte àquele a que respeitam as operações, no caso de sujeitos passivos com um volume de negócios igual ou superior a € 650 000 no ano civil anterior ou até ao dia 15 do 2º mês seguinte ao trimestre do ano civil a que respeitam as operações, no caso de sujeitos passivos com um volume de negócios inferior a € 650 000 no ano civil anterior (alíneas *a*) e *b*) do nº 1 do art. 41º do Código do IVA).

Artigo 190º
Imposto do selo e imposto municipal de sisa

1 – Além dos encargos referidos no artigo anterior, o notário deve cobrar dos interessados o imposto do selo previsto na respectiva tabela correspondente aos diversos actos notariais e às folhas dos livros de notas, salvo os casos de forma especial de pagamento ou de isenção.

2 – O imposto municipal de sisa devido pelas transmissões de bens imóveis operadas em partilha ou divisão extrajudicial é liquidado em face de guias passadas pelo notário, nos termos previstos pelo artigo 48º do Código do Imposto Municipal de Sisa e do Imposto sobre as Sucessões e Doações, aprovado pelo Decreto-Lei nº 41 969, de 24 de Novembro de 1958.

ANOTAÇÕES

I – ***Imposto do selo***

1. Os actos notariais, praticados por notários públicos ou por notários privados, estão sujeitos ao imposto do selo previsto na tabela correspondente, com excepção dos que beneficiarem de isenção.

2. A Tabela Geral do Imposto do Selo foi publicada em anexo ao CIS, aprovado pela Lei nº 150/99, de 11 de Setembro.

O código sofreu já diversas alterações, ditadas pelos seguintes diplomas: Leis nºs 176-A/99, de 30 de Dezembro, 3-B/2000, de 4 de Abril, 30-C/2000, de 29 de Dezembro, 322-B/2001, de 14 de Dezembro, 109-B/2001, de 27 de Dezembro, 18-A/2002, de 31 de Maio, e 32-B/2002, de 30 de Dezembro; DLs nºs 160/2003, de 19 de Julho, e 287/2003, de 12 de Novembro; Leis nºs 107-B/2003, de 31 de Dezembro, 55-B/2004, de 30 de Dezembro, e 39-A/2005, de 29 de Julho; Decreto-Lei nº 211/2005, de 7 de Dezembro; Lei nº 60-A/2005, de 30 de Dezembro; DLs nºs 125-A/2006, de 29 de Junho, e 238/2006, de 20 de Dezembro; Lei nº 53-A/2006, de 29 de Dezembro; DLs nºs 277/2007, de 1 de Agosto, e 324/2007, de 28 de Setembro; Leis nºs 67-A/2007, de 31 de Dezembro, e 64-A/2008, de 31 de Dezembro; DL nº 175/2009, de 4 de Agosto, e Leis nºs 3-B/2010, de 28 de Abril, 55-A/2010, de 31 de Dezembro, 64-B/2011, de 30 de Dezembro, 55-A/2012, de 29 de Outubro, 66-B/2012, de 31 de Dezembro, e 82-B/2014, de 31 de Dezembro, DL nº 7/2015, de 13 de Janeiro, e Leis nºs 7-A/2016, de 30 de Março, 42/2016, de 28 de Dezembro e 114/2017, de 29 de Dezembro (de notar que o citado DL nº 287/2003 republicou no anexo III o CIS e a respectiva tabela geral).

3. Estão isentos do imposto do selo, quando este constitua seu encargo, o Estado, as Regiões Autónomas, as autarquias locais e as suas associações e federações de direito público e quaisquer dos seus serviços, estabelecimentos e organismos, as instituições de segurança social, as pessoas colectivas de utilidade pública administrativa e de mera utilidade pública e as instituições particulares de solidariedade social e entidades a estas legalmente equiparadas e, bem assim, o cônjuge ou unido de facto, descendentes e ascendentes, nas transmissões gratuitas sujeitas à verba 1.2 da tabela geral de que forem beneficiários[179].

As demais isenções, contempladas em disposições legais avulsas anteriores à data da entrada em vigor do actual código devem, a nosso ver, manter-se em vigor, por não terem sido revogadas, nem expressa nem tacitamente, pelo diploma vigente.

[179] Art. 6º do CIS (*vide*, ainda, com interesse, as alíneas *d*), *e*), *f*), *i*), *j*) e *t*) do nº 1 do art. 7º).

Sempre que haja lugar a qualquer isenção, deve averbar-se no documento ou título a disposição legal que a prevê[180].

4. Os notários não têm de cobrar dos interessados o imposto de selo correspondente aos diversos actos notariais por si praticados, mas só relativamente àqueles em que sejam sujeitos passivos do imposto.

Os notários são sujeitos passivos do imposto – devendo, em consequência, proceder à sua liquidação e pagamento –, relativamente aos actos, contratos e outros factos em que sejam intervenientes (com excepção dos relativos a crédito e garantias concedidos por instituições de crédito, sociedades financeiras ou outras entidades a elas legalmente equiparadas e por quaisquer outras instituições financeiras) e quando os contratos ou documentos, em que não intervenham pessoas colectivas ou pessoas singulares no exercício de actividade de comércio, indústria ou prestação de serviços, lhes sejam apresentados para qualquer efeito[181].

Sobre a forma de pagamento do imposto, *vide* adiante as notas insertas ao art. 200º.

5. As garantias das obrigações, qualquer que seja a sua natureza ou forma, designadamente o aval, a caução, a garantia bancária autónoma, a fiança, a hipoteca, o penhor e o seguro-caução, não pagam a taxa do imposto correspondente ao nº 10 da tabela , se forem materialmente acessórias de contratos especialmente tributados na tabela e se forem constituídas simultaneamente com as obrigações garantidas, ainda que em instrumento ou título diferente.

A liquidação dessa taxa do imposto é, porém, de fazer, competindo ao notário, nos instrumentos que formalizem garantias das obrigações, provenientes de contratos não especialmente tributados na tabela ou não constituídas simultaneamente com a obrigação garantida, como, por exemplo, na locação de estabelecimento comercial ou industrial com fiança ou nas declarações unilaterais de hipoteca (com excepção dos relativos a garantias concedidas por instituições de crédito, sociedades financeiras ou outras entidades a elas legalmente equiparadas).

6. Quando o crédito é concedido por qualquer entidade legalmente equiparada a instituição de crédito ou sociedade financeira, como acon-

[180] Idem, art. 8º.

[181] Idem, arts. 2º, nº 1, alínea *a*), 5º, alínea *n*), 23º, nº 1, e 41º.

tece frequentemente com as escrituras de abertura de crédito e de mútuo, é à entidade concedente do crédito e não ao notário que compete liquidar e pagar o imposto previsto no nº 17 da tabela, que ao caso for aplicável, devido pela utilização do crédito[182].

7. Tratando-se de imposto devido pelos actos ou contratos previstos na verba 1.1 da tabela geral (aquisição onerosa ou por doação do direito de propriedade ou de figuras parcelares desse direito sobre imóveis, bem como a resolução, invalidade ou extinção, por mútuo consenso, dos respectivos contratos) a competência para a sua liquidação é da Direcção-Geral dos Impostos [183] e será feita antes do acto ou facto translativo dos bens, salvo quando o imposto deva ser pago posteriormente (caso das doações de bens imóveis feitas a favor de pessoa singular, das divisões e das partilhas)[184].

8. O documento deve mencionar o valor do imposto e a data da liquidação[185].

9. Para efeito da verba 1.2 da Tabela Geral, são consideradas transmissões gratuitas as que tenham por objecto o direito de propriedade ou figuras parcelares desse direito sobre bens imóveis, incluindo a aquisição por usucapião, sendo o imposto devido pelos respectivos beneficiários[186].

A obrigação tributária considera-se constituída no momento da assinatura pelos outorgantes dos contratos ou na data em que for celebrada a escritura de justificação, mas a sua liquidação compete aos serviços centrais da DGCI, sob promoção dos serviços de finanças da residência do autor da transmissão ou do usucapiente, desde que residam em território nacional, sendo o cabeça de casal e o beneficiário de qualquer transmissão gratuita obrigados, para o efeito, a participar a doação, o falecimento do autor da sucessão, a justificação notarial da aquisição por

[182] Idem, alíneas *b*) e *c*) do nº 1 do art. 2º.

[183] Idem art. 23º, nº 4, e art. 21º do CIMT.

[184] Cfr. art. 23º, nº 5, do CIS e arts. 22º, nº 1, *in fine*, 23º e 36º, nº 7, do CIMT.

[185] Art. 23º, nº 6, do CIS.

[186] Idem, arts. 1º, nº 3, alínea *a*), e 2º, nº 2.

usucapião ou qualquer outro acto ou contrato que envolva transmissão de bens[187].

Os notários nada têm a ver com a liquidação desta verba 1.2, a que estão sujeitos os beneficiários das transmissões gratuitas, neles se incluindo os justificantes nas escrituras para obter a primeira inscrição ou para estabelecimento de novo trato sucessivo, com invocação da usucapião.

II – ***Imposto municipal sobre as transmissões onerosas de imóveis***

1. O imposto municipal de sisa foi substituído pelo imposto municipal sobre as transmissões onerosas de imóveis, aprovado pelo DL nº 287/2003, de 12 de Novembro.

Este DL aprovou, no anexo II, o CIMT, que sofreu alterações ditadas pelos seguintes diplomas: Lei nº 55-B/2004, de 30 de Dezembro, DL nº 211/2005, de 7 de Dezembro, Lei nº 60-A/2005, de 30 de Dezembro, DL nº 238/2006, de 20 de Dezembro, e Leis nºs 53-A/2006, de 29 de Dezembro, 67-A/2007, de 31 de Dezembro, 64-A/2008, de 31 de Dezembro, 3-B/2010, de 28 de Abril, 55-A/2010, de 31 de Dezembro, 64-B/2011, de 30 de Dezembro, 20/2012, de 14 de Maio, 66-B/2012, de 31 de Dezembro, 83-C/2013, de 31 de Dezembro, 82-B/2014, de 31 de Dezembro, 7-A/2016, de 30 de Março, e 114/2017, de 29 de Dezembro.

2. Em princípio, todas as transmissões onerosas do direito de propriedade ou de figuras parcelares desse direito sobre bens imóveis estão sujeitas a pagamento do IMT.

3. Integram o conceito de transmissão de bens imóveis os actos a que se reportam os nºs 2 a 5 do art. 2º do CIMT.

Porém, o nº 6 deste artigo (norma aditada pela Lei nº 64-A/2008, de 31 de Dezembro) veio excluir da tributação o excesso da quota-parte resultante de acto de partilha por efeito da dissolução do casamento que não tenha sido celebrado sob o regime da separação de bens.

A circular nº 10/2009 da Direcção-Geral dos Impostos entendeu que à dissolução do casamento por divórcio se devia equiparar a separação judicial de bens e a separação judicial de pessoas e bens, na medida em que estas também dissolvem definitivamente as relações patrimoniais entre os cônjuges.

[187] Idem, arts. 5º, alíneas *a*) e *r*), 25º, nº 1, e 26º, nº 1.

No entanto, sobre o excesso da quota-parte que ao adquirente pertencer recai o imposto do selo da verba 1.1 da tabela geral, porque – ainda no entender dessa circular – aquela verba do selo abrange toda e qualquer aquisição onerosa de bens imóveis, independentemente da sua sujeição a IMT.

4. A liquidação do IMT não é da iniciativa do notário, mas sim dos interessados, que devem para o efeito apresentar, em qualquer serviço de finanças ou por meios electrónicos, uma declaração de modelo oficial devidamente preenchida.

5. A declaração deve também ser apresentada antes do acto ou facto translativo dos bens, nas situações de isenção[188].

6. Sobre as situações de isenção, *vide* arts. 6º a 11º

7. O IMT deve, como regra geral, ser pago no próprio dia da liquidação ou no 1º dia útil seguinte, sob pena de esta ficar sem efeito[189].

Artigo 191º
Encargos de documentos requisitados

1 – (*Revogado.*)

2 – Quando se destinem a ser juntos a algum processo, os documentos expedidos levam aposta a conta e a menção de que esta deve entrar em regra de custas, se as houver, e a ser, oportunamente, paga ao cartório.

3 – Os encargos dos documentos requisitados por solicitação dos interessados são cobrados:

a) Pelo cartório notarial requisitante que, no prazo de quarenta e oito horas, deve remeter ao serviço requisitado, por cheque ou depósito em conta, o valor respeitante ao seu custo e despesas de expedição;

188 Cfr. nºs 1 e 3 do art. 19º do CIMT.

189 Idem, nº 1 do art. 36º.

b) Pelos outros serviços requisitantes que, nos mesmos termos, devem remeter ao cartório requisitado as quantias respectivas.

HISTÓRICO

Contém as alterações dos seguintes diplomas:

- DL nº 194/2003, de 23/08

Consultar versões anteriores deste artigo:

- 1ª versão: DL nº 207/95, de 14/08

Artigo 192º
Encargos dos instrumentos avulsos

Nos instrumentos avulsos lavrados em dois exemplares, os emolumentos dos actos só são devidos pelo original, ficando o duplicado sujeito aos encargos devidos pelas certidões.

ANOTAÇÕES

1. Como se viu no art. 103º, os instrumentos avulsos são lavrados num só exemplar, com excepção dos instrumentos de depósito de testamentos cerrados e de testamentos internacionais, que devem ser sempre lavrados em duplicado, fazendo-se no texto menção desta circunstância.

2. O que o artigo em anotação nos diz é que aos encargos devidos pelo original acrescem os devidos pelas certidões.

Assim:

Quando realizados por notário público, aos emolumentos dos instrumentos de depósito, previstos nos números 1.5 e 1.6 do art. 20º do RERN, acrescem os do número 4.1 do mesmo artigo, devidos pelas certidões.

Quando realizados por notários privados, aos honorários desses instrumentos, previstos no art. 10º, 4, alínea *a*) da respectiva tabela, acrescem os do art. 10º, 7, alínea *a*).

3. A conta, no entanto, é uma só, abrangendo os encargos do original e do duplicado (certidão).

Artigo 193º
Organização das contas

1 – Os encargos a que estão sujeitos os actos notariais devem constar da conta e são devidamente discriminados pela forma prevista na lei.

2 – As contas são elaboradas logo após a realização do acto, salvo no caso previsto no artigo 115º, em que são feitas apenas quando devam ser pagas nos termos do nº 3 do mesmo artigo.

Artigo 194º
Lançamento das contas

1 – As contas são feitas em impresso do modelo aprovado, em duplicado, anotando-se o livro e o número das folhas em que o acto fica exarado.

2 – A conta dos actos lavrados em instrumentos avulsos e em outros documentos entregues às partes é lançada nesses instrumentos ou documentos, bem como nos seus duplicados, quando os houver.

3 – A conta relativa à apresentação de títulos a protesto é feita e lançada nesses títulos, quando retirados sem protesto, ou englobada na conta do instrumento, quando o protesto se realiza.

4 – Nos documentos transmitidos por telecópia a solicitação dos interessados, a conta é efectuada pelo cartório receptor e lançada nos termos do nº 1.

HISTÓRICO

Contém as alterações dos seguintes diplomas:
- DL nº 380/98, de 27/11

Consultar versões anteriores deste artigo:
- 1ª versão: DL nº 207/95, de 14/08

ANOTAÇÕES

1. O disposto neste artigo só tem verdadeiramente aplicação nos cartórios públicos, visto que nos privados os encargos a que os actos estão sujeitos são discriminados num documento (factura/recibo) elaborado com base num programa a que se acede electronicamente.

2. As contas das procurações, conferidas nos termos do nº 2 do art. 116º, devem ser efectuadas pelos notários públicos na correspondente caderneta de contas, em obediência ao disposto no nº 2 do artigo em anotação, uma vez que tais instrumentos ficam sempre arquivados (nº 2 do art. 104º).

3. Os cartórios públicos podem, no entanto, a solicitação dos interessados, emitir um recibo, em impresso próprio, das contas dos actos lavrados em instrumentos avulsos e em outros documentos entregues às partes (art. 3º do DL nº 363/97, de 20 de Dezembro).

O modelo desse impresso foi aprovado pelo despacho nº 4/98 do director-geral dos Registos e do Notariado, publicado no BRN nº 1/98.

Artigo 195º
Conferência e entrega das contas

Todas as contas são conferidas e rubricadas pelo notário ou pelo funcionário que presidir ao acto, devendo ser entregue o duplicado ao interessado e cobrado recibo no original.

ANOTAÇÃO

Consagrou-se o princípio geral da cobrança de recibo ao interessado e clarificou-se o texto da lei no sentido de que as contas dos actos devem ser conferidas pelo funcionário que a eles presidir.

Artigo 196º
Registo das contas

1 – À medida que forem elaboradas, as contas são imediatamente lançadas no livro de registo de emolumentos e selo.

2 – Quando, por inadvertência, se cometa algum erro na conta ou haja omissão do seu registo, a correcção do erro ou o registo da conta podem fazer-se posteriormente, mas dentro do mesmo mês ou no mês imediato.

3 – Se, na data do encerramento do livro de registo de emolumentos e de selo, ao proceder-se ao apuramento dos depósitos obrigatórios, estiver alguma conta por pagar, são as verbas dessa conta deduzidas aos totais encontrados no encerramento, anotando-se no registo da conta e na coluna de observações, a vermelho, o estorno.

4 – A conta deve ser novamente registada no livro de emolumentos e de selo logo que seja cobrada, sendo anotado, junto à menção do estorno, o novo número de ordem de registo que lhe tenha cabido.

HISTÓRICO

Contém as alterações dos seguintes diplomas:

- DL nº 380/98, de 27/11

Consultar versões anteriores deste artigo:

- 1ª versão: DL nº 207/95, de 14/08

ANOTAÇÃO

Os cartórios privados dispõem de um programa próprio para proceder ao registo dos encargos devidos pelos actos.

Artigo 197º
Referência ao registo das contas

1 – No final de cada conta indica-se o número de registo que lhe corresponde.

2 – No final de cada instrumento cuja conta nele não deva ser lançada, e após as assinaturas, faz-se referência ao seu número de registo e, se algum acto beneficiar de isenção ou redução de emolumentos e de selo, deve anotar-se, de forma sucinta, o respectivo fundamento legal.

3 – Na menção da conta dos reconhecimentos faz-se referência ao total apurado.

4 – O notário ou o funcionário que presidir ao acto deve apor a sua rubrica a seguir às menções do registo da conta e das isenções ou reduções verificadas.

ANOTAÇÕES

1. Sempre que haja lugar a qualquer isenção de selo, o art. 8º do CIS determina também que deve averbar-se no documento ou título a disposição legal que a prevê.

2. As menções previstas na segunda parte do nº 2 do artigo, ora anotado, costumam ser lançadas, não, como aí se diz, no final de cada instrumento e após as assinaturas, mas sim no texto, antes das menções da leitura do acto e da explicação do seu conteúdo.

3. Os actos para os quais, por força de isenção total de encargos ou de gratuitidade, não deva ser organizada conta, devem igualmente ser registados livro de registo de contas de emolumentos e de selo, anotando-se essa circunstância numa coluna, à margem do registo[190].

Artigo 198º
Selo dos livros

1 – Os livros indicados nas alíneas *a*) a *c*), *f*) e *g*) do nº 1 do artigo 7º estão sujeitos ao imposto a que se refere o artigo 112º da Tabela Geral do Imposto do Selo.

2 – O imposto do selo dos livros de notas é liquidado e cobrado por cada lauda total ou parcialmente utilizada pela escrita dos actos, à medida que forem sendo lavrados, sendo o imposto devido pelo acto que ocupar a primeira linha de cada lauda.

[190] Cfr. alínea *b*) do art. 17º.

3 – O selo dos livros a que se refere o número anterior deve ser discriminado na conta dos encargos que são cobrados das partes e, nos outros livros sujeitos a imposto do selo, deve ser liquidado e pago pelo cartório, antes da legalização.

4 – O selo relativo às laudas total ou parcialmente ocupadas pela escrita dos actos inutilizados por motivo não imputável às partes, bem como o selo relativo ao verso das folhas soltas respeitantes a actos lavrados em livros de notas para escrituras diversas, que não seja utilizado, é da responsabilidade do cartório.

5 – É também da responsabilidade do cartório o selo devido pelas escrituras de rectificação de actos notariais por erro imputável aos serviços, bem como o selo das laudas por elas ocupadas.

6 – Não é devido selo pelas laudas que contiverem os termos de abertura e de encerramento, se as linhas restantes não forem utilizadas para a escrita de qualquer acto.

HISTÓRICO

Contém as alterações dos seguintes diplomas:

- Rect. nº 130/95, de 31/10
- DL nº 40/96, de 07/05
- DL nº 250/96, de 24/12

Consultar versões anteriores deste artigo:

- 1ª versão: DL nº 207/95, de 14/08
- 2ª versão: Rect. nº 130/95, de 31/10
- 3ª versão: DL nº 40/96, de 07/05

ANOTAÇÃO

Este artigo não tem hoje aplicação.

Artigo 199º
Selo de diversos actos

1 – Por cada instrumento de aprovação de testamento cerrado e de testamento internacional é devido o imposto a que se refere o artigo 20º da Tabela Geral do Imposto do Selo.

2 – Os termos da autenticação são equiparados aos reconhecimentos, para o efeito do disposto no § 2º do artigo 6º do Regulamento do Imposto do Selo.

3 – O imposto fixado no artigo 149º da Tabela Geral do Imposto do Selo é apenas devido por cada registo de instrumento de protesto e por cada registo lavrado no livro a que se refere a alínea *g*) do nº 1 do artigo 7º deste Código.

4 – O imposto previsto no artigo 162º da Tabela Geral do Imposto do Selo deve ser pago, quanto aos testamentos públicos que sejam utilizados nos termos do artigo 45º, por meio de estampilhas coladas e inutilizadas nas próprias folhas do livro.

ANOTAÇÃO

Este artigo não tem hoje aplicação.

Artigo 200º
Forma do pagamento do imposto do selo liquidado por verba

1 – O imposto do selo liquidado por verba é pago por meio de guias passadas em triplicado, conforme modelo aprovado.

2 – Os pagamentos são feitos semanalmente, nos três primeiros dias úteis da semana seguinte à da cobrança mas, se o último dia do mês não for domingo, deve efectuar-se nos três primeiros dias úteis do mês seguinte o pagamento do imposto do selo referente aos dias decorridos entre o último domingo e o fim do mês.

ANOTAÇÕES

1. Este artigo está desactualizado, em face das regras do CIS, aprovado pela Lei nº 150/99, de 11 de Setembro.

2. Como se disse em notas ao art. 190º, os notários são sujeitos passivos do imposto do selo, relativamente aos actos, contratos e outros factos em que sejam intervenientes (com excepção dos relativos a crédito

e garantias concedidos por instituições de crédito, sociedades financeiras ou outras entidades a elas legalmente equiparadas e por quaisquer outras instituições financeiras) e quando os contratos ou documentos, em que não intervenham pessoas colectivas ou pessoas singulares no exercício de actividade de comércio, indústria ou prestação de serviços, lhes sejam apresentados para qualquer efeito, devendo proceder à sua liquidação e pagamento.

3. O imposto é pago mediante documento de modelo oficial – modelo aprovado pela Portaria nº 523/2003, de 4 de Julho, a que o ofício-circulado 30064/2003, de 21 de Outubro, publicado em anexo ao BRN nº 10/2003, se reporta, identificando a natureza dos actos sujeitos a imposto do selo, de acordo com a respectiva codificação – nas tesourarias de finanças, ou em qualquer outro local autorizado nos termos da lei, até ao dia 20 do mês seguinte àquele em que a obrigação tributária se tenha constituído[191].

4. Como se disse supra em nota ao art. 186º, os notários são obrigados a apresentar anualmente declaração discriminativa do imposto do selo liquidado.

Essa declaração é de modelo oficial e constitui o anexo Q da declaração anual de informação contabilística e fiscal prevista no art. 113º do CIRS, a qual deve ser enviada, por transmissão electrónica de dados, até 15 de Julho, independentemente de esse dia ser útil ou não.

5. Quanto ao imposto devido pelos actos ou contratos previstos na verba 1.1 da tabela geral (aquisição onerosa ou por doação do direito de propriedade ou de figuras parcelares desse direito sobre imóveis, bem como a resolução, invalidade ou extinção, por mútuo consenso, dos respectivos contratos) a competência para a sua liquidação é da Direcção-Geral dos Impostos e será feita antes do acto ou facto translativo dos bens, salvo quando o imposto deva ser pago posteriormente (caso das doações de bens imóveis feitas a favor de pessoa singular, partilhas hereditárias ou societárias e divisões).

[191] Cfr. arts. 43º e 44º do CIS.

Artigo 201º
Pagamento de outros encargos

O imposto do selo de recibo é pago por meio de guia em triplicado, conforme modelo aprovado, até ao dia 10 de cada mês, na tesouraria da Fazenda Pública, arquivando-se um duplicado no cartório.

ANOTAÇÃO
Este artigo não tem hoje aplicação.

CAPÍTULO IV
Disposições finais

Artigo 202º
Comunicações que devem ser feitas aos notários

São obrigatoriamente comunicados, por via electrónica, aos notários onde tiverem sido lavrados os respectivos actos:

a) O falecimento dos testadores e dos doadores, quando estes últimos tenham instituído encargos a favor da alma ou de interesse público que devam ser cumpridos depois da sua morte, por parte da Conservatória dos Registos Centrais;

b) (*Revogada.*)

c) As decisões judiciais transitadas em julgado que tenham declarado a nulidade ou a revalidação de actos notariais, e as decisões proferidas nas acções a que se referem os artigos 87º e 101º por parte da respectiva secretaria judicial.

HISTÓRICO
Contém as alterações dos seguintes diplomas:
- DL nº 324/2007, de 28/09

Consultar versões anteriores deste artigo:
- 1ª versão: DL nº 207/95, de 14/08

ANOTAÇÃO

À alínea *a*)

Como prescreve o nº 2 do art. 131º, o averbamento do falecimento do doador não é lavrado à margem das doações com encargos, mas só às que tiverem sido *feitas com encargos a favor da alma ou de interesse público, a cumprir após a morte do doador.*

À alínea *c*)

Esta alínea deve compreender também as decisões judiciais de anulação dos actos notariais, de acordo com o que dispõe a alínea *d*) do nº 1 do art. 131º.

Artigo 203º
Requisitos das comunicações

1 – Das comunicações a efectuar nos termos do artigo anterior devem constar, conforme os casos, a data do falecimento do testador ou doador, a conservatória do registo civil onde o facto foi registado e a data do testamento ou da escritura de doação, bem como a identificação do processo judicial, o teor da parte dispositiva da decisão, a data desta e a do seu trânsito em julgado.

2 – As comunicações devem ser efectuadas por via electrónica, no prazo de quarenta e oito horas após o conhecimento do facto pela Conservatória dos Registos Centrais ou após o trânsito em julgado das decisões que as determinam, nos termos a regulamentar por portaria do membro do Governo responsável pela área da justiça.

Artigo 204º
Participação de disposições a favor da alma e de encargos de interesse público

1 – Aos notários cumpre enviar às entidades incumbidas de fiscalizar o cumprimento de disposições a favor da alma e de

encargos de interesse público as certidões dos testamentos e das escrituras de doação que contenham disposições dessa natureza.

2 – Quando se trate de disposições a favor da alma, a remessa é feita ao ordinário da diocese a que pertencer o lugar de abertura da herança e, tratando-se de encargos de interesse público, à câmara municipal do respectivo concelho.

3 – As certidões são isentas de emolumentos, podendo ser de teor parcial ou de narrativa, desde que contenham todas as indicações necessárias ao fim a que se destinam.

4 – A remessa das certidões é feita até ao dia 15 do mês imediato àquele em que tenha sido lavrado o averbamento do falecimento do testador ou do doador.

5 – As entidades a quem as certidões forem enviadas devem remeter aos notários, pelo seguro do correio, o recibo correspondente, salvo quando a entrega da certidão haja sido feita mediante protocolo.

ANOTAÇÕES

Aos nºs 1 e 2

1. Sobre legados pios, *vide* DL nº 39 449, de 24 de Novembro de 1953, com as alterações do DL nº 43 209, de 10 de Outubro de 1960.

De acordo com os arts. 1º, 2º, 3º e 21º desse diploma, consideram-se legados pios todas as deixas destinadas a fins religiosos ou à criação, manutenção ou desenvolvimento de obras de assistência, previdência e educação ou a fins análogos, bem como os encargos de natureza idêntica, instituídos em qualquer instrumento público.

É da competência dos presidentes das câmaras municipais tomar conta do cumprimento dos legados pios e da autoridade eclesiástica tomar conta do cumprimento dos destinados a fins da religião católica, bem como conceder a sua comutação, redução e remição.

O responsável pelo cumprimento do legado pio pode pretender remi-los, convertendo a prestação no pagamento do capital correspondente, em dinheiro.

2. O artigo em anotação usou uma definição muito ampla de legado pio, nela incluindo "as disposições a favor da alma" e os "encargos de interesse público"[192], distinguindo-os para efeito da fiscalização do seu cumprimento: a fiscalização do cumprimento das disposições a favor da alma compete ao ordinário da diocese e a dos encargos de interesse público à câmara municipal do respectivo concelho.

3. A obrigação de mandar dizer missas é um legado pio, devendo a respectiva comunicação ser feita à autoridade eclesiástica.

Ao nº 3

Diz este número que as certidões são isentas de emolumentos, o que se pode aceitar de acordo com o disposto no art. 4º do RERN.

Porém, nos cartórios privados a respectiva tabela não prevê actos isentos de honorários.

Ao nº 4

Como prescreve o nº 2 do art. 131º, o averbamento do falecimento do doador não é lavrado à margem das doações com encargos, mas só às que tiverem sido *feitas com encargos a favor da alma ou de interesse público, a cumprir após a morte do doador.*

Artigo 205º
Aposição do selo branco

1 – Em todos os actos notariais, com excepção dos lavrados nos livros, deve ser aposto o selo branco do cartório.

2 – A aposição do selo branco é feita junto da assinatura e da rubrica do notário ou do oficial.

ANOTAÇÕES

1. O selo branco deve ser guardado na casa-forte ou no cofre, quando for possível (despacho nº 23/94 do director-geral dos Registos e do Notariado)[193].

[192] Guilherme de Oliveira, *O testamento,* Apontamentos, Reproset, p. 68.

[193] *Vide* BRN nº 5/94.

2. O art. 220º do código anterior (correspondente ao actual art. 205º) continha um nº 3 que determinava que os actos lavrados fora do cartório, para produzirem efeitos, deviam ser apresentados na repartição que os emitiu, para neles ser aposto o selo branco.

Esta doutrina deve, a nosso ver, manter-se porque o selo branco não pode sair do cartório, dada a sua frequente utilização.

Artigo 206º
Actos notariais lavrados no estrangeiro

1 – Os actos notariais lavrados no estrangeiro pelos agentes consulares portugueses competentes podem ser transcritos na Conservatória dos Registos Centrais, mediante a apresentação das respectivas certidões de teor.

2 – A transcrição dos testamentos em vida do testador só pode ser requerida por este.

3 – O Ministério dos Negócios Estrangeiros deve enviar ao Ministério da Justiça, a fim de serem registadas e arquivadas na Conservatória dos Registos Centrais, a cópia dos testamentos públicos e dos instrumentos de aprovação e de abertura de testamentos cerrados a que se referem o § 2º do artigo 255º, o § único do artigo 259º e o artigo 268º do Regulamento Consular, bem como a nota de registo dos instrumentos de aprovação dos testamentos cerrados.

4 – A obrigação a que se refere o número anterior aplica-se aos testamentos internacionais.

Artigo 207º
Informações

1 – A Conservatória dos Registos Centrais deve prestar as informações que lhe forem solicitadas pelos interessados sobre a existência dos testamentos e das escrituras registadas no índice geral e sobre a data e repartição em que esses documentos foram lavrados.

2 – As informações referentes a testamentos só podem ser prestadas após a verificação do falecimento do testador ou, em vida deste, a seu pedido ou do seu procurador com poderes especiais.

3 – As informações são prestadas por escrito, em impresso de modelo especial, ou por certidão.

HISTÓRICO

Contém as alterações dos seguintes diplomas:

- DL nº 324/2007, de 28/09

Consultar versões anteriores deste artigo:

- 1ª versão: DL nº 207/95, de 14/08

ANOTAÇÃO

No sítio da Internet do IRN em "Outras Notícias" "Pedido online de certidão de existência de testamento sem e/ou com autenticação" Portaria nº 182/2017, de 31 de Maio, pode ler-se o seguinte:

"Desde 1950 que Portugal detém um registo central de testamentos, a cargo do IRN, I. P.

Este registo central, da competência da Conservatória dos Registos Centrais, contém informação relativa aos testamentos públicos, instrumentos de aprovação, de depósito e abertura de testamentos cerrados e internacionais, escrituras de revogação de testamentos e de renúncia ou repúdio de herança ou legado, bem como sobre a data em que foram titulados e a indicação da entidade perante a qual foram celebrados, contribuindo para que a vontade dos testadores seja conhecida e respeitada.

Com a publicação da Portaria nº 182/2017, de 31 de Maio, a qual entrou m vigor no dia imediato, criou-se a possibilidade do pedido de informação de (in)existência de testamentos públicos, de instrumentos de aprovação, de depósito e de abertura de testamentos cerrados e internacionais, de escrituras de revogação de testamentos e de renúncia ou repúdio de herança ou legado, ser feito através da Internet, na página Existência de testamento, escritura de renúncia ou repúdio de herança ou legado.

Após a submissão do pedido, é gerada automaticamente uma referência para pagamento dos emolumentos devidos. O pagamento tem de ser efectuado no prazo de 48 horas após a geração da referência para pagamento, sob pena de cancelamento do pedido. Depois do pagamento o pedido é considerado validamente submetido.

Os emolumentos são os já previstos no Regulamento Emolumentar dos Registos e Notariado, de 25 euros. Confirmado o pagamento, a Conservatória dos Registos Centrais procede ao tratamento dos dados indicados, dos documentos entregues, faz a apreciação dos pedidos e trata de emitir a certidão, que é depois enviada para a morada postal indicada pelo requerente.

Esta medida de pedido de certidão *online* faz parte do SIMPLEX+ e, concretamente na área da Justiça, integra o plano estratégico de modernização do sistema judicial e dos registos, o Justiça + Próxima".

ÍNDICE SISTEMÁTICO

NOTA PRÉVIA À 1ª EDIÇÃO 5
ABREVIATURAS 7

CÓDIGO DO NOTARIADO
DECRETO-LEI Nº 207/95, DE 14 DE AGOSTO 11

TÍTULO I Da organização dos serviços notariais 25
CAPÍTULO I Disposições gerais 25
Artigo 1º – Função notarial 25
Artigo 2º – Órgãos próprios 28
Artigo 3º – Órgãos especiais 31
CAPÍTULO II Competência funcional 52
SECÇÃO I Atribuições dos notários 52
Artigo 4º – Competência dos notários 52
SECÇÃO II Impedimentos 58
Artigo 5º – Casos de impedimento 58
Artigo 6º – Extensão dos impedimentos 60
CAPÍTULO III Livros, índices e arquivos 61
SECÇÃO I Livros 61
Artigo 7º – Livros de actos notariais 61
Artigo 8º – Outros livros 63
Artigo 9º – Modelos 64
Artigo 10º – Desdobramento de livros 64
Artigo 11º – Livro de testamentos públicos e de escrituras de revogação 66
Artigo 12º – Livro de escrituras diversas 66
Artigo 13º – Livro de sinais 66

Artigo 14º – Livro de protestos 67
Artigo 15º – Livro de registo de testamentos e escrituras 67
Artigo 16º – Livro de registo de instrumentos avulsos e de documentos 67
Artigo 17º – Livro de registo de contas de emolumentos e de selo 68
Artigo 18º – Livro de inventário 69
Artigo 19º – Livro de contas da receita e despesa 69
Artigo 20º – Numeração e identificação dos livros 69
Artigo 21º – Encadernação de livros e utilização de folhas soltas 70
Artigo 22º – Legalização de livros 71
Artigo 23º – Termos de abertura e de encerramento 73
Artigo 24º – Competência para a legalização 73
SECÇÃO II Índices 74
Artigo 25º – Elaboração de fichas 74
Artigo 26º – Catalogação e elementos das fichas 75
SECÇÃO III Arquivos 76
Artigo 27º – Livros e documentos 76
Artigo 28º – Maços de documentos 78
Artigo 29º – Numeração 81
Artigo 30º – Correspondência 82
Artigo 31º – Destruição de documentos 83
SECÇÃO IV Disposições comuns 84
Artigo 32º – Segredo profissional e informações 84
Artigo 33º – Saída dos livros e documentos 87
Artigo 34º – Transferência de livros e documentos para outros arquivos 88
TÍTULO II Dos actos notariais 90
CAPÍTULO I Disposições gerais 90
SECÇÃO I Documentos e execução dos actos notariais 90
Artigo 35º – Espécies de documentos 90
Artigo 36º – Onde são exarados 93
Artigo 37º – Numeração 94
Artigo 38º – Composição 95
Artigo 39º – Materiais utilizáveis 96
Artigo 40º – Regras a observar na escrita dos actos 96
Artigo 41º – Ressalvas 98
Artigo 42º – Redacção 99
Artigo 43º – Minutas 101
Artigo 44º – Documentos passados no estrangeiro 102
Artigo 45º – Utilização de documentos arquivados 106

SECÇÃO II Requisitos dos instrumentos notariais 107
Artigo 46º – Formalidades comuns 107
SUBSECÇÃO I Requisitos gerais 142
Artigo 47º – Menções especiais 142
Artigo 48º – Verificação da identidade 149
Artigo 49º – Representação de pessoas colectivas e sociedades 153
Artigo 50º – Leitura e explicação dos actos 156
Artigo 51º – Impressões digitais 157
Artigo 52º – Rubrica das folhas não assinadas 158
Artigo 53º – Continuidade dos actos 159
SUBSECÇÃO II Requisitos especiais 159
Artigo 54º – Menções relativas ao registo predial 159
Artigo 55º – Dispensa de menção do registo prévio 166
Artigo 56º – Menções obrigatórias 168
Artigo 57º – Menções relativas à matriz 169
Artigo 58º – Harmonização com a matriz e o registo 172
Artigo 59º – Constituição de propriedade horizontal 175
Artigo 60º – Modificação de propriedade horizontal 180
Artigo 61º – Regime especial para os testamentos 183
Artigo 62º – Prédios sob regime de propriedade horizontal 184
Artigo 63º – Valor dos bens 187
Artigo 64º – Documentos complementares 189
SUBSECÇÃO III Intervenientes acidentais 190
Artigo 65º – Actos com intervenção de outorgantes que não compreendam a língua portuguesa 190
Artigo 66º – Actos com intervenção de surdos e mudos 193
Artigo 67º – Intervenção de testemunhas e de peritos médicos 197
Artigo 68º – Casos de incapacidade ou de inabilidade 200
Artigo 69º – Juramento legal 202
SECÇÃO III Nulidades e revalidação dos actos notariais 202
SUBSECÇÃO I Nulidades 202
Artigo 70º – Casos de nulidade por vícios de forma e sua sanação 202
Artigo 71º – Outros casos de nulidade 207
Artigo 72º – Limitação de efeitos de algumas nulidades 210
SUBSECÇÃO II Revalidação 210
Artigo 73º – Casos de revalidação notarial 210
Artigo 74º – Formulação do pedido 212
Artigo 75º – Conteúdo do pedido 212
Artigo 76º – Notificação e audição dos interessados 214
Artigo 77º – Execução e averbamento da decisão 216

Artigo 78º – Recurso 218
Artigo 79º – Isenções 218
CAPÍTULO II Actos notariais em especial 219
SECÇÃO I Escrituras públicas em geral 219
Artigo 80º – Exigência de escritura 219
Artigo 81º – Legislação especial 242
SECÇÃO II Escrituras especiais 244
SUBSECÇÃO I Habilitação notarial 244
Artigo 82º – Admissibilidade 244
Artigo 83º – Definição 245
Artigo 84º – Incapacidade e inabilidade dos declarantes 248
Artigo 85º – Documentos necessários 249
Artigo 86º – Efeitos da habilitação 255
Artigo 87º – Impugnação da habilitação 256
Artigo 88º – Habilitação de legatários 257
SUBSECÇÃO II Justificações Notariais 258
Artigo 89º – Justificação para estabelecimento do trato sucessivo no registo predial 258
Artigo 90º – Justificação para reatamento do trato sucessivo no registo predial 262
Artigo 91º – Justificação para estabelecimento de novo trato sucessivo no registo predial 264
Artigo 92º – Restrições à admissibilidade da justificação 265
Artigo 93º – Justificação simultânea 268
Artigo 94º – Justificação para fins do registo comercial 268
Artigo 95º – Apreciação das razões invocadas 276
Artigo 96º – Declarantes 276
Artigo 97º – Advertência 280
Artigo 98º – Documentos 281
Artigo 99º – Notificação prévia 284
Artigo 100º – Publicidade 289
Artigo 101º – Impugnação 290
SUBSECÇÃO III Escrituras diversas 292
Artigo 102º – Extinção da responsabilidade da emissão de títulos 292
SECÇÃO III Instrumentos públicos avulsos 293
SUBSECÇÃO I Disposições gerais 293
Artigo 103º – Número de exemplares a lavrar 293
Artigo 104º – Destino dos exemplares 295
Artigo 105º – Documentos complementares 296

SUBSECÇÃO II Aprovação de testamentos cerrados 297
Artigo 106º – Composição do testamento cerrado 297
Artigo 107º – Leitura do testamento 299
Artigo 108º – Formalidades 299
SUBSECÇÃO III Depósito de testamentos e sua restituição 303
Artigo 109º – Instrumento de depósito 303
Artigo 110º – Restituição do testamento 305
SUBSECÇÃO IV Abertura de testamentos cerrados e de testamentos internacionais 306
Artigo 111º – Cartório competente 306
Artigo 112º – Documentos necessários 307
Artigo 113º – Formalidades do acto 308
Artigo 114º – Instrumento de abertura 308
Artigo 115º – Abertura oficiosa 310
SUBSECÇÃO V Procurações, substabelecimentos e consentimento conjugal 311
Artigo 116º – Procurações e substabelecimentos 311
Artigo 117º – Consentimento conjugal 327
Artigo 118º – Procurações telegráficas e por telecópia 328
SUBSECÇÃO VI Protestos 330
Artigo 119º – Letras não admitidas a protesto 330
Artigo 120º – Lugar de protesto 335
Artigo 121º – Prazo 338
Artigo 122º – Diferimento do prazo 340
Artigo 123º – Recusa de protesto 341
Artigo 124º – Apresentação de letras 341
Artigo 125º – Notificações 342
Artigo 126º – Prazo e ordem dos protestos 343
Artigo 127º – Instrumento de protesto 343
Artigo 128º – Letras retiradas 346
Artigo 129º – Recibo de entrega e devolução de letras 346
Artigo 129º-A – Estabelecimento bancário 347
Artigo 129º-B – Notificações a efectuar pelos estabelecimentos bancários 348
Artigo 129º-C – Urgência 349
Artigo 130º – Protesto de outros títulos 349
SECÇÃO IV Averbamentos 350
Artigo 131º – Factos a averbar 350
Artigo 132º – Suprimento e rectificação de omissões e inexactidões 355

Artigo 133º – Forma 359
Artigo 134º – Comunicação dos factos a averbar 360
Artigo 135º – Falecimento de testadores e doadores 361
Artigo 136º – Restituição de testamentos depositados 362
Artigo 137º – Prazos 363
Artigo 138º – Arquivamento dos documentos 363
SECÇÃO V Registos 363
Artigo 139º – Objecto 363
Artigo 140º – Registo de testamentos públicos e escrituras 365
Artigo 141º – Registo dos instrumentos relativos aos testamentos cerrados e internacionais 366
Artigo 142º – Registo relativo ao protesto de títulos 367
Artigo 143º – Registo de outros actos 367
Artigo 144º – Ordem dos registos 368
SECÇÃO VI Abertura de sinal 368
Artigos 145º a 149º 368
SECÇÃO VII Autenticação de documentos particulares 369
Artigo 150º – Documentos autenticados 369
Artigo 151º – Requisitos comuns 371
Artigo 152º – Requisitos especiais 373
SECÇÃO VIII Reconhecimentos 374
Artigo 153º – Espécies 374
Artigo 154º – Assinatura a rogo 384
Artigo 155º – Requisitos 385
Artigo 156º – Menções especiais 387
Artigo 157º – Assinaturas que não podem ser reconhecidas 387
SECÇÃO IX Certificados, certidões e documentos análogos 389
SUBSECÇÃO I Disposições gerais 389
Artigo 158º – Requisições 389
Artigo 159º – Prazos 391
Artigo 160º – Requisitos comuns 392
SUBSECÇÃO II Certificados 393
Artigo 161º – Certificados de vida e de identidade 393
Artigo 162º – Certificado de desempenho de cargos 394
Artigo 162º-A – Certificados relativos a sociedades anónimas europeias 394
Artigo 162º-B – Regras especiais relativas ao certificado para transferência de sede de sociedade anónima europeia 395
Artigo 163º – Certificados de outros factos 397

SUBSECÇÃO III Certidões e públicas-formas 398
Artigo 164º – Certidões 398
Artigo 165º – Espécies 401
Artigo 166º – Forma das certidões 402
Artigo 167º – Requisitos 403
Artigo 168º – Certidões de teor integral 404
Artigo 169º – Certidões de teor parcial 404
Artigo 170º – Elementos compreendidos nas certidões de teor 405
Artigo 171º – Públicas-formas 405
Artigo 171º-A – Conferência de fotocópias 407
SUBSECÇÃO IV Traduções 408
Artigo 172º – Em que consistem e como se fazem 408
TÍTULO III Das recusas e recursos 411
CAPÍTULO I Recusas 411
Artigo 173º – Casos de recusa 411
Artigo 174º – Actos anuláveis e ineficazes 415
CAPÍTULO II Recursos 416
Artigo 175º – Admissibilidade de recurso 416
Artigo 176º – Especificação dos motivos da recusa 418
Artigo 177º – Petição de recurso 418
Artigo 178º – Sustentação da recusa e remessa do processo a juízo 418
Artigo 179º – Decisão de recurso 419
Artigo 180º – Recorribilidade da decisão 419
Artigo 181º – Termos posteriores à decisão do recurso 420
Artigo 182º – Cumprimento do julgado 420
Artigo 183º – Isenção de custas 420
TÍTULO IV Disposições diversas 421
CAPÍTULO I Responsabilidade dos funcionários notariais 421
Artigo 184º – Responsabilidade em casos de revalidação e sanação 421
CAPÍTULO II Estatística e participação de actos 423
Artigo 185º – Verbetes estatísticos 423
Artigo 186º – Participação de actos 424
Artigo 186º-A – Requisição do registo 428
Artigo 187º – Participação de actos à Conservatória dos Registos Centrais 431
Artigo 188º – Índice e relação organizados pela Conservatória dos Registos Centrais 432

CAPÍTULO III Encargos dos actos notariais 433
Artigo 189º – Emolumentos, taxas e despesas 433
Artigo 190º – Imposto do selo e imposto municipal de sisa 437
Artigo 191º – Encargos de documentos requisitados 442
Artigo 192º – Encargos dos instrumentos avulsos 443
Artigo 193º – Organização das contas 444
Artigo 194º – Lançamento das contas 444
Artigo 195º – Conferência e entrega das contas 445
Artigo 196º – Registo das contas 445
Artigo 197º – Referência ao registo das contas 446
Artigo 198º – Selo dos livros 447
Artigo 199º – Selo de diversos actos 448
Artigo 200º – Forma do pagamento do imposto do selo liquidado por verba 449
Artigo 201º – Pagamento de outros encargos 451
CAPÍTULO IV Disposições finais 451
Artigo 202º – Comunicações que devem ser feitas aos notários 451
Artigo 203º – Requisitos das comunicações 452
Artigo 204º – Participação de disposições a favor da alma e de encargos de interesse público 452
Artigo 205º – Aposição do selo branco 454
Artigo 206º – Actos notariais lavrados no estrangeiro 455
Artigo 207º – Informações 455

ÍNDICE SISTEMÁTICO 459